TRANSAÇÃO E ARBITRAGEM NOS CONFLITOS FAMILIARES

O GEN | Grupo Editorial Nacional – maior plataforma editorial brasileira no segmento científico, técnico e profissional – publica conteúdos nas áreas de concursos, ciências jurídicas, humanas, exatas, da saúde e sociais aplicadas, além de prover serviços direcionados à educação continuada.

As editoras que integram o GEN, das mais respeitadas no mercado editorial, construíram catálogos inigualáveis, com obras decisivas para a formação acadêmica e o aperfeiçoamento de várias gerações de profissionais e estudantes, tendo se tornado sinônimo de qualidade e seriedade.

A missão do GEN e dos núcleos de conteúdo que o compõem é prover a melhor informação científica e distribuí-la de maneira flexível e conveniente, a preços justos, gerando benefícios e servindo a autores, docentes, livreiros, funcionários, colaboradores e acionistas.

Nosso comportamento ético incondicional e nossa responsabilidade social e ambiental são reforçados pela natureza educacional de nossa atividade e dão sustentabilidade ao crescimento contínuo e à rentabilidade do grupo.

RICARDO CALDERÓN

TRANSAÇÃO E ARBITRAGEM NOS CONFLITOS FAMILIARES

COLEÇÃO DIREITO PRIVADO

ORGANIZADOR
FLÁVIO **TARTUCE**

- O autor deste livro e a editora empenharam seus melhores esforços para assegurar que as informações e os procedimentos apresentados no texto estejam em acordo com os padrões aceitos à época da publicação, e todos os dados foram atualizados pelo autor até a data de fechamento do livro. Entretanto, tendo em conta a evolução das ciências, as atualizações legislativas, as mudanças regulamentares governamentais e o constante fluxo de novas informações sobre os temas que constam do livro, recomendamos enfaticamente que os leitores consultem sempre outras fontes fidedignas, de modo a se certificarem de que as informações contidas no texto estão corretas e de que não houve alterações nas recomendações ou na legislação regulamentadora.

- Fechamento desta edição: *14.06.2024*

- O Autor e a editora se empenharam para citar adequadamente e dar o devido crédito a todos os detentores de direitos autorais de qualquer material utilizado neste livro, dispondo-se a possíveis acertos posteriores caso, inadvertida e involuntariamente, a identificação de algum deles tenha sido omitida.

- **Atendimento ao cliente:** (11) 5080-0751 | faleconosco@grupogen.com.br

- Direitos exclusivos para a língua portuguesa
  Copyright © 2024 by
  Editora Forense Ltda.
  Uma editora integrante do GEN | Grupo Editorial Nacional
  Travessa do Ouvidor, 11 – Térreo e 6º andar
  Rio de Janeiro – RJ – 20040-040
  www.grupogen.com.br

- Reservados todos os direitos. É proibida a duplicação ou reprodução deste volume, no todo ou em parte, em quaisquer formas ou por quaisquer meios (eletrônico, mecânico, gravação, fotocópia, distribuição pela Internet ou outros), sem permissão, por escrito, da Editora Forense Ltda.

- Capa: Fabricio Vale

CIP-BRASIL. CATALOGAÇÃO NA PUBLICAÇÃO
SINDICATO NACIONAL DOS EDITORES DE LIVROS, RJ

C152t

    Calderón, Ricardo
        Transação e arbitragem nos conflitos familiares / Ricardo Calderón ; organização Flávio Tartuce. - 1. ed. - Rio de Janeiro : Forense, 2024.
        296 p. ; 23 cm.   (Direito privado)

        Inclui bibliografia
        ISBN 978-85-3099-504-1

        1. Direito de família - Brasil. 2. Resolução de disputa (Direito) - Brasil. 3. Mediação familiar - Brasil. 4. Administração de conflitos - Brasil. I. Tartuce, Flávio. II. Título. III. Série.

24-91677   CDU: 347.61(81)

Meri Gleice Rodrigues de Souza - Bibliotecária - CRB-7/6439

Quem tem um amigo tem tudo
Se o poço devorar, ele busca no fundo
É tão dez que junto todo stress é miúdo
É um ponto pra escorar quando foi absurdo
Quem tem um amigo tem tudo
Se a bala come, mano, ele se põe de escudo
Pronto pro que vier mesmo a qualquer segundo
É um ombro pra chorar depois do fim do mundo
Ser mano igual Gil e Caetano
Nesse mundo louco é pra poucos, tanto sufoco insano encontrei
Voltar pra esse plano e vamos estar voltando
É tipo Rococó, Barroco em que Aleijadinho era rei
É presente dos deuses, rimos quantas vezes?
Como em catequeses, logo perguntei
Pra Oxalá e pra Nossa Senhora
Em que altura você mora agora, um dia ali visitarei
(...)
E volta como o Sol
Cheio de luz e inspiração rompendo a escuridão
Quem divide o que tem é que vive pra sempre
(...)
O amigo é um mago do meigo abraço
É mega afago, abrigo em laço
Oásis nas piores fases quando some o chão e as bases
Quando tudo vai pro espaço, é isso
(...)
Quem tem um amigo tem tudo
Quem tem (oh, sorte)
Quem tem um amigo tem tudo

Emicida

Ao meu pai, Ricardo Lucas Calderón Ramirez,
melhor amigo, exemplo e maior incentivador.
(In memoriam)

AGRADECIMENTOS

A presente obra tem origem na minha tese de doutorado, aprovada junto à Universidade Federal do Paraná (UFPR), e somente foi possível graças à colaboração de muitas pessoas que, de várias formas, auxiliaram, ainda que indiretamente, na sua elaboração, de modo que deixo o registro da minha gratidão a todas elas.

Dou início com uma reverência sincera ao meu orientador, Prof. Dr. Carlos Eduardo Pianovski Ruzyk, que, além de professor exemplar, foi de uma compreensão e gentileza em todos os períodos desta trajetória, até mesmo nos mais delicados. As lições dos demais membros da banca foram valiosíssimas para a publicação desta obra, de maneira que sou especialmente grato aos Professores Doutores Francisco Cahali, Mário Delgado, Anderson Schreiber e Ana Carla Harmatiuk Matos.

Os demais professores da UFPR, junto com os colaboradores do seu *Programa de Pós-Graduação em Direito* (PPGD), foram fundamentais, de forma que sou grato a eles e, em especial, a essa instituição, na qual cursei a graduação, o mestrado e agora concluo o doutorado. A centenária universidade paranaense é prova da relevância do ensino público, gratuito e de qualidade.

Para aprofundar o estudo, realizei um período de pesquisas no Max Planck *Institute for Comparative and International Private Law*, em Hamburgo (Alemanha); estive na tradicional biblioteca da *Faculdade de Direito da Universidade de Coimbra* (Portugal); e realizei a parte final da redação nas dependências do *Max Planck Institute for Legal History and Legal Theory*, em Frankfurt (Alemanha). Assim, deixo a minha gratidão a essas respeitáveis instituições.

Agradeço de maneira especial o apoio incessante da minha mãe, professora Tânia Villordo Calderón; do meu pai, Ricardo Lucas Calderón Ramirez (*in memoriam*); e das minhas irmãs, Vanessa Villordo Calderón e Tatiana Villordo Calderón. A minha família sempre foi o meu maior sustentáculo. Muito obrigado pelo amor incondicional. Anoto a parceria dos meus cunhados, Tarcisio Mendes e Nilton Marcos, sempre presentes.

No decorrer da pesquisa, tive algumas surpresas, como a alegria da chegada de Vitória Calderón Marcos, sobrinha e afilhada, cuja ternura dos seus atuais três anos, certamente, abrandou esta caminhada. Por outro lado, enfrentei a dor da perda do meu pai, a pessoa que eu mais amava e que estava diariamente ao meu lado, mas que, após meses internado, lutando bravamente pela vida, infelizmente, deixou-nos em razão da pandemia. Passado o luto, as suas lembranças e a saudade se converteram em incentivo e aprendizado para a conclusão da presente obra.

Durante a elaboração desta empreitada, fui agraciado com a companhia de Laís Bergstein, que esteve ao meu lado em momentos cruciais, a quem agradeço o carinho, o apoio, a compreensão e, claro, as incontáveis revisões na redação.

No decorrer desta investigação doutoral, constantemente compartilhei dúvidas, angústias e descobertas com os amigos Pablo Malheiros, Gabriel Schulman e Felipe Frank, companheiros de todas as horas, que opinaram ativamente sobre as ideias ora apresentadas e, sem dúvida, sabem da minha gratidão.

A amizade e o exemplo dos pesquisadores da Academia Brasileira de Direito Constitucional (ABDConst), da qual orgulhosamente faço parte, também foram fundamentais. Registro o meu agradecimento para: Flávio Pansieri, Luis Madalena, Luciano Bernart, Francisco Monteiro Rocha Júnior, Gustavo Kfouri, Ilton Robl Filho, Vania de Aguiar, Marco Marrafon, Rene Sampar, João Rafael de Oliveira, Laércio Cruz Uliana Junior, Sandro Kozikoski, William Pugliese e Guilherme Lucchesi.

A inspiração dos trabalhos em conjunto com os membros do Instituto Brasileiro de Direito de Família (IBDFAM) foi igualmente enriquecedora para as conclusões desta obra; é um privilégio fazer parte desse time. Como são muitos os "ibedermanos", faço o agradecimento na pessoa do nosso mestre comum Zeno Veloso (*in memoriam*), amigo e inspirador, o qual, lamentavelmente, também faleceu por conta da covid-19.

O aprendizado e a vivência com os meus colegas do grupo de pesquisa "Virada de Copérnico", vinculado ao PPGD-UFPR, especialmente com os integrantes do eixo de Direito de Família, foram enriquecedores e estimulantes, de modo que deixo o meu muito obrigado aos pesquisadores.

Gostaria de registrar de maneira especial o apoio de todos os colaboradores do *Calderón Advogados*, que trabalharam comigo durante estes anos, o que faço na pessoa de minha sócia, Tatiana Calderón, quem mais compreendeu e me substituiu nas ausências. O afago dos amigos advogados Maria de Lourdes Cardon Reinhardt e Odilon Reinhardt também foi fundamental para a minha chegada até aqui.

Anoto o meu muito obrigado para Renata Kretzmann e Scarlett W. dos Santos, pelo apoio em parte da pesquisa, e para Luiza Pin, que auxiliou na revisão final.

A publicação da obra se deve muito à confiança e ao apoio do coordenador desta Coleção, professor Flávio Tartuce, jurista com quem muito aprendo e tenho gratidão desde as minhas outras publicações, das quais ele sempre foi um dos primeiros leitores e divulgadores.

Finalmente, agradeço aos tantos amigos e parentes – não preciso nominá-los, pois eles sabem quem são – que sempre estiveram ao meu lado, mesmo que às vezes distantes fisicamente.

– Ela é tão livre que um dia será presa.
– Presa por quê?
– Por excesso de liberdade.
– Mas essa liberdade é inocente?
– É. Até mesmo ingênua.
– Então por que a prisão?
– Porque a liberdade ofende.

Clarice Lispector

SOBRE O ORGANIZADOR

Flávio Tartuce

- Pós-Doutor, Doutor em Direito Civil e Graduado pela Faculdade de Direito da USP.
- Mestre em Direito Civil Comparado e Especialista em Direito Contratual pela PUCSP.
- Relator-Geral da Comissão de Juristas nomeada para a Reforma do Código Civil, pelo Senado Federal.
- Coordenador e Professor Titular permanente do Programa de Mestrado da Escola Paulista de Direito (EPD).
- Diretor-Geral e Professor da Escola Superior da Advocacia da Ordem dos Advogados do Brasil em São Paulo.
- Conselheiro efetivo da Ordem dos Advogados do Brasil da Seccional do Estado de São Paulo (OABSP).
- Membro efetivo da Comissão de Direito Civil da OABSP.
- Conselheiro e Professor da Escola Superior da Advocacia do Conselho Federal da OAB (ESA Nacional).
- Secretário-Geral da comissão de Responsabilidade Civil do Conselho Federal da OAB.
- Coordenador e Professor dos cursos de pós-graduação lato sensu em Direito Civil e Processual Civil, Direito Contratual, Direito Civil e do Consumidor, Direito de Família e das Sucessões da Escola Paulista de Direito (EPD).
- Patrono regente e Professor do curso de pós-graduação lato sensu em Advocacia do Direito Negocial e Imobiliário da Escola Brasileira de Direito (Ebradi).
- Professor convidado em outros cursos de pós-graduação lato sensu pelo País, em Escolas da Magistratura e na Associação dos Advogados de São Paulo (AASP).
- Membro do Conselho Consultivo do Operador Nacional de Registros Públicos Eletrônicos do Conselho Nacional de Justiça (ONR/CNJ).

- Fundador e Primeiro Presidente do Instituto Brasileiro de Direito Contratual (IBDCONT).
- Presidente do Instituto Brasileiro de Direito Contratual em São Paulo (IBDCONTSP).
- Diretor Nacional do Instituto Brasileiro de Direito de Família (IBDFAM), sendo Presidente da Comissão de Direito das Sucessões.
- Colunista do Portal *Migalhas: Família e Sucessões e Migalhas Contratuais*.
- Palestrante em cursos, congressos e seminários jurídicos no Brasil e no exterior.
- Atua como advogado, parecerista, consultor jurídico e árbitro nas principais Câmaras Arbitrais do Brasil.

Site: www.flaviotartuce.adv.br

Blogs: www.professorflaviotartuce.blogspot.com

http://flaviotartuce.jusbrasil.com.br

Instagram: @flavio.tartuce

Currículo Lattes: http://lattes.cnpq.br/7182705988837779

SOBRE O AUTOR

Ricardo Calderón

Doutor e Mestre em Direito Civil pela Universidade Federal do Paraná (UFPR). Diretor Nacional do Instituto Brasileiro de Direito de Família (IBDFAM). Pós-Graduado em Teoria Geral do Direito e em Direito Processual Civil. Coordenador da Pós-Graduação em Direito das Famílias e Sucessões da Academia Brasileira de Direito Constitucional (ABDConst). Professor de diversos cursos de pós-graduação. Pesquisador do grupo de pesquisa e estudo do Direito Civil "Virada de Copérnico" – PPGD/UFPR. Vice-presidente da Comissão de Direito de Família da OAB/PR. Membro do Instituto Brasileiro de Direito Civil (IBDCivil). Membro do Instituto Brasileiro de Direito Contratual (IBDCONT). Membro do Instituto dos Advogados do Paraná (IAP). Sócio do escritório Calderón Advogados, sediado em Curitiba. Advogado, parecerista e consultor jurídico há mais de 25 anos.

Site: www.calderonadvogados.com.br
Blog: https://blog.grupogen.com.br/juridico/author/ricardocalderon/
Instagram: @calderon.ricardolucas
Currículo Lattes: http://lattes.cnpq.br/0815250765125133

APRESENTAÇÃO GERAL DA COLEÇÃO

Com muita alegria e júbilo acadêmico, apresento esta coleção, sob a minha coordenação geral, que congrega livros e trabalhos monográficos de Direito Privado, pelos selos do Grupo Editorial Nacional e da *clássica* Editora Forense.

O seu objetivo é difundir ainda mais os trabalhos técnicos, sobretudo os produzidos no âmbito das Faculdades de Direito de todo o Brasil, fomentando o contínuo debate do Direito Privado Brasileiro e a *civilística* nacional.

Por certo que, além da publicação de coleções, obras coletivas, cursos e manuais, há a necessidade de um contínuo lançamento de livros específicos de Direito Civil, com todas as suas temáticas vistas de forma mais aprofundada, da Parte Geral ao Direito das Sucessões, para que o seu debate continue vivo e intenso, não só no âmbito acadêmico como também perante toda a sociedade brasileira.

Feliz e realizado, portanto, com o lançamento deste novo projeto, agradecendo ao sempre parceiro Grupo Editorial Nacional, por nele acreditar, e também aos autores que compõe essa nova série bibliográfica, visando ao crescimento do Direito Civil Brasileiro.

Boa leitura! Bons estudos! É o que eu sempre desejo.

Flávio Tartuce
Coordenador da coleção Direito Privado,
pelo Grupo GEN/Forense.

APRESENTAÇÃO

Esta obra sugere uma releitura dos conflitos familiares a partir de uma ótica do nosso tempo, levando em conta a realidade atual e um direito condizente com o momento contemporâneo.

Propõe-se que o direito de família não seja mais considerado como indisponível, mas sim como *prima facie* disponível, com maior liberdade para os envolvidos, em tese pioneira e inovadora.

A partir disso, emergem outros espaços para acordos envolvendo temas decorrentes dos conflitos familiares, inclusive sobre aspectos hoje não permitidos.

Outra consequência é a admissão de novas opções procedimentais para a resolução dessas demandas, para além da usual ação judicial litigiosa perante o Poder Judiciário, como uma maior amplitude para a negociação direta entre as partes e os advogados, outras possibilidades de utilização da mediação e até mesmo a permissão da arbitragem para as esferas patrimoniais.

O livro apresenta um dinâmico sistema plural de solução de disputas familiares e sucessórias, o que pode ser de significativa utilidade prática para os profissionais do Direito.

A proposta desvela como o advogado familiarista do presente e do futuro pode atuar como um verdadeiro *designer* da prevenção e das solução de conflitos.

Para tanto, descrevem-se o percurso de vinculação da indisponibilidade ao direito de família e o seu significado atual. A análise parte do momento de edificação da teoria das indisponibilidades para, aportando na atualidade, propor uma ressignificação para a denominada "indisponibilidade dos institutos de direito de família".

A indisponibilidade dos direitos é uma expressão polissêmica que goza de grande repercussão prática, tratando-se de figura jurídica forjada em um período que visava atender a objetivos específicos daquele tempo. A partir de então, alguns dos institutos de direito de família foram adjetivados com tal restrição, passando a ser considerados como de "direito indisponível".

Essa adjetivação reduziu significativamente as opções jurídicas dos envoltos nos conflitos familiares, o que merece revisão. Justifica a presente proposta a imposição de restrições atreladas ao exercício de tais direitos, que sofrem limitações na sua disposição, as quais se impõem até mesmo para o próprio titular, o que se mostra anacrônico.

A investigação empreendida revelou que o fortalecimento da visão estatal e intervencionista do direito que imperou no decorrer do século XX acabou por expandir a esfera de incidência das chamadas indisponibilidades, gerando uma leitura hipertrofiada com consequências elastecidas que nos acompanham até hoje.

Essas demarcações foram incisivas nos temas familiares, com diversas restrições de liberdade que persistem na atualidade. A proposta central desta obra questiona se as profundas alterações, tanto na realidade social como na seara jurídica, não levariam à ressignificação da chamada "indisponibilidade dos direitos", em especial quanto aos seus impactos nos conflitos familiares.

Propõe-se uma outra acepção jurídica para a indisponibilidade, mais *fraca* e condizente com o momento atual. O seu significado deve ter como baliza o princípio da liberdade, bem como não pode ignorar o direito de acesso à justiça, ambos de índole constitucional.

Buscando apresentar um sentido contemporâneo e adequado, sustenta--se uma leitura fraca da "indisponibilidade dos direitos", a qual se mostra mais condizente com o nosso tempo. Uma das proposições que decorrem disso é a compreensão do direito de família como *prima facie* disponível, com a indisponibilidade sendo excepcional e delimitada, o que é inovador.

Esse entendimento recomenda a superação do dogma da indisponibilidade forte, que é usualmente atrelado aos institutos jusfamiliares. Na esteira dessas compreensões, apresentam-se novos espaços para negociação, transação, mediação e até arbitragem relativamente a temas envoltos em conflitos familiares.

Tal proceder aumentará as opções procedimentais de resolução para além da corriqueira ação judicial, o que contribuirá para a edificação de um interessante sistema plural de solução de disputas.

A partir dessa assimilação, restam diversas novas oportunidades possíveis para a celebração de acordos sobre temas envoltos em litígios familiares, muitas das quais ainda não admitidas no nosso sistema jurídico, o que é de grande utilidade prática para os profissionais do Direito. Aqueles que compreenderem tais delineamentos certamente terão um diferencial na sua atividade profissional.

Ao mesmo tempo, descortinam-se espaços até mesmo para a submissão à arbitragem de determinados temas patrimoniais subjacentes aos conflitos familiares, conforme propostas já implementadas no direito estrangeiro, o que também é inovador e alvissareiro.

Boa leitura!

PREFÁCIO

Falar do Autor – **Ricardo Calderón** – e de sua obra – ***Transação e Arbitragem nos conflitos familiares*** – é simples: estudioso e profissional talentoso, tratando com seriedade, responsabilidade acadêmica, determinação, sabedoria e densa pesquisa de tema desafiador e palpitante.

O resultado não poderia ser outro: uma obra exemplar, profunda, com inovadoras posições sem deixar passar o que hoje se tem a respeito do assunto.

Tivemos a honra e satisfação, neste momento renovadas, de conhecer em sua nascente o trabalho, quando da participação em sua banca de **Doutorado**, de forma brilhante defendido na **Faculdade de Direito da Universidade Federal do Paraná**, sob a orientação do **Prof. Dr. Carlos Eduardo Pianovski Ruzyk**, e submetido a criteriosa avaliação também dos Ilustres Professores **Dra. Ana Carla Harmatiuk Matos, Dr. Anderson Schreiber** e **Dr. Mário Luiz Delgado**, em 7 de fevereiro de 2022. Naquela oportunidade, já tivemos a certeza de que o estudo mereceria ser oferecido ao público.

Trazendo na bagagem, além da qualificada instituição de origem, suas pesquisas no Max Planck Institute for Comparative and International Private Law, em Hamburgo (Alemanha), e investigações na biblioteca da Faculdade de Direito da Universidade de Coimbra, finalizou a redação da tese no Max Planck Institute for Legal History and Legal Theory, em Frankfurt (Alemanha). Sua intensa participação no Instituto Brasileiro de Direito de Família (IBDFAM), sem dúvida alguma, igualmente o habilitou a enfrentar com sucesso os desafios do eletrizante tema.

Acertada a escolha do objeto da pesquisa, pelo ineditismo com esta profundidade, **Ricardo Calderón** transita muito bem pela *indisponibilidade dos direitos* – reconhecida expressão polissêmica, com o filtro funcional e constitucional, em ambiente de valorização da autonomia privada e adequação ao acesso à ordem jurídica justa, articulando seu ajuste e equilíbrio no ordenamento jurídico. Assim, promove a contemporânea releitura do seu conteúdo e efeitos jurídicos.

Partindo dessa base sólida, bem estruturadas as ideias, fontes e fundamentações, foram ultrapassadas as aparentes barreiras da transação e da arbitragem com a superação do *dogma da indisponibilidade*, para se mergulhar na utilidade desses institutos para temas de Direito de Família.

E com passagem pelo "estado da arte e experiências no direito estrangeiro", apresentam-se os temas dentro do Direito de Família considerados disponíveis, transigíveis e arbitráveis.

Utilizada linguagem fluente, madura, clara e agradável, agora seu cintilante escrito vem às estantes, em livro de inegável interesse à comunidade jurídica brasileira e estrangeira, em especial àqueles dedicados a encontrar as melhores formas de solucionar certos conflitos de Direito de Família. Também aos dedicados à arbitragem, as reflexões e as propostas são instigantes, despertando o natural interesse em estender a utilidade desse instituto a alguns litígios entre cônjuges e companheiros.

Mais uma obra de notável envergadura para a coleção de seus proveitosos estudos e artigos publicados, com o sabor especial de lançamento de ideia sedutora sobre o tema, ainda pouco explorado na Doutrina e na rotina dos profissionais destas áreas – Direito de Família e Arbitragem.

Ricardo Calderón, com quem temos a alegria de conviver com maior intensidade em projetos do IBDFAM, aproveitando sua experiência, desenvoltura, perspicaz raciocínio e habilidade na pesquisa, com a temperada manipulação do novo, soube desenvolver o melhor, oferecendo inestimável contribuição aos estudos e à prática da transação e da arbitragem no Direito de Família.

Há muitos anos, de forma despretensiosa, lançamos algumas ideias a respeito da arbitragem envolvendo o Direito de Família e Sucessões, e muito nos entusiasma saber que, *em boas mãos*, o tema é bem trabalhado e desenvolvido.

Mais do que recomendar sua leitura, para que as reflexões expostas possam enriquecer o debate a todos que venham se debruçar sobre a matéria, sem dúvida, o livro deve ser colocado em local de destaque, como fonte obrigatória de consulta por quem pretende conhecer e se aprofundar nesse provocante e inovador tema contido na perspectiva de uma contemporânea forma de olhar a disponibilidade de certos direitos decorrentes da conjugalidade.

Ao encerrar, fica anotada a admiração pela trajetória intelectual, acadêmica e profissional de **Ricardo Calderón**, acompanhada dos cumprimentos pelo fantástico trabalho desenvolvido, na certeza de que o sucesso desta etapa acadêmica fortalece o seu caminho já tão bem trilhado.

Francisco José Cahali

SUMÁRIO

INTRODUÇÃO 1

1 INDISPONIBILIDADE DOS DIREITOS: UMA EXPRESSÃO COM MUITOS SENTIDOS 9

1.1 Obscuridade na significação jurídica 9
1.2 Raízes históricas das indisponibilidades 16
1.3 Conceito, efeitos e indícios de relativização 35
1.4 A indisponibilidade no direito de família 48
1.5 Sistema multiportas brasileiro: a disponibilidade como chave de acesso para as opções ofertadas 64

2 FILTRAGEM FUNCIONAL E CONSTITUCIONAL 75

2.1 Dimensão funcional contemporânea da indisponibilidade dos direitos 75
2.2 Constitucionalização: uma necessária compatibilização 84
2.3 Princípio da liberdade: perfis e atuais contornos da autonomia privada 98
2.4 Acesso à ordem jurídica justa e modelo de tutela dos direitos 109
2.5 Indisponibilidade do direito no atual ordenamento jurídico brasileiro 120

3 RELEITURA E EFEITOS JURÍDICOS 143

3.1 Balizas para um sentido atualizado da indisponibilidade dos direitos 143
3.2 Características dos institutos do direito de família e superação do *dogma da indisponibilidade* 152
3.3 Transação e arbitragem nos conflitos familiares: limites e possibilidades 160

3.4	Estado da arte e experiências no direito estrangeiro	183
3.5	Temas familiares disponíveis, transigíveis e arbitráveis a partir do direito brasileiro	196
	3.5.1 Disponibilidade hodierna	200
	3.5.2 Espaços de transigibilidade	204
	3.5.3 Arbitrabilidade no direito de família	213

CONCLUSÃO 243

POSFÁCIO 253

REFERÊNCIAS 257

INTRODUÇÃO

A obra objetiva contribuir para a *ressignificação do sentido da indisponibilidade dos direitos* em uma releitura que parte da compreensão da sua dimensão funcional contemporânea[1] e passa por uma necessária constitucionalização.[2] Com esse *leitmotiv*, almeja-se repensar as possibilidades de disponibilidade, transigibilidade e arbitrabilidade inerentes aos conflitos familiares.

A tutela das relações privadas envolve tanto a preservação das liberdades como a necessária propagação da solidariedade. Em consequência, o Direito Civil labora com espaços de autonomia ladeados por algumas restrições. Na regulação dos seus variados temas, a técnica jurídica costuma utilizar diversos instrumentos, entre eles a marca da indisponibilidade, que alcança uma maior ou menor proeminência de acordo com a proposta de cada ordenamento.

Esse percurso é dinâmico e, a partir da formação do pensamento jurídico moderno,[3] vem se alterando com o passar dos tempos. Os conceitos que definem alguns direitos como disponíveis e outros como indisponíveis têm estes vetores como pano de fundo: liberdade e solidariedade; autonomia e restrição. Historicamente, a figura da indisponibilidade atendeu a interesses de variadas ordens (ainda que não desvelados), em muitos momentos com uma ótica de proteção, mas, certamente, em vários deles, com um intuito de controle.

Essa percepção fica mais cristalina quando analisamos um dos ramos com os quais a indisponibilidade possui maior proximidade: o direito de

---

[1] RUZYK, Carlos Eduardo Pianovski. *Institutos fundamentais de direito civil e liberdade(s)*: repensando a dimensão funcional do contrato, da propriedade e da família. Rio de Janeiro: GZ, 2011.

[2] RODOTÀ, Stefano. *La vita e le regole*: tra diritto e non diritto. Milano: Feltrinelli, 2009.

[3] Tomado aqui como aquele que se apresenta a partir de meados do século XVIII, tendo como marco o regime jurídico pós-revolucionário francês, cujo símbolo maior é o *Code* de 1804 (VILLEY, Michel. *A formação do pensamento jurídico moderno*. 2. ed. São Paulo: Martins Fontes, 2009. p. 752-754).

família. Diversas limitações são atreladas aos seus institutos a partir da marca da indisponibilidade, sob a ótica da proteção da pessoa, o que é inequívoco. Entretanto, há situações que indicam a pretensão de controle lastreado em coerção social. Obviamente que –silenciosamente – os contornos conferidos sempre atenderam às exigências de determinada sociedade, em certo tempo e em dado espaço.

A teoria das indisponibilidades toma corpo em meados do século XIX, após as mudanças implementadas pelo direito moderno, as quais desvelaram a necessidade de manutenção de um regime de restrições, em especial no trato de alguns temas familiares e sucessórios. Tanto a perspectiva de proteção como a de controle social rondaram o estabelecimento dos limites demarcados pela embrionária teoria das indisponibilidades.

Até meados do século XX, manteve-se a presença da indisponibilidade em diversos aspectos do direito de família, o que era compatível com o Estado Social de então, bem como com o direito de carga interventiva que imperava naquele momento histórico. Os temas jusfamiliares seguiam dotados, em grande parte, de indisponibilidades, coerentes com o paradigma então vigente (interventivo-restritivo).

O advento do Estado Constitucional, a partir do segundo pós-guerra, implantou uma perspectiva ampla e plural de liberdades, com uma orientação clara no sentido de respeito à possibilidade de escolhas pelos particulares no encaminhamento das suas questões pessoais e familiares. A partir de então, as intervenções estatais restritivas de autonomia devem ser constitucionalmente justificadas, como as relacionadas às proteções das vulnerabilidades. Consequentemente, a última virada de século retrata um período de transição paradigmática, no qual o vetor que se está a implantar é de prestígio às liberdades individuais e de respeito à oportunidade de escolhas nas questões pessoais e afetivas.

Hodiernamente, percebe-se um desconforto latente no direito de família, gerado pela hermenêutica expansiva conferida para a indisponibilidade dos seus institutos, de matiz interventivo-restritivo. Ainda hoje, muitas tratativas negociais e alternativas procedimentais são, de plano, afastadas dos temas familiares, com fundamento em uma vetusta indisponibilidade desses direitos. Prova disso é a barreira posta para vedar a utilização do juízo arbitral no julgamento de conflitos de direito de família, o que retira essa opção dos litigantes, sendo o seu maior sustentáculo a indisponibilidade que lhes é acostada.

A genérica adjetivação dos institutos jusfamiliares como *de direito indisponível* reduz drasticamente diversas hipóteses de negociabilidade e também acaba por obstar a análise da arbitrabilidade quando presentes esses temas no conflito. Por conseguinte, consolidou-se uma cultura passiva das partes na previsão desses impasses familiares, com pouca prevenção e com a remessa quase automática de todas essas lides para a jurisdição estatal. Esse imobilismo tem inequívoca ligação com a leitura forte de indisponibilidade, com alta carga interventiva, que se consolidou até então.

No entanto, neste início de século percebemos uma efervescência que indica uma alteração de paradigma, com várias práticas negociais e contratuais sendo adotadas pelos cônjuges e companheiros relativamente ao equacionamento dos seus conflitos. Ao mesmo tempo, emerge a defesa da arbitrabilidade objetiva de alguns temas familiares. O cenário indica o estabelecimento de um paradigma de respeito às liberdades, que privilegia a manutenção da possibilidade de escolhas pelos particulares no direcionamento da sua vida em família, mesmo na hora do conflito.

Apesar das recentes alterações fáticas e jurídicas de monta, as definições atinentes à disponibilidade e à indisponibilidade dos institutos de direito de família seguem, de modo geral, repisando os termos delineados para o contexto de meados do século passado. Em vista disso, muitas conceituações são anacrônicas para a realidade atual.

A doutrina brasileira que trata da questão da indisponibilidade faz um enorme esforço para tentar compatibilizar as suas características clássicas com as práticas e demandas do presente. Não raras vezes, os conceitos soam dissonantes e não se debruçam sobre os dois pilares ora propostos: compreensão da sua atual dimensão funcional e constitucionalização dessa figura jurídica. Vislumbra-se um possível ocaso da leitura forte e expansiva da indisponibilidade que prevaleceu até aqui.

A presente proposta parte dessas premissas para revisitar o sentido jurídico da indisponibilidade dos direitos, o que, certamente, revelará um significado diverso do atual. A reboque disso, restarão impactadas as esferas que são atualmente objetadas pela indisponibilidade: possibilidades de disponibilidade, transigibilidade e arbitrabilidade inerentes aos conflitos familiares.

O problema em apreço é: *qual sentido poderia ser atribuído à indisponibilidade no direito de família a partir da compreensão da sua atual dimensão funcional e da necessária constitucionalização?*

Em consequência dessa problemática, apresenta-se a seguinte hipótese: *a revisão das balizas restritivas de indisponibilidade incidentes no direito de família amplia os meios ofertados para a solução dos seus conflitos.*

Para enfrentar tais questões, a metodologia adotada utilizou as técnicas da dedução e da indução de forma combinada. A primeira, com vistas a dissecar a origem, os fundamentos, as finalidades e o sentido que foram conferidos para a indisponibilidade dos direitos ao longo do tempo. Já a segunda será de grande utilidade para colocar à prova a ressignificação proposta, a fim de apurar quais as consequências concretas que resultariam das novas acepções apresentadas.

Dessa maneira, objetiva-se revisitar os fundamentos jurídicos que sustentam a divisão dos direitos entre *disponíveis* e *indisponíveis*. Toma-se como ponto de partida a ideia de que tais distinções e definições possuem uma construção longínqua e, de modo geral, suas finalidades pretéritas podem não mais atender a sua hodierna função no Direito Civil brasileiro ou, ainda, podem estar em descompasso com a Constituição de 1988.

Nas questões afeitas ao direito de família, cabe ao Estado e ao Direito apenas "cercar um dado perímetro" para garantir que, dentro desse espaço, a pessoa exerça as suas escolhas com liberdade, como indicam as ideias de Carlos Eduardo Pianovski Ruzyk, que sustenta uma dimensão funcional contemporânea para o Direito Civil fundada na(s) liberdade(s); e as lições de Stefano Rodotà, autor que defende uma constitucionalização dos conceitos e categorias do direito privado, com vistas a privilegiar os necessários espaços de autodeterminação das pessoas. Estes serão os marcos teóricos que orientarão o desenvolvimento desta obra.

As recentes alterações fático-jurídicas incentivam uma reconsideração do sentido até então atribuído a muitas figuras jurídicas, o que se dá de igual forma com a indisponibilidade. As significativas alterações na realidade social, somadas às diversas mutações do próprio Direito, fazem da atualização uma tarefa contínua. Assim, no que se refere ao significado da disponibilidade, as modificações ocorreram em ambas as esferas (fática e jurídica), mas as definições que lhe são correlatas ainda não foram revistas. Em vista disso, a presente investigação se propõe a fazê-lo.

Os elementos estruturantes adotados para a pesquisa foram os seguintes: *(i)* perspectiva de uma dimensão funcional contemporânea para o Direito Civil que propicie incrementos de liberdades; *(ii)* constitucionalização dos institutos de direito privado, sob a ótica da pessoa e do respeito à oportunidade de escolhas; *(iii)* compreensão de uma liberdade plural, que supere a esfera da autonomia privada; *(iv)* efetivação do direito de acesso à ordem jurídica a partir de um sistema amplo de tutela dos direitos; *(v)* incidência analítica da indisponibilidade, com a distinção da esfera que impacta o direito subjetivo em si daquela que repercute no exercício da pretensão.

A partir desse arcabouço teórico, questiona-se a compreensão hermenêutica hipertrofiada da indisponibilidade dos direitos e os seus consequentes impactos no direito de família. Assim, voltar o olhar para o amplo campo das disponibilidades permite perceber, de plano, que as indisponibilidades são excepcionais no Direito Civil, pois se constituem em restrições de liberdades e de direitos. Logo, a sua imposição exige uma fundamentação adequada e coerente.

Para que determinados institutos sejam considerados indisponíveis importa observar qual a sua efetiva função em nosso sistema, sendo esta uma diretriz que deve orientar tanto o legislador quanto o aplicador e também o intérprete. No direito privado, as ablações das liberdades devem ser justificadas legal e constitucionalmente e, ainda, necessitam ser assimiladas analiticamente, a partir da estrutura da relação jurídica.

Algumas funções anteriormente alocadas para a restrição de determinados direitos podem não mais estar condizentes com as atuais diretrizes constitucionais. Isso, porque, atualmente, devem ser arrefecidas as esferas de controle social que tenham como objetivo impor escolhas desarrazoadas aos particulares. Parte-se do pressuposto de que a diretriz prevalecente é a do respeito pela liberdade positiva existencial dos envolvidos; desse modo, emerge como adequada somente a função protetiva dessas delimitações.

Outro espectro que deve ser objeto de alerta é como a respectiva previsão abstrata manifesta-se na realidade, ou seja, se há ou não algum descompasso entre o objetivo pretendido com a previsão da indisponibilidade, em tese, e a consequência concreta que se materializa no plano fático. Acrescenta-se também que a dimensão funcional não pode ser somente discursiva, com uma prática que se afaste do que se pretende.

Devem ser expurgadas eventuais incongruências relacionadas a indisponibilidades dos direitos e outras restrições correlatas. Estas podem decorrer tanto de uma eventual incompatibilidade da função almejada com os princípios e as regras constitucionais (ex.: não se justifica a sua utilização para um excessivo controle social) como de uma possível ineficiência concreta da previsão abstrata (ex.: uma pretensa dimensão protetiva que, na realidade, se mostre gravosa a quem deveria ser preservado). Ambas as óticas, inadequação da função almejada ou ineficácia concreta, devem ser sopesadas quando da análise contemporânea da disponibilidade dos direitos.

Nesse viés, uma revisitação das funções da indisponibilidade e das demais restrições de acordo com a atual realidade, com especial observância das diretrizes funcionais e constitucionais, pode indicar a necessidade de abdicação da vinculação da indisponibilidade e das demais intervenções restritivas com base no argumento do controle social, remanescendo apenas a sua função de proteção. Ainda, esse papel protetivo deve ser percebido concretamente e não pode apenas ser sustentado de forma abstrata. Caso a incidência esteja a desproteger justamente quem pretendia amparar, a compreensão também deverá ser repensada.

A filtragem funcional e constitucional que é proposta intenta desvelar quais restrições de indisponibilidades se mostram atualmente justificáveis à luz das nossas balizas contemporâneas. Ao mesmo tempo, pretende denunciar quais intervenções restritivas de direitos não se harmonizam e merecem ser revistas. Objetivamente, para que as indisponibilidades dispersas em nossa teia jurídica possam ser mantidas, elas devem ser justificadas tanto do ponto de vista funcional (ser condizentes com o seu papel no sistema) como do ponto de vista da sua legalidade constitucional (não podem se afastar dos postulados constitucionais). Ainda, os efeitos concretos visados com tais medidas devem ser consentâneos com o fim pretendido, ou seja, o contributo almejado deve estar sendo realmente efetivado. Sucintamente, essas são algumas das diretrizes que orientarão a busca pela tradução contemporânea da disponibilidade dos institutos de Direito de Família.

Há uma terceira orientação que se anuncia relevante: mesmo nos casos em que se entenda cabível alguma intervenção protetiva, esta não pode ser moldada de forma que impeça o exercício de liberdades no manejo do direito que se quer resguardar. Em outras palavras, ainda que a importância de dado direito justifique a sustentação de alguma restrição, devem necessariamente ser preservadas as possibilidades de escolhas do titular quanto ao seu exercício. A especialidade que é reconhecida a tais direitos exige que se ofertem ao indivíduo as opções que deles decorrem.

A partir desse cabedal, almeja-se compreender o papel atual da indisponibilidade e de outras restrições correlatas no âmbito do direito de família, projetando-se como paragens as temáticas da liberdade e do acesso à ordem jurídica justa, vetores que podem contribuir sobremaneira nas proposições que serão lançadas.

Com essas lentes, será realizada a revisão do sentido conferido para a indisponibilidade dos direitos, em especial uma verificação daquelas afeitas aos institutos de direito de família, o que permitirá aportar na defesa de uma análise da *disponibilidade por camadas*, a qual incide de maneira diversa nos elementos da relação jurídica, sobretudo no direito subjetivo e na pretensão. Vislumbra-se a distinção das hipóteses de mera intangibilidade do direito subjetivo com as situações de efetiva indisponibilidade no exercício da pretensão, as quais são diversas, embora apareçam muitas vezes de forma embaralhada. Sendo assim, a partir dessa diferenciação, emergirão graus distintos de disponibilidade em cada um desses fatores.

Na parte final da investigação, pretende-se averiguar como essas novas significações poderão reverberar no entendimento prevalecente quanto à disponibilidade, à transigibilidade e à arbitrabilidade dos temas subjacentes aos conflitos familiares, sabidamente peculiares.

Essa análise se justifica em razão do fato de que a disponibilidade ou a indisponibilidade de um direito material delimita o espaço de transação admitido (ou não) para a referida matéria; em paralelo, essa adjetivação também viabiliza ou inviabiliza a utilização da arbitragem. Por conseguinte, uma das projeções práticas que emergem das ideias ora lançadas é a sustentação de novas fronteiras procedimentais para os conflitos que envolvem temas de direito de família, particularmente quanto aos espaços de transação e arbitragem.

A arquitetura proposta está sedimentada em uma divisão desta obra em três partes: *(i)* a primeira, intitulada *Indisponibilidade dos direitos: uma expressão com muitos sentidos*, na qual se pretende aclarar a temática objeto de análise e descrever a lacuna no campo do conhecimento; *(ii)* a segunda, intitulada *Filtragem funcional e constitucional*, na qual se pretende desvelar o problema metodológico e avançar nas proposições para enfrentá-lo; *(iii)* e a terceira, intitulada *Releitura e efeitos jurídicos*, na qual serão expostas as balizas lançadas para o novel significado e também delineadas algumas projeções práticas possíveis (de sentido exemplificativo).

1
INDISPONIBILIDADE DOS DIREITOS: UMA EXPRESSÃO COM MUITOS SENTIDOS

1.1 OBSCURIDADE NA SIGNIFICAÇÃO JURÍDICA

A referência a uma ideia de indisponibilidade de alguns direitos é antiga e complexa, visto que, sob essa locução, agasalham-se os mais diversos significados e variadas consequências. Uma miríade de sentidos parece ter acompanhado o seu percurso construtivo, o que contribuiu para que essa obnubilação tenha alcançado a atualidade.

É possível perceber que a referência à indisponibilidade indica de pronto a percepção da existência de algum limite, obstrução, de uma barreira ou obstáculo que se coloca para o titular de dado direito. Já a referência à disponibilidade indica uma faculdade, liberdade, autonomia, disposição para o respectivo titular.[1] Essa aparente precisão não subsiste a uma análise mais detida das suas efetivas repercussões no plano jurídico.

É recorrente a conexão entre disponibilidade e situações envolvendo patrimonialidade (apropriação de bens), bem como entre indisponibilidade e situações envolvendo certa pessoalidade (vida, corpo). Assim sendo, a justificativa da origem de tal distinção seria uma exterioridade do patrimônio em relação à pessoa, isso permitiria a sua transmissibilidade de um titular para outro (o que o tornaria disponível). Já os ditos direitos pessoais seriam inerentes à própria pessoa, sendo, portanto, intransmissíveis (e, assim, indisponíveis).[2]

Por essa ótica, direitos patrimoniais seriam disponíveis e direitos não patrimoniais seriam indisponíveis.[3] Exemplo corrente é a reiterada

---
[1] OLIVERO, Luciano. *L'indisponibilità dei diritti*: analisi di una categoria. Torino: G. Giappichelli Editore, 2008. p. 2.
[2] ANGELONI, Franco. *Rinunzie, transazione e arbitrato nei rapporti familiari*. Padova: Cedam, 1999. t. 1. p. 3.
[3] "Os direitos de família têm natureza não patrimonial" (tradução livre). No original: "I diritti di famiglia hanno natura non patrimoniale" (MASSIMO BIANCA, Cesare. *Diritto civile*: la famiglia. 5. ed. Milano: Giuffrè, 2014. v. 2.1. p. 11).

indisponibilidade dos direitos da personalidade em face de seu caráter não patrimonial,[4] ou seja, em razão da sua imbricação com a pessoa. Nessa linha, também é comumente classificado o direito de família como indisponível, em razão de suas situações jurídicas envolverem aspectos fortemente pessoais (não patrimoniais),[5] embora não se negue que, muitas vezes, igualmente, apresentem alguma repercussão patrimonial.[6] Luciano Olivero sugere a imaginação de um vértice a partir do qual teríamos uma indisponibilidade máxima nos direitos da personalidade, o qual decresceria até uma mínima indisponibilidade nos direitos patrimoniais.[7]

O caminhar da história desvelou as repercussões econômicas decorrentes de muitos direitos da personalidade e também de alguns institutos de direito de família, o que atualmente é uma realidade inafastável. Paulatinamente, constatou-se que apenas os critérios da patrimonialidade e da pessoalidade não seriam suficientes para as situações jurídicas que passaram a se apresentar.

Destaca-se que a doutrina do Direito Civil brasileiro não é uníssona ao descrever qual é o conceito e quais são as características da indisponibilidade dos direitos. Em outros termos, a literatura jurídica não demarca de forma clara os fundamentos contemporâneos que sustentariam a classificação dos direitos *entre disponíveis e indisponíveis* e, também, oscila ao descrever os seus efeitos.

---

[4] "Prosseguindo agora na classificação dos direitos da personalidade, devemos fazer notar que estes se incluem entre os direitos não patrimoniais" (CUPIS, Adriano de. *Os direitos da* personalidade. Trad. Afonso Celso Furtado Rezende. São Paulo: Quorum, 2008. p. 35).

[5] ANGELONI, Franco. *Rinunzie, transazione e arbitrato nei rapporti familiari.* Padova: Cedam, 1999. t. 1. p. 3-6: Destaca que a doutrina e a jurisprudência italiana não definem com clareza quais critérios permitiram constatar se há ou não patrimonialidade em dada situação jurídica. O posicionamento majoritário tanto de doutrinadores como de julgadores é no sentido de que tal análise seria subjetiva, ligada à casuística. Entretanto, o autor discorda e defende uma análise objetiva dessa relevante questão, com critérios firmes e definidos, com lastro na legislação posta.

[6] OLIVERO, Luciano. *L'indisponibilità dei diritti*: analisi di una categoria. Torino: G. Giappichelli Editore, 2008. p. 3. Esse autor sublinha que a relação familiar do matrimônio com o status historicamente o gravou como indisponível. No entanto, a crescente facilitação na ruptura do vínculo conjugal colocaria em xeque tal vinculação, visto que a mudança de status estaria cada vez mais disponível.

[7] OLIVERO, Luciano. *L'indisponibilità dei diritti*: analisi di una categoria. Torino: G. Giappichelli Editore, 2008. p. 30.

1 · INDISPONIBILIDADE DOS DIREITOS: UMA EXPRESSÃO COM MUITOS SENTIDOS | 11

Do mesmo modo, a legislação nacional também não traz elementos que permitam avançar em uma conceituação unívoca, já que os textos legais referem a expressão da *indisponibilidade* de forma pontual e desconexa, não raro com os mais variados sentidos.[8] Por fim, nem mesmo os Tribunais[9] estabeleceram um consenso seguro a respeito do que entendem sobre a temática da indisponibilidade dos direitos.[10]

Há uma grande dificuldade em se delinear quais seriam os fundamentos jurídicos que permitiram, na atualidade, divisar alguns direitos como *disponíveis* e outros como *indisponíveis*. Mesmo no campo dos direitos patrimoniais, não se apresentam elementos consistentes que permitam a distinção de quais deles podem ser considerados como *disponíveis* e quais seriam estabelecidos como *indisponíveis*.

Desse modo, indiscutível o fato de que inexiste uma clareza conceitual ou categorial que permita laborar de forma precisa uma conceituação da indisponibilidade de direitos, tendo em vista que "da doutrina não se extraem delineamentos certeiros do conceito de indisponibilidade dos direitos fundamentais".[11] Da mesma forma, a legislação e os julgados dos nossos tribunais não apresentam elementos consistentes que permitam assimilar um sentido claro para a denominada indisponibilidade dos direitos.[12]

---

[8] Como bem descreve: MARTEL, Letícia de Campos Velho. *Direitos fundamentais indisponíveis*: os limites e os padrões do consentimento para a autolimitação do direito fundamental à vida. Tese (Doutorado em Direito) – Universidade do Estado do Rio de Janeiro, Rio de Janeiro, 2010.

[9] Há uma manifestação do Supremo Tribunal Federal sobre o tema, datada de 2001, ao julgar a constitucionalidade da Lei de Arbitragem (Lei 9.307/1996). Nesse caso, houve discussão explícita sobre o sentido que poderia ser conferido à disponibilidade dos direitos. Entretanto, apesar de relevantes, as razões desse precedente não respondem às questões postas no presente, principalmente quanto aos direitos familiares e sucessórios (STF, SE 5206, j. 12.12.2001).

[10] "Tudo isso conduz à inexorável afirmação de que efetivamente existe um problema conceitual por detrás da ideia de indisponibilidade dos direitos fundamentais" (MARTEL, Letícia de Campos Velho. *Direitos fundamentais indisponíveis*: os limites e os padrões do consentimento para a autolimitação do direito fundamental à vida. Tese (Doutorado em Direito) – Universidade do Estado do Rio de Janeiro, Rio de Janeiro, 2010).

[11] MARTEL, Letícia de Campos Velho. *Direitos fundamentais indisponíveis*: os limites e os padrões do consentimento para a autolimitação do direito fundamental à vida. Tese (Doutorado em Direito) – Universidade do Estado do Rio de Janeiro, Rio de Janeiro, 2010.

[12] Esses aspectos serão detalhados no item 2.5 deste livro.

Aspecto significativo é que essa ausência de unicidade, muitas vezes, é percebida dentro de um mesmo ramo, como o próprio Direito Civil. Ainda, há uma desarmonia de significados até mesmo entre os familiaristas, o que faz transparecer a complexidade do tema.[13]

Alguns autores afirmam que a indisponibilidade é, acima de tudo, uma adjetivação conferida pelo intérprete, pois nem sempre decorre de expressa previsão legal. Em regra, os legisladores são comedidos a utilizar tal locução e preferem muitas vezes usar outro termo.[14] No entanto, a resolução de diversos casos concretos faz emergir a força da indisponibilidade na seara jurídica, uma vez que é referida de modo constante tanto pela doutrina como pela jurisprudência, nas mais diversas circunstâncias.

> Unidos em nome da indisponibilidade, em qualquer caso, se encontram inúmeras posições jurídicas, registradas como "indisponíveis para fins particulares" (...). Na presença desta proliferação de situações indisponíveis, se a quantidade se tornou qualidade, não deveria haver dúvidas sobre a existência e vitalidade da categoria em exame; ou, olhando as coisas de cabeça para baixo, tal miríade de hipóteses poderia instilar a suspeita de uma unidade meramente verbal. Por enquanto, e sem antecipar os resultados da investigação, é útil considerar que em todos os casos relatados o atributo "indisponível" é uma adjetivação conferida pelos intérpretes (e às vezes reflete um uso inveterado, como a indisponibilidade de direitos pessoais), mas nem sempre é extraído do vocabulário do legislador.[15]

---

[13] "Olhar a indisponibilidade sob esta ótica significa perguntar se ela tem as características de uma categoria forte e ordenada. Ao mesmo tempo – mas este é apenas o outro lado da moeda – é necessário investigar se ela não gera uma 'tela enganosa', proporcionando uma aparência de compactação a casos heterogêneos e replicando para alguns direitos (direitos conjugais e de personalidade) uma imagem indisponível que, para ser constante e verdadeira para si mesma, corre o risco de se tornar cada vez mais falsa" (tradução livre). No original: "Guardare all'indisponibilità in questa luce significa allora chiedersi se essa abbia i connotati di una categoria forte, ordinante. Al contempo – ma non è che il rovescio della medaglia – se deve indagare se essa non generi invece uno 'schermo desviante', fornendo una parvenza di compattezza a fattispecie eterogenee, e replicando per alcuni diritti (quelli coniugali e della personalità) un'immagine indisponibile che, per essere costante e fedele a sé stessa, rischia di diventare ogni giorno piùi falsa" (OLIVERO, Luciano. *L'indisponibilità dei diritti*: analisi di una categoria. Torino: G. Giappichelli Editore, 2008. p. 14).

[14] OLIVERO, Luciano. *L'indisponibilità dei diritti*: analisi di una categoria. Torino: G. Giappichelli Editore, 2008. p. 13.

[15] Tradução livre. No original: "Unite nel nome dell'indisponibilità, ad ogni modo, si trovano ulteriori e innumerevoli posizioni giuridiche, registrate come 'indisponibili' a fini particolare (...) Al cospetto di questo proliferare di situazioni indisponibili, se la

Diversos ramos do Direito se valem da distinção entre os chamados direitos disponíveis e indisponíveis, o que é recorrente ao longo da história, inclusive. O tema em destaque é tratado com vigor pelo Direito Civil, pelo Direito Processual Civil, pelos Direitos Fundamentais, entre outros ramos. No campo do direito privado, a referência mais direta é realizada no trato dos direitos da personalidade e no direito de família. Frise-se que a presente obra tem como escopo a indisponibilidade atrelada ao Direito de Família.

Os efeitos dessa opacidade emergem de forma mais intensa quando as leis que passam a regular os meios extrajudiciais de solução de conflitos utilizam como critério definidor da sua competência justamente a disponibilidade dos direitos envolvidos, o que é replicado em vários países. Os espaços destinados à mediação e à arbitragem têm as suas usuais fronteiras demarcadas pelo grau de indisponibilidade das matérias em disputa. Por conseguinte, a arbitrabilidade e a transigibilidade estão umbilicalmente ligadas à disponibilidade ou à indisponibilidade do direito material em apreço.

No Brasil, isso não foi diferente, visto que a opção do nosso sistema foi utilizar a disponibilidade ou a indisponibilidade do direito objeto do litígio como critério para admissão ou vedação da utilização dos chamados métodos adequados de solução de litígio (como a mediação e a arbitragem).

Essa perspectiva está presente no marco regulatório da arbitragem[16] e se repete com o marco regulatório da mediação:[17] ambas fazem referência expressa à categoria dos direitos disponíveis e dos indisponíveis ao balizar a

---

quantità facesse la qualità, non se dovrebbero avere dubbi sull'esitenza e sulla vitalità della categoria in esame; oppure, a guardare le cose da una prospettiva capovolta, una simile ressa di ipotesi potrebbe instillare il sospeto di un'unita solo verbale dell'insieme. Per il momento, e senza anticipare gli esiti dell'indagine, è comunque utile considerare che in tutti i casi segnalati l'attributo indisponibile è un'aggettivazione conferita dagli interpreti (e talvolta riflette un uso inveterato, come l'indisponibilità dei diritti personalissimi), ma non sempre è attinta dal vocabolario del legislatore" (OLIVERO, Luciano. *L'indisponibilità dei diritti*: analisi di una categoria. Torino: G. Giappichelli Editore, 2008. p. 12-13).

[16] Lei 9.307/1996, art. 1º: "As pessoas capazes de contratar poderão valer-se da arbitragem para dirimir conflitos relativos a direitos patrimoniais disponíveis" (BRASIL. *Lei 9.307, de 23 de setembro de 1996*. Dispõe sobre a arbitragem. Disponível em: http://www.planalto.gov.br/ccivil_03/leis/l9307.htm. Acesso em: 05.07.2021).

[17] Lei 13.140/2015, art. 3º: "Pode ser objeto de mediação o conflito que verse sobre direitos disponíveis ou sobre direitos indisponíveis que admitam transação" (BRASIL. *Lei 13.140, de 26 de junho de 2015*. Dispõe sobre a mediação entre particulares como meio de solução de controvérsias e sobre a autocomposição de conflitos no âmbito da Administração Pública; altera a Lei 9.469, de 10 de julho de 1997, e o Decreto 70.235, de 6 de março de 1972; e revoga o § 2º do art. 6º da Lei 9.469, de 10 de julho

sua esfera de abrangência,[18] e o legislador brasileiro optou por incrementar a temática e, inclusive, faz referência a *direitos indisponíveis que admitam transação.*[19]

Sendo assim, consequentemente, definir um direito como disponível ou indisponível pode, por exemplo, viabilizar ou inviabilizar a utilização da via arbitral para dado litígio. A imbricação entre a indisponibilidade e os métodos de solução de conflito se conecta com o tema do acesso à Justiça.[20] Essa distinção é debatida também no Direito estrangeiro,[21] ainda que, por

---

de 1997. Disponível em: http://www.planalto.gov.br/ccivil_03/_ato2015-2018/2015/lei/l13140.htm. Acesso em: 05.07.2021).

[18] A Lei de Mediação ainda faz referência expressa a "direitos indisponíveis que admitam transação". Sobre o tema, Elton Venturi afirma que: "Em que pese o obscuro significado da expressão, a nova previsão legislativa pode ser considerada um importante marco na busca pela maior adequação dos procedimentos resolutórios no Brasil, apta a influenciar uma gradativa relativização da nebulosa e paternalista concepção que tem marcado o debate a respeito da inegociabilidade e da exclusividade da solução adjudicatória referentemente aos conflitos de direitos indisponíveis no país" (VENTURI, Elton. Transação de direitos indisponíveis? *Revista de Processo – RePro*, São Paulo, v. 41, n. 251, p. 391-426, jan. 2016).

[19] COSTA, Nilton César Antunes da; SANTOS, Rebeca Barbosa dos. A transação dos direitos indisponíveis na mediação. *Revista Direito UFMS*, Campo Grande, v. 5, n. 1, p. 208-232, jan.-jun. 2019.

[20] BARBALUCCA, Vincenza; GALLUCCI, Patrizia. *L'autonomia negoziale dei coniugi nella crisi matrimoniale.* Milano: Giuffrè, 2012; ANGELONI, Franco. *Rinunzie, transazione e arbitrato nei rapporti familiari.* Padova: Cedam, 1999. t. 1; FENOUILLET, Dominique; VAREILLES-SOMMIERES, Pascal de. *La contractualisation de la famille.* Paris: Economica, 2001; CARVALHO, Joana Campos; CARVALHO, Jorge Morais. Problemas jurídicos da arbitragem e da mediação de consumo. *Revista Electrónica de Direito*, Porto, n. 1, p. 3-32, fev. 2016.

[21] A temática perpassa também o direito internacional privado, como aclara Yves Lequette no prefácio de obra sobre o tema: "Por muito tempo ausente do debate em direito internacional privado, a noção de livre disponibilidade de direitos está agora tão presente que juízes particularmente bem-informados a consideram como o 'fio condutor' que permitiria compreender 'o atual sistema de jurisprudência' tanto sobre a questão da 'aplicação *ex officio* do juiz da regra do conflito' quanto sobre a questão da 'atribuição do ônus da prova do conteúdo do direito estrangeiro'" (tradução livre). No original: "Longtemps absente du débat en droit international privé, la notion de libre disponibilité des droits y est aujourd'hui si présente que de hauts magistrats particulièrement avertis la considèrent comme le 'fil conducteur' qui permettrait de comprendre 'le système actuel de la jurisprudence' aussi bien sur la question de 'l'application d'office par la juge de la règle de conflit' que sur celle de 'l'attribution de la charge de la preuve du contenu de la loi étrangère'" (FAUVARQUE-COSSON, Bénédicte. *Libre disponibilité des droits et conflits de loi.* Paris: LGDJ, 1996. p. XV).

vezes, com outras denominações, e já demonstra algumas inquietações internas.[22]

Elton Venturi chega a afirmar que a "reconstrução do sistema de justiça brasileiro, que começa tardiamente a apostar nas soluções consensuais, passa a também depender de uma realista e pragmática reavaliação do sentido e do alcance da indisponibilidade dos direitos".[23]

Nesse viés, o quadro atual evidencia que a distinção entre disponibilidade e indisponibilidade ainda não está equacionada no Direito brasileiro, o que gera uma apreensão, mas, por outro lado, também conduz à reflexão. Vislumbra-se aqui uma lacuna passível de exame que pode estar sujeita a alguma contribuição, particularmente, no que se refere às suas projeções nos temas do direito de família.

Entrelaçada à redefinição da indisponibilidade dos direitos está a revisão da calibragem da intensidade da intervenção estatal restritiva de liberdade no espaço destinado aos particulares.[24] Conceder um maior campo de deliberação para as pessoas regerem suas próprias vidas fará que assumam o protagonismo das suas escolhas,[25] arcando também com as suas responsabilidades,[26] o que pode, consequentemente, resultar em uma maior disponibilidade. Ao contrário, quando se aplica uma maior restrição, reduz-se o leque de opções ofertado aos indivíduos, o que eleva o espectro de indisponibilidade. Como se vê, na antessala dessa temática está a percepção do espaço conferido para a liberdade.

---

[22] GONÇALVES, Marcos Alberto Rocha. Arbitragem no direito de família: uma apreciação dos limites e possibilidades. *Cadernos da Escola de Direito e Relações Internacionais*, Curitiba, v. 1, n. 14, p. 251-267, 2011.

[23] VENTURI, Elton. Transação de direitos indisponíveis? *Revista de Processo – RePro*, São Paulo, v. 41, n. 251, p. 391-426, jan. 2016.

[24] "O governo não deve restringir a liberdade, partindo do pressuposto de que a concepção de um cidadão sobre a forma de vida mais adequada para um grupo é mais nobre ou superior do que a de outro cidadão" (DWORKIN, Ronald. *Levando os direitos a sério*. São Paulo: Martins Fontes, 2002. p. 419)

[25] "O amadurecimento ético-jurídico tem mostrado que existem matérias em relação às quais o Estado não é o melhor juiz e que não pode haver substituto para a consciência individual. O custo, no caso contrário, significa a desresponsabilização e a infantilização dos indivíduos, reduzindo-se, na mesma proporção, o nível de liberdade na sociedade" (BODIN DE MORAES, Maria Celina. *Na medida da pessoa humana*. Rio de Janeiro: Renovar, 2010. p. 189).

[26] JONAS, Hans. *O princípio responsabilidade*: ensaio de uma ética para a civilização tecnológica. Trad. Marijane Lisboa e Luiz Barros Montez. Rio de Janeiro: Contraponto; Editora PUC-Rio, 2006. p. 23.

O protagonismo atualmente conferido à temática da indisponibilidade dos direitos[27] e a ausência de uma convergência na sua definição inspiraram o estudo que será apresentado a seguir. Sustenta-se a inexistência de uma tradução contemporânea do significado da indisponibilidade no âmbito do direito de família, especialmente com percepção da sua atual dimensão funcional e com vistas à sua constitucionalização.

Assim, a compreensão dos fundamentos, bem como das raízes históricas que permeiam a definição de uma esfera de indisponibilidade para os direitos, é essencial para a tarefa ora proposta.

1.2 RAÍZES HISTÓRICAS DAS INDISPONIBILIDADES

A ideia de gravar alguns direitos com algum grau de indisponibilidade é antiga,[28] possui diversos matizes e pode ser apreciada por variadas óticas. A percepção da longa tradição da presença de determinado grau de indisponibilidade no espectro jurídico auxilia na compreensão das suas características atuais; por essa razão, sugere-se uma revisão histórica.[29]

Inicialmente, esclarece-se que esta incursão na história[30] não tem como pressuposto a existência de uma linearidade evolutiva que possa naturalizar a presença da figura da indisponibilidade na atualidade. Ao contrário, parte-se da premissa de que *a história (em particular a história do direito) pode ter outro escopo: o de explicar e problematizar criticamente*

---

[27] Cabe anotar que o critério da disponibilidade/indisponibilidade dos direitos em litígio para permitir ou vedar o recurso à arbitragem é utilizado também em diversos outros países.

[28] Afirmação que leva em conta a perspectiva temporal adotada nesta obra, visto que há notícias de alguma indisponibilidade jurídica há mais de dois séculos, como se perceberá no decorrer do presente capítulo.

[29] "Todo trabalho histórico decompõe o tempo passado, escolhe entre suas realidades cronológicas, de acordo com preferências exclusivas mais ou menos conscientes" (BRAUDEL, Fernand. História e Ciências Sociais: a longa duração. Trad. Ana Maria Camargo. *Revista de História da USP*, São Paulo, v. 30, n. 62, p. 261-294, abr.--jun. 1965. p. 263. Disponível em: https://www.revistas.usp.br/revhistoria/article/view/123422/119736. Acesso em: 02.10.2021).

[30] "(...) a História é ao mesmo tempo conhecimento do passado e do presente, do 'tornado' e do 'tornar-se', distinção em cada tempo histórico, quer seja de ontem ou de hoje, entre o que dura, é perpetuado, perpetuar-se-á vigorosamente – e o que não é senão provisório, até mesmo efêmero" (BRAUDEL, Fernand. *Escritos sobre a história*. Trad. J. Guinsburg e Tereza Cristina Silveira da Mota. 3. ed. São Paulo: Perspectiva, 2014. p. 235).

(...), fazendo-o de um modo tal que esse saber sirva, de algum modo (...) ao nosso presente.[31]

Uma segunda observação prévia merece apontamento: a assunção da relevância de cada contexto histórico na configuração conferida para a indisponibilidade naquele período.[32] Certamente, ela atendia a determinadas finalidades coerentes com os interesses do seu tempo. Conforme afirma Paolo Grossi,

> O direito não é nunca uma nuvem que flutua sobre uma paisagem histórica. É ele mesmo paisagem, ou, se preferimos, seu componente fundamental e tipificador. E é por isso que deverá se haver com os *tempos* e os *espaços* mais diversos, que terá diversas manifestações segundo diversas exigências dos climas históricos dos quais emerge, manifestações que serão interpretadas e aplicadas até o ponto de se transformarem em concreto tecido histórico.[33]

Em outros termos, a percepção da influência da realidade de cada tempo e de cada lugar nos contornos jurídicos é vital para evitar interpretações anacrônicas e também para permitir uma melhor reflexão sobre o presente.[34]

A terceira e última observação prévia é que se adotará a perspectiva de tempo delineada pelo historiador Fernand Braudel, que recomenda uma investigação que leve em conta a curta duração (acontecimentos),[35] a média

---

[31] FONSECA, Ricardo Marcelo. *Introdução teórica à história do direito*. Curitiba: Juruá, 2009. p. 18.

[32] "Isto importa também, no processo interpretativo, reconhecer a relatividade e historicidade dos institutos jurídicos. Os conceitos científicos e doutrinários do direito – como os de qualquer ciência, especialmente as sociais – são produtos de um determinado contexto histórico-cultural e a ele se referem. Assim, uma interpretação que se pretenda funcional, deve levar em conta a distinção de significado e efeitos do instituto entre o contexto de sua origem e aquele em que se pretende sua aplicação" (SCHREIBER, Anderson; KONDER, Carlos Nelson. Uma agenda para o direito civil-constitucional. *Revista Brasileira de Direito Civil*, Rio de Janeiro, v. 10, out.-dez. 2016. p. 14).

[33] GROSSI, Paolo. *Primeira lição sobre direito*. Rio de Janeiro: Forense, 2008. p. 35-36.

[34] "Assim, é possível resgatar o direito escrito na história, onde os valores jurídicos são escolhas locais, embora a nossa se esconda por detrás de um tecnicismo burocrático. A construção do direito é feita a partir de respostas específicas do mundo jurídico às demandas das comunidades, o que o torna plural e complexo e exige seu acolhimento e não sua obediência forçada" (PEREIRA, Luis Fernando Lopes. Discurso histórico e direito. In: FONSECA, Ricardo Marcelo (org.). *Direito e discursos*: discursos do direito. Florianópolis: Fundação Boiteux, 2006. p. 135).

[35] "A história tradicional, atenta ao tempo breve, ao indivíduo, ao acontecimento, habituou-nos, há muito, a seu relato precipitado, dramático, de fôlego curto. (...)

duração (conjuntura)[36] e a longa duração (permanência).[37] Esse autor recomenda tal distinção para uma adequada perspectiva histórica, sendo isso o intuito da incursão que se apresentará a seguir.

Alguma ideia de indisponibilidade dos direitos pode ser encontrada nas fontes do Direito Justiniano,[38] implicitamente, o qual previa a "intransigibilidade dos alimentos sem a presença de um juiz". Essa restrição pode ser um

---

Não sem razão: o tempo curto é a mais caprichosa, a mais enganadora das durações" (BRAUDEL, Fernand. História e Ciências Sociais: a longa duração. Trad. Ana Maria Camargo. *Revista de História da USP*, São Paulo, v. 30, n. 62, abr.-jun. 1965. p. 263 e 265. Disponível em: https://www.revistas.usp.br/revhistoria/article/view/123422/119736. Acesso em: 02.10.2021).

[36] "Uma nova forma de relato histórico aparece, chamêmo-lo o 'recitativo' da conjuntura, do ciclo, até mesmo do 'interciclo', que propõe à nossa escolha uma dezena de anos, um quarto de século e, no extremo limite, o meio-século do ciclo clássico de Kondratieff" (BRAUDEL, Fernand. História e Ciências Sociais: a longa duração. Trad. Ana Maria Camargo. *Revista de História da USP*, São Paulo, v. 30, n. 62, abr.--jun. 1965. p. 266. Disponível em: https://www.revistas.usp.br/revhistoria/article/view/123422/119736. Acesso em: 02.10.2021).

[37] "Entre os tempos diferentes da história, a longa duração apresenta-se, assim, como uma personagem embaraçosa, complicada, muitas vêzes inédita. Admiti-la no coração de nosso trabalho não será um simples jôgo, o habitual alargamento de estudos e curiosidades. Não se tratará mais de uma escôlha da qual êle será o único beneficiário. Para o historiador, admiti-lo é prestar-se a uma mudança de estilo, de atitude, a uma mudança de pensamento, a uma nova concepção do social. É familiarizar-se com um tempo mais lento, por vêzes quase no limite do instável. Neste andar, não em outro qualquer, – voltaremos a isso, – é lícito desprender-se do tempo exigente da história, dêle sair, depois voltar, mas com outros olhos, cheios de outras inquiétações, outras perguntas. Em todo caso, é com relação a estas grandes extensões de história lenta que a totalidade da história pode ser repensada, como a partir de uma infra-estrutura. Todos os andares, todos os milhares de andares, todos os milhares de fragmentos do tempo da história são compreendidos a partir desta profundidade, desta semi-imobilidade; tudo gira em tôrno dela" (BRAUDEL, Fernand. História e Ciências Sociais: a longa duração. Trad. Ana Maria Camargo. *Revista de História da USP*, São Paulo, v. 30, n. 62, abr.-jun. 1965. p. 271. Disponível em: https://www.revistas.usp.br/revhistoria/article/view/123422/119736. Acesso em: 02.10.2021).

[38] "Justiniano, sobrinho de Justino I, ascendeu ao poder no 527 da era Cristã. Seu governo se prolongou até o ano 565, em que faleceu. Foram portanto 38 anos de administração profícua para o Império Romano do Oriente, não só sob o prisma militar, como, também, sob o aspecto cultural. (...) Concebeu o imperador um plano gigantesco de compilação de constituições e de obras doutrinárias do período clássico: *Leges e Iura*" (MEIRA, Sílvio. A. B. *Curso de Direito Romano*: História e Fontes. São Paulo: Saraiva, 1975. p. 165 e 168).

dos germens da noção de indisponibilidade jurídica que, paulatinamente, ganhou corpo da tradição jurídica.[39]

Os alimentos já possuíam previsão no *Corpus Iuris*, foram objeto de elaboração medieval e receberam impulso da *charitas* cristã, com conotações que se preservaram nos séculos. Dessa forma, é possível dizer que o tema foi influenciado pela redescoberta das fontes romanas, teve o contributo do direito canônico, recebeu atenção dos glosadores e juristas medievais até aportar no direito moderno.[40]

Esse percurso fez que os alimentos fossem albergados na categoria dos direitos naturais ou divinos[41] (os quais adviriam da própria natureza), sendo ajustados como imodificáveis e indisponíveis.[42]

---

[39] Tributam-se as ideias centrais dessa descrição histórica à obra de Luciano Olivero, o qual analisou detidamente o tema: OLIVERO, Luciano. *L'indisponibilità dei diritti*: analisi di una categoria. Torino: G. Giappichelli Editore, 2008.

[40] CAHALI, Yussef Said. *Dos alimentos*. 8. ed. rev. e atual. São Paulo: Ed. RT, 2013. p. 41-44.

[41] Stefano Rodotà destaca que uma das alterações processadas pelo direito pós-Revolução Francesa foi justamente extrair parte da esfera que era considerada como pertencente ao divino (e, portanto, era imutável) para adicioná-la sob o trato das leis humanas (que são mutáveis). Essa alteração traz um dinamismo significativo para o contexto da época (RODOTÀ, Stefano. *La vita e le regole*: tra diritto e non diritto. Milano: Feltrinelli, 2009. p. 13).

[42] "Já esboçada no *Corpus Iuris*, os alimentos tiveram elaboração na Idade Média, com a elevação da casuística puntiforme da antiguidade a um sistema e a aquisição, sob o impulso da *Charitas* cristã, de conotações então preservadas ao longo dos séculos. Entre estes, o caráter tendencialmente indisponível, já implícito, aliás, na lei *Justiniana*, que, para evitar renúncias tolas, previa a intransigibilidade dos alimentos sem o consentimento do juiz, movendo 'o primeiro passo' – está escrito – 'para a afirmação da indisponibilidade do direito'. (...) – a indisponibilidade encontra posterior conforto na derivação da pensão alimentícia da lei natural ou divina eterna, que torna um direito 'imodificável e indisponível', tanto pelo direito estatutário – em uma posição subordinada em relação à lei natural que inspira o instituto – quanto pela vontade privada" (tradução livre). No original: "Già abbozzati nel corpus iuris, gli alimenti hanno ricevuto compiuta elaborazione nell'età medioevale, con l'elevazione a sistema della puntiforme casistica antica e l'acquisizione, sotto la spinta della charitas cristiana, di connotazioni poi conservate nei secoli. Tra queste, la natura tendenzialmente indisponibile, già implicita, peraltro, nel diritto giustinianeo, il quale, per prevenire rinunce dissennate, prevedeva l'intransigibilità degli alimenti senza il consenso del giudice, muovendo 'il primo passo' – è stato scritto – 'verso la affermazione dell'indisponibilità del diritto'. (...) – l'indisponibilità trova ulteriore conforto nella derivazione degli alimenta dal sempiterno ius naturale o divino, che ne fanno un diritto 'immodificabile ed indisponibile', sia da parte del diritto statutario

A estruturação da temática da indisponibilidade é percebida com mais vigor a partir da modernidade, mas a sua origem pode ser apreciada a partir de dois ângulos: um jusnaturalista;[43] outro religioso.

O matiz jusnaturalista[44] pode ser associado ao contratualismo, visto que os seus postulados acabam por, de algum modo, divisar os direitos em disponíveis e indisponíveis. Explica-se: a ideia de contrato social originário sustenta que, por intermédio desse pacto, as pessoas cederam os seus direitos ao Estado em troca de proteção. Entretanto, elas não cederam todos os seus direitos, resguardando para si o direito à vida e os instrumentos fundamentais para a sobrevivência (que lhes seriam naturais, visto que os possuiriam desde os primórdios). Consequentemente, o direito à vida seria indisponível[45] já na perspectiva do contrato social originário, com lastro nas ideias de Hobbes e Locke,[46] de modo que, "no entanto, a ideia de que o direito à vida incorpora 'o paradigma da indisponibilidade jurídica' permanece firme".[47]

A partir disso, tal peculiaridade passa a ser estendida para outros direitos, inicialmente, em face do Estado, mas, posteriormente, também diante

---

– in posizione subordinata rispetto allo ius naturale ispiratore dell'istituto – sia da parte della volontà privata" (OLIVERO, Luciano. *L'indisponibilità dei diritti*: analisi di una categoria. Torino: G. Giappichelli Editore, 2008. p. 3-4).

[43] "A ideia jusnaturalista considera uma ordem das coisas natural (pressuposta) que espelharia a harmonia encontrada na natureza. Entre os gregos, a ideia de natureza que comandará o conceito de direito será a ordem cosmológica; entre os medievais, essa ordem natural será remetida ao modo do ser perfeito: Deus. Daí que, no primeiro caso, fala-se de um direito natural cosmológico, ao passo que, no segundo, teríamos um direito natural teológico. Já em relação ao jusnaturalismo contemporâneo, justifica-se a lei natural como lei da razão humana a qual garantiria direcionamento e ordem à lei humana, independentemente de qualquer conceito de natureza ou de Deus. Há, como elemento comum, uma ordem natural que determina os critérios de correção do direito positivo. Essa ordem natural é transcendente e se situa fora do tempo e da história, de modo a condicionar o direito produzido em tempo e lugar determinado por conclusão ou por determinação (...)" (STRECK, Lenio Luiz. *Dicionário de hermenêutica*: cinquenta temas fundamentais da teoria do direito à luz da crítica hermenêutica do direito. Belo Horizonte: Letramento, 2020. p. 181-182).

[44] RODOTÀ, Stefano. *Diritto d'amore*. 4. ed. Bari: Laterza, 2020. p. 35-45.

[45] OLIVERO, Luciano. *L'indisponibilità dei diritti*: analisi di una categoria. Torino: G. Giappichelli Editore, 2008. p. 38-41.

[46] Essa perspectiva, de certo modo, estaria presente também na Declaração dos Direitos dos Cidadãos dos Estados Unidos, *Bill of Rights* (1791).

[47] Tradução livre. No original: "Resta nondimeno ferma l'idea che il diritto alla vita incarni 'il paradigma dell'indisponibilità giuridica'" (OLIVERO, Luciano. *L'indisponibilità dei diritti*: analisi di una categoria. Torino: G. Giappichelli Editore, 2008. p. 37).

dos particulares e até mesmo perante a própria pessoa titular desse direito. Por essa ótica, a indisponibilidade dos direitos pode ser justificada a partir da gênese do contratualismo, por se tratar de matiz que caracterizaria os direitos naturais pré-estatais anteriores ao contrato social (e do qual não fizeram parte).

Outro espectro de análise seria pelo viés da religião, que também é relevante para compreensão da transformação histórica da noção de indisponibilidade jurídica, em especial a partir do direito canônico e da doutrina católica.[48] O cristianismo tem em sua base o reconhecimento da dignidade do homem, que teria sido feito à "semelhança de Deus", e, a partir disso, sustenta a proteção do corpo (templo do espírito) e da vida (sagrada e divina), já que ambas teriam sido recebidas de Deus. Por conseguinte, tais direitos seriam irrenunciáveis pelo homem, pois pertenceriam a Deus; o que – ao fim e ao cabo – os tornaria indisponíveis.

O prisma jusnaturalista é diverso do canônico, como se percebe, e possui fundamentos distintos, ainda que ambos possam aportar em conclusões similares. Mesmo não sendo convergentes nem mesmo sincrônicos, os seus contributos para a formação da categoria da indisponibilidade podem não ser necessariamente excludentes. A leitura jusnaturalista está embasada na necessidade de proteção de uma esfera de direitos contra agressões até mesmo do próprio titular (limites concretos). Já a leitura religiosa está ancorada em um moral transcendente (limites metafísicos). Ambos os aportes parecem possuir lastro fático, isso se mostra possível em virtude da antiguidade da expressão e da multiplicidade de fontes que permeiam a evolução de sentidos conferidos à ideia de indisponibilidade dos direitos.

Stefano Rodotà destaca que a alteração de enfoque realizada com o transpasse da fundamentação na religião (dogmas), bem como da natureza para o direito (para as leis), reforçou o grau de disponibilidade das amarras sociais. Isso, porque, no momento em que o alicerce social era fundado nas regras religiosas e naturais, as suas premissas eram tidas como inalcançáveis para as pessoas, imutáveis, portanto, indisponíveis. Posteriormente, com a organização social passando a estar retratada nas leis humanas, há, consequentemente, a assimilação de que elas podem ser alteradas, visto que são obras do homem, mutáveis, vontades soberanas de uma nação, portanto disponíveis.[49]

---

[48] Há referências ao fato de que, antes do cristianismo, eram admitidos, no direito arcaico, atos de disposição do próprio corpo, mas, a partir das difusões das ideias cristãs, tal prática tornou-se reprimida e limitada.

[49] RODOTÀ, Stefano. *Diritto d'amore*. 4. ed. Bari: Laterza, 2020. p. 19. O autor italiano também alerta que nem sempre temos mais liberdade ao abrigo da construção jurídica das leis, visto que uma perspectiva histórica facilmente demonstra o contrário.

Tais características foram assumidas mais fortemente a partir do direito moderno[50] e, mesmo com substanciais alterações, deixaram rastros no seu formato hodierno.

A forte ligação da obrigação alimentar com o direito à vida e com a ideia então vigente de dignidade humana[51] reforçaria essa "incedibilidade" e, assim, a sua indisponibilidade. O entendimento era no sentido de que o direito natural prevalecia sobre a vontade do homem, seja das partes envolvidas, seja do próprio direito posto. Era reconhecida uma essencialidade aos alimentos que objetivava tutelar a vida com dignidade. Essa compreensão os tornava imodificáveis e, por conseguinte, indisponíveis.

Uma das características que, de algum modo, acompanha os alimentos até o presente é a sua propalada indisponibilidade:[52] "como o direito aos alimentos é um direito que protege um interesse essencial da pessoa, ele é indisponível na medida em que o ato de disposição afeta o interesse tutelado".[53]

Esse pode ser considerado o primeiro passo para uma perspectiva de indisponibilidade presente nas relações familiares, a qual posteriormente se espraiará para os denominados direitos da conjugalidade.[54]

Por outro lado, é forçoso reconhecer que uma infração a um dogma religioso já teve penalidades mais severas do que uma infração legal (uma vez que poderiam gerar uma repulsa e reprovação social severas).

[50] Elaborado a partir do final do século XVIII.

[51] "Foi a partir do Iluminismo que a ideia de dignidade universal aos poucos se afirmou, apesar da persistência de práticas absolutamente incoerentes com essa percepção, como a escravidão e a subordinação da mulher ao homem, dentre outras formas de discriminação. Porém, o conceito de dignidade presente no discurso iluminista – muito claro na filosofia kantiana – e subjacente também ao Direito do liberalismo individualista, partia da ideia abstrata, desencarnada e insular de pessoa" (SARMENTO, Daniel. *Dignidade da pessoa humana*: conteúdo, trajetórias e metodologia. Belo Horizonte: Fórum, 2016. p. 324).

[52] "Indisponibilidade dos alimentos – O direito a alimentos é personalíssimo, isto é, os representantes do menor não podem reduzir transação que acarrete sua renúncia (art. 1.707, CCB), ou manifesta diminuição no montante fixado judicialmente. Não podem ser cedidos, penhorados ou compensados, conforme dispõem os arts. 1.707 e 373, II, do CCB 2002. Portanto, indisponível a verba alimentar decorrente de pai/mãe para filhos, mas disponíveis entre cônjuges e companheiros" (PEREIRA, Rodrigo da Cunha. *Dicionário de direito de família e sucessões*. São Paulo: Editora Saraiva, 2015. Ilustrado).

[53] Tradução livre. No original: "In quanto il diritto agli alimenti è un diritto che tutela un interesse essenziale della persona esso è indisponibile nella misura in cui l'atto di disposizione pregiudica l'interesse tutelato" (MASSIMO BIANCA, Cesare. *Diritto civile*: la famiglia. 5. ed. Milano: Giuffrè, 2014. v. 2.1. p. 489).

[54] OLIVERO, Luciano. *L'indisponibilità dei diritti*: analisi di una categoria. Torino: G. Giappichelli Editore, 2008. p. 3-4. O autor destaca que os alimentos já possuíam previsão

Os chamados direitos conjugais serão uma das subsequentes searas a receber a adjetivação de ausência de disponibilidade,[55] traço marcante no trato das suas questões. O status será tido por indisponível, sob a justificativa de se evitar a sua mercantilização.

Rodotà anota que, durante o período do Renascimento, até surge uma ideia mais subjetiva do liame conjugal, iluminista, tanto é que alguns chegam a chamar o *Settecento* de "o Século do amor". No entanto, essa proposta é paulatinamente assolada pela perspectiva diversa de soberania estatal que irá se implantar. O fortalecimento do Estado e a prevalência do discurso de que cabe apenas a ele exercer sua soberania (monismo jurídico) farão que as relações pessoais passem a ser reguladas pela esfera pública.

A assunção de parte da organização conjugal pelo Estado faz que parcela considerável desse regramento permaneça com a Igreja, mas, ao mesmo tempo, outra parcela fique sob o comando das leis públicas. No estabelecimento jurídico da sua vida familiar, o indivíduo fica entre as regulações eclesiásticas e estatais.[56] Nessa quadra histórica, o casamento passa a ser de competência do Estado soberano; essa ideia de soberania é repassada para a comunidade familiar (na qual o homem será o soberano); ambas as soberanias convivem, com prevalência para a estatal. Nas palavras de Stefano Rodotà:

> É verdade que no Renascimento surgiu uma ideia subjetiva do vínculo conjugal. Mas isso foi revisto à medida que uma ideia muito diferente

---

no *Corpus Iuris*, foram objeto de elaboração medieval e receberam impulso da *Charitas* cristã, com conotações que se preservaram nos séculos. O tema é influenciado pela redescoberta do direito romano, o contributo do direito canônico, pelo trabalho dos glosadores e juristas medievais, conforme farta doutrina citada pelo doutrinador. Essa origem da indisponibilidade seria transmitida, com alterações, até os dias de hoje.

[55] "Na medida em que tutelam os interesses essenciais da pessoa, os direitos da família são indisponíveis. Em princípio, tais direitos não podem ser constituídos, modificados ou extintos pela vontade negociada dos particulares" (tradução livre). No original: "In quanto tutelano interessi essenziali della persona i diritti di famiglia sono indisponibili. In linea di massima, infatti, tali diritti non possono essere costituiti, modificati o estinti dalla volontà negoziale dei privati" (MASSIMO BIANCA, Cesare. *Diritto civile*: la famiglia. 5. ed. Milano: Giuffrè, 2014. v. 2.1. p. 12).

[56] No ambiente do lar, é bem verdade, era possível perceber o que Orlando Gomes classifica como um "privatismo doméstico", o que representaria uma tolerância das leis para as práticas sociais vigentes. Isso influenciou a formação do Código Civil brasileiro de 1916: "O Código incorpora certos princípios morais, emprestando-lhes conteúdo jurídico, particularmente no direito familiar. (...) Na sua elaboração, enfim, jamais se ausenta aquele privatismo doméstico que tem marcada influência na organização social do Brasil" (GOMES, Orlando. *Raízes históricas e sociológicas do Código Civil brasileiro*. São Paulo: Martins Fontes, 2006. p. 14).

de soberania emergiu e se fortaleceu. Afirmada pelo Estado, a soberania tornou-se competência para regular todas aquelas relações entre pessoas que poderiam ser trazidas de volta à esfera pública, e entre estas estava o casamento, o que não foi por acaso, o qual, por muito tempo, foi considerado como pertencendo ao direito público, e não ao direito privado. Não há, portanto, nenhuma esfera privada a ser respeitada. Não quando a competência da Igreja aparece, administrando um sacramento, e assim identificando uma relação com a divindade, removida da vontade dos indivíduos. Ainda menos quando o casamento é de competência exclusiva do Estado, que transfere à comunidade familiar, dentro da comunidade do Estado, a mesma lógica de soberania. Assim como o Estado deve ter um soberano, também a família deve ter. Mas eles não são duas soberanias iguais, que se respeitam mutuamente. A soberania do Estado domina e condiciona a soberania da família, ou melhor, a soberania conjugal.[57]

Assim, foi a partir dessa ambiência que houve a regulação da família na modernidade. Obviamente que o desenho resultante foi o que atendia aos interesses prevalecentes daquela época.[58] O casamento civil retrata bem o que se afirma: era visto como um pacto institucional solene e formal, que, com a sua higidez,[59] acabava por barrar diversas formas de vida em família.[60]

---

[57] Tradução livre. No original: "È vero che nel Rinascimento compare un'idea soggettiva del legame coniugale. Ma questa viene battuta via via che emerge e si rafforza una ben diversa idea di sovranità. Affermata dallo Stato, la sovranità diviene competenza a regolare tutti quei rapporti tra persone che possono essere ricondotti alla sfera pubblica, e tra questi compare proprio la materia matrimoniale, non a caso e per lungo tempo considerata appartenente non al diritto privato, ma a quello pubblico. Non v'è dunque una sfera privata da rispettare. Non quando compare la competenza della Chiesa, che amministra un sacramento, e così individua un rapporto con la divinità, sottratto alla volontà delle persone. Tanto meno quando il matrimonio è di competenza esclusiva dello Stato, che trasferisce alla comunità familiare, interna alla comunità statuale, la stessa logica della sovranità. Come lo Stato, che trasferisce alla comunità familiare, interna alla comunità statuale, la stessa logica della sovranità. Come lo Stato deve avere un sovrano, così deve averlo la famiglia. Ma non sono due sovranità paritarie, reciprocamente rispettose l'una della altra. Quella dello Stato sovrasta e condiziona quella familiare o, per meglio dire, maritale" (RODOTÀ, Stefano. *Diritto d'amore*. 4. ed. Bari: Laterza, 2020. p. 60).

[58] Logicamente que essa afirmação é realizada a partir das percepções contemporâneas que temos desses significantes. No entanto, não se vislumbra retratar uma visão que possa parecer anacrônica.

[59] "Durante o Século XVIII, a família começou a manter a sociedade a distância, a confiná-la a um espaço limitado, aquém de uma zona cada vez mais extensa da vida particular" (ARIÈS, Philippe. *História social da criança e da família*. 2. ed. Rio de Janeiro: LTC, 2021. p. 184).

[60] RODOTÀ, Stefano. *Diritto d'amore*. 4. ed. Bari: Laterza, 2020. p. 25.

Interessante observar que, na França, a regulação do casamento pelo *Code* de 1804 não foi fiel aos princípios revolucionários da liberdade, da igualdade e da fraternidade. Apesar da alteração de fundo processada pela laicização do matrimônio, o que merece destaque, a codificação previa claramente a superioridade do homem sobre a mulher (art. 215 do *Code*) e do casal sobre os filhos, entre outros aspectos atualmente considerados desiguais e autoritários. Implantou-se um sistema matrimonial institucionalizado e hierarquizado, com disparidade de direitos e expressa subordinação.[61] A lei atendeu às pretensões do "mais forte" e claramente não era "para dois".[62]

Tais opções são produtos do Estado moderno, espelham os interesses prevalecentes de então e, assim, traçam outras fronteiras entre o público e o privado.

Não sem motivos, a propriedade e a família ganham muita atenção dos juristas que estavam elaborando a nova codificação, visto que eram fatores tido como essenciais para a nova organização da sociedade.[63]

---

[61] Sobre a influência do *Code* no Código Civil brasileiro de 1916: "Dos Códigos, o que quantitativamente mais concorreu foi o *Code Civil*, menos por si do que pela expressão moderna que dera as regras jurídicas romanas" (PONTES DE MIRANDA, Francisco Cavalcanti. *Fontes e evolução do direito civil brasileiro*. 2. ed. Rio de Janeiro: Forense, 1981. p. 93).

[62] Stefano Rodotà destaca a grande atenção e participação ativa de Napoleão Bonaparte na definição dos dispositivos que regulariam a família. Cita, inclusive, uma possível influência do modelo de família do Egito, islâmico, o qual seria de conhecimento do imperador e teria sido inspiração para a imposição do patriarcado que acabou por prevalecer no de família do *Code*. Na regulação conjugal, a hierarquia e a subordinação acabaram por se impor (RODOTÀ, Stefano. *Diritto d'amore*. 4. ed. Bari: Laterza, 2020. p. 68).

[63] "Espiões da realidade, mas referindo-se a um quadro mais amplo, ao fato de que a nova concepção de casamento e família é o produto do Estado moderno, da forma como ele tem traçado as novas fronteiras entre público e privado, de sua penetrante atenção à orquestração da sociedade. A propriedade e a família são as instituições firmes da estabilidade, e esta última também é concebida com o objetivo, a ambição, a pretensão de dar estabilidade ao amor. (...) Nenhum vestígio pode ser encontrado nestes textos, que tiveram sua origem no Iluminismo, daquela discussão sobre a família que levou a que o século XVIII fosse chamado de 'o século do amor'" (tradução livre). No original: "Spie del reale, ma che rinviano ad un quadro più ampio, al fatto che la nuova concezione di matrimonio e famiglia è il prodotto dello Stato moderno, del modo in cui esso ha tracciato i nuovi confini tra pubblico e privato, della sua attenzione penetrante per l'organizzazione della società. Proprietà e famiglia sono le salde istituzioni della stabilità, e quest'ultima è pensata pure con il fine, l'ambizione, la pretesa di dare stabilità all'amore. (...) Nessuna traccia si rinviene ormai in questi testi, che pure avevano avuto nell'Illuminismo la loro origine, di quella discussione

Assim, uma análise que permite bem perceber as profundas mudanças que o pensamento jurídico moderno[64] estava a implantar é a que leva em conta a regulação jurídica e social do regime anterior, que vigorou até o final do século XVII e início do século XVIII, período no qual a liberdade era fortemente mitigada. Ao sobrepor o forte discurso jurídico em prol da liberdade do período moderno ao sistema anterior, é possível vincular o avanço dessas liberalidades com a subsequente argumentação em favor de algumas indisponibilidades.

Nesse viés, uma das obras clássicas sobre a indisponibilidade na família e nos bens é a de Raoul de la Grasserie, datada de 1899, na qual o autor aprecia o tema na comparação entre o chamado "novo regime" que se implantava diante do *Ancien Régime*, que estava sendo substituído.

A exposição procura apresentar as mudanças implantadas no transpasse do século XVIII para o XIX, sendo considerada uma das primeiras que se propõe a fazer uma leitura jurídica ampla da indisponibilidade. O texto apresenta tanto a estrutura jurídica da época quanto as suas motivações, o que, hoje, entendemos como a função no sistema jurídico.[65]

O autor destaca a relevância e as profundas alterações sociais e jurídicas que decorreram da adoção ampla do discurso da liberdade na Europa, após a Revolução de 1789, as quais atingiriam tanto a pessoa como a propriedade, sendo uma grande característica do período.

Essas transformações paradigmáticas teriam trazido algumas vantagens, inegáveis, entretanto também acarretaram inúmeras desvantagens em relação ao regime anterior, as quais não deveriam ser ignoradas. Para Grasserie, "foi assim que a fragmentação da propriedade e o afrouxamento dos laços familiares provocaram a dispersão das pessoas".[66] Em outros termos, esse "afrouxamento dos laços" colocaria em risco duas estruturas importantes para a sociedade, a família e a propriedade, o que – na sua visão – exigia especial atenção.

Para a perspectiva defendida pelo referido autor francês, com a sua lente do final dos *Oitocentos*, a liberdade se mostrava excessiva no período

---

sulla famiglia che aveva indotto a chiamare il Settecento 'il secolo dell'amore'" (RODOTÀ, Stefano. *Diritto d'amore*. 4. ed. Bari: Laterza, 2020. p. 67).

[64] VILLEY, Michel. *A formação do pensamento jurídico moderno*. 2. ed. São Paulo: Martins Fontes, 2009. p. 754.

[65] GRASSERIE, Raoul de la. *De L'indisponibilité et de l'indivisibilité totales et partielles du patrimoine*. Paris: Secrétariat de la Société d'Économie Sociale, 1899.

[66] Tradução livre. No original: "C'est ainsi que le morcellement des biens et le relâchement des liens de famille ont causé la dispersion des personnes" (GRASSERIE, Raoul de la. *De L'indisponibilité et de l'indivisibilité totales et partielles du patrimoine*. Paris: Secrétariat de la Société d'Économie Sociale, 1899. p. 2).

1 · INDISPONIBILIDADE DOS DIREITOS: UMA EXPRESSÃO COM MUITOS SENTIDOS | 27

em exame. E seria, inclusive, um discurso que não seria científico,[67] diante da realidade que a sua experiência de então estaria a demonstrar.[68] Ele entendia que os desenlaces familiares em demasia não seriam positivos, já que desagregavam os vínculos e expunham, principalmente, mulheres e crianças, em razão do que deveriam ser evitados.

Ao mesmo tempo, essa leitura entendia que propriedades muito pequenas não seriam viáveis para fins produtivos, de modo que a dispersão do patrimônio por heranças sucessivas ou alienações parciais também era deveras perigosa.[69]

Uma das soluções que ele propõe, para tais perigos de então, seria perceber experiências já existentes de indisponibilidades, de bens e direitos, procurando estendê-las e reforçá-las.[70]

---

[67] "A liberdade pareceu um princípio absoluto, mas nada é mais anticientífico. Seria fácil provar a necessidade de colocar um limite a esse direito, mesmo sem destruir o princípio" (tradução livre). No original: "La liberté a semblé un principe absolu, Cependant rien n'est plus antiscientifique. Il serait facile de prouver la nécessité de mettre une limite à ce droit, même sans détruire le principe" (GRASSERIE, Raoul de la. *De L'indisponibilité et de l'indivisibilité totales et partielles du patrimoine*. Paris: Secrétariat de la Société d'Économie Sociale, 1899. p. 14).

[68] "Mas um exame cuidadoso e, acima de tudo, uma pequena experiência logo revelam a falsidade de tal sistema. Antes de tudo, o homem raramente está sozinho e seu patrimônio isolado. Ele é, na maioria das vezes, casado e tem uma família" (tradução livre). No original: "Mais un examen attentif et surtout un peu d'expérience font bien vite toucher du doigt la fausseté d'un tel système. Tout d'abord l'homme est rarement seul et son patrimoine isolé. Il est le plus souvent marié et père de famille" (GRASSERIE, Raoul de la. *De L'indisponibilité et de l'indivisibilité totales et partielles du patrimoine*. Paris: Secrétariat de la Société d'Économie Sociale, 1899. p. 13).

[69] "Em suma, a liberdade ilimitada, a autonomia individual, a liberdade dos bens, a sua divisibilidade, a sua transmissibilidade absoluta, as variações incessantes do património, a desvalorização que é a consequência, o efeito e a produção de trabalho limitada ao dia a dia estão gradualmente a ceder lugar" (tradução livre). No original: "En somme, la liberté illimitée, l'autonomie individuelle, la franchise des biens, leur divisibilité, leur transmissibilité absolue, les variations incessantes du patrimoine, le déclassement qui en est la conséquence, l'effet et la production du travail limités au jour le jour font place peu à" (GRASSERIE, Raoul de la. *De L'indisponibilité et de l'indivisibilité totales et partielles du patrimoine*. Paris: Secrétariat de la Société d'Économie Sociale, 1899. p. 10).

[70] Como exemplo, o autor cita regras de direito sucessório de alguns países que não dividiam a herança entre todos os filhos, para não reduzir as propriedades, mas, sim, a destinavam na totalidade ao primogênito, impondo-lhe o dever de sustento dos seus irmãos e outras obrigações, em alguns locais denominada *hoferecht* (GRASSERIE, Raoul de la. *De L'indisponibilité et de l'indivisibilité totales et partielles du patrimoine*. Paris: Secrétariat de la Société d'Économie Sociale, 1899. p. 11).

Desse modo, quase como um remédio para esses males descritos, para Grasserie, "a indisponibilidade do núcleo familiar, da casa familiar, torna-se assim um princípio".[71] Em outros termos, essa restrição de liberdade deveria ser implantada e respeitada com o fito de evitar ruínas financeiras e pesso-ais, visto que, sem essa indisponibilidade, o patrimônio da família ficava em risco, totalmente vulnerável, muitas vezes perdido em jogos de azar, apostas ou negócios malsucedidos.[72] Tal restrição também evitava a perda repentina de heranças, outro aspecto negativo que deveria ser evitado.

A salvaguarda seria o respeito a indisponibilidades subjetivas (vinculadas às pessoas) e objetivas (vinculadas aos bens).[73]

A obra cita expressamente que tais indisponibilidades deveriam ser estipuladas em favor do próprio interessado[74] (referindo-se ao homem, o negociador prevalecente da época) e em proteção das mulheres.[75]

---

[71] Tradução livre. No original: l'indisponibilité du noyau familial, du foyer de fa-mille, devient ainsi un principe" (GRASSERIE, Raoul de la. *De L'indisponibilité et de l'indivisibilité totales et partielles du patrimoine*. Paris: Secrétariat de la Société d'Économie Sociale, 1899. p. 9).

[72] "Seu propósito essencial é preservar da ruína total, evitar a desqualificação quando se trata de capital, preservar da miséria, evitar a mendicidade quando se trata de trabalho. Mas para o observador cuidadoso, um segundo propósito aparece ao lado do primeiro" (tradução livre). No original: "Son but essentiel est de préserver de la ruine totale, d'empêcher le déclassement quand il s'agit du capital, de préserver de la misère, d'empêcher la mendi-cité quand il s'agit du travail. Mais à l'observateur attentif un second but apparaît à côté du premier" (GRASSERIE, Raoul de la. *De L'indisponibilité et de l'indivisibilité totales et partielles du patrimoine*. Paris: Secrétariat de la Société d'Économie Sociale, 1899. p. 19).

[73] "Deste ponto de vista, portanto, e sem estabelecer qualquer revolução no direito, pode-se restringir a capacidade e, consequentemente, a disponibilidade do patrimônio em todos estes casos, não somente depois de consumada a ruína, pois então o remédio se tornou inútil, mas assim que os sintomas desta desordem mental apareceram. Mas devemos ir além e não ficar satisfeitos com esta indisponibilidade subjetiva, por mais extensa que seja, e considerar a indisponibilidade objetiva" (tradução livre). No original: "A ce point de vue donc et sans établir aucune révolution dans le droit, on pourrait restreindre la capacité et, par conséquent, la disponibilité du patrimoine dans tous ces cas, non seulement après la ruine consommée, car alors le remède est devenu inutile, mais dès que les symptômes de ce désordre mental auraient apparu. Mais il faut aller plus loin et ne pas se contenter de cette indisponibilité subjective, même étendue, et envisager l'indisponibilité objective" (GRASSERIE, Raoul de la. *De L'indisponibilité et de l'indivisibilité totales et partielles du patrimoine*. Paris: Secrétariat de la Société d'Économie Sociale, 1899. p. 14-15).

[74] "Portanto, é de seu interesse, e o maior interesse, que seus bens estejam sujeitos a uma certa indisponibilidade prévia" (tradução livre). No original: "Il a donné intérêt, et l'intérêt le plus grand, à ce que son patrimoine soit frappé d'avance d'une certaine indisponibilité" (GRASSERIE, Raoul de la. *De L'indisponibilité et de l'indivisibilité totales et partielles du patrimoine*. Paris: Secrétariat de la Société d'Économie Sociale, 1899. p. 15).

[75] "O status da mulher no casamento, do ponto de vista de seus interesses financeiros, tem variado de acordo com o tempo e o país, e também no mesmo país e no mesmo tempo de

Além das mulheres, o autor cita que a proteção se refere a crianças,[76] ao amparo da família[77] e também da própria sociedade.[78] Ainda, o texto destaca

---

acordo com o regime. Mas em toda parte e sempre, não só é muito inferior ao do homem, mas as maiores garantias que foram pensadas para lhe dar contra o abuso de poder por parte do marido não são muito eficazes. É somente no sistema do dote que realmente a ajudamos, pois este é o único sistema em que mesmo sua própria vontade, influenciada pela de seu marido, é considerada inválida quando lhe causa danos. Sempre que uma mulher, mesmo que tenha plenos direitos, tem o direito de renunciar a eles, todos os seus direitos são em vão, porque ela não é verdadeiramente livre. Como ela pode se recusar a vender ou ceder sua propriedade ou assumir uma obrigação conjunta e solidária com alguém que a obrigue a fazê-lo, mesmo com alguém que lhe peça para fazê-lo e a quem ela esteja vinculada pelos laços mais íntimos? Ela saberá muitas vezes que talvez esteja assim preparando sua ruína e a de seus filhos, mas consente pouco a pouco, em várias etapas, e, além disso, considera isso necessário" (tradução livre). No original: "La condition de la femme dans le mariage, au point de vue de ses intérêts pécuniaires, a varié suivant les temps et les pays et aussi dans le même pays et le même temps suivant les régimes. Mais partout et toujours non seulement elle est très inférieure à celle de l'homme, mais les plus grandes garanties qu'on a songé à lui donner contre les abus de pouvoir du mari sont peu efficaces. Ce n'est que dans le régime dotal seul qu'on est venu véritablement à son secours; car c'est le seul régime où l'on regarde comme non avenue même sa propre volonté influencée par celle de son mari lorsqu'il en résulte pour elle un préjudice. Toutes les fois que la femme, même munie de tous droits, possède celui d'y renoncer, tous ses droits sont vains, parce qu'elle n'est pas vraiment libre. Comment pourrait-elle refuser à celui qui l'y contraint, même à celui qui l'en prie, et auquel elle est liée par les liens les plus intimes, la vente ou l'affectation de ses biens, ou une obligation solidaire? Elle saura souvent qu'elle prépare ainsi peut-être sa ruine et celle de ses enfants, mais elle ne consent que peu à peu, en diverses fois, et d'ailleurs estime que cela est nécessaire" (GRASSERIE, Raoul de la. *De L'indisponibilité et de l'indivisibilité totales et partielles du patrimoine*. Paris: Secrétariat de la Société d'Économie Sociale, 1899. p. 20).

[76] "O direito de raça é duplo, é distinto do direito da criança, pois não tende mais apenas à conservação dos objetos que compõem o patrimônio, mas também à sua não pulverização por divisão excessiva" (tradução livre). No original: "Le droit de la race est double, il est en cela distinct du droit de l'enfant, qu'il ne tend plus seulement à la conservation des objets composant le patrimoine, mais aussi à sa non-pulvérisation par une division excessive" (GRASSERIE, Raoul de la. *De L'indisponibilité et de l'indivisibilité totales et partielles du patrimoine*. Paris: Secrétariat de la Société d'Économie Sociale, 1899. p. 24).

[77] "Há um último direito da maior importância, embora frequentemente ignorado, e que é o direito da família como um todo" (tradução livre). No original: "Il est un dernier droit de la plus haute importance, quoique souvent méconnu, c'est celui de la famille dans son ensemble" (GRASSERIE, Raoul de la. *De L'indisponibilité et de l'indivisibilité totales et partielles du patrimoine*. Paris: Secrétariat de la Société d'Économie Sociale, 1899. p. 23).

[78] "O homem de ontem não é absolutamente o homem de amanhã; o último tem direitos contra o primeiro. Mas não é apenas o próprio indivíduo que tem um interesse e um direito de impedir sua própria desqualificação total; é também a Sociedade da qual ele faz parte. O interesse desta Sociedade é óbvio" (tradução livre). No original: "L'homme

que as pessoas não vivem de forma individualizada e isolada, mas, sim, com a família e em sociedade, interesses que inexoravelmente deveriam ser observados. Para tanto, essa "blindagem" da indisponibilidade deveria envolver aspectos de intransferibilidade, impenhorabilidade e indivisibilidade.[79]

> Acabamos de lançar as bases racionais da indisponibilidade do patrimônio em seus meios: intransferibilidade, não apreensão, a que se acrescenta a imprescritibilidade, depois de sua indivisibilidade e sua segurança, para poder constituir uma real reserva para o indivíduo, a esposa, o filho, a família, seja o patrimônio atual ou simplesmente virtual, seja ele de capital ou de trabalho.[80]

Essa perspectiva leva à conclusão de que a organização jurídica de um regime de indisponibilidades decorreu dos intensos ares de liberdade[81] que se implantaram com o pensamento jurídico moderno pós-revolucionário, principalmente a partir do início do século XIX.

Diante de algumas surpresas decorrentes dessas novas formações,[82] em especial nos contornos da família e da propriedade, ao final do mesmo século

---

d'hier n'est pas absolument l'homme de demain; le second possède des droits contre le premier. Mais ce n'est pas seulement l'individu lui-même qui a intérêt et droit à empêcher son propre déclassement total; c'est aussi la Société dont il fait partie. L'intérêt de cette Société est évident" (GRASSERIE, Raoul de la. *De L'indisponibilité et de l'indivisibilité totales et partielles du patrimoine*. Paris: Secrétariat de la Société d'Économie Sociale, 1899. p. 16).

[79] "Para a preservação do patrimônio, seja capital, seja trabalho, seja em mero potencial, seja em processo de formação, seja consolidado, compreendemos até agora, para não complicar as coisas, apenas dois meios: a intransmissibilidade e a inalienabilidade" (tradução livre). No original: "Pour la conservation du patrimoine, soit capital, soit travail, soit en simple potentiel, soit en voie de formation, soit consolidée, nous n'avons compris jusqu'ici, pour ne pas compliquer, que deux moyens: l'incessibilité et l'insaisissabilité" (GRASSERIE, Raoul de la. *De L'indisponibilité et de l'indivisibilité totales et partielles du patrimoine*. Paris: Secrétariat de la Société d'Économie Sociale, 1899. p. 26).

[80] Tradução livre. No original: "Nous venons de poser les bases rationnelles de l'indisponibilité du patrimoine dans ses moyens: incessibilité, insaisissabilité, auxquels il faut joindre l'imprescriptibilité, puis celles de son indivisibilité et de son assurance, de manière à pouvoir former une véritable réserve pour l'individu, l'épouse, l'enfant, la famille, que le patrimoine soit actuel ou simplement virtuel, qu'il consiste en capital ou en travail" (GRASSERIE, Raoul de la. *De L'indisponibilité et de l'indivisibilité totales et partielles du patrimoine*. Paris: Secrétariat de la Société d'Économie Sociale, 1899. p. 26).

[81] Essa afirmação, obviamente, parte da comparação do direito do período pós-revolucionário com as fortes restrições e limitações vigentes na regulação do *Ancien Régime*. Sem dúvida, grande parte dessa liberdade era discursiva e, caso comparada com os períodos subsequentes, deveras limitada.

[82] Tanto a surpresa como o caráter inovador fariam sentido para os olhares da época dos *Oitocentos* em comparação com o período anterior (início dos *Setecentos*), a

1 · INDISPONIBILIDADE DOS DIREITOS: UMA EXPRESSÃO COM MUITOS SENTIDOS | 31

emergiu o discurso em prol de algumas limitações e restrições, as quais se arvorariam em indisponibilidades (de bens e direitos). A defesa e a proteção de alguns valores sociais tidos por relevantes legitimariam a imposição das restrições na autonomia dos particulares.

A interessante análise comparativa de Raoul de la Grasserie traz à tona argumentos que permitem perceber, quiçá, o germe da indisponibilidade dos direitos e a sua especial imbricação com o direito de família. Os argumentos descritos e a amarração legal apresentada são encontrados no pilar de fundamentação da indisponibilidade, que foi, paulatinamente, adotada e incrementada pelo pensamento jurídico moderno e, como se percebe, aporta no presente.

Durante os anos subsequentes, essa perspectiva, de algum modo, acompanhou a regulação das relações familiares. Estas seriam orientadas por regras ditas de ordem pública, que não ficariam ao dispor dos interessados, devendo ser aplicadas de forma cogente.[83] A indisponibilidade dos institutos do direito de família é até hoje um discurso corrente, que, não raro, é citada pela doutrina e pela jurisprudência de diversos países.

Os contornos jurídicos que se consolidam nos séculos XIX e XX sedimentam esferas de indisponibilidade em alguns ramos específicos do direito privado. Isso será visto com mais clareza no direito de família e nos direitos da personalidade,[84] "no Direito Civil, a área em que a indisponibilidade retorna com a maior insistência é a dos direitos de personalidade".[85]

---

partir dos argumentos da tese do autor em apreço. Procura-se, neste momento, narrar as alegações de Raoul de la Grasserie com o cuidado de tentar evitar uma leitura anacrônica.

[83] "Por exemplo, a maior parte das relações de família é hoje regulada por norma de ordem pública, em especial relações entre pais e filhos; (...) e igualmente sensível é a transformação em curso dos direitos reais e sucessoriais, que sofrem inúmeras restrições, impostas à vontade das partes, bem benefício da comunhão social" (RÁO, Vicente. *O direito e a vida dos direitos*. 2. ed. São Paulo: Resenha Universitária, 1976. v. I, t. II. p. 182).

[84] "A indisponibilidade acompanha os direitos da personalidade desde a sua formação, persistindo repisada até os dias atuais: 'Os direitos da personalidade, enquanto intransmissíveis, são também indisponíveis, não podendo, pela natureza do próprio objeto, mudar de sujeito, nem mesmo pela vontade do seu titular'". Essa tradição pode induzir a uma noção de consolidação e clareza no seu sentido, entretanto, essa afirmação pode não subsistir à análise mais detida, mas a temática será mais bem explorada no capítulo subsequente (CUPIS, Adriano de. *Os direitos da personalidade*. Trad. Afonso Celso Furtado Rezende. São Paulo: Quorum, 2008. p. 58).

[85] Tradução livre. No original: "In diritto civile l'ambito in cui l'indisponibilità torna con maggiore insistenza è quello dei diritti della personalità" (OLIVERO, Luciano.

Interessante observar essa possível imbricação entre o direito de família e o da personalidade, como faz Massimo Bianca, ao afirmar expressamente que "finalmente, o direito aos alimentos não pode ser exercido por sub-rogação (2900 Código Civil), uma vez que é um direito de personalidade",[86] e também Karl Larenz, para quem o Direito da Família era um ramo muito próximo ao do direito da personalidade, pois considerava "os direitos pessoais da família como um tipo independente de direitos subjetivos, semelhantes aos direitos da personalidade, mas que se distinguem destes por se referirem à relação pessoal-jurídica com outra pessoa".[87] O sentido tradicionalmente conferido para a indisponibilidade dos direitos da personalidade gira em torno da impossibilidade da sua cessão, alienação ou transação,[88] proibição da renúncia, imprescritibilidade, ou seja, fatores que colocariam esses direitos em um patamar privilegiado no direito privado.[89]

Com o decorrer dos anos, diversas alterações fáticas e sociais acabam por relativizar um pouco a percepção da indisponibilidade que paira sobre determinados direitos, com a admissão crescente de algumas disposições sobre as

---

L'indisponibilità dei diritti: analisi di una categoria. Torino: G. Giappichelli Editore, 2008. p. 30).

[86] Tradução livre. No original: "Il diritto agli alimenti, infine, non è suscettibile di essere esercitato in via surrogatoria (2900 c.c.) trattandosi di un diritto della personalità" (MASSIMO BIANCA, Cesare. *Diritto civile*: la famiglia. 5. ed. Milano: Giuffrè, 2014. v. 2.1. p. 489).

[87] Tradução livre. No original: "los derechos de familia personales como un tipo independiente de derechos subjetivos, semejantes a los derechos de la personalidad, pero que se distinguen de éstos en que se refieren a la relación jurídico-personal con otra persona" (LARENZ, Karl. *Derecho civil*: parte general. Trad. Miguel Izquierdo y Macías-Picavea. Santiago: Ediciones Olejnik, 2019. p. 183).

[88] "Como manifestações essenciais da condição humana, os direitos da personalidade não podem ser alienados ou transmitidos a outrem, quer por ato entre vivos, quer em virtude da morte do seu titular. Ao contrário do que ocorre, por exemplo, com a propriedade e com os direitos de crédito, que podem ser livremente alienados e que se transmitem aos herdeiros do falecido, os direitos à imagem, à honra, à privacidade e todos os demais direitos da personalidade são exclusivos do seu titular. Nascem e morrem com aquela pessoa, não podendo ser cedidos, doados, emprestados, vendidos ou recebidos por herança" (SCHREIBER, Anderson. *Direitos da personalidade*. 3. ed. rev. e atual. São Paulo: Atlas, 2014. p. 24).

[89] "A indisponibilidade significa que nem por vontade própria do indivíduo o direito pode mudar de titular, o que faz com que os direitos da personalidade sejam alçados a um patamar diferenciado dentro dos direitos privados" (GAGLIANO, Pablo Stolze; PAMPLONA FILHO, Rodolfo. *Novo Curso de Direito Civil*: parte geral. São Paulo: Saraiva, 2017. v. 1. p. 208).

suas projeções patrimoniais[90] (o que passa a ser mais recorrente no início do presente século). Nas últimas décadas, emergiu o questionamento acerca de algum grau de disponibilidade no exercício de pretensões pessoais e existenciais.

É possível perceber que, no decorrer do século XX, assistiu-se a uma disseminação da adjetivação da indisponibilidade para diversos aspectos: ora vinculada a algumas pessoas (falido ou insolvente), ora atrelada a bens (propriedade) ora, ainda, referente a outros direitos (como os familiares). Interessante observar que, mesmo para algumas situações recentíssimas que estão a surgir, não rara é a remissão à indisponibilidade para definir os limites que se pretende conferir à matéria sob exame (como nas técnicas refinadas de reprodução assistida *in vitro*, criogenia, herança digital, eutanásia, testamento vital, entre outros). A indisponibilidade segue dialogando até mesmo com temas apresentados como do futuro do direito privado, questão que faz transparecer a sua utilidade prática.

Fernand Braudel ressalta que a análise histórica demonstra a existência de permanências e de rupturas, sendo relevante perceber a importância das estruturas e conjunturas inerentes aos respectivos eventos históricos.[91] No

---

[90] "Conforme consta no próprio art. 11 do CC/2002, os direitos da personalidade são intransmissíveis, não cabendo, por regra, cessão de tais direitos, seja de forma gratuita ou onerosa. Daí por que não podem ser objeto de alienação (direitos inalienáveis), de cessão de crédito ou débito (direitos incessíveis), de transação (intransacionáveis) ou de compromisso de arbitragem. No último caso, consta previsão expressa no art. 852 do Código Civil em vigor, que veda o compromisso para solução de questões que não tenham caráter estritamente patrimonial. Porém, tanto doutrina quanto jurisprudência, pelo teor do que consta do Enunciado 4 do CJF/STJ, da I Jornada de Direito Civil, aqui transcrito, reconhecem a disponibilidade relativa dos direitos da personalidade. A título de exemplo, podem ser citados os casos que envolvem a cessão onerosa dos direitos patrimoniais decorrentes da imagem, que não pode ser permanente. Também ilustrando, cite-se a cessão patrimonial dos direitos do autor, segundo o art. 28 da Lei 9.610/1998, pelo qual 'cabe ao autor o direito exclusivo de utilizar, fruir e dispor da obra literária, artística ou científica'. A cessão gratuita também é possível, como no caso de cessão de partes do corpo, desde que para fins científicos ou altruísticos (art. 14 do CC). Vale o esclarecimento de Roxana Cardoso Brasileiro Borges, no sentido de que o direito da personalidade não é disponível no sentido estrito, sendo transmissíveis apenas as expressões do uso do direito da personalidade (Disponibilidade..., 2005, p. 11). Em outras palavras, existem aspectos patrimoniais dos direitos da personalidade que podem ser destacados ou transmitidos, desde que de forma limitada" (TARTUCE, Flávio. *Direito civil*: Lei de Introdução e parte geral. 16. ed. Rio de Janeiro: Forense, 2020. p. 185-186).

[91] "Adquiriu-se o hábito, cada vez mais, de falar em estruturas e conjunturas, estas evocando o tempo breve, aquelas o tempo longo. Há evidentemente estruturas diversas, conjunturas também diversas, e a duração das conjunturas ou das estruturas varia

entanto, para uma melhor apuração, o autor recomenda uma perspectiva de longo prazo, a qual demonstrará mais claramente o efetivo impacto desses vetores no elemento objeto de análise.[92]

A perspectiva histórica acima percorrida permitiu perceber que uma das grandes características da indisponibilidade no direito[93] é a sua maleabilidade, visto que atravessou diversos períodos, sob variadas condições, aportando solidamente na contemporaneidade. No mínimo, há mais de dois séculos é possível perceber traços de indisponibilidade na teoria do direito, podendo ser considerada, portanto, uma figura de *média duração*.

Certamente, essa travessia não foi percorrida sem sobressaltos e muito menos sem alterações nas suas definições, o que é natural e compreensível. Merece destaque a compreensão que o significante da *indisponibilidade dos direitos* já possuiu outros significados jurídicos em momentos históricos distintos, o que demonstra uma fluidez de sentido que pode permitir outra ressignificação para o presente[94] (como a que se está a propor).

É inegável que, mesmo com tais oscilações, a indisponibilidade dos direitos segue com certa proeminência em diversas searas. Tal protagonismo

---

muito por sua vez. A história aceita, descobre múltiplas explicações de um 'patamar' temporal a outro, na vertical. E em cada patamar ocorrem também ligações, correlações com o plano horizontal" (BRAUDEL, Fernand. *O Mediterrâneo e o Mundo Mediterrâneo na Época de Filipe II*. Trad. Gilson César Cardoso de Souza. São Paulo: Edusp, 2016. v. 1. p. 67).

[92] "Assim, em presença de um homem, estou sempre disposto a vê-lo constrangido por um destino que ele dificilmente constrói, numa paisagem que esboça às suas costas e à sua frente as perspectivas infinitas do 'longo prazo'. Segundo a explicação histórica que adoto por minha própria conta e risco, é sempre o longo prazo que acaba vencendo. Negando uma profusão de acontecimentos, todos os que ele não inclui em sua própria corrente, afastando-os sem dó, o tempo decerto limita a liberdade dos homens e a parte do próprio acaso. Por temperamento, sou 'estruturalista', nada preocupado com o acontecimento e só um pouco com a conjuntura" (BRAUDEL, Fernand. *O Mediterrâneo e o Mundo Mediterrâneo na Época de Filipe II*. Trad. Gilson César Cardoso de Souza. São Paulo: Edusp, 2016. v. 2. p. 667).

[93] Quando se fala da indisponibilidade *no* direito, refere-se ao fato de como ela foi dispersa ou trabalhada pelo espectro jurídico, sob os mais variados formatos (atingindo bens, pessoas ou direitos); já quando se fala de indisponibilidade *de* direito (ou *dos* direitos), está-se a referir especificamente à categoria que divisa alguns direitos subjetivos como indisponíveis, classificando-os com tal nomenclatura e particularizando-os, para distingui-los dos chamados direitos disponíveis.

[94] "A História está intimada a mostrar suas utilidades face ao atual, portanto um pouco fora dela" (BRAUDEL, Fernand. *Escritos sobre a história*. Trad. J. Guinsburg e Tereza Cristina Silveira da Mota. 3. ed. São Paulo: Perspectiva, 2014. p. 278).

incentiva a análise do seu conceito, dos seus efeitos e a compreensão de uma possível relativização, o que se fará a seguir.

1.3   CONCEITO, EFEITOS E INDÍCIOS DE RELATIVIZAÇÃO

A temática da indisponibilidade passa a receber um maior refinamento teórico com o desenvolvimento do Direito moderno, sendo possível afirmar que "o fenômeno da indisponibilidade jurídica, no âmbito da teoria geral do direito, só muito recentemente foi tomado em consideração devido à crescente importância e frequência dos casos de dissociação entre a titularidade e a disponibilidade do direito".[95]

Ainda que noções de indisponibilidade pudessem ser encontradas em momentos históricos pretéritos, mormente a partir das codificações e da subsequente influência da escola pandectista, resta possível vislumbrar um tratamento técnico dessa temática. Tanto é que a partir do final do século XIX já se constatam referências a uma teoria das indisponibilidades.

Uma conceituação detalhada de indisponibilidade jurídica é a apresentada por Franco Negro,[96] no clássico *Novissimo Digesto italiano*, datado de 1957, em que ele destaca que o conceito amadurecido no início do século XX difere da solução engendrada pelo Direito Romano, pois este último equacionava a questão das situações indisponíveis em um plano prático (vinculado à fruição dos bens).

---

[95]   Tradução livre. No original: "Il fenomeno dell'indisponibilità giuridica, sul piano della teoria generale del diritto, è stato preso in considerazione soltanto in tempi recentissimi per la aumentata importanza e per la frequenza sempre maggiore delle fattispecie di dissociazione fra titolarità e disponibilità dei diritti" (NEGRO, Franco. Indisponibilità giuridica. In: AZARA, Antonio; EULA, Ernesto. *Novissimo Digesto italiano*. 3. ed. Torino: Unione Tipografico-Editrice Torinese, 1957. v. 1. p. 605).

[96]   O papel de Franco Negro no aperfeiçoamento do conceito de indisponibilidade jurídica é inegável, sendo considerado o responsável pela relevante dissociação entre titularidade e disponibilidade da posição jurídica: "A referência é a obra de Franco Negro, que se desdobrou em muitos documentos escritos entre o final da década de 1930 e o início da década de 1960. (...) Embora nem sempre concorde com os resultados, deve certamente ser reconhecido como a paternidade de vários aspectos da dissociação entre a titularidade e a disponibilidade de posições jurídicas" (tradução livre). No original: "Il riferimento è all'opera de Franco Negro, dipanatasi in svariati scritti tra la fine degli anni '30 e l'inizio degli anni '60. (...) Questi pur approdando ad esiti non sempre condivisibili, deve senz'altro vedersi riconosciuta la paternità di svariate della dissociazione tra titolarità e disponibilità delle posizioni giuridiche" (OLIVERO, Luciano. *L'indisponibilità dei diritti*: analisi di una categoria. Torino: G. Giappichelli Editore, 2008. p. 56).

Já o esquema adotado pelas legislações modernas propõe uma resolução a partir do plano jurídico (indisponibilidade dos direitos), com um perfil abstrato.[97]

Com base nisso, o autor afirma que a indisponibilidade jurídica retrata a impossibilidade de o titular do direito se desvincular dele por qualquer ato de vontade, seja de alienação, seja de renúncia, mas difere da mera inalienabilidade (que possui um caráter real, com tendência a se apresentar absoluta). A perspectiva desenvolvida se preocupa prioritariamente com a indisponibilidade jurídica para a proteção do direito de um terceiro credor, de modo que o devedor não poderia então se desfazer de determinado direito. Em outros termos, o escopo é a proteção dos interesses de um terceiro. Esta é uma das facetas da indisponibilidade de então.

Outro flanco possível de análise seria a ótica da indisponibilidade do direito em si, em razão da sua própria natureza, e esta teria por escopo a proteção do próprio titular (e não de terceiros). Alguns autores diferenciariam, portanto, a indisponibilidade jurídica (estipulada para proteger um terceiro) da indisponibilidade do direito (estipulada para proteger o próprio titular do direito).[98]

Avançando em sua definição, Negro distingue a indisponibilidade subjetiva, aquela que atinge o titular do direito (obstando a sua vontade), da indisponibilidade objetiva, a qual se vincula ao direito em si (protegendo-o in-

---

[97] "Note-se, contudo, que, enquanto os Romanos o resolveram no âmbito exclusivamente prático, a legislação moderna resolveu-o no âmbito exclusivamente jurídico, tornando o direito de propriedade indisponível, em vez da mera posse, por meio da sanção da ineficácia do ato executado em contraste com o vínculo" (tradução livre). No original: "Va però rilevato che, mentre i Romani l'hanno risolto su un piano esclusivamente pratico, le legislazioni moderne l'hanno risolto su un piano esclusivamente giuridico, rendendo indisponibile, anziché il semplice possesso, il diritto di proprietà, attraverso la sanzione dell'inefficacia dell'atto compiuto in contrasto al vincolo" (NEGRO, Franco. Indisponibilità giuridica. In: AZARA, Antonio; EULA, Ernesto. *Novissimo Digesto italiano*. 3. ed. Torino: Unione Tipografico-Editrice Torinese, 1957. v. 1. p. 605).

[98] Nesse sentido: "Primeiramente, cumpre esclarecer que existe uma expressão no direito civil, a 'indisponibilidade jurídica' que nada tem a ver com a indisponibilidade de direitos. Aquela refere-se à impossibilidade de cessão visando à proteção de credores; esta refere-se à impossibilidade de transação de direitos já pertencentes ao patrimônio jurídico do trabalhador. Aquela protege o credor de um direito conter possível de disposição do devedor; esta protege o titular do direito indisponível, seja em razão da natureza do mesmo direito (por exemplo, os concernentes ao estado da pessoa), seja porque presumidamente seu titular é a parte débil de uma relação jurídica" (NASSIF, Elaine. *Conciliação judicial e indisponibilidade de direitos*: paradoxos da justiça menor no processo civil e trabalhista. São Paulo: LTr, 2005. p. 228).

clusive de atos de terceiros que poderiam ameaçá-lo).[99] Finalmente, distingue a indisponibilidade *lato sensu* da *stricto sensu* e informa que a consequência da sua inobservância é a ineficácia.

> Tendo verificado a natureza e o alcance de nossa limitação, devemos agora examinar como ela se encaixa no sistema jurídico. É aqui que entram as observações de De Mattia. Ele afirma que a indisponibilidade *lato sensu*

---

[99] "O contraste entre as duas restrições extremas da indisponibilidade e da inalienabilidade é mitigado pelo fenômeno da indisponibilidade objetiva. O vínculo subjetivo da indisponibilidade é suficiente para manter o bem nas mãos do devedor, mas nem sempre é satisfatório para alcançar a proteção adequada dos credores. Se, por exemplo, a falência não proibir a execução separada e a perfeição formal da garantia independentemente da vontade do devedor, os bens não poderão assumir uma destinação definitiva. Só impondo-lhes uma imobilização objetiva é que os credores podem ser dolorosamente protegidos: a hipoteca subjetiva paralisa os atos de disposição do devedor; e a hipoteca objetiva paralisa os créditos dispositivos de terceiros. Segundo os novos códigos, a restrição objetiva da indisponibilidade está sempre associada à restrição objetiva, mas a sua extensão (restrição parcial ou total) varia em função da menor ou maior necessidade de proteger os credores. Além disso, ao abrigo do antigo Código de Processo Civil, a penhora deu origem apenas a uma forma de indisponibilidade subjetiva, não de indisponibilidade objetiva. Decorre dessas considerações que o vínculo objetivo não é necessariamente inerente à natureza ontológica da indisponibilidade e que, quando ambas as restrições ocorrem, a restrição sobre a pessoa é preeminente, uma vez que a origem primária do fenômeno está sempre na limitação que afeta o titular, enquanto a repercussão sobre o bem é contingente e acessória" (tradução livre). No original: "La contrapposizione fra i due vincoli estremi dell'indisponibilità e dell'inalienabilità è attenuata dal fenomeno dell'indisponibilità obiettiva. Il vincolo subiettivo d'indisponibilità è sufficiente a fermare il bene nelle mani del debitore, ma non è sempre idoneo a realizzare un'adeguata tutela dei creditori. Se, ad es., nel fallimento non si vietasse l'esecuzione separata ed il perfezionamento formale delle garanzie reali indipendenti dalla volontà del debitore, i beni non potrebbero assumere una destinazione definitiva. Soltanto imprimendo ad essi una immobilizzazione obiettiva, i creditori possono essere pienamente tutelati: il vincolo subiettivo paralizza gli atti di disposizione del debitore e quello obiettivo le pretese dispositive dei terzi. Sotto l'impero dei nuovi codici il vincolo d'indisponibilità obiettiva si associa sempre a quello obiettivo, ma la sua estensione (vincolo parziale o totale) varia a seconda delle minori o maggiori necessità di tutela dei creditori. Non solo, ma, vigente il vecchio Codice di Procedura Civile, il pignoramento dava luogo soltanto ad una forma d'indisponibilità subiettiva, non anche obiettiva. Da tali considerazioni deriva che il vincolo obiettivo non è necessariamente inerente alla natura ontologica dell'indisponibilità e che, quando ricorrono entrambi i vincoli, è preminente quello sulla persona, in quanto l'origine prima del fenomeno è pur sempre nella limitazione che colpisce il titolare, mentre la ripercussione sul bene è contingente ed accessoria" (NEGRO, Franco. Indisponibilità giuridica. In: AZARA, Antonio; EULA, Ernesto. *Novissimo Digesto italiano*. 3. ed. Torino: Unione Tipografico-Editrice Torinese, 1957. v. 1. p. 606).

tende a afetar o sujeito ou o objeto: em casos extremos de subjetivação (direitos de personalidade) ou objetivação (propriedade estatal), o direito é até mesmo transformado. Por outro lado, quando o direito permanece intacto, haveria a verdadeira e própria indisponibilidade jurídica, sempre com tendência à subjetivação (alimentos *ex lege*) ou objetivação (dote); indisponibilidade jurídica no sentido estrito incluiria todas as medidas de indisponibilidade legal e processual, nas quais o caráter subjetivo não excluiria a existência de reflexos objetivos (indisponibilidade objetiva). De Mattia resume o fenômeno como uma linha reta, na qual nos polos extremos estariam os direitos de personalidade e propriedade estatal, na zona intermediária, por um lado, os alimentos *ex lege*, e, por outro, o dote; e no centro, os casos de indisponibilidade no sentido estrito. Parece-nos que esta construção aguda deva ser aprovada, observando apenas que a zona intermediária dá origem à restrição de inalienabilidade, (...) que se distingue claramente da de indisponibilidade. A solução jurídica típica decorrente da restrição em questão é a da ineficácia. Isso é indiscutível, já que a indisponibilidade legal constitui um fenômeno de falta de legitimidade jurídica. Se a situação do objeto tem repercussões sobre os pressupostos de existência ou validade do ato (a restrição de inalienabilidade constitui uma situação invalidante, de modo que o recurso típico é o de nulidade), ao contrário, a legitimação, para agir, constitui um pressuposto de eficácia (a restrição de indisponibilidade cria uma situação ilegítima, de modo que o recurso típico é o de ineficácia). (...) Um grupo de juristas, desenvolvendo-os, chegou a conclusões originais no campo do direito romano, civil, processual, comercial, administrativo e penal. Mas a teoria da indisponibilidade jurídica é suscetível a infinitos desenvolvimentos teóricos e inúmeras aplicações práticas, pois envolve, ao mesmo tempo, sérios problemas de teoria geral e limitações da esfera da liberdade do sujeito, que a era moderna parece acentuar e multiplicar.[100]

---

[100] Tradução livre. No original: "Accertata la natura, nonché il campo di applicazione della nostra limitazione, dobbiamo ora indagare come essa si inserisca nel sistema dell'ordinamento giuridico. E qui soccorrono i rilievi del De Mattia. Egli afferma che l'indisponibilità *lato sensu* tende a colpire il soggetto o l'oggetto: nei casi estremi di soggettivazione (diritti della personalità) o di oggettivazione (demanio) il diritto risulta addirittura trasformato. Quando invece il diritto rimane integro, ricorrerebbe la vera e propria indisponibilità giuridica, sempre con la tendenza alla soggettivazione (alimenti *ex lege*) o all'oggettivazione (dote); l'indisponibilità giuridica in senso stretto comprenderebbe tutte le misure d'indisponibilità legale e processuale, nelle quali il carattere soggettivo non escluderebbe la sussistenza di riflessi oggettivi (indisponibilità obiettiva). Il De Mattia raffigura sinteticamente il fenomeno come una retta, nella quale troverebbero posto ai poli estremi i diritti della personalità e il demanio, nella zona intermedia da una parte gli alimenti *ex lege* e dall'altra la dote e al centro le fattispecie d'indisponibilità in senso stretto. Ci sembra che questa

1 · INDISPONIBILIDADE DOS DIREITOS: UMA EXPRESSÃO COM MUITOS SENTIDOS | 39

Apesar do refinamento teórico, muitos dos aspectos delineados nessas conceituações pretéritas estão relacionados com uma estrutura obrigacional atrelada a uma relação jurídica creditícia, partindo de um polo credor vinculado a outro devedor. Entretanto, essa representação não se apresenta em muitas situações nas quais, hodiernamente, está a marca da indisponibilidade, tais como as familiares. Esse aspecto, de pronto, já incentiva alguma ressignificação contemporânea.

Outros entendimentos vinculam a indisponibilidade à sua irrenunciabilidade e à impossibilidade de alienação;[101] também há os que a consideram uma impossibilidade de afastamento desse direito pelo seu titular.[102] A indisponibilidade é muitas vezes encontrada de forma expressa nas legislações,[103] no entanto, em outros momentos, decorre da cultura e tradição jurídica, sendo retratada em entendimentos doutrinários e jurisprudenciais.

Gérard Cornu, no seu *Vocabulaire juridique*, opta por vincular o significado de indisponibilidade a noções de fruição, alienação e transmissão. Observe-se:

---

acuta costruzione sia senz'altro da approvarsi, osservando soltanto che la zona intermedia dà vita al vincolo dell'inalienabilità, (...) che si distingue nettamente da quello dell'indisponibilità. 8. L'impugnativa tipica, originata dal vincolo in esame è quella dell'inefficacia. Ciò è incontestabile, poiché l'indisponibilità giuridica costituisce un fenomeno di mancanza di legittimazione ad agire. Se la situazione dell'oggetto si ripercuote sui presupposti di esistenza o di validità dell'atto (il vincolo dell'inalienabilità costituisce una situazione invalidante, onde l'impugnativa tipica è quella della nullità), al contrario la legittimazione ad agire costituisce un presupposto di efficacia (il vincolo dell'indisponibilità realizza una situazione legittimante, onde l'impugnativa tipica è quella dell'inefficacia). (...) Un gruppo di giuristi, sviluppandoli, è giunto ad originali conclusioni nel campo del diritto romano, civile, processuale, commerciale, amministrativo e penale. Ma la teoria dell'indisponibilità giuridica è suscettibile di infiniti sviluppi teorici e di numerosissime applicazioni pratiche, perché investe ad un tempo gravi problemi di teoria generale e limitazioni della sfera della libertà del soggetto, che l'epoca moderna sembra accentuare e moltiplicare" (NEGRO, Franco. Indisponibilità giuridica. In: AZARA, Antonio; EULA, Ernesto. *Novissimo Digesto italiano*. 3. ed. Torino: Unione Tipografico-Editrice Torinese, 1957. v. 1. p. 606-607).

[101] "*Indisponíveis*, porque insuscetíveis de alienação, não podendo o titular a eles renunciar, por inerentes à pessoa, ou até limitá-los, salvo nos casos previstos em lei" (AMARAL, Francisco. *Direito civil*: introdução. 7. ed. rev. e atual. Rio de Janeiro: Renovar, 2008. p. 286).

[102] Esse entendimento, inclusive, é o que vem sendo majoritariamente acolhido no Supremo Tribunal Federal e no Superior Tribunal de Justiça.

[103] Exemplo: na Itália, o art. 1966 do Código Civil italiano (intransigibilidade dos direitos indisponíveis).

> Indisponibilidade: 1. Proibição da utilização dos bens ou bens de uma pessoa que possam resultar em uma incapacidade de exercício ou em uma restrição de poderes. 2. A qualidade de um bem (ou um direito) que não pode ser objeto de qualquer ato de alienação (alienação ou constituição de uma hipoteca etc.); por vezes referida como indisponibilidade real. Inalienabilidade, impossibilidade de cessão, intransmissibilidade. Imobilização comp. (sentido 3). 3. Circunstâncias de fato ou de direito que restringem a livre disposição dos bens e justificam uma recusa de venda. – Jurídico. Restrição que afeta os produtos que constituem o estoque de segurança de um vendedor ou que são objeto de uma encomenda firme e irrevogável ou que são distribuídos em particular ao abrigo de uma concessão exclusiva ou de um contrato de distribuição seletiva.[104]

Já a professora Ana Prata descreve o verbete *indisponibilidade* destacando a impossibilidade de alienação de um bem ou direito por parte do seu titular, nos seguintes termos:

> Indisponibilidade (dir. civil): Situação de um bem ou direito de que o respectivo titular não pode dispor, ou porque a lei determina que esse seja, temporária ou definitivamente, o seu regime, ou porque, por sua natureza, não são alienáveis. A sanção dos actos dispositivos de bens ou direitos legalmente indisponíveis é a ineficácia (é o caso dos actos praticados pelo falido ou insolvente em relação à massa falida) ou a nulidade (é o caso dos actos relativos ao direito a alimentos). A indisponibilidade pode ser absoluta ou relativa: no primeiro caso, o titular não pode em qualquer caso dispor dos bens, no segundo não pode dispor deles em certas circunstâncias ou relativamente a certas pessoas. Assim, por exemplo, é nula a doação ou a disposição testamentária feita por interdito ou inabilitado a favor do respectivo tutor, curado ou administrador de bens (v. arts. 953 e 2192, nº 1, CC).[105]

---

[104] Tradução livre. No original: "Indisponibilité: 1. Interdiction de disposer frappant une personne dans l'ensemble de son patrimoine ou sur un bien déterminé qui peut résulter d'une incapacité d'exercice ou d'une restriction de pouvoirs. 2. Qualité d'un bien (ou d'un droit) qui ne peut être l'objet d'aucun acte de disposition (aliénation ou constitution d'hypothèque, etc.); on parle parfois d'indisponibilité réelle. V. Inaliénabilité, incessibilité, intransmissibilité. Comp. Immobilisation (sens 3). 3. Circonstances de fait ou de droit emportant restriction à la libre disposition des produits et justifiant un refus de vente. – Juridique. Restriction affectant des produits qui constituent le stock de sécurité d'un vendeur ou qui sont l'objet d'une commande ferme et irrévocable ou encore qui sont distribués not dans le cadre d'un contrat de concession exclusive ou de distribution sélective" (CORNU, Gérard. *Vocabulaire juridique*. Paris: PUF, 2016. p. 541).

[105] PRATA, Ana. *Dicionário jurídico*: direito civil, direito processual civil, organização judiciária. Lisboa: Moares, 1980.

Costuma-se relacionar a indisponibilidade com os atributos da inalienabilidade e da irrenunciabilidade, dando enfoque para essas consequências. Como é possível perceber, os conceitos muitas vezes giram em torno dos seus efeitos, sem descrever o que seria característico do conteúdo da indisponibilidade em si. Assim, constata-se uma enorme miscelânea de atributos que, com frequência, variam de autor para autor, mas, usualmente, giram sobre este eixo: destacam as consequências geradas para o que for tido como indisponível.

Nesse sentido, um aspecto que salta aos olhos é que as características atreladas à indisponibilidade não são suficientes para distingui-la de demais institutos, pois os mesmos efeitos que lhe são atribuídos também estão, não raro, presentes em outros institutos tidos por disponíveis. Não sem motivo, muitas vezes, esbarra-se com uma definição tautológica do termo, com afirmações de que *indisponível é aquilo de que não se pode dispor*.[106]

Luciano Olivero chega a questionar se é possível encontrar essa substância na definição da indisponibilidade ou se ela deve inexoravelmente possuir a vagueza que lhe é comumente atribuída, vinculando-se apenas a questões setoriais, histórico-ordenamentais e a lógicas particulares.

> A questão, portanto, está toda aqui: se existem realmente direitos ontologicamente indisponíveis e se é legítimo recorrer a uma noção onivalente de indisponibilidade, se os problemas relacionados (sua natureza ordinária ou excepcional, sua não derrogação absoluta ou relativa, as consequências de sua violação) podem aspirar a soluções uniformes, que são comunicadas de cima para baixo aos casos individuais após um processo descendente; ou se a qualificação de indisponibilidade é irredutivelmente vaga e ocasional e levanta problemas setoriais, respondendo a lógicas particulares, a razões histórico-regulatórias não comparáveis e, portanto, a disciplinas necessariamente desiguais.[107]

---

[106] OLIVERO, Luciano. *L'indisponibilità dei diritti*: analisi di una categoria. Torino: G. Giappichelli Editore, 2008. p. 25-28.

[107] Tradução livre. No original: "Il quesito, dunque, è tutto qui: se esistano davvero diritti ontologicamente indisponibili e se sia lecito rivolgersi a una nozione onnivalente d'indisponibilità, sé che i problemi connessi (la sua natura ordinaria o eccezionale, l'inderogabilità assoluta o relativa, le conseguenze della sua violazione) possano ambire a soluzioni uniformi, che dall'alto si comunichino ai casi singoli seguendo un processo discendente; oppure se la qualifica d'indisponibilità sia irriducibilmente ondivaga e occasionale e susciti problemi di settore, rispondenti a logiche particolari, a ragioni storico-ordinamentali non comparabili e, quindi, a discipline per forza inequali" (OLIVERO, Luciano. *L'indisponibilità dei diritti*: analisi di una categoria. Torino: G. Giappichelli Editore, 2008. p. 15).

Nesse contexto, uma peculiaridade que merece destaque é que a regulação da indisponibilidade é usualmente realizada a partir de um processo de abstração, com o seu traço sendo marcado sobre alguns direitos em si, aprioristicamente. Essa opção legislativa deita raízes nas codificações reinantes a partir do século XIX e, recentemente, passa a ser questionada. Apesar disso, a indisponibilidade é um atributo que goza de grande efetividade, sendo reiteradamente citada no julgamento de casos concretos, o que desvela a sua força funcional.

Os exemplos anteriores mostram que não é de fácil percepção a extração de um sentido ontológico que desvele uma definição jurídica segura para a indisponibilidade. A civilística segue refletindo sobre a temática, com perceptíveis oscilações, mas não parece ter encontrado uma estabilidade conceitual para essa figura jurídica.

A indisponibilidade pode ser descrita como uma marca indelével que restringe possibilidades quando ela está a gravar alguma pessoa, um bem ou determinado direito e, a partir disso, traz a reboque alguns efeitos. Quanto a essas consequências, já encontramos mais constância na doutrina, e as mais referenciadas são as da irrenunciabilidade e da intransmissibilidade.[108]

Um aspecto que merece destaque é que a técnica jurídica costuma vincular a indisponibilidade ao estado das pessoas.[109] Esse instituto era tratado na parte geral do Código Civil de 1916, de modo que, para Clóvis Beviláqua, o "estado das pessoas é o seu modo particular de existir. É uma situação jurídica resultante de certas qualidades inerentes à pessoa". Saliente-se que o mesmo autor destaca que, no direito moderno, esse tema não tem mais a relevância que possuía em períodos passados, como entre os romanos, para quem a definição do *status* era central.[110]

---

[108] ANGELONI, Franco. *Rinunzie, transazione e arbitrato nei rapporti familiari*. Padova: Cedam, 1999. t. 1. p. 70-71.

[109] "Estado das pessoas naturais. O estado como vimos é um dos atributos da personalidade. Dêsses atributos é o de conceituação mais vaga, pois, segundo os autores, consiste no modo particular de existir das pessoas. Sua noção, porém, torna-se mais precisa se lembrarmos que no direito moderno corresponde à noção de *status* do direito romano. Neste direito havia, como é sabido, três estados fundamentais: *status libertatis, status civitatis, status familiae*" (LIMONGI FRANÇA, Rubens. *Manual de direito civil*. 3. ed. rev. São Paulo: Ed. RT, 1975. v. I. p. 146).

[110] "A teoria dos estados não tem mais hoje a importância que teve entre os romanos, e obedece a outros princípios. O estado era a qualidade particular, que determinava a capacidade. (...) Não temos atualmente essa organização de estados superordenados, no direito privado moderno, porque todos os homens são livres, e porque a nacionalidade não tem mais a influência decisiva, de outrora, sobre a aquisição e

Miguel Serpa Lopes traça a indisponibilidade como uma das características do estado civil, afirmando que "o estado civil tem os seus caracteres próprios, que classificamos em intrínsecos e extrínsecos. São caracteres intrínsecos: a) indivisibilidade; b) indisponibilidade; c) imprescritibilidade; d) aquisição mediante posse". A seguir, o detalhamento do que significaria tal indisponibilidade para o autor:

> Indisponibilidade – O poder de disponibilidade patrimonial que, em regra, inere ao titular de um direito subjetivo, não existe no que se relaciona com o estado civil. Sendo o estado civil um reflexo de nossa personalidade, é uma relação fora do comércio. Em razão disto, é insuscetível de renúncia o direito resultante do estado de filho, de modo que nula seria a renúncia de alguém ao pleitear a sua situação de filho. Inadmissível, portanto, sob pena de nulidade, qualquer transação celebrada em tôrno de questões de estado civil, pois que transigir é dispor. Pôr outro lado, dado esse caráter de indisponibilidade e como um seu corolário, os credores não têm legitimidade para o exercício de ações de estados pertinentes ao seu devedor. Assim, não lhes é facultado promover a *petitio hereditatis* fundada numa filiação ilegítima. Finalmente, a indisponibilidade do estado civil não importa em imutabilidade.[111]

Como se vê, a noção de indisponibilidade atrelada ao estado civil retratava o entendimento de que essa esfera jurídica seria de tal modo inerente à pessoa que não poderia ser objeto de qualquer transação, renúncia, comércio ou transferência de qualquer ordem.[112]

---

gozo dos direitos civil. Mas ainda se distinguem três ordens de estados: o político, o de família e o físico. Sob o ponto de vista político, a pessoa poderá ser nacional ou estrangeira. Em relação à família, os estados são: a) de casado e solteiro; b) de parente; c) de afim. (...) Quanto ao estado físico, há que se considerar a idade (maiores e menores), a integridade mental (são de espírito, alienados) e o sexo" (BEVILÁQUA, Clóvis. *Teoria geral do direito civil*. Campinas: Servanda, 2007. p. 104-106).

[111] SERPA LOPES, Miguel Maria. *Curso de Direito Civil*: introdução, parte geral e teoria dos negócios jurídicos. 3. ed. Rio de Janeiro: Freitas Bastos, 1960. v. I. p. 311-312.

[112] Esse entendimento é consentâneo com o externado por Sílvio de Salvo Venosa ao tratar do mesmo tema, já em tempos mais recentes: "O estado de família apresenta características distintas que se traduzem em: 1. Intransmissibilidade: esse status não se transfere por ato jurídico, nem entre vivos nem causa mortis. É personalíssimo, porque depende da situação subjetiva da pessoa com relação à outra. Como consequência da intransmissibilidade, o estado de família também é intransigível; 2. Irrenunciabilidade: ninguém pode despojar-se por vontade própria de seu estado. O estado de filho ou de pai depende exclusivamente da posição familiar. Ninguém pode renunciar ao pátrio poder, agora denominada poder familiar, por exemplo; 3.

Essa diretriz, portanto, atingiria as classes do estado familiar: filho(a), pai, mãe, irmão, avô etc., estando vinculada, desse modo, ao parentesco. Atualmente, a indisponibilidade também é referenciada pelo Estatuto da Criança e do Adolescente ao tratar da filiação no *art. 27*: "O reconhecimento do estado de filiação é direito personalíssimo, indisponível e imprescritível, podendo ser exercitado contra os pais ou seus herdeiros, sem qualquer restrição, observado o segredo de Justiça".[113]

Entretanto, no que se refere ao estado de filiação, não é possível atestar a rigidez de outrora no tocante à sua tradicional indisponibilidade. Com a última passagem de século, consagrou-se o reconhecimento jurídico dos vínculos socioafetivos na parentalidade – o que certamente traz alguma possibilidade de disposição, visto que o elo socioafetivo depende de iniciativa dos interessados para o seu reconhecimento.[114]

Para além disso, recentes propostas passam a sugerir a possibilidade de pleitos de desfiliação.[115] Dessa forma, ainda que o tema não esteja regulado, também indica alguma relativização da rigidez da indisponibilidade na filiação e no parentesco.

Ao tratar do estado civil, Rosa Maria de Andrade Nery sublinha uma relativização dessa inalienabilidade, em razão da disponibilidade dos seus direitos patrimoniais:

Imprescritibilidade: o estado de família, por sua natureza, é imprescritível, como decorrência do seu caráter personalíssimo. Não se pode adquirir por usucapião, nem se perde pela prescrição extintiva; 4. Universalidade: é universal porque compreende todas as relações jurídico-familiares; 5. Indivisibilidade: o estado de família é indivisível, de modo que será sempre o mesmo perante a família e a sociedade. Não se admite, portanto, que uma pessoa seja considerada casada para determinadas relações e solteira para outras; 6. Correlatividade: o estado de família é recíproco, porque se integra por vínculos entre pessoas que se relacionam. Desse modo, ao estado de marido antepõe-se o de esposa; ao de filho, o de pai, e assim por diante; 7. Oponibilidade: é oponível pela pessoa perante todas as outras. O casado assim é considerado perante a sociedade" (VENOSA, Sílvio de Salvo. *Direito civil*: direito de família. 11. ed. São Paulo: Atlas, 2011. v. 6. p. 18-19).

[113] BRASIL. *Lei 8.069/1990*. Estatuto da Criança e do Adolescente. Disponível em: http://www.planalto.gov.br/ccivil_03/leis/l8069.htm. Acesso em: 27.06.2021.

[114] Sobre o tema: OLIVEIRA, Guilherme de. *Critério jurídico da paternidade*. Coimbra: Almedina, 2003; FACHIN, Luiz Edson. *Da paternidade*: relação biológica e afetiva. Belo Horizonte: Del Rey, 1996.

[115] ALVES, Jones Figueirêdo. Desconstituições da filiação em rupturas do vínculo paterno-filial. *Revista Consultor Jurídico*, 13.09.2020. Disponível em: https://www.conjur.com.br/2020-set-13/processo-familiardesconstituicoes-filiacao-rupturas--vinculo-paterno-filial. Acesso em: 27.06.2021.

O estado da família também é caracterizado por uma inalienabilidade relativa. A inalienabilidade é relativa porque se deve distinguir entre a inalienabilidade no que diz respeito ao estado em si mesmo e, por outro, a alienabilidade dos direitos patrimoniais emergentes desse estado.[116]

Essa distinção entre uma restrição forte na disposição do estado da família em si e uma permissividade na alienabilidade dos seus direitos patrimoniais respectivos traz um incremento relevante.[117] A afirmação da autora reconhece uma esfera de disponibilidade relativa mesmo em se tratando do estado da pessoa (que é considerado indisponível), o que indica uma interessante relativização. Como se vê, essa formatação aponta para uma rigidez no que se refere ao instituto em si, mas admite uma flexibilidade de disposição relativamente às suas consequências patrimoniais.

O amadurecimento do trato jurídico da indisponibilidade faz emergir outra diferenciação: entre o que se poderia determinar de indisponibilidade jurídica, no sentido de algumas restrições atreladas a algum bem em si, e a denominada indisponibilidade dos direitos, que seria aquela vinculada às restrições ligadas a um direito abstrato.

Há um conjunto de direitos que são acompanhados pela marca da indisponibilidade desde a sua configuração inicial: são os direitos da personalidade. Essa categoria tem desenvolvimento recente no mundo jurídico, tomando corpo a partir da passagem do século XIX para o XX, e, desde sempre, foi adjetivada com a característica de tratar de direitos indisponíveis.

José de Oliveira Ascensão afirma que da indisponibilidade dos direitos da personalidade decorrem a intransmissibilidade, a irrenunciabilidade e a reduzida possibilidade de restrição por negócios jurídicos:

> Os direitos da personalidade (...) são também indisponíveis. Isto implica três aspectos: 1) São intransmissíveis. Não podem ser objeto de cessão. E, como veremos, não podem ser objeto de sucessão; 2) São irrenunciáveis. O titular pode renunciar ao exercício de um direito da personalidade, mas

---

[116] NERY, Rosa Maria de Andrade. *Instituições de direito civil*: família. São Paulo: Ed. RT, 2015. v. 5. p. 161. A autora não exemplifica a sua afirmação. Uma das possíveis repercussões concretas da disponibilidade de direitos patrimoniais decorrente das ações de estado pode ser vislumbrada nos reconhecimentos de filiação *post mortem*, nos quais, muitas vezes, as partes envolvidas transigem quanto a algumas repercussões financeiro-patrimoniais após o reconhecimento desse vínculo.

[117] Voltaremos ao tema no item 2.5.

não pode renunciar ao direito em si; 3) São só escassamente restringíveis através de negócio jurídico.[118]

Esses efeitos (inalienabilidade, irrenunciabilidade e intransmissibilidade) são reiterados ao se falar da indisponibilidade dos direitos, não gerando grande discordância quanto à sua decorrência. Entretanto, há uma dissonância acerca do grau e da extensão desses efeitos na aplicação concreta.

É possível vislumbrar uma tendência a certa relativização[119] das restrições resultantes da indisponibilidade dos direitos em face das diversas situações,[120] o que coloca em xeque o sentido categórico que pode ter prevalecido em diversos momentos.

Roxana Cardoso Borges é uma das doutrinadoras brasileiras que sustenta a relativização da indisponibilidade dos direitos da personalidade, afirmando que estes gozariam de algum grau de disponibilidade:

> Há, portanto, certa esfera de disponibilidade em alguns direitos da personalidade. (...) Dentre as várias características dos direitos de personalidade, as mais frequentemente apontadas pela doutrina são a ilimitabilidade, a irrenunciabilidade, a intransmissibilidade, a indisponibilidade, a inalienabilidade, a imprescritibilidade, a vitaliciedade, a extrapatrimonialidade, além de se afirmar que os direitos de personalidade são absolutos, inatos e necessários. Quanto à indisponibilidade, alguns juristas reconhecem sua relativização.[121]

Ademais, a própria autora se apresenta como uma crítica dessa vinculação forte, reconhecendo expressamente uma indisponibilidade relativa desses direitos:

> Na verdade, o direito da personalidade, em si, não é disponível *stricto sensu*, ou seja: não é transmissível bem nem renunciável. A titularidade do direito não é objeto de transmissão. Ou seja: a imagem não se separa do seu titular

---

[118] ASCENSÃO, José de Oliveira. *Direito civil.* teoria geral. 3. ed. São Paulo: Saraiva, 2010 (Introdução. As pessoas. Os bens, v. 1). p. 75.

[119] TEPEDINO, Gustavo; BARBOZA, Heloisa Helena; BODIN DE MORAES, Maria Celina. *Código Civil interpretado conforme a Constituição da República.* Rio de Janeiro: Renovar, 2014. p. 33.

[120] GEDIEL, José Antonio Peres. A irrenunciabilidade dos direitos do trabalhador. In: SARLET, Ingo Wolfgang. *Constituição, direitos fundamentais e direito privado.* Porto Alegre: Livraria do Advogado, 2003. p. 149.

[121] BORGES, Roxana Cardoso Brasileiro. Proibição de disposição e de limitação voluntária dos direitos de personalidade no Código Civil de 2002: crítica. In: BARROSO, Lucas Abreu (org.). *Introdução crítica ao Código Civil.* Rio de Janeiro: Forense, 2006. p. 23-28.

original, assim como sua intimidade. A imagem continuará sendo daquele sujeito, sendo impossível juridicamente – e até fisicamente – sua transmissão a outrem ou, mesmo, sua renúncia. Mas expressões do uso do direito de personalidade podem ser cedidas, de forma limitada, com especificações quanto à duração da cessão e quanto à finalidade do uso. Há, portanto, certa esfera de disponibilidade em alguns direitos da personalidade. O exercício de alguns direitos da personalidade pode, sim, sofrer limitação voluntária, mas essa limitação é também relativa. Embora a intransmissibilidade, a irrenunciabilidade, a extrapatrimonialidade e a indisponibilidade sejam características presentes na teoria geral dos direitos de personalidade, quando se analisam certos tipos desses direitos se percebe a relativa disponibilidade de alguns deles. A autorização para uso de certos aspectos desses direitos por terceiros não descaracterizaria o direito enquanto direito de personalidade.[122]

Em outros termos, o direito da personalidade em si é indisponível para a pessoa, deve restar atrelado a ela, mas algumas projeções patrimoniais decorrentes dele gozam de alguma disponibilidade, podem inclusive ser cedidas para terceiros, por exemplo. Como se percebe, a indisponibilidade do direito não implica indisponibilidade de todas as suas esferas e projeções. Transparece uma aura de disponibilidade mesmo no que se refere aos direitos da personalidade, tidos por indisponíveis.

No mesmo sentido é o entendimento de Anderson Schreiber, que critica a redação do Código Civil de 2002 e sustenta a possibilidade de alguma disposição relativamente ao exercício dos direitos da personalidade:

> O art. 11 inaugura o capítulo de direitos da personalidade, atribuindo-lhes duas características: a intransmissibilidade e a irrenunciabilidade. (...) A redação do legislador foi infeliz. Celebram-se cotidianamente contratos em que pessoas concordam com certas limitações voluntárias ao exercício dos seus direitos da personalidade (como em contratos de licenciamento de uso de direitos de imagem celebrados pelos artistas ou atletas ou, ainda, em contratos celebrados pelos participantes de *reality-shows* que concordam em sofrer limitações voluntárias à sua privacidade). Tomado em sua literalidade, o dispositivo negaria qualquer efeito ao consentimento do titular no campo dos direitos da personalidade, representando uma restrição inconstitucional à autonomia existencial humana.[123]

---

[122] BORGES, Roxana Cardoso Brasileiro. *Disponibilidade dos direitos da personalidade*. São Paulo: Saraiva, 2005. p. 119-120.

[123] SCHREIBER, Anderson. Título I – Das pessoas naturais. Capítulo II – Dos direitos da personalidade. Arts. 11 a 21. In: SCHREIBER, Anderson et al. *Código Civil comentado*: doutrina e jurisprudência. 3. ed. Rio de Janeiro: Forense, 2021. p. 14.

É possível constatar que parte considerável da doutrina do Direito Civil brasileiro reconhece a possibilidade de certa disposição no exercício de repercussões patrimoniais de alguns direitos da personalidade.[124] Em outras palavras, de alguma forma essa atenuação está assimilada na cultura jurídica nacional.

A vinculação da indisponibilidade dos direitos à impossibilidade de renúncia e à vedação de transmissão, como visto, pode se mostrar incompatível com diversas operações que estão a se apresentar na atual realidade concreta. Ao que parece, como sói acontecer, o caminhar da vida está a exigir uma reconfiguração das categorias jurídicas, ainda mais se consideradas as suas dimensões funcionais pretéritas.

As definições de outrora para a indisponibilidade dos direitos parecem estar anacrônicas quando confrontadas com as operações jurídicas que estão sendo desempenhadas na atualidade. Desse modo, uma ressignificação parece se impor.

Ao lado disso, importa destacar que a indisponibilidade dos direitos assume uma especial coloração quando atrelada ao Direito de Família, em razão das diversas peculiaridades inerentes aos seus institutos, os quais, não raro, envolvem aspectos pessoais e também patrimoniais.

1.4 A INDISPONIBILIDADE NO DIREITO DE FAMÍLIA

Interessante observar que a caracterização do direito de família como indisponível não era citada de forma expressa nas obras dos civilistas brasileiros editadas até meados do século passado, mas transparecia fortemente nas definições que lhe eram correlatas; ou seja, embora essa adjetivação não estivesse explicitamente presente, era evidente que a compreensão do direito de família, à época, o assimilava como totalmente indisponível. Em outros termos, tanto a estrutura como a função dos seus institutos eram dotadas de uma inequívoca indisponibilidade, coerente com as premissas então vigentes.

Lafayette Rodrigues Pereira, que descrevia o nosso direito de família no século XIX, não asseverava a indisponibilidade como característica, mas

---

[124] "Já o poder de disposição consiste em todas as hipóteses de exercício que determinam uma mudança nas relações jurídicas preexistentes. Assim, o poder de disposição é o poder de provocar um efeito constitutivo, modificativo ou extintivo em uma relação jurídica (...). A afirmação de que os direitos da personalidade, os direitos pessoais ou, como se prefere, as situações jurídicas existenciais são indisponíveis é demais simplória e desconsidera que a autonomia privada em termos exclusivamente patrimonialistas é incompatível com a centralidade que a pessoa humana tem no ordenamento jurídico brasileiro" (MEIRELES, Rose Melo Vencelau. *Autonomia privada e dignidade humana*. Rio de Janeiro: Renovar, 2009. p. 153-157).

acabava por demonstrar a ausência de disponibilidade ao discorrer sobre todos os contornos desse ramo.[125] No início do século seguinte, também o codificador Clóvis Beviláqua não se referia a uma expressa falta de disponibilidade ao descrever o direito de família, mas, ainda assim, vertia essa perspectiva indisponível ao cuidar dos temas familiares.[126]

Portanto, ainda que sem um maior detalhamento, toda a moldagem do direito de família descrito até o início dos *Novecentos* era totalmente baseada em uma seara que não dotava de grande disponibilidade.

Na mesma época, Eduardo Espíndola anotava a distinção das regras de direito de família das demais que regulavam o negócio jurídico, em virtude da redução do espaço deixado para a autonomia da vontade.[127]

É possível perceber que a doutrina brasileira apresentada até meados do século XX reconhecia a especialidade e a rigidez do direito de família, deixando claro que, nesse ramo, era claramente mitigada a força da autonomia da vontade, e a imperatividade das leis possuía um aspecto singular. No entanto, não discorria sobre a indisponibilidade em si, embora a indisponibilidade de vários dos seus institutos emergisse quase como uma consequência lógica dessa especialidade.

---

[125] "Noção dos direitos de família – A divisão do Direito Civil, hoje conhecido sob o título – Direitos de Família – tem por objeto a exposição dos princípios de direito que regem as relações de família, do ponto de vista da influência dessas relações não só sôbre as pessoas como sôbre os bens" (PEREIRA, Lafayette Rodrigues. *Direitos de família*. 5. ed. Rio de Janeiro: Freitas Bastos, 1956. p. 25).

[126] "Direito de família é o complexo de normas que regulam a celebração do casamento, sua validade e os efeitos, que dêle resultam, as relações pessoais e econômicas da sociedade conjugal, a dissolução desta, as relações entre pais e filhos, o vínculo do parentesco e os institutos complementares da tutela e da curatela. *Altos interêsses da moral e do bem-estar social imprimem a êste complexo de normas um caráter particular, e exigem, do direito, especial cuidado no estabelecê-las*" (BEVILÁQUA, Clóvis. *Código Civil dos Estados Unidos do Brasil*. 11. ed. atualizada por Achilles Beviláqua. Rio de Janeiro: Paulo de Azevedo, 1956. v. II. p. 6 (grifo nosso)).

[127] "A família é essencialmente um organismo social, obedecendo a várias influências como a religião, os costumes, a moral. Daí dizerem Ruggiero e Maroi, aliás de conformidade com um conceito reconhecido como incontestável, que – antes de ser jurídico, a família é um organismo ético, verificando-se, como consequência, êste fenômeno que alguns de seus preceitos são destituídos de sanção. *Mas, por outro lado, as normas jurídicas, que lhe dizem respeito, escapam, em regra, à autonomia da vontade. O seu regulamento é único e uniforme. Os limites impostos neste setor à autonomia da vontade levam a excluir muitas das regras comuns aos negócios jurídicos, quando se trata de direitos da família (...)*" (ESPÍNOLA, Eduardo. *A família no direito civil brasileiro*. Rio de Janeiro: Gazeta Judiciária, 1954. p. 12 (grifo nosso)).

A vinculação expressa da indisponibilidade ao direito de família é encontrada de forma mais clara nos autores brasileiros que tratam do tema a partir do início do século XXI, que são diretos ao discorrerem sobre a indisponibilidade[128] ou relatividade[129] do poder de disposição acerca dos institutos familiares.[130]

---

[128] "O *teor de indisponibilidade do Direito de Família* está dosado na exata medida em que permite a intervenção estatal e essa se ocupa em assegurar que certos preceitos não sofrem o influxo da plena liberdade de contratar (...). A autonomia privada sempre foi de diminuto relevo no campo do Direito de Família, pois existem regras para poder casar e que invalidam o matrimônio quando não observados direitos cogentes, tal como existe um conjunto de características que permitem reconhecer a existência de uma união considerada estável e destinatária da proteção estatal. (...) O direito de família justamente destoa do Direito Privado quando (...) limita a autonomia privada com a imperatividade de suas normas (...)" (MADALENO, Rolf. *Direito de família*. 8. ed. rev., atual. e ampl. Rio de Janeiro: Forense, 2018. p. 40 (grifo nosso)).

[129] "Ao regular as bases fundamentais dos institutos do direito de família, o ordenamento visa estabelecer um regime de certeza e estabilidade das relações jurídicas familiares. (...) Embora em alguns casos a lei conceda liberdade de escolha e decisão aos familiares (...) *a disponibilidade é relativa*, limitada, como sucede também no concernente aos alimentos, não se considerando válidas as cláusulas que estabelecem a renúncia definitiva de alimentos, mormente quando menores ou incapazes são os envolvidos" (GONÇALVES, Carlos Roberto. *Direito civil brasileiro*: direito de família. 18. ed. São Paulo: Saraiva, 2021. v. 6. p. 26 (grifo nosso)).

[130] "Os chamados direitos de família constituem na verdade um complexo de direitos e deveres, como o pátrio poder ou poder familiar. O direito de família está centrado nos deveres, enquanto nos demais campos do direito de índole patrimonial o centro orientador reside nos direitos, ainda que também orientado pelo cunho social, como a propriedade. *Por conseguinte, o papel da vontade é mais restrito, pois quase todas as normas de família são imperativas.* Com frequência, a vontade limita-se à mera expressão de um consentimento, sem condição ou termo, com todas as consequências dessa manifestação expressas em lei, como acontece no casamento, na adoção e no reconhecimento de filiação. Como outro corolário, os direitos de família puros, regulados por norma cogente, são irrenunciáveis, como o direito a alimentos. Nos alimentos, a transação se limitará a seu valor. No mesmo diapasão, como veremos, os direitos derivados do estado de família são imprescritíveis. Assim, não prescrevem os direitos de pleitear alimentos e de pedir reconhecimento de filiação, por exemplo. (...) Outra característica presente nos direitos de família, quando examinados sob o prisma individual e subjetivo, é sua natureza personalíssima. *Esses direitos são, em sua maioria, intransferíveis, intransmissíveis por herança e irrenunciáveis.* Aderem indelevelmente à personalidade da pessoa em virtude de sua posição na família durante toda a via. Desse modo, o pátrio poder ou poder familiar e o estado de filiação são irrenunciáveis: ninguém pode ceder o direito de pedir alimentos, ninguém pode renunciar ao direito de pleitear o estado de filiação" (VENOSA, Sílvio de Salvo. *Direito civil*: direito de família. 11. ed. São Paulo: Atlas, 2011. v. 6. p. 13-14 (grifos nossos)).

Evidentemente, esse movimento assimilava posições nesse sentido advindas de outros países, como se percebe nas lições do italiano Cesare Massimo Bianca, para quem:

> A afirmação de uma posição especial do direito de família como norma de tutela dos interesses supraindividuais parece basear-se na reduzida autonomia negocial dos sujeitos e na natureza muitas vezes obrigatória e imperativa da tutela das relações familiares. Na realidade, porém, a indubitável necessidade social de tutelar os interesses familiares e a natureza de política pública de tal proteção não diminui o fato de que esses interesses são tutelados por posições comuns sob o direito priva-do. A indisponibilidade dessas posições é simplesmente explicada pelo reconhecimento dos interesses da família como interesses essenciais da pessoa.[131]

Como é possível constatar, a justificativa apresentada é no sentido de que os interesses familiares são considerados essenciais da pessoa, de modo que, por esse motivo, passam, portanto, a ser classificados como indisponíveis.

A última virada de século é representativa quanto à consagração da classificação explícita do direito de família como indisponível, o que consolida uma vinculação que deita raízes a partir da segunda metade do século passado. O momento histórico dessa imbricação está em harmonia com a sofisticação teórica alcançada pela técnica da indisponibilidade dos direitos que, como visto, passou a tomar corpo no início do século XX.

A partir de então, tem sido recorrente a vinculação doutrinária da técnica da indisponibilidade ao direito de família, com algumas posições gravando os institutos familiares com a pecha de indisponíveis. A doutrina brasileira acompanha esse movimento, assim, entre os fundamentos de tal posição, encontramos o fato de estarem umbilicalmente atrelados aos direitos da personalidade:

---

[131] Tradução livre. No original: "L'affermazione di una speciale posizione del diritto di famiglia quali normativa volta alla tutela di interessi superindividuali sembrerebbe trarre argomento dalla ridotta autonomia negoziale dei soggetti e dalla natura spesso inderogabile e imperativa della tutela dei rapporti familiari. Ma, in realtà, l'indubbia esigenza sociale di tutela degli interessi familiari, e il carattere di ordine pubblico che deve riconoscersi a tale tutela, non tolgono che si tratti comunque di interessi tutelati attraverso comuni posizioni di diritto privato. L'indisponibilità di queste posizioni trova la sua semplice spiegazione nel riconoscimento degli interessi familiari quali interessi essenziali della persona" (MASSIMO BIANCA, Cesare. *Diritto civile*: la famiglia. 5. ed. Milano: Giuffrè, 2014. v. 2.1. p. 9).

Por estar voltado à tutela da pessoa, se diz que o direito das famílias é *personalíssimo*. Adere indelevelmente à personalidade de seus membros, em virtude da posição que ocupam da família durante toda uma vida. Em sua maioria, o direito da família é composto por direitos intransmissíveis, irrevogáveis, irrenunciáveis e indisponíveis. A imprescritibilidade também ronda o direito das famílias.[132]

Determinados autores afirmam que a impossibilidade de disposição inerente ao direito de família decorreria de seu caráter protetivo[133] e da sua pretensão de estabilidade, o que não recomendaria tal autonomia nesse ramo, como fazem José Lamartine Corrêa de Oliveira e Francisco Muniz:

> No Direito de Família, há um acentuado predomínio de normas imperativas, isto é, normas que são inderrogáveis pela vontade dos particulares. Significa tal inderrogabilidade que os interessados não podem estabelecer a ordenação de suas relações jurídicas familiares, porque esta se encontra expressa e imperativamente prevista na lei (*ius cogens*). (...) Quer isso dizer que, com a regulamentação das bases fundamentais dos institutos de Direito de família, o ordenamento visa estabelecer um regime de certeza e estabilidade das relações jurídicas familiares. As disposições do presente tipo são denominadas normas de interesse e ordem pública.[134]

A doutrina familiarista contemporânea é explícita ao tratar da redução do poder de disponibilidade dos particulares quando do trato dos institutos familiares.[135]

---

[132] DIAS, Maria Berenice. *Manual de direito das famílias*. 11. ed. rev., atual. e ampl. São Paulo: Ed. RT, 2016. p. 39.

[133] "Natureza do direito de família – a principal característica deste direito é a finalidade tutelar, que lhe é inerente. Direciona-se a proteger a família, os bens que lhe são próprios, a prole e muitos outros interesses afins. (...) Justamente por essa peculiaridade afirma-se que existe certa limitação no poder de disponibilidade de direitos, não cabendo às partes decidir ou pactuar diferentemente das formas estabelecidas na lei. Assim, não se admite decidir ou firmar negociações do parentesco, e mesmo dos alimentos" (RIZZARDO, Arnaldo. *Direito de família*. 8. ed. Rio de Janeiro: Forense, 2011. p. 4-5).

[134] OLIVEIRA, José Lamartine C. de; MUNIZ, Francisco José Ferreira. *Curso de Direito de Família*. 4. ed. Curitiba: Juruá, 2008. p. 19.

[135] "Pois bem, é cediço que as normas de Direito de Família são essencialmente normas de ordem pública ou cogentes, pois estão relacionadas com o *direito existencial*, com a própria concepção de pessoa humana. No tocante aos seus efeitos jurídicos, diante da natureza dessas normas, pode-se dizer que é nula qualquer previsão que traga renúncia aos direitos existenciais de origem familiar, ou que afaste normas que pro-

Ainda que os autores do século XIX e da primeira metade do século XX não fizessem remissão explícita a alguma indisponibilidade, não deixaram de referir que o direito de família constituía um ramo que recebia um tratamento peculiar na análise das regras que compunham o sistema jurídico. Em outros termos, destacavam uma imperatividade forte nesses regramentos e um mitigado espaço deixado para a então chamada autonomia da vontade.

Uma motivação possível para essa referência expressa da indisponibilidade no direito de família apenas a partir de tal momento pode ser o avanço das liberdades e, consequentemente, dos atos de disponibilidade reconhecidos no decorrer do século XX, o que tornaria necessário afirmar com mais vigor quais seriam as searas que deveriam ser tidas como indisponíveis.[136]

Nesse viés, a imperatividade das regras jurídicas na regulação de alguns aspectos do direito de família tem longa morada, por exemplo, nas disposições relativas aos regimes de bens[137] e nos chamados contratos conjugais (que envolviam o dote[138] e outras deliberações patrimoniais do futuro casal).[139] A

---

tegem a pessoa. (...) Por outro lado, há também normas de direito de família que são normas de ordem privada, como aquelas relacionadas ao regime de bens, de cunho eminentemente patrimonial (arts. 1.639 a 1.688 do CC). Assim, eventualmente, é possível que a autonomia privada traga previsões contrariando essas normas dispositivas" (TARTUCE, Flávio. *Direito civil*: direito de família. 14. ed. Rio de Janeiro: Forense, 2019. v. 5. p. 1-3).

[136] Ousa-se afirmar que, *mutatis mutandis*, seria um movimento que lembra o que ocorreu na passagem do século XVIII (de uma indisponibilidade onipresente) para o século XIX (de ampla liberdade) no cenário europeu, justamente período no qual emergiu a teoria das indisponibilidades, como demonstra Raoul de la Grasserie: GRASSERIE, Raoul de la. *De L'indisponibilité et de l'indivisibilité totales et partielles du patrimoine*. Paris: Secrétariat de la Société d'Économie Sociale, 1899.

[137] "Exemplar, em particular, é a indisponibilidade dos direitos conjugais" (tradução livre). No original: "Esemplare, in particolare, è l'indisponibilità dei diritti coniugali" (OLIVERO, Luciano. *L'indisponibilità dei diritti*: analisi di una categoria. Torino: G. Giappichelli Editore, 2008. p. 5).

[138] "Pudemos verificar que a gênese dos regimes matrimoniais se encontra precisamente nas convenções a título gratuito celebradas entre os nubentes realizadas antes do casamento" (XAVIER, Maria Rita Aranha da Gama Lobo. *Limites à autonomia privada na disciplina das relações patrimoniais entre os cônjuges*. Coimbra: Almedina, 2000. p. 98).

[139] Não se ignora que tais contratos e estipulações financeiras eram de acesso restrito a uma parcela diminuta da população, os mais abastados. Isso, porque, entre as pessoas mais pobres, as combinações patrimoniais para o casamento eram muito mais singelas, em regra, nem mesmo escritas, envolvendo apenas as tarefas e os atributos mínimos para a sua subsistência. Ainda assim, a experiência de tais contratos ma-

imutabilidade dessas estipulações quiçá contenha germe da atual indisponibilidade que ainda hoje é atrelada ao direito de família.[140]

Essas pactuações patrimoniais entre os nubentes de outrora são descritas como um costume antigo que prevalecia socialmente antes mesmo de possuir tratamento jurídico específico. Assim, o que está subjacente a essas tratativas é a necessidade de se estabelecerem condições para o sustento do futuro casal e da vindoura família (filhos). Para tanto, homem e mulher[141] deveriam contribuir nesse mister, sendo a destinação de dado patrimônio e o pagamento de importâncias duas das formas mais usuais. No momento das tratativas e negociações a respeito de tais bens e valores, era comum a participação não só do homem e da mulher, mas também da sua família e demais parentes (e às vezes até de terceiros).

Portanto, era indene de dúvidas que esses acordos não envolviam interesses apenas dos cônjuges mas também das suas famílias e de outros possíveis interessados. Uma das origens da rigidez de tais contratos e da impossibilidade de serem desfeitos, até mesmo pelos próprios cônjuges, era esta: as disposições acordadas não diziam respeito apenas a eles; logo, lógico e razoável que marido e mulher não pudessem alterar o que constou em tal acordo (que regia interesses de toda a família e até de outros envolvidos).[142]

Entre os fundamentos dessa imutabilidade, pode-se destacar a pretensão de relevância das estipulações firmadas, a coerência com a indissolubilidade do matrimônio, que reinava à época, a proibição de doações entre os cônjuges, a confiança de terceiros, o equilíbrio dos ativos da família de origem e, ainda, uma garantia recíproca dos próprios cônjuges.[143]

---

trimoniais pode ter deixado rastros no subsequente direito patrimonial de família que se estabeleceu.

[140] Importa anotar que algumas fontes romanas já indicam certa preocupação com a regulação de tais tratativas patrimoniais entre os cônjuges. Como não havia um regime de comunhão entre marido e mulher, a diretriz era da separação de patrimônios. Em vista disso, durante algum tempo, eram vedadas doações entre cônjuges (com vistas a se manter a aludida separação); em outros períodos, eram restritas. "Com efeito, o antigo Direito romano, sobretudo enquanto houve independência patrimonial entre o marido e a mulher, desconfiava de certos negócios gratuitos celebrados entre os cônjuges e pretendeu preveni-los" (XAVIER, Maria Rita Aranha da Gama Lobo. *Limites à autonomia privada na disciplina das relações patrimoniais entre os cônjuges*. Coimbra: Almedina, 2000. p. 101-102).

[141] Única combinação permitida para o matrimônio na época, em diversos países, por volta dos séculos XVII, XVIII e XIX.

[142] XAVIER, Maria Rita Aranha da Gama Lobo. *Limites à autonomia privada na disciplina das relações patrimoniais entre os cônjuges*. Coimbra: Almedina, 2000. p. 99-100.

[143] OLIVERO, Luciano. *L'indisponibilità dei diritti*: analisi di una categoria. Torino: G. Giappichelli Editore, 2008. p. 92-93.

Tais preocupações foram as que originaram a ideia de uma inalterabilidade do regime patrimonial de bens adotado entre os nubentes, visto que se entendia que a contratação inicial havia sido previamente pensada e, portanto, era a que melhor refletia o equilíbrio para o casal e também para as famílias envolvidas. Com o intuito de manter esse equilíbrio e interesses, o acordo originário deveria ser inalterável e, consequentemente, suas disposições dotadas de especial imperatividade quando da sua regulação pelo direito.[144]

Para a sociedade patriarcal da época, essa imutabilidade dos contratos conjugais era vista como uma das poucas garantias que objetivavam, em *ultima ratio*, proteger o patrimônio da mulher (embora também tivesse o efeito contrário de "congelá-lo"),[145] mantendo equilibradas as tratativas iniciais dos cônjuges. Entretanto, como o regime prevalecente era o da separação de bens (como ocorria na Itália, por exemplo), esse cenário acabava por deixar o patrimônio da mulher estagnado na importância do dote inicial, e – com o passar dos tempos – os ganhos havidos durante o casamento e o eventual aumento patrimonial ficavam invariavelmente para o homem.

Luciano Olivero assevera que, além da hipocrisia da regra, essa vedação a qualquer alteração posterior acabava, ao fim e ao cabo, por prejudicar justamente quem ela pretendia proteger: a parte mais fraca, a mulher.[146]

---

[144] XAVIER, Maria Rita Aranha da Gama Lobo. *Limites à autonomia privada na disciplina das relações patrimoniais entre os cônjuges*. Coimbra: Almedina, 2000. p. 100-101.

[145] Uma das finalidades era claramente proteger a parte mais fraca da relação: a mulher. Essa imutabilidade impedia que ela ficasse sujeita às pressões do marido, preservando o que teria sido pactuado com o apoio dos seus familiares (em geral, homens). Não se ignora que essa estabilização também privilegiava poderes e posições sociais do marido, obviamente (OLIVERO, Luciano. *L'indisponibilità dei diritti*: analisi di una categoria. Torino: G. Giappichelli Editore, 2008. p. 94-95).

[146] "Na verdade – e isto não é surpreendente – esta foi uma motivação não desprovida de hipocrisia: não apenas a imutabilidade do contrato e o dote congelaram a riqueza da esposa; não apenas o citado art. 1379 do Código Civil de 1865 proibiu qualquer pacto prejudicial ao poder conjugal, com uma proibição que contribuiu para torná-lo permanente, com a proibição de que a fixidez do contrato contribuísse para torná-lo perene: o aspecto mais marcante – e quase aberrante com relação a essa relação de proteção – e que sob a falcídia da imutabilidade teriam caído até mesmo as modificações mais favoráveis e mesmo as que caíssem `em benefício exclusivo da esposa doada'" (tradução livre). No original: "In verità – e basta poco per accorgersene – se trattava di una motivazione non priva di ipocrisia: non solo l'immutabilità del contrato e della dote congelava la ricchezza della moglie; non solo il citato art. 1379 c.c. 1865 proibiva ogni patto lesivo della potestà maritale, con un divieto che la fissità del contratto contribuiva a render perenne: l'aspetto più appariscente – e quasi aberrante rispetto a quella ratio di tutela – è che sotto la falcidia dell'immutabilità sarebbero

O autor traça um paralelo com as fundamentações atuais das Cortes ao julgarem inválidos pactos conjugais e constata uma profunda similitude com o que ocorria naquele período: as vedações dos julgados atuais também acabam por impedir até mesmo pactuações que beneficiem justamente aqueles que pretendem proteger (ou seja, a parte mais vulnerável).[147]

Ainda quanto a esse tema, posteriormente se estabeleceu que tais acordos deveriam possuir um conjunto mínimo de regras patrimoniais, ou seja, um conteúdo material basilar deveria necessariamente estar presente nessas contratações pré-nupciais. A preocupação era com a manutenção adequada dos cônjuges e dos filhos e, ainda, com a preservação de uma isonomia mínima. Esse núcleo de atribuições passou a ser visto como obrigatório e foi acolhido pelo Direito quando da sua regulação jurídica. Logo, há um duplo aspecto envolto nas pactuações nupciais: uma esfera mínima obrigatória (imperativa) e outra esfera passível de disposição pelas partes (liberdade, autonomia).

Ambos os vetores, imutabilidade e conjunto mínimo, foram representados nas disposições que passaram a reger os regimes de bens dos cônjuges nas futuras codificações.[148] É possível vislumbrar rastros dessas questões na configuração atual que a indisponibilidade assume nas tratativas entre os cônjuges. Subsequentemente, essa característica de indisponibilidade acaba por se espraiar para diversos outros institutos familiares, tais como divórcio, filiação, guarda de filhos, convivência familiar, alimentos, entre outros.

A indisponibilidade atrelada ao matrimônio teve papel de evidente meio de controle social, o que se repetiu por vários períodos históricos e se apresentou nas mais diferentes localidades. Em outras palavras, estipular requisitos rígidos e indisponíveis para as partes relativamente ao matrimônio, para que possa ser reconhecido como válido, tinha por objetivo atender a escopos da coletividade ou do governo que estava no poder. Não sem motivo que o Estado, paulatinamente, assume as rédeas dessa questão, tomando-a da Igreja, vindo a impor regras cogentes referentes ao casamento.

---

caduto anche le modificazioni più favorevoli e anche quelle rientranti 'ad esclusivo profitto della moglie donata'" (OLIVERO, Luciano. *L'indisponibilità dei diritti*: analisi di una categoria. Torino: G. Giappichelli Editore, 2008. p. 95-96).

[147] OLIVERO, Luciano. *L'indisponibilità dei diritti*: analisi di una categoria. Torino: G. Giappichelli Editore, 2008. p. 96.

[148] XAVIER, Maria Rita Aranha da Gama Lobo. *Limites à autonomia privada na disciplina das relações patrimoniais entre os cônjuges*. Coimbra: Almedina, 2000. p. 102-105.

1 • INDISPONIBILIDADE DOS DIREITOS: UMA EXPRESSÃO COM MUITOS SENTIDOS | 57

Christoph Lorke[149] descreve o que se passou na Alemanha, onde o casamento foi utilizado como forma de hierarquia social desde o Império alemão do século XIX, passando pelo período nacional-socialista fascista do século XX e vindo a deixar rastros na regulação matrimonial que vige até a virada para o século XXI (período selecionado para a sua pesquisa). No primeiro momento, as preocupações eram de caráter religioso, com católicos e protestantes dividindo as principais atenções, de modo que as restrições do casamento possuíam o claro intuito de evitar uma mescla de crenças no momento da união. No segundo momento, as atenções se voltavam para as reservas com as quais eram vistas as uniões de alemães com estrangeiros, o que colocaria em risco a "pureza da raça alemã", período no qual as limitações matrimoniais visavam atender a essa finalidade, criando obstáculos para uniões de locais com estrangeiros. Mais recentemente, as objeções em torno do casamento visam impedir imigrações ou controlar fraudes atreladas a tais vínculos que pretendessem obter a cidadania alemã (europeia).

Maebh Harding[150] faz análise similar quanto ao que se passou na Irlanda nesses períodos relativamente às restrições que recaíram sobre o casamento civil, sendo as suas conclusões muito similares às anteriormente delineadas. A sua pesquisa leva em conta particularidades locais e o regime legal que impera na Irlanda, diverso em grande parte do sistema germânico, mas, no pano de fundo, perfilam as mesmas questões. Assim, do século XIX ao XXI, a autora afirma que as formatações do matrimônio civil na Inglaterra, na Irlanda e no País de Gales também foram permeadas por questões religiosas, depois por aspectos relativos à nacionalidade e, mais recentemente, por cautelas migratórias.

O percurso descrito nas análises retromencionadas se repete, ainda que com particularidades, em vários outros países e sistemas. Desse modo, torna-se possível perceber que as regras rígidas e o caráter indisponível relativos ao matrimônio possuem um nítido caráter de controle social, o que não pode ser mitigado. Nesse aspecto, não sobressai uma finalidade protetiva dos nubentes ou algum intuito de preservação da pessoa; ao contrário, a prioridade é atender aos escopos coletivos prevalecentes em dado momento. A indisponibilidade das regras do casamento civil tem na sua gênese esse matiz de coerção social.

---

[149] LORKE, Christoph. Challenging authorities through "undesired" marriages: administrational logics of handling cross-border couples in Germany, 1880-1930. *Journal of Migration History*, v. 4, n. 1, p. 54-78, 2018. Disponível em: https://brill.com/view/journals/jmh/4/1/article-p54_54.xml?ebody=article%20details. Acesso em: 01.12.2021.

[150] HARDING, Maebh. *From catholic outlook to modern state regulation*. Cambridge: Intersentia, 2019.

A indisponibilidade dos direitos também é reiteradamente citada como uma característica dos alimentos, um instituto que era conhecido inclusive das fontes romanas, como informa Yussef Said Cahali, para quem "a disciplina justinianeia da obrigação alimentar representa o ponto de partida da sucessiva e ampla reelaboração do instituto".[151] Conforme visto, um dos marcos relevantes da indisponibilidade é percebido quando da descrição dos alimentos, especialmente após o período das codificações modernas.

José Lamartine e Francisco Muniz descrevem quais seriam os fundamentos que justificariam essa indisponibilidade da verba alimentar: "para justificar esta regra, invocam-se razões ligadas ao caráter vital dos alimentos, ao interesse do Estado, à origem da obrigação, ou mais precisamente à existência de um dever de solidariedade familiar".[152] Ocorre que também essa restrição histórica vem sendo revista pela doutrina e pela jurisprudência, com a admissão da sua relatividade.[153]

Já Rodrigo da Cunha Pereira[154] descreve a indisponibilidade dos alimentos como um fator que leva a uma impossibilidade de transação que gere a sua

---

[151] CAHALI, Yussef Said. *Dos alimentos*. 8. ed. rev. e atual. São Paulo: Ed. RT, 2013. p. 44.

[152] OLIVEIRA, José Lamartine C. de; MUNIZ, Francisco José Ferreira. *Curso de Direito de Família*. 4. ed. Curitiba: Juruá, 2008. p. 73.

[153] "A disponibilidade, *v.g.*, quanto aos alimentos, é relativa, não se considerando válidas as cláusulas que estabelecem a renúncia definitiva dos alimentos, mormente quando menores ou incapazes são os envolvidos" (RIZZARDO, Arnaldo. *Direito de família*. 8. ed. Rio de Janeiro: Forense, 2011. p. 5).

[154] O autor também apresenta um conceito de direito indisponível, em seu dicionário de direito de família e sucessões: "*Direito indisponível* (...) – É o conjunto de prerrogativas conferidas a um indivíduo desde a sua concepção, das quais não pode abrir mão, como o direito à vida, à liberdade, à saúde, à dignidade etc. Também conhecidos como direitos da personalidade, personalíssimos ou fundamentais. São faculdades jurídicas cujo titular não pode dispor, ressalvando a limitação voluntária apenas na medida de lei autorizadora. Por exemplo, uma pessoa não pode vender um órgão do seu corpo, embora ele lhe pertença, mas pode doar sangue ou mesmo fazer doação de órgão. A clássica noção de indisponibilidade deve ser relativizada ou temperada. *Com exceção dos casos previstos em lei, os direitos da personalidade são intransmissíveis e irrenunciáveis, não podendo seu exercício sofrer limitação voluntária* (art. 11 do CCB). Em alguns casos, trata-se de direito não suscetível de abdicação total ou parcial, transação, acordo ou renúncia, desencadeada por manifestação do titular (Direitos da criança e do adolescente). Em outros, de direito gravado pelo interesse público ou coletivo, sem que isto implique, necessariamente, a impossibilidade de abdicação (Direito à ampla defesa, liberdade). Existem casos nos quais o conceito de indisponibilidade é combinado à possibilidade de o titular do direito decidir pleiteá-lo em juízo ou não, a exemplo, no âmbito do Direito de Família, o direito ao conheci-

1 · INDISPONIBILIDADE DOS DIREITOS: UMA EXPRESSÃO COM MUITOS SENTIDOS | 59

renúncia, sendo vedadas a cessão, a penhora ou a compensação, mas admite certa disponibilidade da verba alimentar entre cônjuges ou companheiros:

> Indisponibilidade dos alimentos – O direito a alimentos é personalíssimo, isto é, os representantes do menor não podem reduzir transação que acarrete sua renúncia (art. 1.707, CCB), ou manifesta diminuição no montante fixado judicialmente. Não podem ser cedidos, penhorados ou compensados, conforme dispõem os arts. 1.707 e 373, II, do CCB 2002. Portanto, indisponível verba alimentar decorrente de pai/mãe para filhos, mas disponíveis entre cônjuges e companheiros.[155]

O exercício do direito aos alimentos é um campo de constantes transações, em especial para definição do seu valor e forma de pagamento; assim, a prática dos alimentos está fortemente imbricada com atos de transação. Dessa forma, a realidade passa a demonstrar que, ainda que os alimentos em abstrato possam ser classificados como indisponíveis, na sua concretude a realização de alguns atos de disposição é corriqueira.

A doutrina já expõe essa relatividade da indisponibilidade dos alimentos, admitindo alguns temperamentos: "A disponibilidade, *v.g.*, quanto aos alimentos, é relativa, não se considerando válidas as cláusulas que estabelecem a renúncia definitiva dos alimentos, mormente quando menores ou incapazes são os envolvidos".[156]

O próprio Superior Tribunal de Justiça admitiu algumas hipóteses de renúncia vinculada aos alimentos, ao entender que, "após a homologação do divórcio, não pode o ex-cônjuge pleitear alimentos se deles desistiu expressamente por ocasião do acordo de separação consensual".[157] O mesmo tribunal também já decidiu que são renunciáveis valores pretéritos e

---

mento da origem genética, o direito a alimentos, o direito ao convívio familiar etc. Ao Ministério Público, entre as suas várias atribuições, compete a função de protetor dos direitos indisponíveis: O Ministério Público é instituição permanente, essencial a função jurisdicional do Estado, incumbindo-lhe a defesa da ordem jurídica, do regime democrático e dos interesses sociais e individuais indisponíveis (art. 127, CR). O Ministério Público tem legitimidade ativa para propor ação de investigação de paternidade (Lei nº 8.560/92). Daí, poder-se dizer que o estado de filiação é também uma questão de Estado" (PEREIRA, Rodrigo da Cunha. *Dicionário de direito de família e sucessões*. São Paulo: Editora Saraiva, 2015. Ilustrado. p. 261-262).

[155] PEREIRA, Rodrigo da Cunha. *Dicionário de direito de família e sucessões*. São Paulo: Editora Saraiva, 2015. Ilustrado. p. 402.

[156] RIZZARDO, Arnaldo. *Direito de família*. 8. ed. Rio de Janeiro: Forense, 2011. p. 5.

[157] STJ, Ag 1.044.922, Rel. Min. Raul Araújo Filho, 4ª Turma, j. 22.06.2020.

vencidos de alimentos exigidos em processo de execução, entendendo que a irrenunciabilidade atinge apenas o direito em si, e não o seu exercício; no caso, entendeu-se que "as partes transacionaram somente o crédito das parcelas específicas dos alimentos executados, em relação às quais inexiste óbice legal".[158] Distinguiu-se, nesse segundo caso, a irrenunciabilidade do direito a alimentos da disponibilidade das prestações alimentares vencidas e não pagas quando consideradas especificamente (dívida acumulada).

Como visto, é possível afirmar que, além da relativização nos direitos da personalidade, se arrefece a perspectiva de indisponibilidade dos alimentos, na forma anteriormente descrita, a qual também é aceita por parte substancial da doutrina brasileira.[159] Nesse sentido, para Maria Berenice Dias, "embora indisponível o direito aos alimentos, são perfeitamente válidas convenções estipuladas pelas partes com vistas à fixação da pensão, presente ou futuro, como o modo da sua prestação".[160]

Nesse contexto, em especial quanto aos institutos de direito de família, cabe refletir com vagar na sua vinculação à indisponibilidade, seja pelo grande conjunto de direitos que podem estar sob esse "guarda-chuva", seja pelo atual estágio do nosso caminhar social, que, certamente, é peculiar.

Uma análise mais detida permite perceber que os institutos de direito de família envolvem aspectos existenciais e patrimoniais, o que pode não recomendar que sejam genericamente taxados de disponíveis ou indisponíveis. Sendo assim, se o critério prevalecente é considerar disponíveis os direitos patrimoniais, e indisponíveis os existenciais, por essa lógica não se mostra coerente incluir o direito de família em geral em nenhuma das duas categoriais (visto que possui as duas esferas).

A admissão que o direito de família envolve tanto direitos pessoais como patrimoniais vem da própria divisão estrutural do Código Civil de

---

[158] STJ, 3ª Turma, Rel. Min. Villas Bôas Cueva, número não divulgado por se tratar de segredo de justiça. Disponível em: https://www.stj.jus.br/sites/portalp/Paginas/Comunicacao/Noticias/13072020-E-possivel-a-realizacao-de-acordo-para--exonerar-devedor-de-pensao-alimenticia-das-parcelas-vencidas.aspx. Acesso em: 27.06.2021.

[159] "Tendo em vista sua natureza de materializar condições relativas ao direito à vida do credor, os alimentos são indisponíveis, irrenunciáveis, incompensáveis, irrepetíveis e impenhoráveis. A indisponibilidade não é limitada, pois não há padrões definidos para a fixação dos alimentos, permitindo-se amplo espaço de transação e conciliação" (LÔBO, Paulo. *Direito civil*: famílias. 8. ed. São Paulo: Saraiva, 2018. v. 5. p. 378).

[160] DIAS, Maria Berenice. *Alimentos aos bocados*. São Paulo: Ed. RT, 2013. p. 26.

2002. Entretanto, mesmo com essa assunção binária pelo legislador, muitos institutos de direito de família são considerados *prima facie* indisponíveis. A comparação dessa classificação com a atual realidade forense gera certo desconforto.

Atualmente, há vozes que sustentam, sem hesitar, a necessidade de observância de um maior espaço de liberdade inerente aos relacionamentos familiares, pois "a evolução do tratamento jurídico das famílias revela a necessidade de se assegurar a liberdade nas escolhas existenciais que, na intimidade do recesso familiar, possa propiciar o desenvolvimento pleno da personalidade de seus integrantes".[161] Esse discurso, de algum modo, veicula

---

[161] "Esse é o propósito do art. 1.513 do Código Civil: 'É defeso a qualquer pessoa, de direito público ou privado, interferir na comunhão de vida instituída pela família'. A proteção da autonomia, a fim de se assegurar os espaços de decisão pessoal em questões íntimas, faz-se ainda mais relevante, quando, por exemplo, está em jogo o tipo de entidade familiar que cada um constituirá ou a forma de exercer o planejamento familiar (respeitados seus limites). Trata-se de resguardar os espaços existenciais de maior intimidade da pessoa humana, invulneráveis à invasão do legislador infraconstitucional, de qualquer decisão do Poder Judiciário, de ordem do Poder Executivo ou de ato de particulares. A vida privada existencial, individual e familiar, encontra-se protegida, portanto, de interferências externas, pois é necessário que cada um desenvolva sua personalidade livremente e participe da sua comunidade de forma autônoma. Mais uma vez, portanto, justifica-se a aludida privatização da família, caracterizada pela transferência do controle de sua constituição, sua desconstituição e seu funcionamento, do Estado para seus próprios membros, com a consequente transferência de enorme carga de responsabilidade aos indivíduos que a compõem. Na atualidade, os membros das famílias possuem liberdade para se relacionar e para pôr fim ao relacionamento conjugal; para construir a família segundo a forma que melhor lhes convier, segundo modelo que reflita seus anseios e aspirações pessoais. Contudo, a família contemporânea também significa o espaço dinâmico de compromisso pela realização existencial da pessoa humana; de compromisso com a felicidade própria e a dos demais integrantes. Uma vez engajado, cada um se torna responsável pela construção do outro, pois a família é o primeiro ambiente de concretização da alteridade. A privatização da família pressupõe a tutela da liberdade dos seus integrantes, destinada à realização da comunhão plena de vida. É por meio dessa opção – de efetiva realização das pessoas que ocupam o lugar central dessa entidade intermediária – que o art. 226, § 8º, da Constituição Federal, determina que 'o Estado assegurará a assistência à família na pessoa de cada um dos que a integram (...)'. *Logo, não se justifica a intervenção estatal em núcleo essencialmente volitivo: em termos de conjugalidade, a família só existe enquanto representa a vontade dos cônjuges; caso contrário, podem desfazê-la quando e quantas vezes quiserem. No seio da família, são os seus integrantes que devem ditar o regramento próprio da convivência.* Desta órbita interna, exsurgem disposições que farão com que sociedade e Estado respeitem e reconheçam tanto a família, como unidade, quanto os seus membros, individualmente. Os componentes da família podem construir de forma livre o pro-

reclamos por um maior espaço de disponibilidade no trato de questões decorrentes dos institutos de direito de família.

Questiona-se a classificação abstrata e genérica do direito de família seja na categoria dos direitos *disponíveis*, seja na dos *indisponíveis*. A complexidade inerente a tais situações exige uma análise detida de quais dos institutos familiares se está a tratar, para, então, estabelecer a sua distinção relativamente à questão da *disponibilidade*.[162] Em outras palavras, a carga de disponibilidade

---

jeto de vida em comum, por serem conscientes sobre o modelo de sua realização em comunhão plena de vida. E essa descoberta do caminho de realização pertence ao casal de forma exclusiva; soa ilegítima a interferência de terceiros em matéria de tanta intimidade, quando se trata de pessoas livres e iguais, razão pela qual a ingerência do Estado é válida tão somente para garantir espaços e o exercício das liberdades, para que a pessoa se realize, à medida de suas necessidades e dignidade, no âmbito do seu projeto de vida. Daí a grande importância da efetivação dos direitos fundamentais no contexto normativo, pois eles possibilitam a desconfiguração do sujeito de direitos abstrato, para considerar o ser humano concreto, com todas as suas vicissitudes e vulnerabilidades, ou seja, para que cada qual possa expressar, em toda sua potência, a própria individualidade – inclusive no âmbito familiar. *É por isso que, justificado no princípio da autonomia privada, sustenta-se a existência de um direito de família mínimo, de onde se infere que, entre livres e iguais, é plenamente possível a construção de regramento próprio para reger a vida familiar, sem qualquer ingerência estatal. Têm as pessoas, nesse caso, total responsabilidade pelas suas escolhas e pelas consequências que elas geram*" (TEPEDINO, Gustavo; TEIXEIRA, Ana Carolina Brochado. *Fundamentos do direito civil*: direito de família. 2. ed. Rio de Janeiro: Forense, 2020. v. 6. p. 14 (grifos nossos)).

[162] "Uma vez que protegem os interesses pessoais essenciais, os direitos da família são indisponíveis. Em princípio, esses direitos não podem ser criados, modificados ou extintos pela vontade negociada de particulares. Entretanto, certa margem é deixada à autonomia de negociação, antes de mais nada no que diz respeito à constituição do vínculo conjugal, que é um ato de livre escolha das partes. A escolha do regime matrimonial e, em parte, a possibilidade de derrogar as regras do regime jurídico da comunidade de bens também são deixadas à autonomia negocial das partes interessadas. (...) Mesmo dentro dos limites indicados, é possível falar de autonomia de negociação nas relações familiares e de transações jurídicas familiares" (tradução livre). No original: "In quanto tutelano interessi essenziali della persona i diritti di famiglia sono indisponibili. In linea di massima, infatti, tali diritti non possono essere costituiti, modificati o estinti dalla volontà negoziale dei privati. Un certo margine è tuttavia lasciato all'autonomia negoziale, anzitutto per quanto attiene alla costituzione del vincolo di coniugio, che há titolo nel matrimonio, quale atto di libera scelta delle parti. All'autonomia negoziale degli interessati è riservata, ancora, la scelta del regime patrimoniale tra coniugi e, in parte, la derogabilità della disciplina del regime legale di comunione. (...) Sia pure entro i limiti indicati, può parlarsi di un'autonomia negoziale nei rapporti di famiglia e di negozi giuridici familiari" (MASSIMO BIANCA, Cesare. *Diritto civile*: la famiglia. 5. ed. Milano: Giuffrè, 2014. v. 2.1. p. 12-13).

na definição da guarda de crianças, por exemplo, pode ser diversa daquela que se percebe quando ex-cônjuges adultos pretendem estipular a partilha de bens. Logo, aparentemente, não se mostra apropriado classificar todo o direito de família nem como indisponível, nem como disponível.

Tal conduta poderá também destacar alguma parcela de disponibilidade quanto ao exercício de determinados institutos de direito de família. Esse proceder resultaria em grandes consequências práticas, pois a especificação "disponibilidade" ou "indisponibilidade" é central até mesmo na definição dos meios que podem ser utilizados para a resolução dos seus conflitos.

Os relacionamentos familiares desafiam a usual regulação pelo Direito, em razão da sua sutileza e enorme variabilidade inerente a tais esferas humanas.[163] As ferramentas jurídicas costumam ser áridas demais para tratar das sensíveis relações afetivas. A pretensão por padrões e modelos atinentes à régua jurídica, certamente, dificultam esse trato, visto que "o amor, em sua essência, é alérgico à falta de jeito do direito civil".[164]

A modulação das relações familiares pelo Direito tem um passado recente de restrições, com rígidos modelos e categorias que acabam por uniformizar muitos aspectos. Nessa conturbada relação entre o Direito e a família, muitas vezes, é utilizada a indisponibilidade como instrumento auxiliar, o que gera uma conexão direta dessa figura com o direito de família. A ideia sustentada nesta obra entende que é chegado o momento de um repensar dessa vinculação.

Para além das discussões civilísticas, a adjetivação de um direito material como indisponível passou a ser central na definição de quais instrumentos processuais poderiam ser utilizados para equacionar uma disputa.

O Direito brasileiro estabeleceu uma conexão direta da perspectiva de disponibilidade ou indisponibilidade do direito material objeto de embate com a regulação dos meios adequados de solução de conflitos. Essa imbricação recomenda uma análise mais detida dessa (in)disponibilidade

---

[163] Conforme destaca Ana Carla Harmatiuk Matos: "Desta maneira, objetivamos não reproduzir uma dogmática ultrapassada, comprometida com ideias dominantes de uma classe social, artificial, excludente, discriminatória à condição feminina, a qual não abrange as diferentes espécies de relações familiares. Tal modelo foi erigido num determinado momento histórico, entretanto os valores atuais estão e exigir novas estruturas jurídicas de respostas" (MATOS, Ana Carla Harmatiuk. *As famílias não fundadas no casamento e a condição feminina*. Rio de Janeiro: Renovar, 2000. p. 164).

[164] Tradução livre. No original: "l'amore, nella sua essenza, è allergico alle goffaggini del diritto civile" (RODOTÀ, Stefano. *Diritto d'amore*. 4. ed. Bari: Laterza, 2020. p. 5).

no direito de família, até mesmo para que se compreendam as suas atuais opções procedimentais.

1.5 SISTEMA MULTIPORTAS BRASILEIRO: A DISPONIBILIDADE COMO CHAVE DE ACESSO PARA AS OPÇÕES OFERTADAS

O enfoque sobre a disponibilidade perseguido nesta obra efetivamente mira a transigibilidade e a arbitrabilidade dos temas familiares; entretanto, mostra-se útil ao seu desenvolvimento analisar como a indisponibilidade é utilizada como critério para divisar as fronteiras entre os diversos métodos de solução de conflitos.[165]

A disponibilidade ou indisponibilidade do direito material foi tomada como critério definidor das opções procedimentais afeitas ao encaminhamento do litígio, de modo que emerge como necessária uma análise pontual dessa imbricação processual.

O movimento do *alternative dispute resolution* (ADR) é percebido em diversos países mais intensamente a partir do final do século XX, quando se observa uma conexão entre o espectro cultural de algumas sociedades e o avanço dessas técnicas diferenciadas de resolução de conflitos, visto que determinados países se mostram mais receptivos que outros. Nas palavras de Oscar Chase:

> O crescimento da ADR, desta forma, foi resultado de exigências institucionais, de manobras políticas e de movimentos culturais. Ideias amplamente difundidas a respeito das relações intersubjetivas e das feições da própria realidade certamente contribuíram para estes meios alternativos. Uma última questão é aquela da mutualidade, ou da reflexividade. Teria a utilização dos meios alternativos também influenciado a cultura em que estão inseridos ao afetar suas crenças e seus valores? Como destacado, alguns de seus defensores concebiam que a estipulação de procedimentos menos hierárquicos conduziria para o mesmo caminho.[166]

Mais claramente a partir disso, a temática da disponibilidade também passa a ser repensada na esfera processual, com estudos que pretendem

---

[165] Este capítulo tem apenas essa função mediadora das ideias que serão futuramente apresentadas, sem ter a intenção de verticalizar o estudo em questões procedimentais ou processuais mais profundas, as quais, por opções metodológicas previamente tomadas, escapam ao recorte temático adotado.

[166] CHASE, Oscar G. *Direito, cultura e ritual*: sistema de resolução de conflitos no contexto da cultura comparada. Trad. Sérgio Cruz Arenhart e Gustavo Osna. São Paulo: Marcial Pons, 2014. p. 158.

alterar a compreensão que prevaleceu até aqui sobre a indisponibilidade do e no processo.[167] A disponibilidade processual perfila no rol de reflexões contemporâneas do Direito Processual Civil.

No cenário brasileiro, em especial, recentemente e em um curto espaço de tempo, foram editadas leis que propõem mudanças profundas, por exemplo: o Código de Processo Civil (Lei 13.105/2015), a Lei de Mediação (Lei 13.140/2015) e a reforma da Lei de Arbitragem (Lei 13.129/2015). Muitas das novas estruturas propostas ainda estão sendo assimiladas, mas é possível afirmar que, a partir desse arcabouço, claramente se está a propor outro sistema de equacionamento de conflitos, no qual a disponibilidade dos direitos assume um papel central.

O formato atual apresenta várias opções aos litigantes, tais como a mediação, a arbitragem e a conhecida jurisdição estatal.[168] Importa destacar que o critério para distinguir quais litígios podem ser equacionados por cada uma dessas formas de resolução de conflitos está umbilicalmente atrelado à temática da indisponibilidade dos direitos materiais em disputa. O aspecto distintivo que permite aclarar qual via é apropriada para cada situação conflituosa está ancorado na disponibilidade ou indisponibilidade que o direito em voga possui. Essa vinculação ocorre no Brasil e também está presente em vários outros países.[169]

Isso faz que a distinção quanto à disponibilidade/indisponibilidade de dado direito seja justamente uma das principais balizas consideradas para estabelecer quais temas poderiam ser submetidos aos determinados métodos extrajudiciais de solução de conflitos e, por outro lado, quais causas devem necessariamente permanecer vinculadas à jurisdição estatal.

A disponibilidade do direito objeto de embate pode viabilizar ou inviabilizar a opção por um desses métodos alternativos – ou adequados – de solução.

---

[167] "Partindo-se do pressuposto de que o Direito Processual é instrumento de liberdade (negá-lo impõe rejeitar a própria ciência processual, como tão bem concluiu Calamandrei), nada justifica a supressão da autonomia privada no processo promovida pelo movimento publicita-autoritário dos séculos XIX e XX. Houve um desvirtuamento das finalidades do processo e, paradoxalmente, um afastamento dos princípios e valores que regem o Direito Público. O processo passou a ser confundido com jurisdição, e de *instrumento* que deveria servir ao jurisdicionado, transformou-se em instrumento do Estado para o próprio Estado" (RAMINA DE LUCCA, Rodrigo. *Disponibilidade processual*: a liberdade das partes no processo. São Paulo: Ed. RT, 2019. p. 365).

[168] Para citar apenas as vias principais, mas a negociação e a conciliação também são referidas como meios adequados de solução de conflitos.

[169] Itália, Portugal, Espanha e grande parte da Comunidade Europeia seguem lógica idêntica ou muito similar.

O Código Civil brasileiro de 2002[170] tratou apenas tangencialmente do tema ao regular o contrato de compromisso, conforme disposto nos arts. 851[171], 852[172] e 853[173]. Nos termos dessas disposições, não podem ser objeto de compromisso questões de estado, de direito pessoal de família e aquelas que não tenham caráter estritamente patrimonial. Embora inexista uma referência explícita à indisponibilidade em tais artigos, ela pode ser percebida nas entrelinhas das restrições traçadas (em razão da natureza das matérias afastadas da possibilidade de compromisso).

Na regulação da arbitragem no Brasil, por exemplo, o primeiro artigo da sua lei de regência (Lei 9.307/1996)[174] é expresso ao dizer que "As pessoas capazes de contratar poderão valer-se da arbitragem para dirimir conflitos relativos a direitos patrimoniais disponíveis". Aqui emerge a disponibilidade como critério explícito e central, ao lado da patrimonialidade. Portanto, é essencial classificar um direito como *patrimonial disponível* para que um conflito que o envolva possa, então, ser levado ao juízo arbitral. Embora grande parte dos litígios demonstre com clareza a sua adequação a essa classe, em muitos outros há uma "zona cinzenta" que suscita dúvidas quanto à disponibilidade ou à indisponibilidade do direito envolvido.

Consequentemente, uma maior clareza e solidez na definição da (in)disponibilidade dos direitos permitirão melhor averiguar quais os limites e quais as possibilidades de arbitragem nos litígios familiares. Isso, porque, como visto, o campo de atuação desses métodos adequados de resolução de conflitos está demarcado pela distinção sobre *direitos disponíveis* e *indisponíveis*.[175]

---

[170] BRASIL. *Código Civil*. Disponível em: http://www.planalto.gov.br/ccivil_03/leis/2002/l10406compilada.htm. Acesso em: 27.06.2021.

[171] "Art. 851. É admitido compromisso, judicial ou extrajudicial, para resolver litígios entre pessoas que podem contratar."

[172] "Art. 852. É vedado compromisso para solução de questões de estado, de direito pessoal de família e de outras que não tenham caráter estritamente patrimonial."

[173] "Art. 853. Admite-se nos contratos a cláusula compromissória, para resolver divergências mediante juízo arbitral, na forma estabelecida em lei especial."

[174] Houve recente reforma do marco legal da arbitragem, implementada pela Lei 13.129/2015, mas, nesse particular (definição dos *direitos patrimoniais disponíveis* como arbitráveis), não houve alteração (BRASIL. *Lei 9.307/1996*. Dispõe sobre a arbitragem. Disponível em: http://www.planalto.gov.br/ccivil_03/leis/l9307.htm. Acesso em: 27.06.2021).

[175] "(...) a indisponibilidade parece ter se tornado no sistema de justiça brasileiro expressão emblemática e autoexplicativa cuja mera menção bastaria por si mesma para justificar a hiperproteção e, paradoxalmente, a ultrarrestrição do pleno exercício ou abdicação dos direitos fundamentais" (VENTURI, Elton. Transação

1 · INDISPONIBILIDADE DOS DIREITOS: UMA EXPRESSÃO COM MUITOS SENTIDOS | 67

Logo, se os institutos de direito de família forem considerados indisponíveis, a via arbitral fica de pronto inviabilizada. Por outro lado, se alguns temas familiares forem tidos como disponíveis, aqueles que também gozarem de patrimonialidade seriam passíveis de equacionamento pelo juízo arbitral.

O marco regulatório brasileiro da mediação[176] (Lei 13.140/2015) não desborda e segue utilizando o critério da *disponibilidade* como baliza, uma vez que estabelece, em seu art. 3º, que "Pode ser objeto de mediação o conflito que verse sobre direitos disponíveis ou sobre direitos indisponíveis que admitam transação". Aqui também a disponibilidade segue como traço central, sendo incrementada com a admissibilidade de transação.

O legislador inovou ao optar por fazer referência a uma classificação ainda não difundida no Brasil, ao menos com essa designação, a dos chamados "direitos indisponíveis que admitam transação",[177] que ainda seguem sob alguma obscuridade conceitual. A literatura jurídica pátria não era recorrente em se referir a tal designação, sendo a sua presença na lei uma surpresa e, de início, até motivo de assombro.

Não deixa de ser alvissareira a vinculação realizada entre indisponibilidade e possibilidade de transação, transparecendo quase um reconhecimento da práxis pelo legislador. Isso, porque, embora a teoria procurasse reiterar que os direitos indisponíveis não admitiriam transação ou alienação, a prática jurídica já era corrente em transacionar inclusive em casos nos quais estão envoltos alguns direitos indisponíveis (tais como os da personalidade e os institutos familiares). A lei preferiu priorizar a realidade forense, no entanto, ao utilizar esta locução "indisponíveis passíveis de transação", traz um descompasso conceitual e gera uma incongruência teórica.[178]

Por conseguinte, passa a ser crucial classificar os direitos também nas categorias dos *disponíveis* e dos *indisponíveis que admitam transação*,[179] pois

---

de direitos indisponíveis? *Revista de Processo – RePro*, São Paulo, v. 41, n. 251, p. 391-426, jan. 2016).

[176] Por opção metodológica, a mediação não faz parte do escopo central desta obra, de modo que é citada apenas lateralmente em algumas passagens em que se apresente como relevante.

[177] Designação constante da Lei 13.140/2015.

[178] Como será detalhado a seguir, a transigibilidade inerente ao direito indica claramente uma esfera de disponibilidade, o que não recomenda a persistência da sua nomenclatura como *direito indisponível*.

[179] Locução constante dos textos legais que não se coaduna com as propostas teóricas lançadas no decorrer do texto.

serão apenas os litígios dessa estirpe os passíveis de se submeterem à mediação.[180] Diante disso, percebe-se a premente necessidade do estabelecimento de uma tradução jurídica adequada para a distinção entre os denominados *direitos disponíveis, indisponíveis, patrimoniais disponíveis e indisponíveis que admitam transação*.[181] Isso, porque é a partir dessa diferenciação que se poderá avançar na delimitação de quais temas familiares podem ser destinados aos respectivos métodos adequados de resolução de conflitos, em especial para a admissibilidade de transação e submissão à arbitragem.

Essa perspectiva plural de vias para acertamento dos litígios suscita uma reflexão sobre as opções ora apresentadas, pois essa foi uma seara que durante muito tempo ficou atrelada a apenas uma forma de solução: a via jurisdicional estatal. Em que pese se reconheça a importância dessa via tradicional, hodiernamente, percebe-se que não pode ser a única alternativa para a solução dos líquidos, complexos e fluidos impasses contemporâneos.[182] Diversos outros meios são apresentados ao lado da via judicial.

O atual Código de Processo Civil prestigia esses métodos diferenciados de solução de conflitos e não coloca a jurisdição estatal como modelo superior ou primordial. Pelo contrário, indica o incentivo de tais práticas e a convivência pacífica dos diversos meios, ou seja, sugere a adesão a um sistema verdadeiramente multiportas. A partir de então, resta possível perceber uma disponibilidade também no aspecto procedimental.[183]

Assim, a realidade concreta, o perfil das partes e a disponibilidade do direito a ser tutelado indicarão o método de solução mais indicado a ser aplicado. De acordo com tais particularidades, aquela via que se mostrar mais adequada ao caso concreto poderá ser utilizada. É possível afirmar que

---

[180] Esta obra não tem por escopo a mediação, de modo que ela é citada apenas pontualmente, somente quando tenha proximidade com a temática da indisponibilidade dos direitos, o efetivo fio condutor desta análise. Não se ignora a especificidade inerente a esse método, os seus princípios e as diversas teorias a respeito da mediação, mas a opção metodológica adotada opta por verticalizar a análise apenas na transigibilidade e arbitrabilidade dos temas familiares, conforme será exposto na parte final do texto.

[181] Nomenclaturas adotadas pelo legislador brasileiro.

[182] "Parece possível dizer, portanto, que o recurso à mediação tanto judicial quanto extrajudicial configura uma alternativa ao processo totalmente voluntária, sendo totalmente coerente com aquilo que se verifica no ordenamento estadunidense" (DONDI, Angelo; ANSANELLI, Vincenzo; COMOGLIO, Paolo. *Processo civil comparado*: uma perspectiva evolutiva. Trad. Luiz Guilherme Marinoni, Sérgio Cruz Arenhart e Daniel Mitidiero. São Paulo: Ed. RT, 2017. p. 87).

[183] Alerta-se que escapa ao objetivo do presente trabalho proceder a uma análise processual civil verticalizada.

1 · INDISPONIBILIDADE DOS DIREITOS: UMA EXPRESSÃO COM MUITOS SENTIDOS | 69

"o que rege a possibilidade de opção é o juízo de adequação; se o meio for adequado, aplica-se a política nacional de conciliação e mediação".[184]

Essa perspectiva é essencial para uma escorreita compreensão e concretização dos referidos métodos alternativos, pois a meta principal não deve ser a redução imediata do número de processos, como se chega a cogitar, mas, sim, a concessão de um espaço adequado de tutela para a proteção dos direitos em jogo. A diferença de escopo é significativa e pode ter consequências profundas no momento de concretização dos respectivos meios de *accertamento*.

Nesse viés, um dos aspectos negativos da visão que atrela a resolução das controvérsias unicamente à jurisdição estatal é que as partes, muitas vezes, sequer assumem a sua responsabilidade no encontro da solução. A rigor, limitam-se a imputar ao Estado-Juiz toda a solução do impasse, como se não restasse sobre elas mais nenhuma vinculação na busca pelo fim da sua própria contenda. O equívoco é evidente, de modo que emerge como necessária uma alteração dessa percepção e até mesmo da forma de edificação do equacionamento das demandas.

Há um clamor por uma maior liberdade na escolha do meio de resolução dos conflitos. Importa consignar que um maior protagonismo das partes no encontro dessa deliberação final poderá também fazer que elas percebam a sua parcela de responsabilidade no imbróglio no qual estão envolvidas.[185]

No Brasil, ainda que timidamente, há alguns anos é possível perceber passos firmes no caminho da chamada extrajudicialização das soluções. Um exemplo forte de adesão a esse movimento no cenário interno foi a pioneira Lei 11.441/07, que passou a permitir a celebração de divórcio e inventário consensuais em serventias extrajudiciais (mediante algumas condições), claramente se distanciando do paradigma da jurisdição estatal.[186] Posteriormente, em 2010, o Conselho Nacional de Justiça editou a Resolução 125, que trazia

---

[184] DIDIER JR., Fredie; ZANETI JR., Hermes. Justiça multiportas e tutela constitucional adequada: autocomposição em direitos coletivos. In: ZANETI JR., Hermes; CABRAL, Trícia Navarro Xavier (coord.). *Justiça multiportas*: mediação, conciliação, arbitragem e outros meios de solução adequada para conflitos. Salvador: Juspodivm, 2016. p. 61.

[185] SANCHES, Fernanda Karam de Chueiri. *A responsabilidade no direito de família brasileiro contemporâneo*: do jurídico à ética. Dissertação (Mestrado em Direito) – Universidade Federal do Paraná, Curitiba, 2013.

[186] Ainda que se restrinja aos casos consensuais, é um marco relevante pela permissão da homologação de alguns temas em serventias extrajudiciais, e não mais na jurisdição estatal.

a Política Nacional de tratamento adequado de conflitos de interesses. Essas são partes das pioneiras regras sobre soluções não adjudicatórias de solução de conflitos, especialmente a mediação e a conciliação.[187] Nesses regramentos, o critério geral de eleição foi a consensualidade e a ausência de crianças, adolescentes e incapazes.

Atualmente, observa-se que a arbitragem atinge maior dimensão e, impulsionada pela forte adesão social e ampliação concedida pela lei de reforma de 2015, também passa a se aventurar por outros campos (nos últimos anos, a arbitragem está sendo utilizada para casos que envolvam interesses públicos[188] e cogitada até mesmo para questões trabalhistas;[189] sendo assim, vislumbra-se um novo e vasto campo de atuação).

Após as alterações dessa reforma legislativa ampliativa, o entendimento sobre a disponibilidade do direito envolvido parece exigir outra tradução. Nota-se que "a arbitragem surge no cenário das disputas como um verdadeiro desdobramento da liberdade de contratar".[190] Eduardo Talamini sintetiza o campo no qual haveria a possibilidade de utilização da arbitragem para tratar de questões patrimoniais, afirmando que:

---

[187]   MAZZEI, Rodrigo; CHAGAS, Bárbara. Breve ensaio sobre a postura dos atores processuais. In: ZANETI JR., Hermes; CABRAL, Trícia Navarro Xavier (coord.). *Justiça multiportas*: mediação, conciliação, arbitragem e outros meios de solução adequada para conflitos. Salvador: Juspodivm, 2016. p. 68.

[188]   Possibilidade inserida pela reforma da Lei de Arbitragem de 2015 (Lei 13.129), a qual adicionou dois parágrafos ao primeiro artigo da lei de regência: "Art. 1º As pessoas capazes de contratar poderão valer-se da arbitragem para dirimir litígios relativos a direitos patrimoniais disponíveis. § 1º *A administração pública direta e indireta poderá utilizar-se da arbitragem para dirimir conflitos relativos a direitos patrimoniais disponíveis. § 2º A autoridade ou o órgão competente da administração pública direta para a celebração de convenção de arbitragem é a mesma para a realização de acordos ou transações*" (grifo nosso). Sobre o tema: SARAIVA, Leonardo. *Arbitragem na Administração Pública*. Rio de Janeiro: Lumen Juris, 2019.

[189]   Possibilidade inserida pela reforma trabalhista efetivada pela Lei 13.467/2017, que dispôs sobre o tema expressamente, na nova redação do art. 507 da CLT: "Art. 507-A. Nos contratos individuais de trabalho cuja remuneração seja superior a duas vezes o limite máximo estabelecido para os benefícios do Regime Geral de Previdência Social, poderá ser pactuada cláusula compromissória de arbitragem, desde que por iniciativa do empregado ou mediante a sua concordância expressa, nos termos previstos na Lei nº 9.307, de 23 de setembro de 1996". Sobre o tema: PRETTI, Gleibe. *Arbitragem no contrato de trabalho em face da reforma trabalhista*. São Paulo: LTr, 2018.

[190]   SALOMÃO, Luis Felipe. Prefácio. In: FICHTNER, José Antonio; MANNHEIMER, Sergio Nelson; MONTEIRO, André Luís. *Teoria geral da arbitragem*. Rio de Janeiro: Forense, 2019. p. VII.

> Podem ser objeto de arbitragem todas as questões que versem sobre interesses eminentemente patrimoniais (*i.e.*, cujo objeto tenha cunho econômico ou cujo inadimplemento possa ser reparado, compensado ou combatido por medidas com conteúdo econômico) cujo conflito poderia ser resolvido diretamente pelas partes, independentemente do ingresso em juízo.[191]

Inequivocamente, o aspecto da patrimonialidade está assumindo uma maior atenção quando da análise da arbitrabilidade das matérias; o mesmo pode ser dito da transigibilidade do objeto em disputa.

No entanto, o sentido conferido para disponibilidade ou indisponibilidade dos direitos materiais envolvidos segue com certa proeminência, o que também sugere uma revisitação. A título de exemplo: como a via arbitral é restrita para direitos patrimoniais disponíveis, a marca genérica da indisponibilidade, que é usualmente atrelada ao direito de família, acaba restringindo sobremaneira a possibilidade do uso desse método na solução dos conflitos familiares.

As proposições aqui lançadas colocam em xeque essa vedação.

Como é a usual indisponibilidade do direito de família o grande obstáculo para adoção do juízo arbitral em demandas dessa estirpe, o reconhecimento de uma esfera de disponibilidade para alguns dos seus institutos poderá abrir as portas da arbitragem para esses litígios. Ao mesmo tempo, essa nova classificação fará emergirem outras possibilidades de transação relacionadas a tais conflitos familiares. Ambos esses aspectos permeiam o problema e a hipótese sob exame, o que justifica o recorte processual ora realizado.

Nos termos anteriormente delineados, percebeu-se que a disponibilidade dos direitos envolvidos no litígio foi eleita como chave de acesso para muitas das "portas" de solução ofertadas pelo nosso sistema. Por conseguinte, cabe avançar o quanto possível no entendimento da disponibilidade/indisponibilidade contemporânea para destravar alguns impasses acerca da abrangência desses respectivos métodos.

Nesse sentido, a concessão de um maior espaço de autorregulação aos particulares reverbera na definição do atual cardápio de solução dos conflitos. A via jurisdicional não é mais vista como a única possível, pois há uma busca

---

[191] TALAMINI, Eduardo. A (in)disponibilidade do interesse público. In: ZANETI JR., Hermes; CABRAL, Trícia Navarro Xavier (coord.). *Justiça multiportas*: mediação, conciliação, arbitragem e outros meios de solução adequada para conflitos. Salvador: Juspodivm, 2016. p. 290.

por alternativas que materializem esse movimento de, em certas situações, permitir uma retração do Estado-Juiz com um incentivo a uma maior participação dos particulares no acertamento dos seus litígios.

A extrajudicialização é uma realidade que passa a germinar oportunidades não jurisdicionais para a tutela de muitos direitos. Na esteira dessa orientação, diversas outras soluções passam a ser ofertadas, em um movimento de *desjudicialização*, o qual permite assimilar com maior clareza as possibilidades que a despontar.[192]

Esse conjunto fático e normativo estimula uma maior abrangência para esses meios extrajudiciais. É possível aventar que, nesse novo contexto, o Poder Judiciário deixe de ser o grande – e quase único – protagonista dos processos de solução de conflitos para passar a ser, de certo modo, um fiscalizador das soluções alcançadas por outros meios (muitas vezes, acordadas com participação direta das partes envolvidas em algum desses novos métodos). Com isso, reduz-se a centralidade do juiz e aumenta-se a proeminência das partes.[193]

Sendo assim, a mudança de cenário é significativa: há um movimento de afastamento de um paradigma único, paternalista, de jurisdição eminentemente estatal, para outro mais plural, que oferta diversas opções de soluções, em um efetivo sistema multiportas. Nesse contexto, cabe perscrutar qual espaço deve ser deixado necessariamente com a jurisdição estatal; por outro lado, e ao mesmo tempo, cabe examinar qual campo pode ser considerado como de maior liberdade das partes na eleição dos meios que entendam adequados (inclusive privados).[194]

---

[192] Não se ignoram as dificuldades que existem e as questões ainda a elucidar; em certos aspectos, o estudo sobre esses métodos está em fase inicial (MENKEL-MEADOW, Carrie. Whose dispute is it anyway: a philosophical and democratic defense of settlement (in some cases). *The Georgetown Law Journal* Georgetown University, Washington, v. 83, p. 2663-2695, 1995).

[193] Exemplo claro disso é a permissão para a celebração de negócios jurídicos processuais advinda com o Código de Processo Civil de 2015: "Art. 190. Versando o processo sobre direitos que admitam autocomposição, é lícito às partes plenamente capazes estipular mudanças no procedimento para ajustá-lo às especificidades da causa e convencionar sobre os seus ônus, poderes, faculdades e deveres processuais, antes ou durante o processo".

[194] FISS, Owen M. *Against settlement*. Texto original de 1984, publicado no Brasil em: FISS, Owen *Um novo processo civil*: estudos norte-americanos sobre jurisdição, constituição e sociedade. Trad. Daniel Porto Godinho da Silva e Melina de Medeiros Rós. São Paulo: Ed. RT, 2004. p. 121-145.

O percurso dessa tarefa dialoga com a compreensão contemporânea da disponibilidade ou indisponibilidade dos direitos em embate, o que indica que a ressignificação perseguida poderá também descortinar novas possibilidades procedimentais. Em outros termos, a presente obra não pretende discorrer sobre o sistema multiportas, tratar da mediação ou verticalizar análises sobre outros institutos processuais. Esses temas são citados neste livro pontual e especificamente apenas quando apresentarem pontos de contato com a temática da disponibilidade e indisponibilidade dos direitos, que é o *leitmotiv* das reflexões aqui apresentadas. Para arrematar essa interlocução em uma frase: entende-se chegado o momento de superar o "fetiche" pela jurisdição estatal de solução adjudicada, tarefa na qual uma escorreita classificação do direito material em apreço certamente irá contribuir.

As exposições desta primeira parte do livro demonstraram as significativas alterações que permearam a temática da indisponibilidade no direito de família, vindo a desvelar as suas contradições e inconsistências hodiernas.

O novo cenário atual induz a uma necessária filtragem funcional e constitucional do que se entende por disponibilidade e indisponibilidade dos direitos, tema que se pretende enfrentar na segunda parte deste livro, que vem a seguir.

2

FILTRAGEM FUNCIONAL E CONSTITUCIONAL

2.1 DIMENSÃO FUNCIONAL CONTEMPORÂNEA DA INDISPONIBILIDADE DOS DIREITOS

O desenvolvimento das ideias que são apresentadas perpassa pela compreensão da atual dimensão funcional da indisponibilidade dos direitos, ou seja, por uma constatação de qual contributo essa figura pode aportar no direito privado brasileiro do início do século.

Nessa temática, ancora-se nas ideias de Carlos Eduardo Pianovski Ruzyk,[1] o qual defende uma dimensão funcional dos institutos de Direito Civil fulcrada na(s) liberdade(s). O referido autor parte de uma noção contemporânea de liberdade e de função, deixando claro que não está a falar em função social quando se refere à dimensão funcional. Também anuncia que leva em conta uma liberdade plural, que não se resume à autonomia privada, distinções centrais para compreensão da sua proposta.

A perspectiva funcional de Carlos Eduardo Pianovski Ruzyk não se confunde com o que se entende, tradicionalmente, como função social.[2] De início, porque não objetiva atender a uma finalidade social em si. Ainda,

---

[1] RUZYK, Carlos Eduardo Pianovski. *Institutos fundamentais de direito civil e liberdade(s)*: repensando a dimensão funcional do contrato, da propriedade e da família. Rio de Janeiro: GZ, 2011. p. 138 e ss. As ideias lançadas neste capítulo são fortemente delineadas a partir do pensamento desse autor.

[2] "Atribuir ao direito uma função social significa considerar que os interesses da sociedade se sobrepõem aos do indivíduo, sem que isso implique, necessariamente, a anulação da pessoa humana, justificando-se a ação do Estado pela necessidade de acabar com as injustiças sociais. Função social significa não-individual, sendo critério de valoração de situações jurídicas conexas ao desenvolvimento das atividades de ordem econômica. Seu objetivo é o bem comum, o bem-estar econômico coletivo"

não pretende servir a um coletivo determinado, tampouco ser subserviente a um organicismo exacerbado, a exemplo de algumas propostas apresentadas no decorrer do século XX.[3]

Stefano Rodotà alerta para os riscos que a adoção de uma função social hipertrofiada pode assumir, pois poderia se converter autoritária ou "sacerdotal":

> Na realidade, o verdadeiro problema é a forma como uma função social necessária é transformada e produz uma classe de notáveis que se apropriam do instrumento jurídico, transformando um papel técnico em uma atitude sacerdotal. Isto não só acentua os inevitáveis perfis especializados da lei, mas é quase inteiramente entregue nas mãos dos "notáveis juristas". A classe de juristas vem para tomar conta da vida, com a ajuda de uma extrema especialização jurídica que expropria o interessado da própria possibilidade de governar livremente sobre aspectos essenciais de sua atividade, mesmo com efeitos negativos na dinâmica econômica geral, de tal forma que foi possível sublinhar a importância dos desenvolvimentos "não através, mas (...) apesar da estrutura do (...) direito". O direito, portanto, pode entrar na vida de maneiras muito diferentes, dependendo de como ela pode ser usada. Se há uma luta pelo direito, digna de ser combatida e vivida, há também uma luta com o direito que a vida se envolve em todo momento.[4]

(AMARAL, Francisco. *Direito civil*: introdução. 7. ed. rev. e atual. Rio de Janeiro: Renovar, 2008. p. 87).

[3] "O princípio da função social determina que os interesses individuais das partes do contrato sejam exercidos em conformidade com os interesses sociais, sempre que esses se apresentem. Não pode haver conflito entre eles, pois os interesses sociais são prevalentes. Qualquer contrato repercute no ambiente social, ao promover peculiar e determinado ordenamento de conduta e ao ampliar o tráfico jurídico. (...) O princípio da justiça social não se realiza sem a consideração das circunstâncias existentes, pois é justiça promocional, no sentido de promover as reduções das desigualdades materiais da sociedade. Toda atividade econômica grande ou pequena, que se vale dos contratos para a consecução de suas finalidades, somente pode ser exercida 'conforme os ditames da justiça social' (CF, art. 170). Conformidade não significa apenas limitação externa, mas orientação dos contratos a tais fins. Em outras palavras, a atividade econômica é livre no Brasil, mas deve ser orientada para a realização da justiça social" (LÔBO, Paulo. *Direito civil*: contratos. 4. ed. São Paulo: Saraiva, 2018. v. 3. p. 65-66).

[4] Tradução livre. No original: "In realtà, il problema vero è quello del modo in cui una funzione sociale necessaria si trasforma e produce un ceto di notabili che sequestrando lo strumento giuridico, trasformando un rulo tecnico in una attitudine sacerdotale. Non solo se accentuano così gli inevitabili profili specialistici del diritto, ma esso viene consegnato quasi integralmente nelle mani dei 'notabili giuridici'. Il ceto dei giuristi giunge a impadronirsi della vita, complice un estremo specialismo

Em outras palavras, pensar em dimensão funcional no cenário contemporâneo não significa referir à funcionalização de outrora (embora essa outra proposta não a repila). Não é disso que se trata.[5]

O aspecto funcional em apreço parte da compreensão de função como contributo (nos moldes traçados por Norberto Bobbio),[6] buscando não ficar presa a uma leitura estrita da estrutura dos institutos, a qual não leva em conta o seu aspecto funcional, como se viu em parte da doutrina jurídica do século XIX (como bem denuncia Luiz Edson Fachin).[7] Essa dimensão funcional objetiva compreender a finalidade da figura jurídica no sistema e, a partir disso, almeja tomar consciência de qual prestação ela pode conferir para que alcance esse escopo.[8]

---

giuridico che espropria l'interessato della possibilità stessa del governare liberamente aspetti essenziali della propria attività, anche con effetti negativi sulle complessive dinamiche economiche, sé che si è potuto sottolineare come importanti sviluppi siano stato possibili 'non mediante, ma (...) nonostante la struttura del (...) diritto. Il diritto, dunque, può entrare nella vita in modi assai diversi, legati al modo in cui può essere usato. Se vi è una lotta per il diritto, degna d'essere combattuta e vissuta, vi è pure una lotta con il diritto che la vita ingaggia in ogni momento" (RODOTÀ, Stefano. *La vita e le regole*: tra diritto e non diritto. Milano: Feltrinelli, 2009. p. 41).

[5] Rosa Maria de Andrade Nery e Nelson Nery Junior traduzem a funcionalidade do direito como finalidade: "A funcionalidade do direito tem ligação com isso. Com a utilização do conhecimento em favor de uma finalidade. O conhecimento tem como função interna a nossa vida, 'vida como realidade radical' (Orega y Gasset)" (NERY, Rosa Maria de Andrade; NERY JUNIOR, Nelson. *Introdução à ciência do direito privado*. 2. ed. rev., atual. e ampl. São Paulo: Ed. RT, 2019. p. 576).

[6] "Daí a função do direito não ser mais apenas protetivo-repressiva, mas também, e com frequência cada vez maior, promocional. Nos dias de hoje, uma análise funcional do direito que queira levar em consideração as mudanças ocorridas naquela 'específica técnica de organização social', que é o direito, não pode deixar de integrar a sua função promocional ao estudar a sua tradicional função protetivo-repressiva. (...) Trata-se de passar da concepção do sistema do direito como forma de controle social para a concepção do direito como forma de controle e *direção* social" (BOBBIO, Norberto. *Da estrutura à função*: novos estudos de teoria do direito. Trad. Daniela Beccaccia Versiani. Barueri: Manole, 2007. p. 209).

[7] "O *mobiliário científico* nas raízes do Brasil do século XIX se redesenha no final do século XX, como pilar fundamental nas obrigações, nas relações familiares e na propriedade (em sentido amplo, englobando aí, também, a empresa)" (FACHIN, Luiz Edson. *Direito civil*: sentidos, transformações e fim. Rio de Janeiro: Renovar, 2015. p. 35).

[8] Contributo não será o todo, não será a finalidade em si, mas, sim, um elemento que contribuirá para o todo: "Em outras palavras, dado instituto jurídico pode realizar prestações/contributos (e, assim, realizar uma função) para algo ou alguém (ou para atender às necessidades de algo ou de alguém) que não precisa, necessariamente ser

Com essa perspectiva, o estudo ora apresentado define o seu problema: qual a dimensão funcional que pode ser conferida para a noção de indisponibilidade de direitos na atualidade, ou seja, qual o contributo que essa figura jurídica pode conferir para o Direito Civil brasileiro contemporâneo? A busca por tal resposta será uma das forças motrizes da presente investigação.

Um dos intuitos é desvelar a atual disfuncionalidade de uma genérica indisponibilidade nos institutos do direito de família brasileiro e propor adequações. Isso, porque, em muitos aspectos, a indisponibilidade ainda estaria atrelada a papéis que outrora lhe foram conferidos, os quais não guardariam mais correlação com o tempo atual do nosso direito. A vinculação da indisponibilidade a alguns direitos tem sempre uma função, ou seja, visa atender a algumas finalidades. Particularmente, quanto ao direito de família, essa vinculação pode ser considerada de *média duração*.[9] A partir dessa constatação, uma questão emerge de pronto: quais as motivações passíveis de justificar, na atualidade, a qualificação do direito de família como "de direito indisponível"?

Historicamente, a marca da indisponibilidade na regulação das relações pessoais exerceu papéis de proteção da pessoa (ainda que abstrata) e de controle social. Sinteticamente, essas seriam duas das principais funções pretendidas com tal restrição em determinados momentos históricos: proteção da pessoa (contra terceiros e até dela mesma), para garantir-lhe uma esfera mínima de direitos; e também de controle social, com vistas a moldar algumas escolhas familiares aos padrões entendidos como mais adequados (sempre a partir de um olhar que se anuncia como majoritário).

Ainda que não expressamente declaradas, essas dimensões funcionais de proteção e controle podem ser percebidas quando da análise dos institutos jurídicos gravados com a indisponibilidade nos mais variados períodos históricos. Em outros termos, a opção por declarar dado direito como indisponível sempre objetivou aplicar restrições, as quais visavam atender a determinados interesses e exercer funções, mesmo que isso não tenha sido expressamente dito.

---

o 'todo social'. (...) O destinatário, diferentemente das noções que o assumem como o todo social, pode ser a pessoa concreta em relação, integrante de uma rede de intersubjetividades (...)" (RUZYK, Carlos Eduardo Pianovski. *Institutos fundamentais de direito civil e liberdade(s)*: repensando a dimensão funcional do contrato, da propriedade e da família. Rio de Janeiro: GZ, 2011. p. 148).

[9]   BRAUDEL, Fernand. *O Mediterrâneo e o Mundo Mediterrâneo na Época de Filipe II.* Trad. Gilson César Cardoso de Souza. São Paulo: Edusp, 2016. v. 2. p. 667.

Por exemplo, a longínqua classificação do direito aos alimentos como indisponível tem um evidente intuito protetivo,[10] pois objetiva conferir condições de subsistência para as pessoas em momentos de necessidade extrema, uma proteção com intensidade tal que esteja sempre atrelada ao indivíduo. A justificativa mais corrente era de que tal direito poderia ser essencial para sobrevivência, com dignidade, em períodos de dificuldade, de modo que era razoável tirar esse direito da esfera de disponibilidade. Consequentemente, nem mesmo o próprio titular poderia dele abdicar. A função protetiva é evidente, o que justificava a sua classificação como de direito indisponível; logo, as restrições legais atinentes ao exercício de tal direito se mostrariam, para muitos, justificáveis e sustentáveis.[11]

Já a classificação de alguns direitos conjugais[12] patrimoniais como indisponíveis é apresentada com viés protetivo,[13] entretanto, em grande parte dos casos, também assume um papel de coerção social.[14] Algumas regras de regimes de bens são discursivamente declaradas como indisponíveis para a

---

[10] Essa perspectiva pode ser percebida na configuração dos alimentos no período medieval e, em especial, no período moderno.

[11] O mesmo viés protetivo pode ser percebido no traço da indisponibilidade dos direitos da personalidade, visto que a maior fundamentação de tal característica sempre esteve albergada na preservação da pessoa e na manutenção dos seus atributos inafastáveis (corpo, nome etc.). A dimensão funcional dessas indisponibilidades é claramente protetiva, restando presentes, na atualidade, as motivações para considerar tais direitos como indisponíveis. Portanto, as restrições legais atinentes são justificáveis.

[12] Adota-se aqui a nomenclatura utilizada por Stefano Rodotà na sua obra *Diritto d'amore*.

[13] Stefano Rodotà afirma que, historicamente, o direito foi utilizado para neutralizar o amor, a fim de discipliná-lo e até negar a liberdade da pessoa: "O direito tem sido fortemente utilizado como instrumento de neutralização do amor, como se, abandonado a si mesmo, o amor corresse o risco de dissolver a ordem social. Essa é uma opinião antiga e, portanto, não se aplica apenas aos eventos mais próximos de nós. Estamos diante de um conflito, travado, porém, que não é combatido com paridade de armas, mas o poder concentrado essencialmente no lado do direito, que o exerce como instrumento para disciplinar o amor, a ponto de negar à pessoa a liberdade de se apaixonar" (tradução livre). No original: "Il diritto è stato pesantemente usato come strumento di neutralizzazione dell'amore, quasi che, lasciato a sé stesso, l'amore rischiasse di dissolvere l'ordine sociale. Opinione antica, dunque non riferibile soltanto alle vicende a noi più vicine. Siamo di fronte ad un conflitto, combattuto però non ad armi pari, con il potere concentrato sostanzialmente dalla parte del diritto, che lo esercita come strumento per il disciplinamento dell'amore, fino a negare alla persona la libertà d'innamorarsi" (RODOTÀ, Stefano. *Diritto d'amore*. 4. ed. Bari: Laterza, 2020. p. 3).

[14] O que também se mostra a partir do medievo e assume maior relevo na modernidade.

proteção dos cônjuges (em especial da mulher, em alguns períodos específicos, ou da família, em outros).

Ocorre que, muitas vezes, há um patente intuito de controle social contra opções diversas daquelas tidas por socialmente aceitas. Ainda que sob um discurso protetivo, constata-se, em realidade, inclusive um escopo de coerção social. Exemplificando: desenham-se os modelos de convivência afetiva sob o manto do matrimônio estatal e se detalham as suas respectivas repercussões patrimoniais, cabendo às pessoas apenas escolher dentre as opções eleitas como socialmente aceitas. A rigidez do modelo matrimonial pretende impedir outras escolhas, pois – muitas vezes – não reconhece formas específicas de convivência afetiva e não atribui direitos a arranjos familiares diferenciados (como, durante muitas décadas, lastimavelmente foi feito com os casais homoafetivos e, atualmente, ainda se faz com as uniões poliafetivas).

Por séculos, apenas o casamento foi a única opção de conjugalidade ofertada para os indivíduos, nada diferente disso era reconhecido pelo direito (as uniões estáveis ficavam às sombras do espectro jurídico).[15]

Para acessar os respectivos regimes patrimoniais, direitos alimentares, ver reconhecido o parentesco e demais questões correlatas, as pessoas deveriam necessariamente adotar o matrimônio civil,[16] qualquer convivência sem esse marco legal não permitia o acesso a tal feixe de direitos. Em um passado não tão longínquo, as uniões estáveis não eram passíveis de reconhecimento jurídico. Desse modo, é possível perceber que havia a evidente intenção de que as uniões afetivas fossem formalizadas somente via matrimônio civil estatal.

A dimensão funcional dos ditos direitos conjugais, portanto, pode ser percebida em algum aspecto como protetiva (quiçá apenas discursivamente?), mas, em grande parcela, o "funil jurídico" da conjugalidade tem evidente escopo de controle social.

No que se refere à indisponibilidade das questões patrimoniais conjugais, ainda na atualidade, a indisponibilidade é suscitada para proteção de um cônjuge tido por mais vulnerável. Entretanto, cabe questionar se essa proteção não está a prejudicar justamente quem pretenderia proteger.

Como visto anteriormente, na gênese dessa concepção está a proteção do patrimônio familiar e até de bens de terceiros, o que era coerente

---

[15] No Brasil, a união estável alcançou razoável similitude de direitos em face do casamento, mas em diversos países o tratamento desigual para com os conviventes, com dificuldade de acesso para muitos direitos, persiste ainda na atualidade.

[16] Opção adotada abertamente a partir do *Code* de 1804 e seguida por inúmeras codificações.

com o modelo dotal de outrora.[17] Ocorre que houve profunda alteração social, colocando fim ao referido regime de dote e afins, mas remanesceu a indisponibilidade atrelada também ao regime de bens e aos correlatos direitos patrimoniais conjugais. Por conseguinte, vislumbra-se uma atual disfuncionalidade concreta dessa restrição em face do afastamento do objetivo almejado. Não parece haver uma justificativa atual para tamanha restrição, sendo anacrônica a indisponibilidade nas questões patrimoniais dos cônjuges e companheiros.

Para além do descompasso com a atual quadra histórica, o que se percebe é que uma incidência forte da indisponibilidade na esfera patrimonial dos cônjuges e companheiros acaba por se afastar do objetivo esperado até mesmo quando da sua regulação abstrata.[18] Esse paradoxo entre a norma e a realidade, por si só, exige que sejam revistas algumas situações descritas como de indisponibilidade, a fim de buscar um maior equilíbrio entre o traço jurídico pretendido e a sua função concreta no sistema.

A segunda parte central da proposta de Carlos Pianovski auxiliará nessa empreitada, visto que o autor demarca claramente a distinção entre liberdade e autonomia privada,[19] desvelando uma redução que teve longa morada entre os privatistas. Destaca-se que civilistas dos séculos XVIII e XIX e até início do século XX optaram por adotar um discurso que, em grande parte, identificava a liberdade com a autonomia privada.[20] Entretanto, como bem demonstra Ana Prata, essa categoria tem raízes econômicas, e bem decalcadas, que dificultam a sua transposição para outras esferas da vida das pessoas (como as existenciais), entre outras distorções. Percebeu-se que a autonomia privada é apenas um dos espectros da liberdade.[21]

---

[17]   Como exposto no item 1.2 desta obra.

[18]   Proteção do patrimônio da família da mulher e, assim, da sua família. À época, tal contexto previa uma união para toda a vida, com um casamento indissolúvel.

[19]   Nem mesmo a superação da expressão "autonomia da vontade", como faz a doutrina italiana e também diversos outros sistemas, é suficiente para dar conta da complexidade da compreensão holística da liberdade na atualidade.

[20]   "Os conceitos de liberdade jurídica, autonomia da vontade, autonomia privada e autonomia negocial são tratados pela doutrina ora como se fossem uma só coisa; ora como se fossem distintos uns dos outros. (...) Como se vê, no liberalismo, há identidade entre liberdade, autonomia da vontade e autonomia privada" (MEIRELES, Rose Melo Vencelau. *Autonomia privada e dignidade humana*. Rio de Janeiro: Renovar, 2009. p. 64-66).

[21]   "Não só não pode, pois, pensar-se a autonomia privada como um dado inerente à tutela constitucional da liberdade, como antes há que desta tutela retirar importantes elementos num sentido ou restritivo da liberdade negocial, ou reordenador deste em

A visão ampla de liberdade de Carlos Pianovski também se percebe plural, de modo que o autor utiliza a expressão liberdade(s) para explicitar o que propõe. Essa sutil opção denuncia que o Direito Civil não pode se contentar mais apenas com liberdades negativas (ausência de coerção) e formais (discursivas); ao contrário, deve buscar também atender à liberdade positiva (possibilidade de escolhas, autodeterminação) e substancial (concreta, material, real). A partir desses quatro perfis: negativa, positiva, formal e substancial, a liberdade se apresenta plural e plena, apta ao momento presente.[22]

Ainda, Pianovski sustenta a defesa da compreensão de uma liberdade coexistencial[23] e harmônica com a sociedade do século XXI, que supere o indivíduo atomizado do século XIX, mas também que não o torne refém de um coletivismo totalizante do século XX. Isso significa perceber a pessoa e as suas relações, ou seja, um indivíduo que se relaciona e vive em sociedade, mas não se submete a ela.[24] A percepção de uma pluralidade de pessoas, interesses e escolhas leva à apresentação da liberdade plural como uma diretriz, um norte, que orienta, mas que não a torna opressora. E o mais importante: essa liberdade deve ser percebida na realidade concreta, na vida vivida, não se resumindo a aspectos discursivos, em leitura que se harmoniza com as ideias de Stefano Rodotà.[25] Essas seriam as balizas para a compreensão da(s) liberdade(s) no direito civil, no nosso tempo.[26]

---

tais termos que o seu significado clássico surge complemente alterado" (PRATA, Ana. *A tutela constitucional da autonomia privada*. Coimbra: Almedina, 1982. p. 215).

[22] RUZYK, Carlos Eduardo Pianovski. *Institutos fundamentais de direito civil e liberdade(s)*: repensando a dimensão funcional do contrato, da propriedade e da família. Rio de Janeiro: GZ, 2011. p. 203.

[23] RUZYK, Carlos Eduardo Pianovski. *Institutos fundamentais de direito civil e liberdade(s)*: repensando a dimensão funcional do contrato, da propriedade e da família. Rio de Janeiro: GZ, 2011. p. 213.

[24] "Atualmente, existe a inadiável exigência de pensar (e analisar) o sujeito no interior de um tecido social. Um tecido a quem tenha sido restituída toda a sua complexidade, além da sua capacidade integral de manifestar e realizar suas múltiplas potencialidades, cortadas pelo reducionismo estatalista e individualista moderno" (GROSSI, Paolo. *Mitologias jurídicas da modernidade*. 2. ed. rev. e atual. Trad. Arno Dal Ri Júnior. Florianópolis: Fundação Boiteux, 2007. p. 146).

[25] O autor defende essa posição em várias de suas obras, dentre elas: RODOTÀ, Stefano. *Il diritto di avere diritti*. Bari: Laterza, 2015.

[26] "Em outras palavras, passa-se da ética da liberdade para a liberdade ética em todas as suas dimensões – formal, negativa, material e positiva –, a partir da transcensão individual-social" (FROTA, Pablo Malheiros da Cunha. *Responsabilidade por danos*: imputação e nexo de causalidade. Curitiba: Juruá, 2014. p. 290).

A partir dessas premissas, Carlos Pianovski defende a(s) liberdade(s) como função para o Direito Civil da atualidade, isto é, a dimensão funcional dos institutos de Direito Civil deve ser realizada por meio de prestação(ões) de liberdade(s). Em outros termos, as categorias e expressões jurídicas devem buscar, sempre que possível, proteger, equilibrar e incrementar a liberdade coexistencial das pessoas. Esse deve ser o seu contributo para o direito privado do nosso tempo.[27]

Adotando-se tais definições, questionamos: qual significado de indisponibilidade dos direitos que se mostraria mais adequado para fazer frente a tal incremento de liberdade(s) no Direito Civil brasileiro contemporâneo?

Essa diretriz será outra das forças motrizes do trabalho.

Como visto, nessa temática, adota-se como marco teórico as propostas de Carlos Pianovski e, a partir delas, avançamos na tarefa de ressignificação do sentido jurídico da indisponibilidade dos direitos, em especial daqueles envoltos nos conflitos familiares. Objetivamente, o estudo pergunta qual seria o seu atual contributo e como ela poderia incrementar a liberdade das pessoas.[28]

Não se ignora a necessidade de algum grau de intervenção estatal restritiva que possa imperar em algumas situações jurídicas, a fim de manter-se a indisponibilidade dos direitos como necessária e presente. No entanto, qual a compreensão dessa figura que se extrairia a partir dos vetores funcionais supracitados é o que se questiona.

As raízes históricas da elaboração do sentido de indisponibilidade ainda estão presentes no seu conceito contemporâneo. Outrossim, vislumbra-se que o sentido usualmente atribuído à indisponibilidade no âmbito do direito de família pode estar anacrônico diante da realidade atual.

Isso traz a necessidade de apurar qual a sua dimensão funcional nessa quadra histórica, sempre tendo como diretriz a prestação possível no sentido da concretização da(s) liberdade(s) das pessoas. Esse será o escopo deste livro a partir deste ponto: com os olhos no momento contemporâneo, apurar qual o contributo que a indisponibilidade teria quando gravada nos institutos de

---

[27] RUZYK, Carlos Eduardo Pianovski. *Institutos fundamentais de direito civil e liberdade(s)*: repensando a dimensão funcional do contrato, da propriedade e da família. Rio de Janeiro: GZ, 2011. p. 212-217.

[28] "Em primeiro lugar, assinalam a urgência de repensar o Direito, diante das mudanças na sociedade. Extrai-se dessa observação dupla premissa: acolhe-se o caráter instrumental do Direito, bem como se lhe reconhece/atribui função. Significa assinalar que servem o Direito e os seus institutos às pessoas, e não o revés" (SCHULMAN, Gabriel. *Planos de saúde*: saúde e contrato na contemporaneidade. Rio de Janeiro: Renovar, 2009. p. 9).

direito de família. A partir disso, refletir como esse contributo pode incrementar as liberdades das pessoas.

A significação hodierna do sentido jurídico de indisponibilidade dos direitos não pode ignorar a incidência dos direitos fundamentais[29] constitucionais e a necessária compreensão da sua atual dimensão funcional. Sinteticamente, esta é a premissa teórica aqui adotada: a compreensão da dimensão funcional contemporânea da indisponibilidade pode levar a uma conceituação diversa da que se está a apresentar na atual doutrina brasileira.

Para além disso, outra medida que emerge como necessária é a filtragem constitucional[30] desses possíveis contributos, visto que essa harmonia com a Constituição é inafastável. Urge, portanto, submeter a figura da indisponibilidade ao processo de constitucionalização.

2.2 CONSTITUCIONALIZAÇÃO: UMA NECESSÁRIA COMPATIBILIZAÇÃO

As conclusões que serão lançadas também encontram suporte técnico nas ideias de Stefano Rodotà, em especial nas suas proposições quanto à necessidade da preservação de espaços de não intervenção[31] e da constitucionalização dos institutos de direito privado a partir da perspectiva da pessoa.[32]

Na obra *La vita e le regole: tra diritto e non diritto*,[33] o autor italiano questiona se o Direito pode ter a pretensão de invadir toda a vida da pessoa, com a consequência de que quase nada escape da dimensão jurídica. A provocação remete a uma possível hipertrofia do direito em alguns espectros

---

[29] "Os direitos fundamentais valem também para a aplicação e desenvolvimento judiciais do direito privado" (CANARIS, Claus-Wilhelm. *Direitos Fundamentais e Direito Privado*. Tradução de Ingo Wolgang Sarlet e Paulo Mota Pinto. Coimbra: Almedina, 2016. p. 130).

[30] SCHIER, Paulo Ricardo. *Filtragem constitucional*: construindo uma nova dogmática jurídica. Porto Alegre: Sergio Antonio Fabris Editor, 1999.

[31] As referências a espaços de "não direito", que serão realizadas neste livro, não remetem a uma ausência do direito em si, mas, sim, visam instigar outra forma de regulação jurídica, como propõe Stefano Rodotà. É o que se pretende aclarar nas páginas a seguir.

[32] Ideias desenvolvidas em vários trabalhos do autor, em especial: RODOTÀ, Stefano. *La vita e le regole*: tra diritto e non diritto. Milano: Feltrinelli, 2009; RODOTÀ, Stefano. *Dal soggetto alla persona*. Napoli: Editoriale Scientifica, 2007; RODOTÀ, Stefano. *Il diritto di avere diritti*. Bari: Laterza, 2015.

[33] RODOTÀ, Stefano. *La vita e le regole*: tra diritto e non diritto. Milano: Feltrinelli, 2009. As ideias apresentadas neste capítulo são decorrentes de diversas obras desse autor, que serão expostas no decorrer deste estudo.

ao lado de – ao mesmo tempo – uma ausência de escolhas impositivas em esferas estrategicamente selecionadas.[34] No saldo, a constatação geral seria a de uma quase onipresença do campo jurídico, com excessivas intervenções supressoras de escolhas.

O autor destaca que, na atualidade, essa ubiquidade do Direito é permeada pela atuação estatal, o que agrava o cenário. Uma das heranças da modernidade foi a identificação do Direito com a lei, vinculando-a de modo quase exclusivo ao Estado, como denuncia o historiador italiano Paolo Grossi.[35] O passar dos tempos redundou em uma atuação *estatal* excessiva no espectro jurídico ocidental, vivenciada fortemente durante o século XX: somente o Estado produz a lei (via Poder Legislativo) e, exclusivamente, ele a aplica (via Poder Judiciário). O *Leviatã*[36] dos *Novecentos* atomiza os indivíduos e assume a regência de toda a esfera jurídica.

Perto da passagem para o terceiro milênio, emergem com mais vigor questionamentos sobre quais limites deveriam ser impostos a essa onipresença do Estado na dimensão jurídica. Uma precursora crítica a essa pretensão holística do espectro jurídico pode ser encontrada já na obra de Jean Carbonnier, que advogava a ideia de deixar espaços para além (ou fora) do Direito – no sentido de deixar alguma esfera de decisão para os particulares.[37] Gustavo Zagrebelsky também argumenta nesse sentido, tecendo uma crítica a um Direito que gire sempre em torno do Estado e, ainda, sustenta a criação de um Direito mais dúctil, mais permeável à participação efetiva das pessoas concretas.[38]

---

[34] RODOTÀ, Stefano. *La vita e le regole*: tra diritto e non diritto. Milano: Feltrinelli, 2009. p. 5-13.

[35] "A grande operação que se consolida na França, ao final do século XVIII, e que tende desesperadamente a reduzir o direito na lei, possui vários significados (...)" (GROSSI, Paolo. *Mitologias jurídicas da modernidade*. 2. ed. rev. e atual. Trad. Arno Dal Ri Júnior. Florianópolis: Fundação Boiteux, 2007. p. 55-56).

[36] HOBBES, Thomas. *Leviatã, ou matéria, forma e poder de uma república eclesiástica e civil*. Trad. João Paulo Monteiro e Maria beatriz Nizza da Silva. São Paulo: Martins Fontes, 2003.

[37] Embora algumas propostas já tivessem sido apontadas no século passado, como as provocações de CARBONNIER, Jean. *Flessibile diritto*: per una sociologia del diritto senza rigore. Milano: Giuffrè, 1997.

[38] "A partir de uma visão geral, obtém-se uma ideia de direito que parece exigir uma profunda renovação de inúmeras concepções jurídicas que, hoje, operam na prática" (tradução livre). No original: "De la visión general se obtiene una idea del derecho que parece exigir una profunda renovación de numerosas concepciones jurídicas que hoy operan en la práctica" (ZAGREBELSKY, Gustavo. *El derecho dúctil*: ley, derechos, justicia. Madrid: Trotta, 2009. p. 9-10).

Rodotà, por sua vez, entende que vivenciamos uma realidade de múltiplos valores; dessa forma, emergem muitas opções como passíveis de escolha para os particulares.[39] A partir disso, questiona quais seriam as áreas em que essa "República da escolha" deve necessariamente ser deixada para que as pessoas elejam a sua opção e, ao mesmo tempo, em quais casos ela poderia, desde logo, ser tomada pela norma jurídica. Em outras palavras, quais seriam, em definitivo, os limites ao espaço das escolhas pelo Direito? Em quadro de múltiplas opções, uma intervenção jurídica que imponha previamente dada escolha pode se mostrar autoritária.[40]

Outro autor que argumenta no mesmo sentido é Paolo Grossi, ao questionar as opções autoritárias e estatalistas do direito moderno, as quais deixariam marcas até os dias de hoje. A partir dessa constatação, ele defende uma reconfiguração que conceda maior protagonismo aos indivíduos.[41] As Constituições contemporâneas seriam efetivas protetoras desse espaço do indivíduo, uma esfera na qual nem outros particulares nem o Estado podem deliberar pela pessoa. Nessa perspectiva, importa compatibilizar as tradicionais figuras jurídicas de direito privado, muitas delas desenhadas para atuar apenas nos estritos limites do sujeito de direito, para que se amoldem e sirvam adequadamente às pessoas concretas.

Essa perspectiva de redução das escolhas abstratas pelas normas, o que conferirá às próprias pessoas um maior espaço para a sua livre deliberação, conecta-se diretamente com a ressignificação da noção de indisponibilidade ora proposta. Isso, porque, com mais escolhas, há um consequente aumento da esfera de disponibilidade. Gravar um direito como indisponível impõe restrições que, inexoravelmente, acabam por reduzir as opções do titular do referido direito.

A busca por um contributo que incremente liberdades está ligada harmonicamente a uma aspiração pela manutenção de escolhas por parte dos

---

[39] "Hoje, os padrões e configurações não são mais 'dados', e menos ainda 'autoevidentes'; eles são muitos, chocando-se entre si e contradizendo-se em seus comandos conflitantes (...)" (BAUMAN, Zygmunt. *Modernidade líquida*. Trad. Plínio Dentzien. Rio de Janeiro: Zahar, 2001. p. 14).

[40] RODOTÀ, Stefano. *La vita e le regole*: tra diritto e non diritto. Milano: Feltrinelli, 2009. p. 16-17.

[41] "É claro que o Estado não pode abdicar da fixação de linhas fundamentais, mas também é claro que se impõe uma deslegificação, abandonando a desconfiança iluminista do social e realizando um autêntico pluralismo jurídico, onde os indivíduos sejam os protagonistas ativos da organização jurídica do mesmo modo que acontece nas transformações sociais" (GROSSI, Paolo. *Mitologias jurídicas da modernidade*. 2. ed. rev. e atual. Trad. Arno Dal Ri Júnior. Florianópolis: Fundação Boiteux, 2007. p. 120-121).

particulares, o que passa a delinear o contorno das respostas que se pretende apresentar. Tais vetores, inexoravelmente, são incompatíveis com uma ideia de indisponibilidade forte e vasta, como a que ainda impera em alguns segmentos. A indisponibilidade dos direitos, ao fim e ao cabo, implica impedir que os particulares façam escolhas, de modo que tais seleções são realizadas previamente pelo Estado.

Hodiernamente, descabe tornar grande parte das escolhas familiares das pessoas indisponíveis para elas mesmas, com o ente estatal arvorando-se de tutor até mesmo das decisões patrimoniais mais comezinhas. A ótica da *República da escolha* exige que se deixem aos interessados as deliberações quanto ao destino da vida em família e dos seus bens. Excepcionalmente, e desde que constitucional e funcionalmente justificadas, é que são admitidas restrições de liberdade e de escolhas.

Impulsionado por essas premissas, questiona-se acerca da usual indisponibilidade dos institutos de direito de família. Uma restrição genérica de tal ordem mostra-se incompatível com as balizas de respeito às escolhas individuais e atuação apenas residual do ente estatal. A ductibilidade almejada implica disponibilidade, sendo essencial essa percepção. Portanto, descabe rotular o direito de família como um todo de indisponível.

Nesse viés, aspecto relevantíssimo nas premissas lançadas por Stefano Rodotà é que, ao defender espaços de não intervenção restritiva de escolhas, ou espaços de *não direito* – o que, na perspectiva do autor, significa espaços sem intervenção excessiva –, ele não recomenda a retirada pura e simples do espectro jurídico, não propaga uma anomia, como poderia parecer em uma primeira impressão. Em sua tese, alerta que esse proceder poderia gerar um vácuo de tal ordem a partir do qual acabaria por prevalecer a "tirania do mais forte". Assim, a lógica não deve ser a do "cheio" ou "vazio", do tudo ou nada.

Ao contrário, o papel do Direito contemporâneo deve ser compreender qual perímetro ele deve garantir para que as pessoas possam exercer as suas escolhas pessoais.[42] A provocação de Rodotà com a expressão "não direito",

---

[42]   "A autonomia da pessoa não pode ser construída apenas sobre a ausência, quando isso significa abandono social e o retorno de cada pessoa a uma espécie de estado de natureza que encontra sua regra não tanto na opressão ou violência, mas em uma expansão da lógica do mercado como a única lei natural verdadeira. Não basta, portanto, perguntar-se, como fez Voltaire, quando o comportamento deve ser 'de um particular que não depende de ninguém', concluindo que, se ele se sentisse incomodado mesmo pelo simples fato de estar em uma antessala com uma pessoa poderosa, poderia exercer uma simples liberdade, 'a de partir'. Numa época em que muitos pregam a dependência institucional do mercado, para que ninguém se encontre na

em realidade, somente visa ressaltar que há escolhas que não devem ser realizadas previamente pelo legislador ou pelo Estado, mas deixadas para as próprias pessoas. Em outros termos, quando se refere ao "não direito", ele apenas defende a ideia de um Direito menos interventivo e menos autoritário.

A rigor, para se atingir esse mister, é fundamental alguma regra que possa garantir isso. A defesa do "não direito" seria, em *ultima ratio*, uma proposta de outro Direito, menos opressor e mais apto a regular algumas áreas sensíveis, vinculadas diretamente à pessoa.[43]

> Portanto, não só na materialidade das relações e nas limitações de fato da liberdade e de igualdade, mas na própria ordem jurídica podem se ocultar os fatores que se opõem ao desenvolvimento da personalidade e da plenitude da

---

condição postulada por Voltaire, o exercício da liberdade individual também requer uma estratégia institucional que coloque cada indivíduo em condições de exercer concretamente a sua autonomia" (tradução livre). No original: "L'autonomia della persona non può essere costruita soltanto su una assenza, quando questa significa abbandono sociale e restituzione di ciascuno a una sorta di stato di natura che trova la sua regola non tanto nella sopraffazione o nella violenza, ma in una espansione della logica di mercato come unica e vera legge naturale. Non basta quindi chiedersi, come faceva Voltaire, quando dovesse essere il comportamento 'd'un privato che non dipende da nessuno', concludendo che, se questi si sentiva infastidito anche del semplice far anticamera da un potente, poteva esercitare una semplice libertà, 'quella d'andarsene'. Nel momento in cui molti predicano la dipendenza istituzionale dal mercato, sì che nessuno sarebbe nella condizione postulata da Voltaire, l'esercizio della libertà individuale esige anch'esso una strategia istituzionale, che metta tutti e ciascuno in condizione d'esercitare concretamente la loro autonomia" (RODOTÀ, Stefano. *La vita e le regole*: tra diritto e non diritto. Milano: Feltrinelli, 2009. p. 41).

[43] "A dogmática constitucional deve ser como o líquido no qual as substâncias que forem nele vertidas – os conceitos – mantenham a sua individualidade e coexistam sem choques destrutivos, embora com certos movimentos de oscilação e, em qualquer caso, sem que um único componente seja capaz de se impor ou eliminar os outros. Uma vez que não pode haver superação em uma síntese conceitual que fixe, de uma vez por todas, as relações entre as partes, degradando-as a meros elementos constituintes de uma realidade conceitual que as engloba com absoluta fixidez, a formulação de um dogmatismo rígido não pode ser o objetivo da ciência constitucional" (tradução livre). No original: "La dogmática constitucional debe ser como el líquido donde las substancias que se vierten – los conceptos – mantienen su individualidad y coexisten sin choques destructivos, aunque con ciertos movimientos de oscilación, y, en todo caso, sin que jamás un sólo componente pueda imponerse o eliminar a los demás. Puesto que no puede haber superación en una síntesis conceptual que fije de una vez por todas las relaciones entre las partes, degradándolas a simples elementos constitutivos de una realidad conceptual que las englobe con absoluta fijeza, la formulación de una dogmática rígida no puede ser el objetivo de la ciencia constitucional" (ZAGREBELSKY, Gustavo. *El derecho dúctil*: ley, derechos, justicia. Madrid: Trotta, 2009. p. 17).

vida. Também eles, como os econômicos e os sociais, têm de ser eliminados. Mas aqui a eliminação do obstáculo não resulta necessariamente na eliminação da presença da regra jurídica, como é geralmente o caso de obstáculos de natureza econômica ou social: é a mudança da regra, em muitos casos, para permitir a remoção do impedimento, da restrição. O obstáculo pode consistir não na presença do direito, mas numa forma particular dele agir. Não existe um limite absoluto para a presença da lei, mas dessa disciplina jurídica específica, de um modo particular de ser da regra de direito.[44]

Ainda, Rodotà alega que teríamos remanescentes de um Direito forte, inteiro, pleno, quando, para o momento atual, deveríamos encontrar um Direito leve, parcial, dúctil.[45] Para exemplificar o que propõe, ele cita expressamente os exemplos dos direitos fundamentais e os da personalidade como áreas nas quais o Direito não pode querer impor escolhas, mas também não pode deixá-las sem proteção alguma. Nessas searas, cabe ao Direito regular os seus confins e garantir a autonomia da pessoa nas escolhas centrais, sempre a fim de preservar o seu espaço de subjetividade (incluído o seu direito de errar). A vida não deve ser ameaçada pelo Direito, mas, sim, garantida por ele. Para ilustrar o que preconiza, cita as relações familiares e o exemplo de uma ilha e o seu contato com o mar. Em suas palavras:

> Na reflexão jurídica, a imagem da ilha é recorrente, para indicar o que "o mar de direito só pode tocar": foi assim que Arturo Carlo Jemolo falou da

---

[44] Tradução livre. No original: "Non solo nella materialità dei rapporti e nelle limitazioni di fatto delle libertà di dell'eguaglianza, dunque, ma nello stesso ordine giuridico, possono annidarsi i fattori che si oppongono al dispiegarsi della personalità, alla pienezza della vita. Anch'essi, come quelli economici e sociali, devono essere rimossi. Ma qui la rimozione dell'ostacolo non si risolve necessariamente nell'eliminazione della presenza della regola giuridica, come ordinariamente accade per gli ostacoli di natura economica o sociale: è il cambiamento della regola, in molti casi, a consentire la rimozione dell'impedimento, del vincolo. L'ostacolo può consistere non nella presenza del diritto, ma in un suo particolare modo del atteggiarsi. Non vi è un limite assoluto alla presenza del diritto, ma di quella specifica disciplina giuridica, di un particolare modo d'essere della regola di diritto. E contribuisce così, in maniera sovente decisiva, a definire appunto che cosa debba essere costruito" (RODOTÀ, Stefano. *La vita e le regole*: tra diritto e non diritto. Milano: Feltrinelli, 2009. p. 23-24).

[45] Em proposta harmônica com o que sugere Gustavo Zagrebelsky, para quem: "Se, por meio da palavra mais aproximada possível, quiséssemos indicar o sentido desse caráter essencial do direito dos atuais Estados constitucionais, talvez pudéssemos usar a imagem da ductibilidade" (tradução livre). No original: "Si, mediante una palabra más aproximada posible, quisiéramos indicar el sentido de este carácter esencial del derecho de los Estados constitucionales actuales, quizás podríamos usar la imagen de la ductilidad" (ZAGREBELSKY, Gustavo. *El derecho dúctil*: ley, derechos, justicia. Madrid: Trotta, 2009. p. 14).

forma como a norma aparece, ou deveria aparecer, na maioria das relações familiares. Mas é o próprio direito que, nas áreas mais sensíveis e secretas, prefigura a autodeterminação como um atributo da personalidade, e não como um instrumento externo. E assim contribui, muitas vezes de forma decisiva, para definir com precisão o que deve ser construído.[46]

Destaca-se que as Constituições foram os principais estatutos a albergar adequadamente os direitos fundamentais e os da personalidade para tutelar a pessoa concreta, com o reconhecimento e a proteção desses direitos, mas deixando um espaço de deliberação (escolha) por parte da pessoa titular. Ao mesmo tempo, muitos Códigos seguem com estruturas formais fortemente abstratas, apegadas à ideia de um sujeito de direito, o que, muitas vezes, acaba reduzindo oportunidades. Portanto, há um necessário processo de constitucionalização de muitas figuras jurídicas de direito privado, o que não deve ser diferente com a indisponibilidade dos direitos.

Importa consignar que o repensar da indisponibilidade não sugere a proposição de sua extinção ou ausência por completo nas searas em que ela tradicionalmente incide. Longe disso. O que propõe é outra ideia de indisponibilidade, constitucionalizada, que seja mais harmônica com o nosso atual direito vivente, de modo que respeite os espaços de escolha. Especificamente quanto ao direito de família, admite-se uma disponibilidade sem se abandonar o recurso a indisponibilidades pontuais, que imperarão apenas quando constitucionalmente justificáveis e concretamente necessárias.

A reconfiguração da dimensão funcional sugerida nesta obra pode ser orientada a partir dessa diretriz de busca por um Direito menos interventivo, mas sem vislumbrar uma eliminação pura e simples de toda e qualquer indisponibilidade.[47] A existência de vulnerabilidades e a necessária manutenção de alguma esfera de proteção são essenciais em algumas searas, tais como a dos direitos da personalidade, familiares e sucessórios.[48]

---

[46] Tradução livre. No original: "Nella riflessione giuridica ricorre l'immagine dell'isola, per indicare quel che 'il mare del diritto può solo lambire': così Arturo Carlo Jemolo parlava del modo in cui la norma compare o dovrebbe comparire, nel mondo delle relazioni familiari. Ma è il proprio il diritto che, nelle aree più sensibili e segrete, precida l'autodeterminazione come attributo della personalità più che come strumento esterno" (RODOTÀ, Stefano. *La vita e le regole*: tra diritto e non diritto. Milano: Feltrinelli, 2009. p. 23).

[47] OLIVERO, Luciano. *L'indisponibilità dei diritti*: analisi di una categoria. Torino: G. Giappichelli Editore, 2008. p. 173-175.

[48] Em suas obras, Stefano Rodotà deixa claro que é inaceitável pensar em autonomia e livre desenvolvimento da personalidade fora do espectro jurídico, pois elas foram construídas nesse espaço, é ele quem lhes dá fundamento.

Sendo assim, garantir espaços para a autodeterminação das pessoas deve ser o mote, o que toca de perto com liberdade positiva.[49] Sempre que possível, as intervenções não deverão solapar as oportunidades de escolhas.

Dessa forma, compreender qual é o atual papel e extensão que a restrição de uma percepção de indisponibilidade constitucionalizada assumirá faz parte do escopo desta obra. No que diz respeito ao direito de família, a questão que se apresenta é: como harmonizar as necessárias disponibilidades de escolhas com as pontuais restrições de indisponibilidades que deverão persistir?

Diante disso, busca-se compreender qual é o atual papel e extensão que a figura da indisponibilidade dos direitos, a partir de uma percepção constitucionalizada, deve assumir.

Uma segunda ideia sustentada por Rodotà é a de uma inadequação da dimensão jurídica tradicional para regular a vida cotidiana, pois, não raro, as regras tratam das situações de modo abstrato, distanciando-se do que efetivamente ocorre na vida concreta.[50] Assim, a sua proposta seria concretizar o percurso "del soggetto" "alla persona".[51]

---

[49] "É outro tipo de realismo, portanto, que é sugerido pela difícil narrativa dos direitos. A fim de definir suas características, é útil usar uma palavra que é muitas vezes rejeitada e desgastada – revolução. Em seguida, encontramos a dinâmica que caracteriza o presente e indica o futuro. A 'revolução da igualdade', a difícil herança, mas promessa não cumprida do 'breve século', é hoje acompanhada pela 'revolução da dignidade'. Juntos, eles deram origem a uma nova antropologia, que se concentra na autodeterminação das pessoas, na construção de identidades individuais e coletivas, em novos entendimentos de laços sociais e de responsabilidades públicas" (tradução livre). No original: "É un altro realismo, dunque, quello suggerito dalla difficile narrazione dei diritti. Per definirne i caratteri, giova ricorrere a una parola troppe volte rifiutata e usurata – rivoluzione. Seguendola, incontriamo le dinamiche che caratterizzano il presente e indicano il futuro. La 'rivoluzione dell'eguaglianza', mas davvero compiuta, l'eredità difficile, ma promessa inadempiuta del 'secolo breve', è oggi accompagnata dalla 'rivoluzione della dignità'. Insieme hanno dato vita a una nuova antropologia, che mette al centro l'autodeterminazione delle persone, la costruzione delle identità individuali e collettive, i nuovi d'intendere i legami sociali e le responsabilità pubbliche" (RODOTÀ, Stefano. *Il diritto di avere diritti*. Bari: Laterza, 2015. p. 14).

[50] "A dimensão dos direitos, então, não pode ser separada de uma consideração da materialidade das condições das pessoas, portanto, da comparação contínua entre a promessa de direitos e os efeitos que ela produz. (...) A solidez do quadro de princípios é a garantia de que sua concretização ocorra de acordo com a legalidade constitucional" (tradução livre). No original: "La dimensione dei diritti, quindi, non può essere disgiunta da una considerazione della materialità delle condizioni delle persone, dunque dal confronto continuo tra la promessa dei diritti e gli effetti che essa produce. (...) La saldezza del quadro dei principi è la garanzia che la loro concretizzazione avvenga in modo conforme alla legalità costituzionale" (RODOTÀ, Stefano. *Il diritto di avere diritti*. Bari: Laterza, 2015. p. 49).

Isso porque objetiva-se tutelar a "pessoa de carne e osso", com todas as suas vicissitudes e sem excluir a sua subjetividade.[52]

Assim, implica perceber a pessoa com as suas vontades e escolhas, inclusive de caráter existencial.[53]

---

[52] Retomando as ideias lançadas na sua clássica obra: RODOTÀ, Stefano. *Dal soggetto alla persona*. Napoli: Editoriale Scientifica, 2007).

[52] "Esse processo, entretanto, não leva à substituição de uma nova figura unitária, concluída em si mesma, em lugar da anterior. Por meio da referência à pessoa, diferentes figuras subjetivas, expressivas da condição humana, penetram na ordem jurídica e assumem relevância autônoma e, portanto, são carregadas à sua maneira com força subversiva, no sentido de que transferem as articulações e contradições da realidade para uma dimensão que, de qualquer forma, está formalizada. (...) Dessa forma, é apreendido um ponto de tensão entre igualdade e diversidade, com respeito ao qual a referência à pessoa se apresenta como um instrumento de reconhecimento e resolução ao mesmo tempo. Graças à multiplicação e à consolidação das referências normativas, confirma-se que agora estamos diante de uma verdadeira 'constitucionalização da pessoa'. E esta plena incorporação à ordem constitucional reverbera sobre as diversas formas pelas quais a pessoa se manifesta concretamente. Pode-se dizer que estamos passando da consideração kelseniana do sujeito como uma 'unidade personificada de normas', para a pessoa física resolvida em uma 'unidade de deveres e direitos', para a pessoa como uma maneira de recuperar plenamente a individualidade e identificar os valores fundadores do sistema, portanto, de uma noção que pregava a indiferença e a neutralidade a um ser humano que requer atenção à forma como o direito entra na vida, e assim atua como intermediário de um conjunto diferente de critérios de referência" (tradução livre). No original: "Questo processo, tuttavia, non porta alla sostituzione di una nuova figura unitaria, e in sé conclusa, al posto di quella precedente. Attraverso il riferimento alla persona penetrano nell'ordine giuridico, ed assumono autonoma rilevanza, figure soggettive diverse, espressive della condizione umana, e perciò cariche a loro modo di forza eversiva, nel senso che trasferiscono in una dimensione comunque formalizzata le articolazioni e le contraddizioni della realtà. (...) Se coglie così punto di tensione tra eguaglianza e diversità, rispetto al quale proprio il riferimento alla persona si presenta come strumento, a un tempo, di riconoscimento e di risoluzione. Grazie al moltiplicarsi e al consolidarsi dei riferimenti normativi si conferma che siamo ormai di fronte a una vera 'costituzionalizzazione della persona'. E questa piena assunzione nell'ordine costituzionale si riverbera sui diversi modi in cui concretamente la persona si manifesta. Si può dire che si passa dalla considerazione kelseniana del soggetto come 'unità personificata di norme', alla stessa persona fisica tutta risolta in 'unità di doveri e diritti', alla persona come vie per il recupero integrale dell'individualità e per l'identificazione dei valori fondativi del sistema, dunque da una nozione che predicava indifferenza e neutralità a una che impone attenzione per il modo in cui il diritto entra nella vita, e si fa così tramite di in diverso insieme di criteri di riferimento" (RODOTÀ, Stefano. *Il diritto di avere diritti*. 6. ed. Bari: Laterza, 2020. p. 153-154).

[53] "Não devemos, todavia, esquecer que a abstração do sujeito era indispensável para que a sociedade saísse dos status e assim se abrisse o caminho para o reconhe-

Esse proceder fará emergir um Direito que não se afaste da vida, mas que – ao contrário – nela penetre.[54]

Essa proposição sustenta que deve ser encontrada uma regulação que espelhe a vida concreta das pessoas,[55] mas sem limitar a sua autonomia; ao contrário, a regra deve garantir a sua autodeterminação.[56] Como afirma Daniel Sarmento, "a autonomia consiste no direito dos indivíduos fazerem as suas escolhas de vida

---

cimento da igualdade. A invenção do sujeito de direito, a instituição do homem como sujeito não apenas no mundo jurídico, permanecem entre os grandes êxitos da modernidade, cujas características e função histórica devem ser compreendidas. O que deve ser rejeitado é o uso político que pouco a pouco esterilizou a força histórica e teórica dessa invenção, reduzindo o sujeito a um esqueleto que isolou o indivíduo, separou-o de qualquer contexto, abstraindo das condições materiais. Por isso, era essencial empreender um caminho diferente. Daí a necessidade de retomar o fio partido da igualdade, subtraindo-a não dos benefícios de uma forma que continua a ser instrumento contra a institucionalização da discriminação, mas da indiferença à realidade do ser, criando assim novas hierarquias e novos abandonos com base na força política e na arrogância do mercado. Daí a necessidade de construir um contexto em que a liberdade e a igualdade pudessem retomar o diálogo depois das grandes tragédias do século XX. Daí a necessidade de fundamentos capazes de dar à igualdade a plenitude exigida da própria mudança dos tempos. Daí a necessidade de se deslocar do sujeito para a pessoa, entendendo esta como a categoria que melhor permite evidenciar a vida individual e sua imersão nas relações sociais. Assim, em última análise, uma nova antropologia, expressada através da constitucionalização da pessoa" (RODOTÀ, Stefano. A antropologia do *homo dignus*. Trad. Maria Celina Bodin de Moraes. *Civilistica.com*, Rio de Janeiro, n. 2, ano 6, jan.-mar. 2017. p. 4-5. Disponível em: https://civilistica.com/wp-content/uploads1/2018/01/Rodot%C3%A0-Tradução de-Bodin-de-Moraes-civilistica.com--a.6.n.2.2017-2.pdf. Acesso em: 09.07.2021).

[54] Paolo Grossi afirma que o direito criou muralhas impenetráveis que o separaram da realidade concreta: "As paredes impenetráveis erguidas entre o mundo dos fatos e o do direito ruíram definitivamente; a realidade se enfurece; com a consequência natural que a linearidade da velha paisagem jurídica se torna confusa, complicada, se quisermos até desordenada" (tradução livre). No original: "Sono definitivamente crollate le muraglie impenetrabili erette tra il mondo dei fatti e quello del diritto; la fattualità imperversa; con la naturale conseguenza che la linearità del vecchio paesaggio giuridico diventa confusa, complicata, se vogliamo anche disordinata" (GROSSI, Paolo. *Ritorno al diritto*. Bari: Laterza, 2019. p. 28).

[55] Bandeira erguida insistentemente tanto por Paulo Grossi como por Stefano Rodotà, em várias de suas obras, dentre as quais as citadas neste capítulo.

[56] "A dignidade da pessoa humana envolve o reconhecimento do direito à autonomia das pessoas. (...) A premissa básica, em ambos os casos, é a de que as pessoas devem ser tratadas como agentes, capazes de tomar decisões e com o direito de fazê-lo" (SARMENTO, Daniel. *Dignidade da pessoa humana*: conteúdo, trajetórias e metodologia. Belo Horizonte: Fórum, 2016. p. 328).

e de agirem de acordo com elas (autonomia privada)".[57] As leis devem servir como um dique de preservação do espaço interno de deliberação individual, evitando criar regras imperativas e imutáveis que inviabilizem escolhas.[58]

A proposta leva em consideração os direitos fundamentais, que foram imantados com a pessoa humana justamente para servirem de defesa contra arbítrios.[59] No entanto, ter em mente apenas uma noção abstrata de dignidade poderá se constituir em outra forma de opressão.[60] Esse risco desponta latente quando questionamos alguns aspectos de indisponibilidade nos direitos da personalidade e familiares.

Rodotà destaca que não ignora a necessidade de colocação dos jusfundamentais em um patamar de "indecidibilidade", núcleos que seriam inegociáveis pela política, o que leva à sua noção de indisponibilidade. Essa edificação tem como meta servir de duplo limite, ao próprio direito e às pessoas, proteção que ainda se mostra necessária e acertada. Entretanto, mesmo a partir dessas premissas, é possível pensar em um direito que possa garantir a realização da autodeterminação das pessoas:

> É aqui que entra a questão dos direitos fundamentais. Eles não representam meramente um fortalecimento da apuração jurídica de indivíduos e grupos. Eles identificam um fundamento do sistema político-institucional, um conjunto de fins não negociáveis, nem entre as forças políticas, por meio de procedimentos legislativos ordinários e aprimorados (como a revisão constitucional), nem pelos titulares desses direitos, que não podem reduzir seu alcance, mesmo que acreditem que isso seja de seu interesse. Os direitos fundamentais se apresentam assim como intocáveis e indisponíveis, confiados a uma área de "indecidibilidade". Eles expressam uma dupla limitação, que coloca o direito sobre si mesmo e sobre a generalidade dos cidadãos. Eles incorporam assim uma "causa final", cuja realização se torna uma condição para a legitimidade do sistema e, portanto, um filtro necessário no que diz respeito à realização de outros fins, devolvendo ao

---

[57] SARMENTO, Daniel. *Dignidade da pessoa humana*: conteúdo, trajetórias e metodologia. Belo Horizonte: Fórum, 2016. p. 328.

[58] RODOTÀ, Stefano. *La vita e le regole*: tra diritto e non diritto. Milano: Feltrinelli, 2009. p. 27.

[59] RODOTÀ, Stefano. *La vita e le regole*: tra diritto e non diritto. Milano: Feltrinelli, 2009. p. 28.

[60] "Embora a proteção de autonomia não seja absoluta, não se deve interpretar a dignidade humana como veículo para a heteronomia. Dignidade é liberdade e empoderamento da pessoa e não heteronomia" (SARMENTO, Daniel. *Dignidade da pessoa humana*: conteúdo, trajetórias e metodologia. Belo Horizonte: Fórum, 2016. p. 330).

direito essa capacidade de governança social e às pessoas esse espaço de autonomia de outra forma aniquilada pela técnica.[61]

A ideia de constitucionalização da pessoa[62] parte da reverência aos direitos fundamentais, os quais devem balizar essa reconstrução do Direito, mas sem fulminar os espaços de escolhas individuais.[63] A partir dessa perspectiva, o próprio Rodotà sugere outra ótica para compreensão da indisponibilidade, destacando que ela deve objetivar, sobretudo, a troca mercantil e os riscos do mercado, mas não fulminar as opções de escolhas pessoais que cada um necessita para viver na sociedade.

---

[61] Tradução livre. No original: "La questione dei diritti fondamentali si colloca proprio qui. Esse non rappresentano soltanto un rafforzamento dell'"attrezzatura' giuridica di singoli e gruppi. Individuano un fondamento del sistema politico-istituzionale, un insieme di fini non negoziabili né tra le forze politiche, attraverso procedure legislative ordinarie e rafforzate (come la revisione costituzionale), né da parte delle persone titolari di tali diritti, che non possono ridurne la portata neppure se reputano che ciò sia conforme a un loro interesse. I diritti fondamentali se presentano così come inscalfibili e indisponibile, affidati a un'area di 'indecidibilità'. Esprimono un duplice limite, che il diritto pone a sé stesso e alla generalità dei cittadini. Incarno così una 'causa finale', la cui realizzazione diviene condizione di legittimità del sistema e, quindi, filtro necessario rispetto alla realizzazione di altri fini, restituendo al diritto quella capacità di governo sociale e alle persone quello spazio di autonomia altrimenti annichiliti dalla potenza della tecnica" (RODOTÀ, Stefano. *La vita e le regole*: tra diritto e non diritto. Milano: Feltrinelli, 2009. p. 36).

[62] "Falar em 'constitucionalização' da pessoa, então, não é recorrer a uma fórmula enfática. É a forma direta, e juridicamente mais intensa, de indicar um percurso antropológico que se desloca do burguês proprietário e contratante e aporta na pessoa considerada como tal, irredutível a qualquer coisa diversa, a partir do reconhecimento de sua individualidade, humanidade, dignidade social: medida dessa mesma forma, portanto, não uma pessoa presa por outras medidas – o mercado, a razão pública" (tradução livre). No original: "Parlare di 'costituzionalizzazione' della persona, allora, non è ricorrere a una formula enfatica. È il modo diretto, e giuridicamente più intenso, per indicare un tragitto antropologico che muove dal borghese proprietario e contrattante e approda a una persona considerata come tale, irriducibile a qualcosa di diverso, dal riconoscimento della sua individualità, umanità, dignità sociale: misura essa stessa del modo, dunque, non persona prigioniera di altre misure – il mercato, la ragion pubblica" (RODOTÀ, Stefano. *Il diritto di avere diritti*. Bari: Laterza, 2015. p. 9-10).

[63] Esse aspecto assume especial relevo quando da análise das escolhas nas relações pessoais e familiares: "No seio da família, são os seus integrantes que devem ditar o regramento próprio da convivência. Desta órbita interna, exsurgem disposições que farão com que a sociedade e o Estado respeitem e reconheçam tanto a família, enquanto unidade, como os seus membros individualmente" (PEREIRA, Rodrigo da Cunha. *Princípios fundamentais norteadores do direito de família*. 2. ed. São Paulo: Saraiva, 2012. p. 179).

Ao consignar direitos fundamentais à área do 'indecidível', e afirmando sua indivisibilidade, a intenção era, antes de tudo, excluir que seu núcleo duro pudesse ser considerado como um título legal permutável no mercado. (...) Por meio da recomposição unitária desses direitos em torno da pessoa, é assim identificada a área do que não pode estar no mercado. Os direitos fundamentais protegem a vida, que não pode ser atraída ao mundo das mercadorias em nenhuma de suas manifestações. (...) **A indisponibilidade, portanto, deve referir-se, acima de tudo, ao intercâmbio mercantil, e não às atividades e escolhas que dizem respeito aos vínculos sociais**.[64] (grifo nosso)

Desse modo, fora da lógica de mercado, as eventuais restrições de indisponibilidade devem ser coerentes com o quadro constitucional, sempre com o escopo voltado precipuamente para a garantia da sua liberdade existencial.[65] Logo, nas questões patrimoniais pessoais e familiares, portanto, fora da troca mercantil, deve sempre prevalecer um espectro de livre escolha.

---

[64] Tradução livre. No original: "Consegnando i diritti fondamentali all'area dell'indecidibile, e affermandone l'indivisibilità, si è voluto in primo luogo escludere che il loro nucleo duro possa essere considerato come un titolo giuridico scambiabile sul mercato. (...) Attraverso la ricomposizione unitaria dei diritti tali intorno alla persona si giunge così a individuare l'area di ciò che non può stare nel mercato. I diritti fondamentali si pongono a presidio della vita, che in nessuna sua manifestazione può esse attratta nel mondo delle merci. (...) *L'indisponibilità, quindi, deve essere soprattutto riferita allo scambio mercantile, non alle attività e alle scelte che attengono al legame sociali*" (RODOTÀ, Stefano. *La vita e le regole*: tra diritto e non diritto. Milano: Feltrinelli, 2009. p. 37-38 (grifo nosso)).

[65] "Em essência, trata-se de estabelecer o alcance da autonomia individual nessas matérias, começando por distinguir as situações em que a qualidade mínima de existência está em jogo daquelas em que o aspecto econômico está presente como secundário, subordinado como está a dar espaço a outros valores. A inviolabilidade da dignidade humana, proclamada na abertura da Constituição alemã e da Carta dos Direitos Fundamentais da União Europeia, é uma garantia que impede que qualquer pessoa, mesmo a pessoa interessada, reduza seu significado e alcance. A liberdade e a dignidade pertencem à esfera do que não é negociável, é colocada fora do mercado" (tradução livre). No original: "Si tratta di stabilire, in sostanza, quale sia l'ambito della autonomia individuale in queste materie, cominciando con il distinguere le situazioni nelle quali è in gioco la qualità minima dell'esistenza da quelle in cui l'aspetto economico se presente come secondario, subordinato comè all'interno di dar spazio ad altri valori. L'inviolabilità della dignità umana, proclamata in apertura della Costituzione tedesca e dalla Carta dei diritti fondamentali dell'Unione Europea, è garanzia che preclude a chiunque, fosse pure lo stesso interessato, di ridurne il significato e la portata. Libertà e dignità appartengono alla sfera di quel che non è negoziabile, **è** posto fuori del mercato" (RODOTÀ, Stefano. *La vita e le regole*: tra diritto e non diritto. Milano: Feltrinelli, 2009. p. 29).

Em outras palavras, a ausência do Direito pode ser nefasta, sendo reco-mendável a adoção de uma estratégia institucional que vise mantê-lo, a fim de preservar a autodeterminação das pessoas.[66] Assim, a busca deve ser por uma medida adequada para o Direito do presente,[67] tendo como escopo ser um lugar do homem, de aprendizagem, humilde e disponível, e não mais de imposições insustentáveis.[68]

Essas proposições são harmoniosas com a dimensão funcional fulcrada na(s) liberdade(s) defendida(s) por Carlos Eduardo Pianovski Ruzyk, a(s) qual(is) também foi/foram adotada(s) como chave(s) de compreensão da temática em estudo.[69]

Na Constituição brasileira, encontramos muitos vetores que devem balizar a constitucionalização ora almejada: liberdade (art. 5º, *caput*); igualdade (art. 5º, *caput*); solidariedade (art. 3º, I); paternidade respon-sável (art. 226, § 7º); absoluta prioridade à criança, ao adolescente e ao jovem (art. 227, *caput*); acesso à Justiça (art. 5º, XXXV). Esses são alguns dos princípios que podem atuar no momento da filtragem constitucional da indisponibilidade dos direitos, sendo, desse modo, merecedores de especial atenção.

Esse ferramental teórico desvela, de plano, que não se mostra razoa-velmente aceitável persistir na simplória classificação de todo o direito de família como indisponível.

O repensar da regulação jurídica, a partir da pessoa concreta e da sua dimensão de autodeterminação, faz emergir – quase automaticamente – a questão de quais searas do direito devem (ou não) ser cobertas pelo véu da indisponibilidade. Atentar para espaços de direito com menos intervenção, tendo como perspectiva a constitucionalização dos institutos, a partir da pessoa concreta, será o farol que orientará o restante desta jornada na busca pela atual dimensão funcional constitucionalizada da indisponibilidade. An-corado nessas premissas é que se trilhará o caminho restante, perpassando pelos princípios da liberdade e do acesso à Justiça.

---

[66] "Os direitos fundamentais são associados ao valor da 'liberdade' no sentido de au-todeterminação do indivíduo, imune a qualquer constrição estatal" (BINENBOJM, Gustavo. *Liberdade igual*. Rio de Janeiro: História Real, 2020. p. 15).

[67] GROSSI, Paolo. *Ritorno al diritto*. Bari: Laterza, 2019. p. XIV.

[68] RODOTÀ, Stefano. *La vita e le regole*: tra diritto e non diritto. Milano: Feltrinelli, 2009. p. 72.

[69] RUZYK, Carlos Eduardo Pianovski. *Institutos fundamentais de direito civil e liberdade(s)*: repensando a dimensão funcional do contrato, da propriedade e da família. Rio de Janeiro: GZ, 2011. p. 271-273.

Como um dos vetores desta obra é o encontro de um incremento de liberdade, a seguir será dada especial atenção a esse princípio constitucional.

2.3 PRINCÍPIO DA LIBERDADE: PERFIS E ATUAIS CONTORNOS DA AUTONOMIA PRIVADA

A nossa Constituição confere um papel central para a liberdade no seu rol de princípios,[70] o qual deve se espraiar para todo o sistema jurídico, inclusive no direito privado.[71] Historicamente, sustenta-se a existência de uma ambiência social, que pode ser vista como de uma espacialidade privada em interlocução com uma espacialidade pública, sendo ambas permeadas pela liberdade.[72]

O incremento do entendimento sobre a liberdade demonstrou que a sua compreensão não pode se resumir ao seu aspecto negativo, no sentido de implicar uma abstenção do Estado, visto que esse aspecto seria apenas um dos seus perfis. Emergiu o conceito de liberdade positiva "como a capacidade real do agente autodeterminar a sua conduta".[73]

A partir de estudos apresentados na metade do século XX, Isaiah Berlin foi um dos autores que constatou que a liberdade possui também uma dimensão positiva, a qual vai além do sentido negativo que lhe era conferido (absenteísta). Na sua obra, o autor demonstra que o aspecto negativo de ausência de coerção (abstinência) pode ser deveras limitado para dar conta de todo o conteúdo da liberdade. Berlin desvela uma segunda dimensão do princípio, que envolve a possibilidade efetiva de as pessoas tomarem decisões atinentes à sua vida, sendo sujeitos e não objetos, o que descreve como dimensão positiva da liberdade:

> O sentido "positivo" da palavra "liberdade" tem origem no desejo do indivíduo de ser seu próprio amo e senhor. Quero que minha vida e

---

[70] Art. 5º da CF/1988.

[71] "No caso brasileiro, a liberdade é protegida na constituição em diversos dispositivos. Seguindo a tipologia de José Afonso da Silva, podemos classificar os direitos da liberdade em: (i) da pessoa física: locomoção e circulação; (ii) de pensamento: opinião, religião, informação, artística, comunicação do conhecimento; (iii) de expressão coletiva: reunião e associação; (iv) de ação profissional: livre escolha e exercício do trabalho, profissão e ofício; (v) de conteúdo econômico e social: livre iniciativa e livre comércio" (CÂMARA, Heloísa Fernandes et al. *Fundamentos de direito constitucional*: novos horizontes brasileiros. Salvador: Juspodivm, 2021. p. 263).

[72] CARBONNIER, Jean. *Flessibile diritto*: per una sociologia del diritto senza rigore. Milano: Giuffrè, 1997. p. 240.

[73] SARMENTO, Daniel. *Dignidade da pessoa humana*: conteúdo, trajetórias e metodologia. Belo Horizonte: Fórum, 2016. p. 153.

minhas decisões dependam de mim mesmo e não de forças externas de qualquer tipo. Quero ser instrumento de mim mesmo e não dos atos de vontade dos outros homens. Quero ser sujeito e não objeto, ser movido por razões, por propósitos conscientes que sejam meus, não por causas que me afetem, por assim dizer, a partir de fora.[74]

Apesar disso, Berlin criticou duramente a perspectiva de liberdade positiva, pois ela poderia ser incompatível com o pluralismo e até mesmo permitiria justificar posturas autoritárias. A crítica e a preocupação não merecem acolhida, pois, como anota Daniel Sarmento: "não vislumbro qualquer autoritarismo na ideia de liberdade positiva. O conceito teria vezo autoritário se fosse concebido como a exigência de comportamento humano pautado exclusivamente pela razão",[75] o que não se confirma e não prevalece.[76]

A liberdade positiva vem ganhando relevo nas últimas décadas, sendo conectada com a autodeterminação das pessoas, o que a aproxima da ideia de autonomia e exercício efetivo de escolhas, sustentáculo que permeia o fio condutor desta obra, pois a "autonomia deve ser compreendida como liberdade positiva, e não apenas negativa".[77]

A assimilação também da dimensão positiva da liberdade é de especial relevo para a regulação das relações familiares, pois as pessoas devem ter efetivas[78] opções

---

[74] BERLIN, Isaiah. *Quatro ensaios sobre a liberdade*. Trad. Wamberto Hudson Ferreira. Brasília: Editora UnB, 1981. p. 142.

[75] SARMENTO, Daniel. *Dignidade da pessoa humana*: conteúdo, trajetórias e metodologia. Belo Horizonte: Fórum, 2016. p. 153.

[76] "(...) o foco estritamente racional, além de não compadecer com a natureza da pessoa concreta, despreza indevidamente os sentimentos e os desejos do corpo, que são também profundamente humanos e merecedores de respeito" (SARMENTO, Daniel. *Dignidade da pessoa humana*: conteúdo, trajetórias e metodologia. Belo Horizonte: Fórum, 2016. p. 153).

[77] Palavras de Daniel Sarmento, que prossegue: "A liberdade negativa consiste na ausência de impedimento externo à ação do agente. Já a liberdade positiva, em sua melhor leitura, corresponde à possibilidade real de o agente decidir e agir em conformidade com a sua escolha. A liberdade positiva pressupõe que, além da ausência de constrangimentos, existam também as condições materiais e culturais apropriadas para que cada pessoa possa se autodeterminar" (SARMENTO, Daniel. *Dignidade da pessoa humana*: conteúdo, trajetórias e metodologia. Belo Horizonte: Fórum, 2016. p. 328).

[78] Para Amartya Sen, "a visão da liberdade aqui adotada envolve tanto os processos que permitam a liberdade de ações e decisões como as oportunidades reais que as pessoas têm, dadas as suas circunstâncias pessoais e sociais" (SEN, Amartya. *Desenvolvimento como liberdade*. Trad. Laura Teixeira Motta. São Paulo: Companhia das Letras, 2000. p. 31).

para que possam colocar em prática o seu projeto de vida.[79] A autodeterminação está atrelada à dimensão positiva da liberdade, o que demonstra a sua relevância na compreensão das escolhas relativas ao modo de vida, pessoal e em família. A liberdade positiva, portanto, relaciona-se com o que está efetivamente disponível para os particulares.

Oscar e Mary Handlin são outros que contribuíram para essa compreensão plural da liberdade, com importante obra publicada na década de 1960, na qual asseveram a "imperfeição do conceito de liberdade como simples negação de restrições externas. É essencial uma concepção mais ampla para o estudo da complexidade do problema".[80] A partir de tais pressupostos, concluem destacando a necessidade da compreensão da liberdade nas suas diversas dimensões.

Em contributo a essa perspectiva, Luigi Ferri desenvolve sua teoria demonstrando a autonomia privada também como um poder, o qual – aliado à teoria do negócio jurídico – poderia ser configurado como um poder dado aos particulares para criarem as suas normas.[81] Esse aporte contribuirá para

---

[79] "A dimensão dos direitos, entretanto, nos parece fundamental e extremamente frágil, perenemente minada por restaurações e repressões, visando cancelar ou limitar o conjunto de instrumentos que deveriam garantir ao cidadão as maiores possibilidades de desenvolvimento autônomo" (tradução livre). No original: "La dimensioni dei diritti, però, ci appare al tempo stesso fondativa e fragilissima, perennemente insidiata della restaurazioni e repressioni, tese a cancellare o limitare proprio l'insieme degli strumenti che dovrebbero garantire al cittadino le massime possibilità di sviluppo autonomo" (RODOTÀ, Stefano. *Il diritto di avere diritti*. 6. ed. Bari: Laterza, 2020. p. 42).

[80] HANDLIN, Oscar; HANDLIN, Mary. *As dimensões da liberdade*. Trad. Edilson Alkmin Cunha. Rio de Janeiro: Editora Fundo de Cultura, 1961. p. 25.

[81] "Em minha opinião, a autonomia privada não é apenas liberdade ou um aspecto dela, nem é apenas legalidade ou faculdade, ou seja, liberdade que se move dentro do âmbito do direito, dentro dos limites por ele fixados. Esta última concepção representa um passo à frente no que diz respeito à ideia de autonomia como mera liberdade, mas ainda não destaca a essência do fenômeno. O negócio jurídico não é o resultado do exercício de uma faculdade, ou seja, de agir legalmente de acordo com a lei, ou melhor, não é apenas o resultado de fazê-lo, mas é antes de tudo o resultado do exercício de um poder ou de uma potência. E a autonomia privada é identificada com esse poder ou potência. Poder para produzir efeitos jurídicos e produzi-los da única maneira possível: isto é, com a posição (ou modificação ou revogação) de uma norma jurídica" (tradução livre). No original: "A mio avviso l'autonomia privata non è solo la libertà o un aspetto di questa, e non è neppure solo liceità o facoltà, cioè libertà che si muove nell'ambito del diritto, entro o limiti di esso fissati. Questa ultima concezione rappresenta un passo avanti rispetto all'idea dell'autonomia come mera libertà, ma ancora non mette in luce l'essenza del fenomeno. Il negozio giuridico non

a leitura jurídica do princípio da liberdade, pois esse poder compõe uma dimensão específica que merece destaque no campo do direito privado.

Essa ambiência demonstra que a liberdade não pode ficar restrita ao seu aspecto formal, discursivo, de mera constância nos estatutos jurídicos, sendo este apenas o seu perfil formal.

A relevância que lhe é inerente exige que ela seja percebida na realidade concreta, na vida real das pessoas, com efetividade, em uma perspectiva de ampliação das escolhas, visto que somente assim se atenderá a sua dimensão substancial.[82]

A amplitude, atualmente conferida ao princípio da liberdade, faz transparecer as suas diversas dimensões: formal, material, positiva e negativa. Dessa forma, a partir dessa compreensão, o direito privado deve traduzir os seus conceitos, as suas estruturas e as suas funções. Em outros termos, a liberdade contemporânea não é mais apenas negativa, como se pensava outrora, mas, hoje, é também positiva; do mesmo modo, a atual compreensão jurídica de liberdade não se contenta mais apenas com o seu aspecto formal, devendo ser também substancial.[83]

Outro aspecto relevante diz respeito à necessidade de existência de condições sociais e materiais[84] que permitam um efetivo exercício da liberdade,

---

è il risultato dell'esercizio di una facoltà, cioè di un agire lecito secondo il diritto o, meglio, non è soltanto il risultato di ciò, ma è prima di tutto il risultato dell'esercizio di un potere o di una potestà. E l'autonomia privata si identifica con questo potere o potestà. Podere di produrre effetti giuridici e di produrli nell'unico modo possibile: cioè con la posizione (o modificazione o abrogazione) di una norma giuridica" (FERRI, Luigi. Nozione giuridica di autonomia privata. *Rivista Trimestrale di Diritto e Procedura Civile*, Milano, anno XI, 1957. p. 139).

[82] "Integra também os possíveis perfis de liberdade aquilo que aqui já se denominou de liberdade substancial, ou, como preferimos denominar, liberdade como efetividade. Trata-se não apenas na possibilidade abstrata de fazer escolhas, como também a possibilidade efetiva de se fazer o que se valoriza, o que implica tanto a não coerção de outros indivíduos ou do grupo quanto, sobretudo, as condições materiais para que as escolhas não sejam realizadas. Mais que isso: trata-se de ampliar as possibilidades reais de escolhas e o próprio espaço daquilo que se pode valorizar" (RUZYK, Carlos Eduardo Pianovski. *Institutos fundamentais de direito civil e liberdade(s)*: repensando a dimensão funcional do contrato, da propriedade e da família. Rio de Janeiro: GZ, 2011. p. 214).

[83] Para ler mais sobre o percurso histórico da liberdade, sugerimos a coleção de Flávio Pansieri: PANSIERI, Flávio. *Liberdade da antiguidade ao medievo*. Belo Horizonte: Fórum, 2018. v. I-IV.

[84] "Assim, as condições para o exercício da liberdade positiva não são apenas materiais, mas também culturais. A garantia da liberdade positiva demanda a atuação no âmbito sociocultural para fomentar o desenvolvimento de um *ethos* inclusivo e

na esteira das lições de Amartya Sen.[85] A dimensão funcional contemporânea da indisponibilidade dos direitos deve ser desenhada dentro dessa moldura estabelecida pelas diversas dimensões da liberdade.

Ainda, na compreensão da liberdade, outro aporte que merece destaque é a sua distinção da tradicional categoria da autonomia privada, embora com ela guarde uma relação de proximidade. Após longo estudo sobre a temática, Ana Prata afirma que "não só a autonomia privada (no sentido jurídico e, portanto, econômico) e liberdade não são conceitos confundíveis, como são, em grande medida, conceitos antinômicos".[86] A autora portuguesa demonstra que a autonomia privada tem forte origem econômica e empresarial, conceitualmente vinculada ao direito de propriedade, refletindo, portanto, apenas uma esfera da liberdade, pois "a autonomia privada não designa toda a liberdade, nem toda a liberdade privada, nem sequer toda a liberdade jurídica privada, mas apenas um aspecto desta última: a liberdade negocial".[87]

A comprovação de que a autonomia privada se refere a apenas uma das dimensões da liberdade é de vital importância para o direito de família, que, muitas vezes, lida com situações que escapam à perspectiva reducionista da autonomia privada. O direito pessoal de família não goza, na maioria das vezes, de um caráter econômico, o que o afasta da perspectiva clássica de autonomia privada. Forte nessas premissas, a mais recente doutrina vem discorrendo sobre essa liberdade plural, pois, como sugere Carlos Pianovski Ruzyk:

> Em uma sociedade plural, parece mais adequado falar-se em liberdade(s) do que em liberdade, como contraposição às pretensões totalizantes ou àqueles que tentam identificar em um único perfil da liberdade (sobretudo na negativa e formal) o que seria o verdadeiro "ser livre". O pluralismo que emerge da realidade não se compraz de uma dialeticidade do "fim da história", mas, ao contrário, está na seara de uma dialeticidade em que a superação de uma dada contradição não se pretende a eliminação de opostos, mas a construção do novo que não deixa de contar, em si, porque plural, novas contradições. É à luz dessas premissas que se identifica a

---

liberal" (SARMENTO, Daniel. *Dignidade da pessoa humana*: conteúdo, trajetórias e metodologia. Belo Horizonte: Fórum, 2016. p. 157).

[85] SEN, Amartya. *Desenvolvimento como liberdade*. Trad. Laura Teixeira Motta. São Paulo: Companhia das Letras, 2000. p. 46.

[86] PRATA, Ana. *A tutela constitucional da autonomia privada*. Coimbra: Almedina, 1982. p. 77.

[87] PRATA, Ana. *A tutela constitucional da autonomia privada*. Coimbra: Almedina, 1982. p. 13.

possibilidade de se pensar em uma fundamentação funcional do Direito Civil fundada em um conceito plural de liberdade.[88]

Como as relações familiares envolvem direitos pessoais e patrimoniais, é a liberdade que melhor orienta a temática (e não apenas a noção de autonomia privada). Ao mesmo tempo, adota-se, preferencialmente, a sua compreensão plural: liberdades. Estas são, portanto, duas opções metodológicas e terminológicas que serão adotadas no decorrer deste livro.

A partir dessa perspectiva plural de liberdades é que deve ser apurada a noção contemporânea de indisponibilidade dos direitos, já que, como não poderia deixar de ser, essas dimensões não foram levadas em consideração quando da conceituação originária dessa figura jurídica (em razão de sua formação datar de um momento histórico anterior àquele em que tal amplitude foi conferida para a liberdade). É possível dizer que o recente incremento do discurso jurídico das liberdades passa a exigir uma revisitação do conceito jurídico clássico da indisponibilidade.

A compreensão hodierna das liberdades recomenda que se mantenham opções de escolhas pelas pessoas, o que deve ser levado em conta no momento da ressignificação da indisponibilidade. Como visto, um sentido forte de indisponibilidade certamente reduz escolhas, já um sentido fraco aumenta as possibilidades de ofertas. Assim, a diretriz assumida será a de um sentido tênue de indisponibilidade dos direitos, conforme se detalhará na parte final da obra.

A diversidade que pulsa na sociedade exige que seja ofertada a maior quantidade de escolhas possíveis para que as pessoas elejam o que melhor lhes aprouver no encaminhamento das suas questões existenciais e patrimoniais.[89]

---

[88] RUZYK, Carlos Eduardo Pianovski. *Institutos fundamentais de direito civil e liberdade(s)*: repensando a dimensão funcional do contrato, da propriedade e da família. Rio de Janeiro: GZ, 2011. p. 203.

[89] "O homem está condenado à liberdade. Lançado no mundo sem um manual de instruções que explique quem é, o que faz aqui e o sentido da vida, ele se depara com esta inexorável contradição: é absolutamente livre para escolher o projeto que desejar; porém o responsável por suas escolhas, carrega o fardo de ter que inventar a si mesmo. Mais do que uma decisão meramente individual, a escolha acaba tendo sempre um compromisso para com os outros, uma pretensão universalizante. Ser livre é escolher para si e, em certa medida, também para os outros, de maneira compartilhada. Portanto, a liberdade – entendida como possibilidade de definir o próprio destino – é o atributo essencial da condição humana, que nos une e iguala numa empreitada coletiva" (BINENBOJM, Gustavo. *Liberdade igual*. Rio de Janeiro: História Real, 2020. p. 13-14).

A complexidade[90] inerente ao líquido cenário contemporâneo desafia a sua regulação e, em vista disso, não recomenda que se restrinjam opções ou que elas sejam exercidas de antemão pelo legislador.[91]

Ressalta-se que, logicamente, essa compreensão não sugere um novo *laissez-faire*. Como não poderia deixar de ser, restrições de liberdades estão adequadamente presentes em nosso sistema, como as que visam proteger vulneráveis,[92] mas essas limitações devem estar previstas legalmente, pois implicam restrições de liberdade(s). *A priori*, as condições de vulnerabilidade[93] presentes nas relações familiares já foram traçadas pelo legislador, cabendo seguir essa orientação (ex.: quando envolverem crianças e adolescentes, pessoas com deficiência, pessoas idosas).

O maior ou menor grau de restrições afeitas aos institutos de direito de família irá variar de acordo com a situação jurídica que se está a apreciar.[94] Por exemplo, na convivência familiar, desenvolvem-se relações de conjugalidade (entre os cônjuges ou companheiros) e de parentalidade (entre os demais integrantes, especialmente as de filiação e parentesco). Essa distinção auxilia na percepção de que uma eventual intervenção restritiva de direitos deve ser

---

[90] BAUMAN, Zygmunt. *Modernidade líquida*. Trad. Plínio Dentzien. Rio de Janeiro: Zahar, 2001. p. 100.

[91] "Direito flexível! Para amá-lo, é necessário começar colocando-o nu. O seu rigor, ele tinha apenas por afetação ou impostura" (tradução livre). No original: "Flessibile diritto! Per amarlo, bisogna cominciare col metterlo a nudo. Il suo rigore, non l'aveva che per affettazione o impostura" (CARBONNIER, Jean. *Flessibile diritto*: per una sociologia del diritto senza rigore. Milano: Giuffrè, 1997. p. 4).

[92] Exemplos evidentes são os que envolvem a prevalência da proteção do interesse das crianças e dos adolescentes, das pessoas idosas e das pessoas com deficiência (PEREIRA COELHO, Francisco; OLIVEIRA, Guilherme de. *Curso de Direito de Família*. 4. ed. Coimbra: Coimbra Editora, 2008. v. 1. p. 101).

[93] "É esse estado de coisas que permite reconhecer no direito privado contemporâneo uma clara diretriz de proteção dos vulneráveis, como espécie do mandamento ético-jurídico que será concretizada tanto por leis protetivas, mas, sobretudo, pela atuação comprometida do jurista com a efetivação do princípio da dignidade da pessoa humana, mediante sua eficácia concreta também sobre as relações privadas" (MARQUES, Claudia Lima; MIRAGEM, Bruno. *O novo direito privado e a proteção dos vulneráveis*. São Paulo: Ed. RT, 2012. p. 108).

[94] O desafio que se apresenta "é a urgente necessidade de se pensar e refletir, dada a complexidade contemporânea, como o Direito se projetará nessa contemplação que entrevê as famílias na interlocução do público e do privado" (FACHIN, Luiz Edson. Famílias: entre o público e o privado – problematizando espacialidades à luz da fenomenologia paralática, *Revista Brasileira de Direito das Famílias e Sucessões*, Porto Alegre, v. 13, n. 23, p. 5-14, ago.-set. 2011).

menor nas situações de conjugalidade, admitindo-se uma maior limitação quando presente uma situação de parentalidade.[95] Em ambos os casos, o que merece destaque é que as restrições já foram traçadas pelo legislador constitucional e infraconstitucional, cabendo ao aplicador da norma apenas seguir tais determinações.

Consequentemente, a redefinição da indisponibilidade dos direitos familiares deve respeitar as balizas postas pela legislação, sem deixar de fazer prevalecer a diretriz de respeito às liberdades.

O direito de família brasileiro se estruturou nessa interlocução histórica entre o público e o privado,[96] de modo que, em suas linhas, é possível antever um *Estado ausente* em algumas situações, e um *Estado presente* em outras.[97]

---

[95] "Na conjugalidade, tal relação caracteriza-se atualmente por uma substancial aceitação das escolhas e da autonomia dos indivíduos, bem como pela renúncia à exigência e ao cumprimento coercitivo dos direitos e deveres entre os cônjuges. Na parentalidade, por outro lado, distingue-se pela ampliação, cada vez maior, das intervenções jurídicas nas relações da filiação, com vistas à proteção dos menores" (BODIN DE MORAES, Maria Celina. Danos morais em família? Conjugalidade, parentalidade e responsabilidade civil. *Na medida da pessoa humana*: estudos de direito civil-constitucional. Rio de Janeiro: Renovar, 2010. p. 447).

[96] "Tornou-se significativo da evolução do direito privado o facto de a solidariedade social não se ter circunscrito à limitação dos direitos privados pelo direito público, mas ter também começado a insinuar-se, através da jurisprudência, na concepção das relações contratuais intersubjectivas dos direitos patrimoniais e, sobretudo, do direito de propriedade, nas suas relações com outros particulares. (...) Com isto, coloca-se ao sistema de direito privado a questão de princípio de uma justificação das figuras centrais do direito subjectivo, da autonomia privada, do contrato, da propriedade e da liberdade de associação. *O carácter de estado de direito típico também do moderno estado social contém em si, de qualquer modo, uma opção prévia no sentido da concepção do direito privado também como sistema de esferas de liberdade e de limitações à liberdade.* E esta concepção é, de alguma forma, suficiente, sendo aí inviolavelmente mantida, em todos os domínios onde o exercício destes direitos não corresponde, ao mesmo tempo, a uma prova de poder social: deste modo no domínio dos direitos da personalidade, dos direitos patrimoniais e pessoais da família, da propriedade de uso, da formação de associações, domínios em que o exercício dos direitos não diz respeito a qualquer função social vital. *É, portanto, com boas razões que a jurisprudência, na protecção dos direitos da personalidade, atribui, em princípio, menos valor aos interesses de informação e de conservação da sociedade e não admite, na decisão sobre os direitos da personalidade e da família (como o poder parental), o ponto de vista dos interesses sociais directos (em oposição à legislação e aplicação dos países da Europa do Leste)*" (WIEACKER, Franz. *História do direito privado moderno*. 5. ed. Trad. António Manuel Hespanha. Lisboa: Calouste Gulbenkian, 1980. p. 719 (grifos nossos)).

[97] "Assim, propor a intervenção desmesurada do ente estatal na ambiência familiar, espaço onde deve ocorrer o livre desenvolvimento da personalidade humana, im-

Importa dar atenção para as fronteiras hodiernas entre os espaços de liberdade e de solidariedade,[98] a fim de constatar as restrições atinentes às relações familiares com a devida moderação e cautela, pois, muitas vezes, "o Estado brasileiro ainda se arroga a condição de tutor de seus cidadãos".[99]

Em decorrência dessa percepção, não parece sustentável, na atualidade, ver todo o direito de família como indisponível, como o faz parte da doutrina. Vislumbra-se uma alteração de sentido que merece ser posta em destaque.

Há um amplíssimo espaço de liberdades conferido pelo nosso sistema jurídico para as escolhas familiares,[100] cabendo respeitar os comandos legais restritivos quando presentes,[101] mas sem olvidar que a família deve ser o *foyer* da liberdade.

Ainda que existam, efetivamente, restrições específicas no trato dos temas familiares, remanesce um considerável campo para o exercício das liberdades, com o exercício de legítimas escolhas pelas pessoas.[102] Uma visão

---

porta inevitavelmente em aceder ao cerceamento da construção dessa personalidade própria das pessoas que pretendem se realizar, em coexistencialidade, naquele espaço familiar" (FACHIN, Luiz Edson. Famílias: entre o público e o privado – problematizando espacialidades à luz da fenomenologia paralática, *Revista Brasileira de Direito das Famílias e Sucessões*, Porto Alegre, v. 13, n. 23, p. 5-14, ago.-set. 2011).

[98] "Não é por acaso que a qualificação histórica da solidariedade como social se juntou, ou foi mesmo substituída, em tempos mais recentes por uma referência à solidariedade democrática" (tradução livre). No original: "Non a caso la storica qualificazione della solidarietà come sociale è stata Nei tempo più recenti affiancata, o addirittura sostituita, dal riferimento alla solidarietà democratica" (RODOTÀ, Stefano. *Solidarietà*: un'utopia necessaria. Bari: Laterza, 2014. p. 9).

[99] BINENBOJM, Gustavo. *Liberdade igual*. Rio de Janeiro: História Real, 2020. p. 18.

[100] "(...) a autonomia privada exerce-se largamente em matéria de Direito de Família" (ASCENSÃO, José de Oliveira. *Direito civil*. teoria geral. 3. ed. São Paulo: Saraiva, 2010 (Introdução. As pessoas. Os bens, v. 1). p. 13).

[101] Também, na regulação do contrato, encontram-se vértices de autonomia e de restrição, os quais coexistem: "Nesse contexto, acaba o contrato por mediar as forças do mercado, sendo o liame inegável entre a concorrência e o consumo, revelando-se os polos do produtor/fornecedor e do consumidor. O ajuste entre tais forças é que acaba por demonstrar o atual perfil do contrato na pós-modernidade, nem tanto livre, nem tanto dirigido" (NALIN, Paulo. *Do contrato*: conceito pós-moderno. Curitiba: Juruá, 2008. p. 124-125).

[102] Luís Roberto Barroso sustenta posição semelhante, a favor do respeito a escolhas pessoais legítimas, sob a ótica da dignidade da pessoa humana: "Para finalidades jurídicas, a dignidade pode ser dividida em três componentes: *valor intrínseco*, que se refere ao *status* especial do ser humano no mundo; *autonomia*, que expressa o direito de cada pessoa, como um ser moral e como um indivíduo livre e igual, tomar decisões e perseguir o seu próprio ideal de vida boa; e *valor comunitário*;

ampla e atual dos institutos familiares demonstra claramente espectros de disponibilidade, o que leva à proposta de uma inovadora ótica para o direito de família contemporâneo: considerá-lo *prima facie* disponível.

Permita-se a reiteração: não se ignora que há diversos limites inerentes aos temas jusfamiliares, tanto é que muitas restrições são traçadas pelas leis que regem a temática. Entretanto, ainda assim prevalece um vasto campo de liberdade para a regência das escolhas afeitas aos temas familiares – pessoais ou patrimoniais –, o qual não pode ser mitigado. Essa constatação deve ser levada em conta quando da adjetivação do direito de família como indisponível ou, então, como *prima facie* disponível, nos termos adotados por esta obra.

O discurso jurídico que sustentou o direito de família como indisponível soa como anacrônico na atualidade, estando em evidente ocaso, pois verte um paternalismo estatal que não tem mais espaço no atual quadro civil--constitucional brasileiro.

> Devem ser vistas com muitas reservas as restrições à liberdade de pessoas adultas e capazes, motivadas por razões paternalistas. O paternalismo visa a proteger a pessoa de si mesma e, no âmbito político, parte da premissa de que a relação entre o Estado e o cidadão se assemelha àquela existente entre o pai e seu filho. Ele infantiliza as pessoas, tratando-as como se não fossem capazes de tomar decisões sobre as suas próprias vidas. Excessos paternalistas afrontam a dignidade da pessoa humana.[103]

Assim, o depurar desse ranço paternalista permitirá perceber uma atual disponibilidade *prima facie* do direito de família, a qual se mostra constitucionalmente adequada e, certamente, mais apropriada aos desafios do presente e do futuro.

Essa perspectiva de ausência e presença, de liberdades e restrições, inequivocamente, refletirá nas proposições aqui defendidas. O sentido de indisponibilidade dos direitos que se pretende ressignificar variará de acordo com o maior ou menor grau de limitação que se perceba cabível (mais liber-

---

convencionalmente definido como a interferência social e estatal legítima na determinação dos limites da autonomia pessoal. Essa dimensão comunitária da dignidade humana deve estar sob escrutínio permanente e estrito, devido aos riscos de o moralismo e o paternalismo afetarem direitos e escolhas pessoais legítimas" (BARROSO, Luís Roberto. *A dignidade da pessoa humana no direito constitucional contemporâneo*: a construção de um conceito jurídico à luz da jurisprudência mundial. Belo Horizonte: Fórum, 2012. p. 112 (grifos nossos)).

[103] SARMENTO, Daniel. *Direitos fundamentais e relações privadas*. 2. ed. Rio de Janeiro: Lumens Juris, 2006. p. 329.

dade e autonomia resultam em uma maior disponibilidade; por outro lado, mais restrições fazem prevalecer uma maior indisponibilidade).[104]

O desafio é o encontro do equilíbrio desses vetores nas diversas situações jurídicas da atualidade, ou seja, um revitalizado coexistir dos princípios da liberdade e da solidariedade (cuja tensão acompanha o direito de família[105] no caminhar da história).[106] A compreensão da noção de alteridade[107] pode contribuir na busca por esse denominador comum. Ouve-se um clamor por um maior espaço para as pessoas exercerem as suas escolhas pessoais, o qual deve ser ouvido quando do trato dos institutos de direito de família.[108] Assim,

---

[104] "Por outro lado, é de capital importância assentar que as restrições à autonomia privada, numa ordem constitucional tão ciosa com o respeito à autonomia privada e à privacidade individuais, não podem ser movidas por propósitos perfeccionistas. Deve caber sempre às pessoas a eleição dos seus objetivos e planos de vida que têm de ser respeitados, desde que não violem direitos de terceiros. O papel do Estado é o de auxiliar na criação das condições necessárias para que cada um realize livremente as suas escolhas e possa agir de acordo com elas, e não o de orientar as vidas individuais para alguma direção que se repute mais adequada" (SARMENTO, Daniel. *Direitos fundamentais e relações privadas*. 2. ed. Rio de Janeiro: Lumens Juris, 2006. p. 157-158).

[105] "Isso é revelador da dialética a que a própria dimensão funcional da expressão jurídica da família se submete: é na tensão entre liberdade(s) e autoridade que se desenvolvem as prestações que a família pode oferecer aos seus integrantes quando se trata das relações entre pais e filhos" (RUZYK, Carlos Eduardo Pianovski. *Institutos fundamentais de direito civil e liberdade(s)*: repensando a dimensão funcional do contrato, da propriedade e da família. Rio de Janeiro: GZ, 2011. p. 325).

[106] "A tarefa doutrinária de hoje e a legislativa de amanhã têm encontrado seu campo de maior densidade quando o tema é o estabelecimento desta saudável convivência entre liberdade e solidariedade, exatamente na mensuração ou quantificação do peso de cada um destes valores, em cada caso concreto" (HIRONAKA, Giselda Maria Fernandes Novaes. Responsabilidade Civil: estado da arte no declínio do segundo milênio e alguns sabores de um novo tempo. In: NERY, Rosa Maria de Andrade; DONNINI, Rogério (org.). *Responsabilidade civil*: estudos em homenagem ao Professor Rui Geraldo Camargo Viana. São Paulo: Ed. RT, 2009. p. 193).

[107] LÉVINAS, Emmanuel. *Entre nós*: ensaios sobre alteridade. Trad. Pergentino Stefano Pivatto et al. 3. ed. Petrópolis: Vozes, 2004. p. 266-269.

[108] "A questão da autonomia privada no campo do estatuto patrimonial dos cônjuges tem por objeto a concreta possibilidade que lhes deve ser concedida de auto--regulamentarem as suas relações patrimoniais. Já tivemos ocasião de referir que, actualmente, a tendência geral é no sentido da aceitação de um exercício alargado da autonomia dos cônjuges. O reconhecimento da autonomia e liberdade da família implica que cada uma disponha de um sistema patrimonial particular, adaptado aos seus interesses e à sua situação específica. A autonomia privada dos cônjuges no campo da disciplina das suas relações patrimoniais decorre ainda do reconhecimento da

ao que tudo indica, o atual saldo dessa operação parece apontar para uma maior liberdade e, com isso, maior disponibilidade.

A reboque dessa redefinição emerge outra que lhe é diretamente correlata: a possibilidade de escolhas dentre as opções processuais e procedimentais ofertadas pelo nosso sistema. Também no Processo Civil se está a sustentar um maior espaço de deliberação para os litigantes, sendo crescentes as vozes que defendem uma maior disponibilidade processual. A compreensão disso perpassa pelo tema do acesso à Justiça, a nossa próxima paragem.

2.4 ACESSO À ORDEM JURÍDICA JUSTA E MODELO DE TUTELA DOS DIREITOS

Durante décadas, pairou uma aura de indisponibilidade também sobre os meios de solução de conflitos, com a justiça estatal de solução adjudicada sendo apresentada como a única alternativa possível aos litigantes.[109] Essa moldagem inicia com o Estado Moderno, tem um crescimento paulatino e acirra-se fortemente no segundo pós-guerra, após a difusão do Estado de bem-estar social. Até o último quarto do século XX, muitos países de *Civil Law* atrelaram a jurisdição com exclusividade aos entes estatais, com quase nenhuma opção aos jurisdicionados quanto ao método de solução do seu conflito.[110]

Nesse período, o processo judicial era caracterizado por uma presença forte do juiz na condução do feito, com poucas escolhas procedimentais ofertadas às partes no decorrer da demanda. Em outros termos, essa indisponibilidade processual possuía dois aspectos: o primeiro, relativo à impossibilidade de eleição de outro método de solução que não o Poder Judiciário; o segundo, a indicar que, no curso do processo judicial, restavam poucas opções às partes, com uma presença forte do juiz na condução do feito. Esse paradigma paternalista-estatal está arrefecendo.

Nos últimos anos, verifica-se que desponta um novo modelo, o qual prioriza e respeita uma maior liberdade das partes na condução dos seus

---

liberdade pessoal de cada um deles e da necessidade de tutelar a sua personalidade jurídica individual dentro da própria comunhão de vida, nesse sentido, significa o reconhecimento da sua legitimidade para determinar e regular o respectivo estatuto patrimonial" (XAVIER, Maria Rita Aranha da Gama Lobo. *Limites à autonomia privada na disciplina das relações patrimoniais entre os cônjuges.* Coimbra: Almedina, 2000. p. 495-496).

[109] A afirmação tem por base a realidade brasileira, mas se repete em grande parte dos países ocidentais de tradição romano-germânica.

[110] Para ler mais sobre esse percurso histórico: MENDONÇA, J. J. Florentino dos Santos. *Acesso equitativo ao direito e à Justiça.* São Paulo: Almedina, 2016.

conflitos, com uma maior disponibilidade também na esfera processual, em compreensão diversa da que se tinha até então.[111] Assim, há a defesa por uma maior autonomia do jurisdicionado, seja na eleição do método de solução da controvérsia, seja no curso de uma ação judicial.

Como se percebe, a indisponibilidade está causando desassossego também no Direito Processual Civil contemporâneo.[112]

> Partindo-se do pressuposto de que o Direito Processual é instrumento de liberdade (negá-lo impõe rejeitar a própria ciência processual), como tão bem concluiu Calamandrei, nada justifica a supressão da autonomia privada no processo promovida pelo movimento publicita-autoritário dos séculos XIX e XX. Houve um desvirtuamento das finalidades do processo e, paradoxalmente, um afastamento dos princípios e valores que regem o Direito Público. O processo passou a ser confundido com jurisdição, e de *instrumento* que deveria servir ao jurisdicionado, transformou-se em instrumento do Estado para o próprio Estado.[113]

Há uma defesa por maior liberdade na escolha do meio de equacionamento do conflito. Nesse sentido, um maior protagonismo das partes no encontro dessa deliberação final pode até mesmo contribuir para que elas percebam a sua parcela de responsabilidade no imbróglio em que estão envolvidas.[114]

A compreensão do acesso à Justiça associa-se com o movimento de revisitação dos meios tradicionais de equacionamento de conflitos, que parte de

---

[111] RAMINA DE LUCCA, Rodrigo. *Disponibilidade processual*: a liberdade das partes no processo. São Paulo: Ed. RT, 2019. p. 365.

[112] "A justiça Brasileira passa por uma relevante transformação paradigmática, muito em razão da incontida litigiosidade que assoberba o Poder Judiciário, mas também pela ineficiência do nosso sistema, dando causa a estudos e iniciativas em busca de soluções que tragam novas perspectivas ao Poder Judiciário. E uma das formas encontradas pelo legislador foi prestigiar atos de disposição das partes dentro do processo, democratizando a relação processual. (...) No direito estrangeiro, não foi diferente, sendo que diversos ordenamentos jurídicos, em maior ou menor escala, passaram por transformações no tocante ao papel das partes na condução do processo, o que inclui tanto os sistemas da *common law* quanto os da *civil law*" (CABRAL, Trícia Navarro Xavier. *Limites da liberdade processual*. Indaiatuba: Foco, 2019. p. 1-2).

[113] RAMINA DE LUCCA, Rodrigo. *Disponibilidade processual*: a liberdade das partes no processo. São Paulo: Ed. RT, 2019.

[114] SANCHES, Fernanda Karam de Chueiri. *A responsabilidade no direito de família brasileiro contemporâneo*: do jurídico à ética. Dissertação (Mestrado em Direito) – Universidade Federal do Paraná, Curitiba, 2013.

2 · FILTRAGEM FUNCIONAL E CONSTITUCIONAL | 111

uma percepção das atuais limitações da jurisdição estatal e, ao mesmo tempo, percebe um crescimento significativo das chamadas formas alternativas[115] de solução de litígios, portanto, configura o que está sendo chamado de uma *justiça multiportas* ou, então, de um verdadeiro sistema multiportas.[116]

Com uma precursora percepção dessa ambiência, Kazuo Watanabe recomenda uma nomenclatura atualizada para o sentido clássico de acesso à Justiça, o qual deve atualmente ser nominado como direito de acesso à ordem jurídica justa:

> A problemática do acesso à Justiça não pode ser estudada nos acanhados limites do acesso aos órgãos judiciais já existentes. Não se trata apenas de possibilitar o acesso à Justiça enquanto instituição estatal; e sim de viabilizar o *acesso à ordem jurídica justa.*[117]

Para o referido autor, a ótica que deve prevalecer é a do interesse do jurisdicionado, e não a do interesse do Estado, de modo que deve ser buscada a concretização de um direito substancial adequado à realidade brasileira. Essas seriam as diretrizes de uma leitura hodierna do acesso à Justiça.[118]

O movimento de acesso à Justiça, iniciado no final do século passado, resultou em um grande número de ações judiciais, entretanto, em muitos países, esse fenômeno acabou não sendo acompanhado por um equivalente

---

[115] Esclarece-se que, nesta obra, são utilizadas as expressões "métodos alternativos" e "métodos adequados" como sinônimos, com o reconhecimento de que a última se mostra mais apropriada.

[116] O termo *multi-door courthouse* foi introduzido por Frank Sander, professor emérito da Universidade de Harvard, em 1976: BURGER, Warren. *The Pound Conference*: perspectives on justice in the future. St. Paul: West Pub. Co., 1979.

[117] WATANABE, Kazuo. *Acesso à ordem jurídica justa (conceito atualizado de acesso à Justiça)*: processos coletivos e outros estudos. Belo Horizonte: Del Rey, 2019. p. 3.

[118] "Em conclusão: a) direito de acesso à Justiça é, fundamentalmente, direito de acesso à ordem jurídica justa; b) são dados elementares desse direito: (1) *o direito à informação e perfeito conhecimento do direito substancial e à organização de pesquisa permanente* a cargo de especialistas e orientada à aferição constante da adequação entre a ordem jurídica e a realidade socioeconômica do País; (2) *direito de acesso à Justiça adequadamente organizada e formada por juízes inseridos na realidade social e comprometidos com o objetivo de realização da ordem jurídica justa*; (3) *direito à preordenação dos instrumentos processuais capazes de promover a efetiva tutela de direitos*; (4) *direito à remoção de todos os obstáculos* que se anteponham ao acesso efetivo à Justiça com tais características" (WATANABE, Kazuo. *Acesso à ordem jurídica justa (conceito atualizado de acesso à Justiça)*: processos coletivos e outros estudos. Belo Horizonte: Del Rey, 2019. p. 10).

aumento dos órgãos judiciários.[119] Atualmente, grande parte dos Estados contemporâneos não possui recursos para equacionar esse volume de demandas apenas por intermédio dos meios tradicionais de jurisdição estatal (em razão do alto custo que isso envolveria).[120]

Recentes dados estatísticos demonstram que a Justiça pública brasileira tem um elevadíssimo número de processos,[121] quantidade incompatível com a estrutura atualmente existente, bem como comprovam que os feitos judiciais contenciosos costumam tramitar durante anos.[122]

Esse trâmite se estende até que se encontre uma final solução.[123] O elevado custo, comparando-se os cofres da realidade econômica brasileira aos resultados apresentados, também passa a ser objeto de questionamentos.[124] Esse panorama incentiva um repensar sobre a nossa forma de acertamento

---

[119] CAPPELLETTI, Mauro; GARTH, Bryant. *Acesso à Justiça*. Trad. Ellen Gracie Northfleet. Porto Alegre: Sergio Antonio Fabris Editor, 1988.

[120] Atualmente, o gasto brasileiro com o Poder Judiciário chega a 1,6% do PIB (Produto Interno Bruto), o que é quatro vezes a média internacional. Disponível em: https://www1.folha.uol.com.br/mercado/2024/01/brasil-lidera-gastos-com--tribunais-entre-53-paises-e-despesas-batem-16-do-pib.shtml. Acesso em: 20 maio 2024.

[121] Segundo o Conselho Nacional de Justiça (CNJ), em 2023, tramitavam no Brasil aproximadamente 81 milhões de processos (CONSELHO NACIONAL DE JUSTIÇA (CNJ). *Justiça em Números 2023*. Brasília: CNJ, 2023. Disponível em: https://www.cnj.jus.br/wp-content/uploads/2023/08/justica-em-numeros-2023.pdf).

[122] Segundo o CNJ, o tempo médio de duração de um processo é de aproximadamente 4 anos e 5 meses (CONSELHO NACIONAL DE JUSTIÇA (CNJ). *Justiça em Números 2023*. Brasília: CNJ, 2023. Disponível em: https://www.cnj.jus.br/wp-content/uploads/2023/08/justica-em-numeros-2023.pdf).

[123] É fato que essas características não são exclusividades nacionais. Michele Taruffo constata os mesmos problemas ao analisar o cenário atual da Justiça Civil italiana, escola que, em grande parte, influenciou – e ainda influencia – a edificação do nosso sistema processual: *"É preciso constatar, seja como for, que a razoável duração do processo civil, assim como a predisposição de um procedimento rápido, oral e concentrado, continua sendo um sonho. De fato, as sucessivas reformas que ocorreram ao longo das décadas não produziram nenhum resultado efetivo. Ainda que algumas dessas reformas tenham introduzido melhoramentos dignos de nota na disciplina do processo, essas não repercutiram de modo algum sobre a sua duração* que continua sendo 'irrazoável'" (TARUFFO, Michele; MITIDIERO, Daniel. *A Justiça Civil – da Itália ao Brasil, dos Setecentos a hoje*. São Paulo: Ed. RT, 2018. p. 439).

[124] Para uma análise profunda sobre os gastos nacionais com o Poder Judiciário e a sua estrutura, em uma comparação com a eficiência alcançada: SILVEIRA, Ricardo Geraldo Rezende. *Acesso à Justiça*: o direito fundamental em um ambiente de recursos escassos. São Paulo: Almedina, 2020.

2 · FILTRAGEM FUNCIONAL E CONSTITUCIONAL | 113

de conflitos, que segue sendo predominantemente estatal e de solução adjudicada.[125]

Nesse viés, o efetivo acesso à Justiça é um direito humano básico,[126] e a sua concretização deve ser uma meta constante das sociedades democráticas, ensinamento que se extrai desde as lições clássicas de Mauro Cappelletti e Bryant Garth.[127] Essa busca pode ocorrer tanto por uma maior oferta e disponibilização da jurisdição estatal como pela disponibilização de meios ditos alternativos de solução (muitos deles não necessariamente públicos).[128]

Um aspecto pragmático também impulsiona fortemente essa busca por uma "nova justiça": a constatação de que o Poder Judiciário brasileiro está assoberbado, visto que há um volume de causas muito acima da capacidade de resposta da Justiça pública nacional.[129] O discurso em defesa de uma

---

[125] "O direito processual passa por uma alteração paradigmática. Além da releitura de seus institutos, pelo viés constitucional, o que, no caso brasileiro, revela-se na conformação à ideologia estabelecida pela Constituição Federal de 1988, desde o primeiro artigo do CPC 2015 (art. 1º), as recentes mudanças econômicas, sociais, jurídicas e legislativas aceleraram a transformação do processo civil contemporâneo em um processo não só judicial. A Justiça Multiportas é a expressão de uma nova arquitetura para a tutela de direitos" (ZANETI JR., Hermes; CABRAL, Trícia Navarro Xavier (coord.). *Justiça multiportas*: mediação, conciliação, arbitragem e outros meios de solução adequada para conflitos. Salvador: Juspodivm, 2016. p. 5).

[126] CAPPELLETTI, Mauro; GARTH, Bryant. *Acesso à Justiça*. Trad. Ellen Gracie Northfleet. Porto Alegre: Sergio Antonio Fabris Editor, 1988. p. 11-12.

[127] CAPPELLETTI, Mauro; GARTH, Bryant. *Acesso à Justiça*. Trad. Ellen Gracie Northfleet. Porto Alegre: Sergio Antonio Fabris Editor, 1988. p. 91.

[128] "Com a escalada dos problemas de excesso de litigiosidade e da diversificação de controvérsias, vários ordenamentos passaram a prever formas de justiça alternativa ao processo – entendido como instrumento ordinário ou normal de resolução de controvérsias" (DONDI, Angelo; ANSANELLI, Vincenzo; COMOGLIO, Paolo. *Processo civil comparado*: uma perspectiva evolutiva. Trad. Luiz Guilherme Marinoni, Sérgio Cruz Arenhart e Daniel Mitidiero. São Paulo: Ed. RT, 2017. p. 84).

[129] "A justiça vem se tornando ineficaz por inúmeros motivos, dentre estes e talvez o maior deles, a sua excessiva morosidade. Aqueles que recorrem ao Judiciário para tutelar os seus direitos esbarram no problema da morosidade da justiça e em um órgão que sofre de uma crise aguda, justamente no momento de sua maior procura. Tal poder não tem o dinamismo para fazer frente aos fenômenos da vida moderna, a qual demanda maior ativismo estatal. Por conta disso, não raras vezes, os jurisdicionados sofrem amargos prejuízos por conta da demora na prestação jurisdicional" (PEREIRA, Micheli. O direito à razoável duração do processo: justicialização internacional e necessidade de sua proteção no âmbito

redução do número de processos é corrente entre os que analisam os dados apresentados pelo Conselho Nacional de Justiça.[130]

A insuficiência e as dificuldades atuais do aparato estatal têm fomentado a reflexão sobre formas de composição das controvérsias, com destaque para a arbitragem[131] (um meio extrajudicial e privado, que faz parte da jurisdição). Parte-se de um atual consenso de que não é possível direcionar apenas ao Estado-Juiz o julgamento da quase totalidade de desentendimentos apresentados na sociedade. Nem todos os desacertos devem ser encaminhados para a jurisdição estatal, visto que isso pode significar, na prática, uma verdadeira negativa da tutela para inúmeras situações (em razão do tempo e das adversidades inerentes ao processo judicial).

Assim, ganham corpo entre nós os chamados métodos adequados de solução de conflitos, nas suas mais variadas formas (ex.: núcleos de conciliação, mediação[132] e arbitragem). Na advocacia, algumas vozes passam a sustentar uma atuação colaborativa não adversarial, que objetivaria somente a composição.[133] É possível notar que há uma efervescência de interesses por tais temas, o que pode indicar um momento de mudança significativa, não mais centrado na

---

nacional. In: PIOVESAN, Flávia; FACHIN. Melina Girardi. *Direitos humanos na ordem econômica*: proteção nacional, regional e global. Curitiba: Juruá, 2012. v. V. p. 527).

[130] Não se ignora que muitos criticam o termo e a abordagem, "mas a exaustão do modelo é algo que não pode ser desconsiderado. O processo judicial converteu-se na única resposta que se oferece para todo e qualquer embaraço no relacionamento. A procura pelo judiciário foi tão excessiva, que o congestionamento dos tribunais inviabiliza o cumprimento de um comando fundante incluído na Carta Cidadã pela Emenda Constitucional 45/2004: a duração razoável do processo" (NALINI, José Renato. É urgente construir alternativa à Justiça. In: ZANETI JR., Hermes; CABRAL, Trícia Navarro Xavier (coord.). *Justiça multiportas*: mediação, conciliação, arbitragem e outros meios de solução adequada para conflitos. Salvador: Juspodivm, 2016. p. 28-29).

[131] O acesso à via arbitral é uma das possíveis consequências de uma maior disponibilidade dos temas afeitos aos conflitos familiares, de modo que o presente capítulo é dedicado, em especial, à contextualização central desse método. A presente obra não tem por escopo discorrer sobre o sistema multiportas em si, nem mesmo sobre outros relevantes meios, como a mediação.

[132] Esclarece-se que, diante de uma necessária opção metodológica do trabalho, a mediação não será objeto de análise detida no livro.

[133] WEBB, Stuart G.; OUSKY, Ronald D. *The collaborative way to divorce*: the revolutionary method that results in less stress, lower costs, and happier kids – without going to court. New York: Plume, 2007.

via jurisdicional estatal.[134] Em certo sentido, "nesta nova justiça, a solução judicial deixa de ter a primazia nos litígios que permitem a autocomposição e passa a ser a *ultima ratio*, extrema *ratio*".[135] Como se percebe, a alteração de enfoque é evidente.

No caso brasileiro, o acesso aos meios de solução de conflitos devem ser interpretados a partir de uma leitura que pode ser chamada de processual--civil-constitucional, que parta do direito fundamental a um processo justo.[136] A Constituição Federal brasileira de 1988 garante o acesso à Justiça (art. 5º, XXXV),[137] assim, desde 2004, também traz, no seu rol de jusfundamentais, o *direito à razoável duração do processo* (art. 5º, LXXVIII),[138] sendo estes as balizas constitucionais do direito à ordem jurídica justa. Ainda, há um comando no sentido de um direito a uma tutela efetiva, tempestiva e adequada, o qual deve ser concretizado.

O Código de Processo Civil de 2015[139] instaura um sistema que visa claramente ser um meio de promover a tutela dos direitos, com primazia da realização do direito material envolvido, adotando objetivos diversos do

---

[134] "Todo o ordenamento jurídico nacional está sendo direcionado para as soluções extrajudiciais, sejam elas autocompositivas (mediação, conciliação, negociação direta ou outros meios de solução consensual de litígio) ou heterocompositivas (a exemplo da arbitragem, reconhecida pelo CPC-2015 como jurisdição extraestatal, art. 337, parágrafo 6º)" (ZANETI JR., Hermes; CABRAL, Trícia Navarro Xavier (coord.). *Justiça multiportas*: mediação, conciliação, arbitragem e outros meios de solução adequada para conflitos. Salvador: Juspodivm, 2016. p. 6).

[135] DIDIER JR., Fredie; ZANETI JR., Hermes. Justiça multiportas e tutela constitucional adequada: autocomposição em direitos coletivos. In: ZANETI JR., Hermes; CABRAL, Trícia Navarro Xavier (coord.). *Justiça multiportas*: mediação, conciliação, arbitragem e outros meios de solução adequada para conflitos. Salvador: Juspodivm, 2016. p. 35.

[136] "A Constituição – o direito ao processo justo nela previsto – é o centro a partir do qual a legislação infraconstitucional deve se estruturar. O direito ao processo justo exerce papel de centralidade na compreensão da organização infraconstitucional do processo. É nele que se deve buscar a unidade da conformação do processo no Estado Constitucional" (SARLET, Ingo Wolfgang; MARINONI, Luiz Guilherme; MITIDIERO, Daniel. *Curso de Direito Constitucional*. São Paulo: Saraiva, 2016. p. 743).

[137] CF, art. 5º, XXXV: "a lei não excluirá da apreciação do Poder Judiciário lesão ou ameaça a direito".

[138] CF, art. 5º, LXXVIII: "a todos, no âmbito judicial e administrativo, são assegurados a razoável duração do processo e os meios que garantam a celeridade de sua tramitação" (incluído pela Emenda Constitucional 45, de 2004).

[139] Lei 13.105, de 16 de março de 2015.

finado Código Buzaid.[140] Em outras palavras, o processo e os procedimentos são meios de realizá-los, e não como um fim em si mesmo.[141]

Forte nessas premissas, questiona-se a atual restrição das escolhas processuais e procedimentais para a solução dos litígios. Assim, a quem cabe definir o método, às partes ou ao Estado? Uma análise que auxilia na confecção das respostas, a partir da comparação dos sistemas estadunidense e europeu, é a de Remo Caponi, ao sustentar que são as partes (e não o Estado) que devem fazer a escolha do meio de equacionamento dos seus conflitos.[142]

Esses influxos têm incentivado uma reflexão sobre quais questões devem necessariamente ser resolvidas por um aparato público cogente de jurisdição e, ao lado disso, quais temas poderiam ser deixados para que as partes elejam o meio que entendem mais adequado. Nesse contexto, merece destaque o fato de que, quase ao mesmo tempo, a indisponibilidade passa

---

[140] Para Daniel Mitidiero: "Partindo-se do pressuposto de que o Estado Constitucional se caracteriza pelo seu dever de outorgar tutela aos direitos, então um Código de Processo Civil sintonizado com os seus fins deve ser pensado a fim de promovê-la, tendo de ser elaborado igualmente nesta perspectiva. Nessa linha, é pouco organizar o processo civil simplesmente a partir das atividades processuais (conhecimento e execução) que podem ter lugar em determinados processos. É claro que isso era, sem dúvida, suficiente quando a doutrina processual pensava o processo de forma alheia ao direito material e à realidade social. A partir do exato momento que se passou a pensar o processo para além de si mesmo, essa maneira de pensar o processo civil revelou-se insuficiente" (TARUFFO, Michele; MITIDIERO, Daniel. *A Justiça Civil – da Itália ao Brasil, dos Setecentos a hoje*. São Paulo: Ed. RT, 2018. p. 479).

[141] "Obviamente, a proibição de autotutela só pode acarretar o dever do Estado Constitucional de prestar *tutela jurisdicional idônea aos direitos*. Pensar de forma diversa significa esvaziar não só o direito à *tutela jurisdicional* (plano do direito processual), mas também o próprio direito material, isto é, o *direito à tutela do direito* (plano do direito material). É por essa razão que o direito à tutela jurisdicional constitui direito à 'proteção jurídica efetiva'" (SARLET, Ingo Wolfgang; MARINONI, Luiz Guilherme; MITIDIERO, Daniel. *Curso de Direito Constitucional*. São Paulo: Saraiva, 2016. p. 749).

[142] "Apenas o ponto de partida é o mesmo nos dois lados do Atlântico. Um elemento--chave da cultura política ocidental coloca os direitos do indivíduo no centro da atividade econômica, social e jurídica. Da posição central do indivíduo surgem os princípios de autonomia e liberdade partidária, como aqueles que moldam os métodos de resolução de disputas e suas características. Consequentemente, são as partes e não o Estado que devem, em princípio, escolher o mecanismo de resolução de disputas, juntamente com seu início, escopo e término. Portanto, cabe às partes e não ao Estado escolher o mecanismo adequado de resolução de disputas, juntamente com seu início, escopo e término" (CAPONI, Remo. *Just about dispute resolution*. New York: New York University School of Law, 2016. p. 8).

a ser colocada em xeque tanto no Direito Civil como no Direito Processual Civil.[143] Avulta a prospecção por disponibilidades, e o entrelaçar tanto do direito material quanto do processual certamente germinará novas oportunidades. A propalada "República da Escolha" envolve inclusive a eleição sobre o método de solução dos seus conflitos, a qual incluirá, muitas vezes, alternativas privadas.

De plano, é possível ressaltar que tais desenhos procedimentais variam de país para país.[144] Por exemplo, nos Estados Unidos, a noção de disponibilidade processual para que os envolvidos em conflitos decidam sobre os melhores meios de solução de disputas é muito grande (há uma reduzida restrição, especialmente relacionada aos direitos fundamentais).[145] Já no Brasil, até as últimas décadas, a ideia de disponibilidade processual foi vista de forma mitigada, com grande esfera das soluções de conflitos ficando ainda atrelada a uma necessária solução estatal adjudicada, com fortes poderes nas mãos do juiz.

Frise-se que há um movimento de mudança, que pode ser percebido com maior vigor especialmente a partir da vigência do Código de Processo Civil de 2015, o qual é estampado pelas referências da doutrina processual brasileira a um "princípio da disponibilidade processual", nomenclatura que já é utilizada por alguns autores.[146]

Uma percepção contemporânea de jurisdição envolve a sua compreensão como pública e também privada, incluindo a arbitragem como parte

---

[143] A construção histórica de tais indisponibilidades materiais e procedimentais data de um período muito próximo, com ambas sendo sedimentadas em meados do século XX e robustecidas com o Estado de bem-estar social.

[144] "A família da *Civil Law*, pensada abstratamente em termos doutrinários, descolados da realidade judiciária e com pretensão de ordenar a prática, idealiza o Acesso aos Tribunais como um direito subjetivo abstrato ao qual, caso satisfeitos os pressupostos processuais e as condições da ação, não se pode negar proteção, vigendo o dogma da inafastabilidade do controle jurisdicional. (...) Diferentemente, na *Common Law*, o conteúdo do Acesso aos Tribunais não se vincula a uma metodologia dogmática, mas a uma análise casuística, prática e conectada à administração da Justiça, fixando-se em função do alcance que precedentes conferem ao princípio em casos concretos (*principle of case*)" (SALLES, Bruno Makowiecky. *Acesso à Justiça e equilíbrio democrático*. Belo Horizonte: Dialética, 2021. v. 2. p. 288).

[145] CAPONI, Remo. *Just about dispute resolution*. New York: New York University School of Law, 2016.

[146] "Essa manifestação da *disponibilidade de direitos* configura o *princípio da disponibilidade processual*, também conhecido como o *princípio da disponibilidade da tutela jurisdicional*" (CRETELLA NETO, José. *Fundamentos principiológicos do processo civil*. 3. ed. rev., atual. e ampl. São Paulo: Ed. RT, 2018. p. 40).

dela. Paralelamente, uma assimilação ampla do acesso à Justiça, em leitura que venha a compreendê-lo como um efetivo direito à ordem jurídica justa, resultará em mais opções no "cardápio" de soluções de conflito. Por conseguinte, emergirá a possibilidade de escolhas pelos jurisdicionados, os quais terão efetivas alternativas ao seu dispor.

A possibilidade de eleições atinentes aos métodos de solução de dado conflito implica um aumento da liberdade positiva dos litigantes, o que se conecta com o tema desta pesquisa. A busca pelo incremento da(s) liberdade(s), na dimensão funcional contemporânea da indisponibilidade dos direitos, não pode se descurar das questões processuais e procedimentais que lhe são inerentes. Frise-se que as atuais compreensões holísticas sobre o acesso à ordem jurídica justa, o direito a uma tutela efetiva, tempestiva e adequada, bem como as recentíssimas digressões sobre disponibilidade processual, fomentam as propostas desta obra.[147]

A definição do direito de família como *prima facie* disponível retira a barreira usualmente apresentada para obstar a utilização da arbitragem nos seus conflitos. Caso o instituto de direito de família objeto de litígio seja disponível e patrimonial, portanto, nada impede que se socorra da via arbitral. O sentido hodierno de acesso à ordem jurídica justa reforça o argumento a favor da possibilidade de deixar que as partes deliberem qual é o método desejado para o equacionamento do seu conflito. O direito constitucionalmente garantido a uma tutela efetiva, tempestiva e adequada também incentiva a tal admissão de escolhas pelos interessados, pois é possível que, em muitos casos, a justiça pública não tenha condições de ofertar uma tutela com tais características, enquanto, por exemplo, a arbitragem poderia ter.

Tome-se a hipótese de um litígio que envolva exclusivamente a partilha de um grande acervo empresarial internacional, formado por um grupo econômico com ativos no Brasil e no exterior, na maior parte atrelado a *holdings*, *trusts* e outras formações societárias complexas. São notórias as limitações e as dificuldades que o Poder Judiciário terá para deliberar sobre uma questão com tais características. Por outro lado, Câmaras Arbitrais, com expertise

---

[147] "(...) os meios consensuais de solução de conflito não devem ser utilizados com o objetivo primordial de se solucionar a crise de morosidade da justiça, com a redução da quantidade de processos existentes no Judiciário, e sim como uma forma de dar às partes uma solução mais adequada e justa aos seus conflitos de interesses, propiciando-lhes uma forma mais ampla e correta de acesso à justiça" (WATANABE, Kazuo. *Acesso à ordem jurídica justa (conceito atualizado de acesso à Justiça)*: processos coletivos e outros estudos. Belo Horizonte: Del Rey, 2019. p. 82).

nas temáticas, podem ter condições mais apropriadas a conceder uma tutela efetiva, tempestiva e adequada. Caso ambas as partes tenham interesse em resolver o imbróglio pela via arbitral, não parece sustentável impedir isso. Caberia ao Estado, atualmente, tamanha ingerência restritiva de escolhas em uma questão patrimonial disponível? Sustenta-se que não.

Nesse viés, outro aspecto merece consideração: são inegáveis os resquícios do modelo patriarcal que imperou longamente na sociedade brasileira, de modo que, ainda hoje, a maior parte dos empresários e titulares dos ativos financeiros de um casal são os homens (eles exercem a atividade e, em geral, registram-na em seu nome). As mulheres seguem com um déficit concreto de igualdade patrimonial e empresarial, muitas vezes estando alheias ou mais distantes das atividades comerciais.

Desse modo, mesmo quando os ativos societários são bens comuns do casal, é usual que apenas um deles fique à frente de tais atividades (majoritariamente os homens). Consequentemente, em um hipotético litígio de partilha com esse pano de fundo, caso o conflito fique obrigatoriamente atrelado à jurisdição estatal, isso poderá significar a negativa de tutela para o cônjuge/companheiro não sócio (na maioria dos casos, as mulheres). A experiência demonstra que o longo tempo e os custos inerentes a essa ação judicial litigiosa poderão inviabilizar a persistência no embate para o litigante que não está no comando daquelas atividades, que provavelmente não terá condições de aguardar o fim do processo judicial litigioso. Diante de tal calvário procedimental,[148] é provável que, em algum momento, o/a jurisdicionado(a) não sócio(a) sucumba e lhe seja inviável aguardar a solução final pelo Poder Judiciário, aceitando, portanto, um acordo, mesmo que desfavorável, simplesmente por não ter outra alternativa.

Não raro, a parte distante dos negócios acaba por aceitar menos do que tem direito apenas para pôr fim a um processo que lhe era demasiadamente moroso e oneroso, ficando altamente prejudicada no seu direito material. Esse prejuízo é resultante, em grande parte, das idiossincrasias da estrutura brasileira e das poucas escolhas que lhe foram ofertadas.

---

[148] "Diz-se, comumente, que o processo, civil ou penal, pode-se assemelhar a um drama: como em um drama, com efeito, desenvolve-se uma sucessão de atos praticados por diversas pessoas em forma dialógica, distinguindo-se em diversos episódios concatenados, que encontram seu fim, como em um epílogo, na sentença. E, em verdade, muito frequentemente o processo tem não só nele formas, mas também na sua substância humana, uma ocasião dramática, triste ou cômica, segundo os casos" (CALAMANDREI, Piero. *Processo e democracia*. Trad. Mauro Fonseca Andrade. 2. ed. rev. Porto Alegre: Livraria do Advogado, 2018. p. 37).

Caso fosse ofertada a via arbitral para essa situação hipotética anteriormente narrada, os resultados não poderiam ser diferentes?[149] As ideias ora lançadas sustentam que sim.

Esse exemplo permite perceber que a vinculação obrigatória de lides dessa estirpe ao Poder Judiciário pode significar, em realidade, uma negação dos vetores constitucionais envoltos na temática. Impedir que as partes façam escolhas procedimentais pode caracterizar uma ofensa ao direito à ordem jurídica justa e à garantia de uma tutela efetiva, tempestiva e adequada. O negativo saldo final evidencia a disfuncionalidade que se quer desvelar, pois a indisponibilidade tem por função precípua proteger o titular daquele dado direito. Entretanto, em casos como o anteriormente descrito, a indisponibilidade está servindo como elemento contrário aos interesses daquele que queria proteger. Esse descompasso faz parte das preocupações da presente pesquisa e estimula a busca pela sua ressignificação.

A revisão da dimensão funcional da indisponibilidade dos direitos também deve levar em consideração tais vetores processuais e procedimentais. O princípio da liberdade e o direito de acesso à Justiça, nas perspectivas delineadas neste trabalho, constituem-se em relevantes sustentáculos teóricos das proposições apresentadas.

Para além de tais aspectos, é possível encontrar remissões à indisponibilidade dos direitos em diversos outros estatutos jurídicos, sendo relevante constatar tais referências e confrontá-las com a teoria da relação jurídica, apuração que será realizada a seguir.

2.5 INDISPONIBILIDADE DO DIREITO NO ATUAL ORDENAMENTO JURÍDICO BRASILEIRO

É recorrente a classificação do direito de família como "direito indisponível"; assim, a reiteração dessa afirmação traz a ideia de que essa vinculação possuiria um sólido embasamento legal, jurisprudencial e teórico. Entretanto, uma análise detida dessas esferas pode desvelar um pano de fundo um pouco diverso do que a primeira impressão pode sugerir.

---

[149] Analisando o cenário estadunidense, Oscar Chase afirma: "aos litigantes, sejam pessoas físicas ou jurídicas, seria apresentada uma série de motivos que justificariam a escolha pela arbitragem ou pela mediação ao invés do recurso ao Poder Judiciário – economizar recursos, não ter que se sujeitar aos júris, manter a privacidade ou obter respostas mais ágeis" (CHASE, Oscar G. *Direito, cultura e ritual*: sistema de resolução de conflitos no contexto da cultura comparada. Trad. Sérgio Cruz Arenhart e Gustavo Osna. São Paulo: Marcial Pons, 2014. p. 145). *Mutatis mutandis*, as motivações poderiam ser as mesmas para o exemplo brasileiro supracitado.

Diversos diplomas jurídicos versam sobre a indisponibilidade dos direitos, e alguns deles também discorrem sobre outras espécies de indisponibilidades (as quais não são relevantes para o escopo do presente livro e, em vista disso, não serão abordadas). Para além dos dispositivos legais já pontualmente analisados, são apontados três marcos relevantes para cotejar como eles tratam a temática da indisponibilidade: a Constituição, o Código Civil e o Código de Processo Civil.

A Constituição faz poucas remissões expressas à indisponibilidade, ora atrelando-a a alguns interesses (ex.: quando traça a atuação do Ministério Público),[150] ora vinculando-a a alguns bens (ex.: nos casos em que se refere a terras devolutas e áreas indígenas),[151] ora, ainda, referindo-se a algum acervo patrimonial (quando cuida da improbidade administrativa).[152] Dessa forma, falar da indisponibilidade de certas terras, seguramente, é diverso do que tratar da indisponibilidade de direitos (o mesmo ocorre na restrição que incide sobre o patrimônio de quem possa cometer alguma ilegalidade). Por conseguinte, não é possível extrair elementos mais densos do texto constitucional para a definição do sentido jurídico da indisponibilidade dos direitos.

O Código Civil faz referências pontuais às expressões *disponibilidade* e *indisponibilidade* em alguns dos seus dispositivos, vinculando-as a algumas situações específicas.[153] No trato dos direitos da personalidade, observa-se a indisponibilidade caracterizada, ainda que não com essa locução, pois o

---

[150] CF: "Art. 127. O Ministério Público é instituição permanente, essencial à função jurisdicional do Estado, incumbindo-lhe a defesa da ordem jurídica, do regime democrático e dos *interesses* sociais e individuais *indisponíveis*" (grifos nossos).

[151] CF: "Art. 225. Todos têm direito ao meio ambiente ecologicamente equilibrado, bem de uso comum do povo e essencial à sadia qualidade de vida, impondo-se ao poder público e à coletividade o dever de defendê-lo e preservá-lo para as presentes e futuras gerações. (...) § 5º São *indisponíveis* as terras devolutas ou arrecadadas pelos Estados, por ações discriminatórias, necessárias à proteção dos ecossistemas naturais. (...) Art. 231. São reconhecidos aos índios sua organização social, costumes, línguas, crenças e tradições, e os direitos originários sobre as terras que tradicionalmente ocupam, competindo à União demarcá-las, proteger e fazer respeitar todos os seus bens. (...) § 4º As *terras* de que trata este artigo são inalienáveis e *indisponíveis*, e os direitos sobre elas, imprescritíveis" (grifos nossos).

[152] CF: "Art. 37. (...) § 4º Os atos de improbidade administrativa importarão a suspensão dos direitos políticos, a perda da função pública, a *indisponibilidade dos bens* e o ressarcimento ao erário, na forma e gradação previstas em lei, sem prejuízo da ação penal cabível" (grifo nosso).

[153] Em regra, em dispositivos do direito das sucessões, ao referir a parte disponível e indisponível do acervo hereditário (como se percebe em algumas passagens do art. 1.849 ao art. 2.008).

legislador optou por considerá-los "intransmissíveis e irrenunciáveis, não podendo o seu exercício sofrer limitação voluntária".[154] No entanto, mesmo nesse relevante diploma de direito privado, não encontramos mais esclarecimentos sobre o que significaria e quais seriam as consequências inerentes à denominada indisponibilidade dos direitos. É fato que a legislação civil trata de forma recorrente de uma perspectiva de disponibilidade na regulação das sucessões,[155] com o texto codificado sendo expresso em dizer que a legítima[156] é protegida, ficando disponível a outra parcela do patrimônio (quota disponível). Nesse contexto, há diversas remissões à quota disponível do acervo patrimonial sucessório, com diversos dispositivos com tais referências, mas com sentido distinto da indisponibilidade dos direitos que se está a tratar.

Como se vê, esta última perspectiva de indisponibilidade é realizada, especialmente, no direito sucessório, por uma abstração de parte dos bens da pessoa (metade),[157] de modo que também se refere mais a uma indisponibilidade jurí-

---

[154] CC: "Art. 11. Com exceção dos casos previstos em lei, os direitos da personalidade são intransmissíveis e irrenunciáveis, não podendo o seu exercício sofrer limitação voluntária".

[155] CC: "Art. 2.002. Os descendentes que concorrerem à sucessão do ascendente comum são obrigados, para igualar as legítimas, a conferir o valor das doações que dele em vida receberam, sob pena de sonegação. Parágrafo único. Para cálculo da legítima, o valor dos bens conferidos será computado na parte indisponível, sem aumentar a disponível".

[156] "Legítima é a porção do patrimônio individual que por morte de qualquer pessoa obrigatoriamente cabe aos seis parentes assim privilegiados por lei" (MAXIMILIANO, Carlos. *Direito das sucessões*. Rio de Janeiro: Freitas Bastos, 1958. v. I. p. 350).

[157] CC: "Art. 1.849. O herdeiro necessário, a quem o testador deixar a sua *parte disponível*, ou algum legado, não perderá o direito à legítima. (...) Art. 1.904. Se o testamento nomear dois ou mais herdeiros, sem discriminar a parte de cada um, partilhar-se-á por igual, entre todos, *a porção disponível* do testador. (...) Art. 1.966. O remanescente pertencerá aos herdeiros legítimos, quando o testador só em parte dispuser da quota hereditária *disponível*. Art. 1.967. As disposições que excederem a *parte disponível* reduzir-se-ão aos limites dela, de conformidade com o disposto nos parágrafos seguintes. § 1º Em se verificando excederem as disposições testamentárias a *porção disponível*, serão proporcionalmente reduzidas as quotas do herdeiro ou herdeiros instituídos, até onde baste, e, não bastando, também os legados, na proporção do seu valor. (...) Art. 1.968. Quando consistir em prédio divisível o legado sujeito à redução, far-se-á esta dividindo-o proporcionalmente. § 1º Se não for possível a divisão, e o excesso do legado montar a mais de um quarto do valor do prédio, o legatário deixará inteiro na herança o imóvel legado, ficando com o direito de pedir aos herdeiros o valor que couber na *parte disponível*; se o excesso não for de mais de um quarto, aos herdeiros fará tornar em dinheiro o legatário, que ficará com o prédio. (...) Art. 2.002. Os descendentes que concorrerem à sucessão do ascendente comum são obrigados, para igualar as legítimas,

dica em si (que grava parte de um patrimônio) do que a uma indisponibilidade de determinado direito (escopo desta obra). Portanto, também o Código Civil não contribui para aclarar o sentido jurídico da indisponibilidade dos direitos.

O Código de Processo Civil em vigor dialoga com a temática da indisponibilidade em alguns momentos, inicialmente, quando reitera o texto constitucional para confirmar a atuação do Ministério Público da defesa de interesses individuais indisponíveis (art. 176).[158]

Há alguns dispositivos processuais que mencionam uma indisponibilidade dos bens (art. 828),[159] mas, em diversos artigos, a legislação cuida expressamente da indisponibilidade dos direitos, como quando diz que a revelia não produz efeitos ao versar sobre direitos indisponíveis (art. 345, II),[160] bem como ao dispor que pode ser distribuído de maneira diversa o ônus da prova nas questões que recaiam sobre direito indisponível da parte (art. 373, § 3º, I),[161] e, ainda, ao não admitir a confissão de fatos relativos a direitos indisponíveis (art. 392).[162]

---

a conferir o valor das doações que dele em vida receberam, sob pena de sonegação. Parágrafo único. Para cálculo da legítima, o valor dos bens conferidos será computado na *parte indisponível, sem aumentar a disponível*. (...) Art. 2.005. São dispensadas da colação as doações que o doador determinar saiam da *parte disponível*, contanto que não a excedam, computado o seu valor ao tempo da doação. Parágrafo único. Presume-se imputada na *parte disponível* a liberalidade feita a descendente que, ao tempo do ato, não seria chamado à sucessão na qualidade de herdeiro necessário. (...) Art. 2.008. Aquele que renunciou a herança ou dela foi excluído, deve não obstante conferir as doações recebidas, para o fim de repor o que *exceder o disponível*" (grifos nossos).

[158] CPC: "Art. 176. O Ministério Público atuará na defesa da ordem jurídica, do regime democrático e dos interesses e direitos sociais e individuais *indisponíveis*" (grifo nosso).

[159] CPC: "Art. 828. O exequente poderá obter certidão de que a execução foi admitida pelo juiz, com identificação das partes e do valor da causa, para fins de averbação no registro de imóveis, de veículos ou de outros bens sujeitos a penhora, arresto ou indisponibilidade". O art. 854 refere-se a uma indisponibilidade de valores, mas em sentido que não interessa nesta obra.

[160] CPC: "Art. 345. A revelia não produz o efeito mencionado no art. 344 se: I – havendo pluralidade de réus, algum deles contestar a ação; II –– o litígio versar sobre *direitos indisponíveis*" (grifo nosso).

[161] CPC: "Art. 373. O ônus da prova incumbe: I – ao autor, quanto ao fato constitutivo de seu direito; II – ao réu, quanto à existência de fato impeditivo, modificativo ou extintivo do direito do autor. § 1º Nos casos previstos em lei ou diante de peculiaridades da causa relacionadas à impossibilidade ou à excessiva dificuldade de cumprir o encargo nos termos do *caput* ou à maior facilidade de obtenção da prova do fato contrário, poderá o juiz atribuir o ônus da prova de modo diverso, desde que o faça por decisão fundamentada, caso em que deverá dar à parte a oportunidade de

Estes últimos dispositivos processuais cuidam diretamente da chamada indisponibilidade de direitos em tais previsões, retratando alguns dos seus efeitos nessa seara, o que merece destaque. Ainda assim, o Código de Processo Civil também não detalha qual seria o sentido jurídico de tal locução, limitando-se a traçar de forma esparsa algumas de suas consequências.

Esse sobrevoo sobre os nossos principais estatutos jurídicos demonstra que não se encontra, na malha legislativa brasileira, uma definição detida do que se entenda por direitos indisponíveis e muito menos critérios para distingui-los dos direitos disponíveis. Do mesmo modo, inexiste uma clareza legal de quais seriam os efeitos jurídicos que adviriam da indisponibilidade de dado direito, visto que são encontradas apenas disposições isoladas que traçam algumas consequências.

Ao contrário de algum aclaramento, o que se percebe é que há uma utilização indistinta da locução pelo legislador, ora fazendo referência à indisponibilidade jurídica de um bem ou acervo (indisponibilidade jurídica), ora fazendo referência à indisponibilidade de algum direito específico (indisponibilidade de direitos). No entanto, mesmo as poucas referências à indisponibilidade dos direitos não aclaram significativamente o seu sentido. Por conseguinte, dos textos de lei pouco se extrai para a compreensão da sua acepção jurídica, embora alguns efeitos sejam efetivamente descritos pela legislação.

Uma análise das decisões dos nossos tribunais superiores indica que a indisponibilidade dos direitos é utilizada com frequência pelos julgadores, sendo citada em inúmeros casos.[163] Muitos dos seus usuais efeitos são

---

se desincumbir do ônus que lhe foi atribuído. § 2º A decisão prevista no § 1º deste artigo não pode gerar situação em que a desincumbência do encargo pela parte seja impossível ou excessivamente difícil. § 3º A distribuição diversa do ônus da prova também pode ocorrer por convenção das partes, salvo quando: I – recair sobre *direito indisponível da parte*; II – tornar excessivamente difícil a uma parte o exercício do direito (grifo nosso).

[162] CPC: "Art. 392. Não vale como confissão a admissão, em juízo, de fatos relativos a direitos *indisponíveis*" (grifo nosso).

[163] Em uma vasta pesquisa jurisprudencial, Letícia Martel comenta que houve, "no STF, o debate sobre ser indisponível o direito das crianças e dos adolescentes de conhecer e pleitear a sua paternidade biológica (...) ao final, o STF concluiu que, apesar de indisponível o direito, ao MP somente incumbe atuar se provocado pelos interessados diretos". A mesma autora noticia que "também na jurisprudência do STJ encontram-se diversos acórdãos reconhecendo a indisponibilidade do direito das crianças e dos adolescentes ao conhecimento de sua paternidade biológica", mas destaca que "o sentido oferecido pelo STJ para a expressão 'direito indisponível' nesses

constatados nas deliberações judiciais; desse modo, confirma-se a grande utilidade prática da indisponibilidade, inclusive em temas não diretamente relacionados ao desta pesquisa.[164] Ainda que diversos arestos do Supremo Tribunal Federal (STF) e do Superior Tribunal de Justiça (STJ) tratem da temática em uma quantidade significativa de acórdãos, um exame específico do que dizem tais deliberações, quanto à indisponibilidade dos direitos, não contribui para uma linha consentânea de sentidos.[165]

O STF teceu algumas considerações sobre a indisponibilidade dos direitos no *leading case* que julgou a constitucionalidade da lei de arbitragem,[166] mas centrou a sua análise sobre o direito fundamental de ação.[167] Sinteticamente,

---

casos discrepa de muitos outros julgados do mesmo Tribunal. Aqui, a noção é a de um direito que não pode ser obstado ou restringido" (MARTEL, Letícia de Campos Velho. Indisponibilidade de direitos fundamentais: conceito lacônico, consequências duvidosas. *Revista Espaço Jurídico*, Joaçaba, v. 11, n. 2, jul.-dez. 2010. p. 341-342).

[164] Há um conjunto de decisões que atrelam esses termos a temas de cunho processual civil, como aqueles que afirmam não ocorrer preclusão *pro judicato* quanto a direitos indisponíveis (STJ, EDcl no REsp 1.467.926/PR, *DJe* 16.11.2015); e outros que asseveram a desnecessidade da realização da audiência de conciliação e julgamento para os casos que cuidam de direitos indisponíveis, tais como o meio ambiente (STJ, REsp 1537281 SP 2014/0005327-5, *DJe* 28.08.2020). Outras decisões sobre direitos indisponíveis reiteram a necessidade de participação do Ministério Público nessas causas, como as que tratam do meio ambiente (STJ, REsp 1260078 SC 2011/0141129-3, *DJe* 07.08.2020).

[165] Anote-se que não se está a fazer nenhuma crítica aos referidos tribunais com essa afirmação, pois a sua preocupação primordial é solucionar casos concretos, como fazem, tratando da indisponibilidade dos direitos envolvidos quando isso é necessário. Frisa-se apenas que essa casuística permite perceber alguns dos efeitos, mas não contribui de modo mais significativo para a acepção jurídica teórica harmônica que se está buscando.

[166] STF, SE 5206-7, Rel. Min. Sepúlveda Pertence, *DJ* 30.04.2004. A constitucionalidade da Lei de Arbitragem (Lei 9.307/1996) foi reconhecida por maioria, em julgamento realizado em 12.12.2001.

[167] O presente estudo não tem por escopo cuidar da indisponibilidade sob a ótica dos direitos fundamentais, sobre este tema: "Em tema de disponibilidade dos direitos fundamentais, esse longo julgado é fulcral. Primeiro, porque a indisponibilidade foi compreendida, de modo uníssono, como a impossibilidade de abdicação, sob a forma de renúncia parcial, de um direito fundamental. Segundo, porque a indisponibilidade foi relacionada à limitação de liberdades constitucionalmente protegidas. Terceiro, porque foram discutidos os limites e o alcance da disposição de um direito fundamental. Quarto, porque, não obstante uma afirmação de que '(...) a questão da renúncia de direito fundamental, que, em princípio, são irrenunciáveis por sua própria natureza', foi admitida a disposição do direito fundamental de acesso à justiça estatal conforme delineada pela Lei de Arbitragem. Para obter a conclusão, entraram

a discussão principal girou em torno de apurar se haveria alguma ofensa à indisponibilidade do direito de acesso à Justiça e à jurisdição com a legislação arbitral, que estava *sub judice*. A conclusão foi pela constitucionalidade da lei e inexistência de ofensa ao texto constitucional, mas, em determinado momento, o acórdão identifica o direito disponível com a possibilidade de transação, ao afirmar que a arbitragem "(...) só pode ter por objeto a solução de conflitos sobre direitos disponíveis, ou seja, de direitos a respeito dos quais podem as partes transigir".[168]

Essa vinculação entre disponibilidade e transação é interessante e dialoga com as propostas que serão apresentadas na última parte deste livro.

Algumas outras decisões citam a indisponibilidade ao tratar de temas afeitos ao direito de família, como em causas que cuidam de alimentos, filiação e de tratativas patrimoniais em relacionamentos afetivos. O STJ considera a renúncia de alimentos entre ex-cônjuges ou companheiros como disponível ("às disposições relacionadas à divisão dos bens e dívidas em comum e, no caso, à renúncia de alimentos entre si, por se encontrarem na esfera de sua estrita disponibilidade, seus termos hão de ser considerados como verdadeira transação")[169] e vê o estado de filiação como indisponível (*uma vez que o reconhecimento do estado de filiação é direito personalíssimo, indisponível e imprescritível, assentado no princípio da dignidade da pessoa humana*).[170]

O mesmo tribunal também afirma a indisponibilidade da guarda de filhos (*sendo o direito de guarda dos filhos indisponível, não obstante admita transação a respeito de seu exercício, não há que se falar em presunção de veracidade dos fatos oriunda da revelia*).[171] Alguns acórdãos reconhecem uma ampla disponibilidade na transação entre as partes quando não há configuração de união estável, ainda que haja um relacionamento afetivo e sexual comprovado, inclusive gerando prole ("nesse passo, afastada a configuração da formação

---

em jogo a dicção do dispositivo constitucional, que consagra a inafastabilidade do controle jurisdicional, o histórico do enunciado normativo, além de outros fatores, como as necessidades sociais. Por fim, é muito pertinente o julgado para o tema deste artigo, pois nele é feita a distinção entre direitos patrimoniais disponíveis e direitos indisponíveis (patrimoniais ou não)" (MARTEL, Letícia de Campos Velho. Indisponibilidade de direitos fundamentais: conceito lacônico, consequências duvidosas. *Revista Espaço Jurídico*, Joaçaba, v. 11, n. 2, jul.-dez. 2010. p. 345).

[168] STF, SE 5.206-7, Rel. Min. Sepúlveda Pertence, *DJ* 30.04.2004. O voto do relator cita lição de José Frederico Marques no mesmo sentido.

[169] STJ, REsp 1.756.100/DF 2018/0119335-8, *DJe* 11.10.2018.

[170] STJ, AgInt no REsp 1.738.888/PE 2018/0103221-1, *DJe* 30.10.2018.

[171] STJ, REsp 1.773.290/MT 2018/0267135-4, *DJe* 24.05.2019.

2 · FILTRAGEM FUNCIONAL E CONSTITUCIONAL | 127

de união estável, no caso concreto, reconhece-se como transação particular de direitos disponíveis o acordo firmado entre as partes e apresentado a Juízo para homologação").[172]

Dessa maneira, percebe-se que o Superior Tribunal de Justiça tem se debruçado sobre a indisponibilidade de diversos institutos de direito de família. Ainda, em grande parte das situações, tem afirmado quais casos entende como de direito disponível e quais entende como de direito indisponível, com sinais de admissão de disponibilidade no exercício da pretensão de alguns direitos familiares – o que também será de grande utilidade para as propostas da terceira parte do livro.

Inúmeras decisões judiciais se orientam pela disponibilidade ou indisponibilidade dos direitos envolvidos na demanda para aplicar as consequências legais, sendo essa presença uma prova viva da relevância prática da ressignificação ora sustentada.

Por outro lado, o que se percebe é que as conclusões dos julgados apontam no sentido de apenas considerar determinado direito subjetivo ou como indisponível, ou como disponível, com sentidos díspares.[173] Além disso, sem verticalizar a análise de tal incidência dentro dos elementos da relação jurídica.

---

[172] STJ, REsp 1.558.015/PR 2015/0136813-3, *DJe* 23.10.2017.

[173] As referências pontuais aos entendimentos dos tribunais expostas nesta obra são realizadas a partir de uma seleção que utilizou um critério qualitativo de análise, pois não é objetivo desta pesquisa fazer uma análise quantitativa, que possa ser exaustivamente representativa da nossa jurisprudência. Quem se propôs a fazer tal pesquisa, sob o enfoque da indisponibilidade dos direitos fundamentais, foi Letícia Martel, e as suas conclusões podem ser úteis em nossa explanação acerca do tema; nesse aspecto, ela afirma: "O exame dos julgados tornou evidente que o conceito de 'indisponível' aplicado nem sempre é o mesmo. Em alguns, trata-se de direito não suscetível de abdicação total ou parcial, transação, acordo ou renúncia, desencadeada por manifestação do titular. Em outros, de direito gravado pelo interesse público ou coletivo, sem que isto implique, necessariamente, a impossibilidade de abdicação. Existem casos nos quais o conceito de indisponibilidade é combinado à possibilidade de o titular do direito decidir pleiteá-lo em juízo ou não. Sinteticamente, os sentidos encontrados na jurisprudência são: a) direitos que não podem sofrer ablações, mesmo que o titular coopere para tanto; b) direitos que não podem ser abdicados por manifestação pelo titular; c) direitos gravados pelo interesse público, sem que fique claro o significado de indisponível; d) direitos que não estão ao alcance de um indivíduo, por não ser ele o titular; e) direitos que devem ser pleiteados em juízo; f) direitos titularizados por pessoas que não possuem capacidade plena para abdicá-los" (MARTEL, Letícia de Campos Velho. Indisponibilidade de direitos fundamentais: conceito lacônico, consequências duvidosas. *Revista Espaço Jurídico*, Joaçaba, v. 11, n. 2, jul.-dez. 2010. p. 352).

Carlos Alberto de Salles é um dos autores que destaca essa inconsistência conceitual da indisponibilidade dos direitos, afirmando que "o problema, no entanto, é a falta de um sentido unitário ou uniforme dos conceitos envolvidos, usados para expressar situações normativas de natureza e efeitos muitos diversos. São conceitos com um sentido plurívoco".[174] Em sua abordagem, o autor sugere a distinção da indisponibilidade com meras situações de disponibilidade condicionada (nas quais apenas haveria condições específicas para o exercício da disponibilidade); a partir disso, sustenta a diferenciação entre a indisponibilidade material (inerente à natureza do próprio bem) e a normativa (imposta por normas jurídicas). Ainda, conclui apontando que, "mesmo estando envolvida a indisponibilidade, há a possibilidade de transação e, portanto, de soluções consensuais, a demonstrar que esse limite não pode ser considerado de maneira uniforme".[175]

Até o momento, é possível destacar que a doutrina parece descrever genericamente uma indisponibilidade que grava alguns direitos como um todo, em um sentido amplo,[176] com as decisões judiciais dos nossos tribunais aplicando uma indisponibilidade muito mais segmentada, restrita a aspectos bem determinados, o que se aproxima do entendimento aqui exarado.

---

[174] SALLES, Carlos Alberto de. A indisponibilidade e a solução consensual de controvérsias. In: PASTORE, Ana Claudia Ferreira. *Justiça Federal*: inovações e mecanismos consensuais de solução de conflitos. Brasília: Gazeta Jurídica, 2014. p. 211.

[175] SALLES, Carlos Alberto de. A indisponibilidade e a solução consensual de controvérsias. In: PASTORE, Ana Claudia Ferreira. *Justiça Federal*: inovações e mecanismos consensuais de solução de conflitos. Brasília: Gazeta Jurídica, 2014. p. 226.

[176] Em uma vasta pesquisa sob o enfoque dos direitos fundamentais, Letícia Martel: "Na pesquisa doutrinária, foi possível entrever um sentido prevalente para o termo 'indisponível', que significaria aquilo que não é passível de abdicação, nas mais diversas formas jurídicas que 'abdicar' pode assumir. Entretanto, não se pode comprovar o emprego unívoco da palavra, principalmente quando qualificadora do termo 'direito', pois, às vezes, refere-se ao bem tutelado pelo direito, em outras, à relação jurídica subjacente e em outras, ainda, a uma entidade altamente abstrata e abrangente cognominada 'direito'. Em repetidas ocasiões, a 'indisponibilidade' é referida na literatura jurídica como uma característica intrínseca ao conceito de direito fundamental. Quanto à possibilidade de disposição (no sentido de abdicação) de direitos fundamentais, foram encontradas três correntes, cujas diferenças não estão apenas no resultado a que chegam, mas também nos conceitos que esposam: a) indisponibilidade dos direitos fundamentais; b) disponibilidade relativa ou temperada dos direitos fundamentais (nesse grupo, a ideia é, normalmente, de indisponibilidade *prima facie*); c) disponibilidade *prima facie* dos direitos fundamentais" (MARTEL, Letícia de Campos Velho. Indisponibilidade de direitos fundamentais: conceito lacônico, consequências duvidosas. *Revista Espaço Jurídico*, Joaçaba, v. 11, n. 2, jul.-dez. 2010. p. 352).

Vislumbra-se que essa aparente dissonância entre a posição da doutrina e a posição adotada pelos nossos tribunais pode não ser integralmente incompatível, e a nossa proposta final pretende harmonizar ambas as posições.

Uma compreensão mais detida da temática da indisponibilidade dos direitos recomenda uma reflexão sobre os seus pontos de contato com os elementos específicos da relação jurídica.[177] Esse proceder pode vir a lapidar uma pedra de toque com condições de harmonizar a prática dos nossos tribunais com as lições da nossa doutrina.

A rememoração da distinção entre o direito subjetivo e a pretensão pode contribuir para a investigação analítica que se propõe. É fato que, muitas vezes, esses dois elementos são citados indistintamente, com sua separação ficando obnubilada, mas essa diferenciação pode ser útil para uma compreensão mais detida da indisponibilidade. Isso, porque uma visão clara desses dois elementos poderia indicar uma secção da sua incidência, podendo o direito subjetivo ser dotado de algumas restrições, mas, mesmo assim, a pretensão que lhe é correlata

---

[177] Anota-se que não se ignora que muitas teorias contemporâneas optam por partir da análise das situações jurídicas, as quais seriam pressupostas à própria relação jurídica. Entretanto, como um dos objetivos centrais desta pesquisa está no conflito familiar (que é invariavelmente relacional), entende-se possível partir do exame da própria relação jurídica. Pietro Perlingieri é esclarecedor ao expor o vínculo entre situações e relação jurídica: "A categoria geral das situações subjetivas inclui uma multiplicidade de figuras, classificadas como situações subjetivas ativas ou passivas. (...) Aqui é importante evidenciar súbito, de um ponto de vista metodológico, que a necessidade de considerar as situações subjetivas sempre de dentro de uma relação jurídica, da qual cada uma delas constitui um dos dois elementos estruturais, permite remover, como falso problema, a questão da prioridade lógica do dever ou do direito, como se um deva representar o termo originário tão somente a partir do qual seria concebível o outro. A rigor – como se verificará ao tratar da relação jurídica – da norma se originam contemporaneamente, sem qualquer precedência lógica, direitos e deveres" (PERLINGIERI, Pietro. *O direito civil na legalidade constitucional*. Trad. Maria Cristina de Cicco. Rio de Janeiro: Renovar, 2008. p. 672). No mesmo sentido, Francisco Amaral: "As situações jurídicas são, assim, conjuntos de direitos ou de deveres que se atribuem a determinados sujeitos, em virtude de circunstâncias em que eles se encontram ou das atividades que eles desenvolvem. Surgem como efeito de fatos ou atos jurídicos, e realizam-se como *possibilidade de ser, pretender ou fazer algo, de maneira garantida, nos limites atributivos das regras de direito*. Constituem uma categoria geral e abrangente, que compreende as diversas manifestações de poder e dever contidas na relação jurídica, como o direito subjetivo e o dever jurídico, e figuras afins abaixo descritas. O conceito de situação jurídica é, por isso, inseparável do de relação jurídica, que se pode também definir como a síntese de situações jurídicas correlatas" (AMARAL, Francisco. *Direito civil*: introdução. 7. ed. rev. e atual. Rio de Janeiro: Renovar, 2008. p. 222).

gozar de ampla disponibilidade. Importa compreender, por exemplo, se a cessão de um direito subjetivo difere do exercício da pretensão que lhe é correlata.[178]

A conceituação defendida por Pontes de Miranda define direito subjetivo, faculdade, pretensão e exercício da pretensão com clareza, o que pode ser profícuo na elucidação que se busca, em razão da relevância da compreensão desses aspectos do plano da eficácia.[179] Uma das hipóteses que se está a questionar é se, a partir da visão ponteana, a ligação de cada um desses elementos com a temática da indisponibilidade[180] pode apresentar diferentes resultados (ex.: pretende-se investigar se a indisponibilidade de determinado direito subjetivo pode se distinguir da indisponibilidade no exercício da pretensão desse direito).[181]

Para tanto, o primeiro passo é compreender o que aproxima e o que diferencia direito subjetivo de pretensão.[182] Pontes de Miranda é claro ao discorrer sobre o que entende por direito subjetivo:

---

[178] Em outros termos, quando dispomos de um direito, para transferi-lo por completo a outrem, estamos efetivamente cedendo o nosso respectivo direito (ex.: direito de propriedade sobre dado imóvel, que pode ser transferido de A para B). Situação diversa ocorre quando celebramos um negócio jurídico para exercermos o nosso direito, pois, nesse caso, não ocorre a transferência do direito de uma parte para outra (ex.: acordo de partilha de bens decorrente de um divórcio; ao fazê-lo, a parte está exercendo a parcela do direito que possui).

[179] "Direitos, deveres, pretensões, ações e exceções são efeitos. No tocante à eficácia, um dos erros em que mais incorrem os juristas é o de crerem em diferença entre situações e posições jurídicas e efeitos jurídicos; entre direitos, pretensões, ações, ou exceções, e eficácia dos fatos jurídicos. Os direitos, as pretensões, as ações, as exceções, como os deveres, as obrigações, as posições passivas nas ações e nas exceções, são eficácia dos fatos jurídicos. Todos eles se passam no plano da eficácia; e é aí que se pode pôr a questão concreta de existirem, ou não existirem, por alguma exceção. Ganha a ciência em separar, com precisão, o mundo fático, em que se compõem os suportes fáticos, e o mundo jurídico, em que somente entre o que está carimbado (digamos assim) pela incidência da regra jurídica. No mundo jurídico, penetram fatos (ditos jurídicos): eles é que são o conteúdo desse mundo" (PONTES DE MIRANDA, Francisco Cavalcanti. *Tratado de direito privado*. Atualização de Vilson Rodrigues Alves. Campinas: Bookseller, 2000. t. V. p. 41).

[180] "Titular do direito e poder de dispor; poder de dispor atribuído a outrem. Para o negócio jurídico de disposição é preciso que se tenha o poder de dispor, que é inconfundível com a capacidade, que é qualidade da pessoa, e não situação referente ao direito de que se dispõe. Há direitos indisponíveis e de disponibilidade limitada" (PONTES DE MIRANDA, Francisco Cavalcanti. *Tratado de direito privado*. Atualização de Vilson Rodrigues Alves. Campinas: Bookseller, 2000. t. V. p. 371).

[181] A partir disso, questiona-se: a alteração dos fatores iniciais alteraria o produto final da operação?

[182] "Tal como resulta de ellos, las 'pretensiones' pueden basarse tanto en una relación obligacional como en una relación jurídico-real, jurídico-familiar o hereditaria.

2 · FILTRAGEM FUNCIONAL E CONSTITUCIONAL | 131

> Rigorosamente, o direito subjetivo foi abstração, a que sutilmente se chegou, após o exame da eficácia dos fatos jurídicos criadores de direitos. A regra jurídica é *objetiva* e incide nos fatos; o suporte fático torna-se fato jurídico. O que, para alguém, determinantemente, dessa ocorrência emana, de vantajoso, é direito, já aqui *subjetivo*, porque se observa do lado desse alguém, que é o titular dele.[183]

Mais adiante, prossegue:

> Todo direito subjetivo, como produto da incidência de regra jurídica, é *limitação* à esfera de atividade de outro, ou de outros possíveis sujeitos de direito (= outras pessoas). (...) O direito subjetivo não é a faculdade, ainda que seja ela uma só; o direito subjetivo é que contém a faculdade. Porque o direito subjetivo é o poder jurídico de ter a faculdade. A faculdade é fática, é meio fático para a satisfação de interesses humanos; o direito subjetivo é jurídico, é meio jurídico para a satisfação desses interesses.[184]

A clareza conceitual do autor alagoano traz de pronto a distinção entre direito subjetivo[185] e faculdade: o direito subjetivo se apresenta no plano abstrato e é, efetivamente, o *poder jurídico de ter uma faculdade* (mas não se confunde com ela); já a faculdade se apresenta no plano fático e é, efetivamente, *o meio fático para a satisfação de determinados interesses humanos* (e não se confunde com o direito subjetivo que a sustenta).

A partir da distinção entre direito subjetivo (abstrato) e faculdade (fática), Pontes de Miranda define pretensão, afirmando que:

Respecto de la 'pretensión', se trata de un concepto técnico-jurídico que se aplica en la más diversas relaciones. La cuestión es determinar cuál es el contenido específico de tal concepto y en qué reside su función dentro del sistema legislativo" (LARENZ, Karl. *Derecho civil*: parte general. Trad. Miguel Izquierdo y Macías-Picavea. Santiago: Ediciones Olejnik, 2019. p. 204).

[183] PONTES DE MIRANDA, Francisco Cavalcanti. *Tratado de direito privado*. Atualização de Vilson Rodrigues Alves. Campinas: Bookseller, 2000. t. V. p. 263.

[184] PONTES DE MIRANDA, Francisco Cavalcanti. *Tratado de direito privado*. Atualização de Vilson Rodrigues Alves. Campinas: Bookseller, 2000. t. V. p. 271.

[185] Francisco Amaral traz um conceito de direito subjetivo que se coaduna com as diretrizes lançadas por Pontes de Miranda. "Direito subjetivo é o poder que a ordem jurídica confere a alguém de agir e de exigir de outrem determinado comportamento. Fugira típica da relação de direito privado e com ela até se confunde, manifesta-se como permissão jurídica com a qual se pode fazer ou ter o que não for proibido, como também exigir de outrem o cumprimento do respectivo dever, sob pena de sanção" (AMARAL, Francisco. *Direito civil*: introdução. 7. ed. rev. e atual. Rio de Janeiro: Renovar, 2008. p. 224).

Pretensão é a posição subjetiva de poder exigir de outrem alguma prestação positiva ou negativa. O correlato da pretensão é um dever "premível" do destinatário dela, talvez obrigação (no senso estrito), sempre obrigação (no sentido largo). Ao "posso" do titular da pretensão corresponde o "ser obrigado" do destinatário. Não há pretensão sem destinatário; nem obrigação, sem que haja a pretensão. (...) Pretensão é, pois, a tensão para algum ato ou omissão dirigida a alguém. O *pre* – está, aí, por "diante de si". O direito é dentro de si mesmo, tem extensão e intensidade; a pretensão lança-se. Não é o direito, nem a ação, nem, *a fortiori*, a "ação" (sentido processual) (...).[186]

A ideia de pretensão[187] fica atrelada à possibilidade de exigir de outrem determinada ação ou omissão e não se confunde com o direito subjetivo que lhe dá origem:[188] a pretensão seria, assim, um elemento do direito subjetivo.[189] No entendimento ponteano, a pretensão não se vincula, necessariamente, a

---

[186] PONTES DE MIRANDA, Francisco Cavalcanti. *Tratado de direito privado*. Atualização de Vilson Rodrigues Alves. Campinas: Bookseller, 2000. t. V. p. 503-504.

[187] "O direito que o titular do direito subjetivo tem de exigir de outrem uma determinada ação ou omissão chama-se, por influência do direito alemão, pretensão. O conceito de pretensão no direito civil deve-se a Windscheid, que trouxe para o direito material a *actio*, direito subjetivo processual do direito romano, que consistia, na época clássica, em uma faculdade de direito privado em face da parte contrária, e, posteriormente, como faculdade de direito público, do particular, em face do Estado, para exigir a proteção judicial. Para Windscheid, o direito subjetivo era uma realidade primária, enquanto a possibilidade de sua imposição, por via de uma ação, a pretensão, era uma realidade secundária. A pretensão surge, assim, como a direção pessoal do direito subjetivo e a possibilidade que tem seu titular de formular a correspondente reclamação judicial, ou, por outras palavras, é a legitimação material para exercer, por via de ação, uma exigência específica de uma pessoa frente a outra" (AMARAL, Francisco. *Direito civil*: introdução. 7. ed. rev. e atual. Rio de Janeiro: Renovar, 2008. p. 240).

[188] O próprio texto do Código Civil brasileiro não permite tal confusão, pois respeita essa distinção: "Art. 189. Violado o direito, nasce para o titular a pretensão, a qual se extingue, pela prescrição, nos prazos a que aludem os arts. 205 e 206".

[189] A pretensão se vincula ao direito subjetivo e não se encontra nos direitos potestativos: "Direito potestativo é o poder que a pessoa tem de influir na esfera jurídica de outrem, sem que este possa fazer algo que não se sujeitar" (AMARAL, Francisco. *Direito civil*: introdução. 7. ed. rev. e atual. Rio de Janeiro: Renovar, 2008. p. 236). Portanto, a pretensão tem importante papel na diferenciação entre os direitos subjetivos e os potestativos: "O conceito de pretensão pressupõe o de direito subjetivo e o do correspondente dever. Mas existem direitos que não dão origem a pretensões, os direitos potestativos, a que não correspondem deveres. O conceito de pretensão é, assim, útil para se distinguirem os direitos subjetivos dos direitos potestativos. Estes não têm deveres, não podem ser lesados, logo, não geram pretensão" (AMARAL, Francisco. *Direito civil*: introdução. 7. ed. rev. e atual. Rio de Janeiro: Renovar, 2008. p. 241).

2 · FILTRAGEM FUNCIONAL E CONSTITUCIONAL | 133

alguma lesão ou ameaça do direito, visto que esta pode existir mesmo sem tal presença. Com isso, ao mesmo tempo, distingue-se a pretensão de direito material da ação processual que lhe seria correlata.[190]

Na sua leitura, portanto, "a pretensão não é o direito; o direito pode existir sem ela. A pretensão pode extinguir-se sem que o direito se extinga; pretensões há, que podem ser cedidas, sem que se ceda o direito",[191] ou seja, são possíveis cessões de pretensões sem que isso signifique cessão do direito subjetivo.[192] Karl Larenz é outro autor que admite expressamente a possibilidade de transmissão de pretensões apartadas do direito subjetivo que lhe é correlato.[193]

Em vista disso, resta indene de dúvidas a distinção entre pretensão e direito subjetivo (ainda que possam estar interligadas).[194]

Uma última elucidação mostra-se relevante para o que se pretende, a que envolve compreender o significado conferido por Pontes de Miranda para o exercício de uma dada pretensão.

---

[190] Essa visão da pretensão como parte da relação jurídica foi apresentada originalmente por Windscheid, a partir da retomada da perspectiva de *actio* existente nas fontes romanas; e divergia do sentido de pretensão apresentado por Savigny, visto que este último vinculava pretensão a alguma violação do direito. Já Windscheid compreendia a pretensão apenas vinculada ao direito subjetivo, mesmo quando ausente qualquer lesão. A distinção é significativa. A proposta de Windscheid conquistou o direito privado alemão a tal ponto que lá essa categoria tem um papel central, diverso do que lhe é conferido aqui no Brasil. Para ler mais sobre pretensão em comparação com o direito alemão e o direito brasileiro: SILVA, Raul Campos. A pretensão no BGB alemão e no Código Civil brasileiro: perfis e compreensões. *Revista de Direito Privado*, São Paulo, v. 105, p. 205-326, jul.-set. 2020.

[191] PONTES DE MIRANDA, Francisco Cavalcanti. *Tratado de direito privado*. Atualização de Vilson Rodrigues Alves. Campinas: Bookseller, 2000. t. V. p. 526.

[192] "A pretensão não pode ser cedida, se o direito fica sem eficácia; se a transferência do direito não se pode dar sem que se ceda a pretensão, a cessão dessa é elemento do suporte fático da transferência" (PONTES DE MIRANDA, Francisco Cavalcanti. *Tratado de direito privado*. Atualização de Vilson Rodrigues Alves. Campinas: Bookseller, 2000. t. V. p. 527).

[193] Para o autor alemão, isso seria possível nas chamadas independentes: LARENZ, Karl. *Derecho civil*: parte general. Trad. Miguel Izquierdo y Macías-Picavea. Santiago: Ediciones Olejnik, 2019. p. 209.

[194] "As pretensões só são irrenunciáveis, quando a renúncia implicaria tirar-se toda a eficácia ao direito. Ora, *se o credor cede só a pretensão*, reservando-se, pois, o exercer o crédito sem o exigir (*e.g.*, por meio de compensação, ou de *ius retentionis*), *claro que não cedeu o direito*, nem fez remissão de dívida. A cissura é perceptível" (PONTES DE MIRANDA, Francisco Cavalcanti. *Tratado de direito privado*. Atualização de Vilson Rodrigues Alves. Campinas: Bookseller, 2000. t. V. p. 527 (grifos nossos)).

Todo direito, toda pretensão, toda ação e toda exceção tem o seu conteúdo. O ato, positivo ou negativo, do titular, segundo esse conteúdo, é o exercício do direito, da pretensão, da ação, ou da exceção. Se figurássemos qualquer deles como espaço limitado, seria como o ato de andar dentro desse espaço. (...) As pretensões exercem-se pelo fato, positivo ou negativo, tendente a que se cumpram. O exercício do direito é o enchimento do espaço-exercício, pelo ato do titular; a pretensão exerce-se no espaço-exercício, mas o enchimento há de ser pelo que tem a obrigação (que é o correlato da pretensão, como o dever é o do direito).[195]

A partir da afirmação que "as pretensões exercem-se pelo fato", fica indene de dúvidas que o exercício da pretensão ocorre no plano fático,[196] assim, quando presente, será possível percebê-lo de forma concreta.[197] Um olhar mais detido para o exercício da pretensão joga luz para a concretude da vida, o que é uma das intenções desta pesquisa.[198]

Nessa perspectiva, seria possível sustentar um determinado direito subjetivo como *algumas restrições*, mas, ao mesmo tempo, reconhecer uma

---

[195] PONTES DE MIRANDA, Francisco Cavalcanti. *Tratado de direito privado*. Atualização de Vilson Rodrigues Alves. Campinas: Bookseller, 2000. t. V. p. 103-106.

[196] "O exercício dos direitos subjetivos consiste na prática de atos próprios das faculdades que forma o conteúdo. (...) Cada pessoa deve exercer os seus direitos nos limites estabelecidos pelo conteúdo (faculdades) do próprio direito ou de disposições legais específicas que visam proteger os direitos das demais pessoas. A extensão dos direitos subjetivos é condicionada, portanto, por limites próprios da natureza do direito (intrínsecos) ou por limites externos estabelecidos pelo direito (extrínsecos)" (AMARAL, Francisco. *Direito civil*: introdução. 7. ed. rev. e atual. Rio de Janeiro: Renovar, 2008. p. 241-242).

[197] A mesma ótica é percebida na separação em três esferas, sendo uma delas vinculada ao exercício, apresentada na leitura de Pietro Perlingieri, que parte da análise da situação jurídica subjetiva: "Quanto foi dito até aqui permite manter distintas três diferentes noções: existência, titularidade e exercício das situações subjetivas. Uma situação subjetiva se diz 'existente' quando existe um fato jurídico com eficácia constitutiva; do fato nasce relação jurídica do qual a situação subjetiva faz parte. A titularidade, nas suas diversas formas, é a ligação entre a situação subjetiva e o sujeito. Exercício é qualquer comportamento que possa ter referência com a situação. Existência, titularidade e exercício dão lugar a três perfis sucessivos: a titularidade pressupõe a existência da situação, o exercício (normalmente) pressupõe a titularidade. Como regra geral, somente o titular da situação pode exercê-la, tutelando-a também em sede processual; todavia, existem hipóteses nas quais o legitimado ao exercício é um sujeito diverso" (PERLINGIERI, Pietro. *O direito civil na legalidade constitucional*. Trad. Maria Cristina de Cicco. Rio de Janeiro: Renovar, 2008. p. 724-725).

[198] Na forma expressamente indicada por um dos autores eleitos como marco teórico, Stefano Rodotà, nas diversas referências já citadas.

ampla disponibilidade no exercício da sua pretensão. Em outras palavras, a indisponibilidade do direito subjetivo implicaria uma limitação que impediria que ele fosse desvinculado ou obstado do seu titular; no entanto, a disponibilidade na pretensão significaria que, ao exercer esse direito, seria conferida uma margem de disponibilidade, ao próprio titular.[199] Logo, a rigor, esse direito não pode ser considerado indisponível.

Sugere-se a distinção entre as diversas restrições atualmente albergadas sob o manto da indisponibilidade. Algumas delas impactam apenas o direito subjetivo; outras se apresentam no exercício da pretensão, sendo esta uma das proposições fulcrais lançadas por esta obra. A mera impossibilidade de desvinculação de determinado direito subjetivo da esfera jurídica da pessoa não implica, necessariamente, restrições de indisponibilidade no exercício da pretensão. Logo, apenas esta intangibilidade[200] na ligação entre o direito subjetivo e o seu titular não é suficiente, por si só, para classificá-lo como de direito indisponível.

A restrição consistente em uma necessária vinculação do direito subjetivo com a pessoa é, muitas vezes, equivocadamente considerada como uma característica da "indisponibilidade" que demarcaria o instituto. Entretanto, esta mera intangibilidade do direito subjetivo é uma figura distinta da indisponibilidade, de modo que não podem ser confundidas. Prova disso, é que a intangibilidade afeta o direito subjetivo; já a indisponibilidade afeta a pretensão, com consequências e características diversas.

Consequentemente, sugere-se que apenas a proteção relativa à intangibilidade do direito subjetivo não deve ser motivo para classificá-lo como indisponível. Nessas hipóteses, o direito ou o instituto continuam sendo disponíveis, mas apenas possuem uma restrição que impõe a sua manutenção

---

[199] Nessa perspectiva, seria possível aventar uma renúncia à pretensão no plano material sem que isso implique a renúncia do direito subjetivo em si: "Embora seja um ato de disposição processual, a renúncia à pretensão poderá repercutir no plano material e afetar as situações jurídicas subjetivas materiais. Tratando-se de demanda condenatória envolvendo direitos a uma prestação (pagar quantia, dar, fazer, não fazer), a renúncia à pretensão processual implicará a renúncia à pretensão material – à exigibilidade – do direito em relação ao demandado. O direito subjetivo subsiste, mas o seu titular não poderá mais exigi-lo do réu/devedor" (RAMINA DE LUCCA, Rodrigo. *Disponibilidade processual*: a liberdade das partes no processo. São Paulo: Ed. RT, 2019. p. 249).

[200] Credita-se o uso dessa expressão a Carlos Alberto de Salles, para quem "Esse direcionamento normativo permite falar de um direcionamento à intangibilidade dessa espécie de direitos" (SALLES, Carlos Alberto de. *Arbitragem em contratos administrativos*. Rio de Janeiro: Forense, 2011. p. 288).

na esfera jurídica do titular (a qual não pode ser alterada). Somente quando se constatarem restrições relativas ao exercício da pretensão, como as que impedem a transação, é que se poderá considerar o instituto em apreço como de direito indisponível.

Em vista disso, o trabalho propõe a distinção entre as situações de simples intangibilidade do direito subjetivo das que envolvam a indisponibilidade da pretensão, sendo que apenas a última é passível de classificar determinado tema como *indisponível*. Esta diferenciação gera diversas consequências práticas.

O supracitado desmembramento dessas duas restrições reduz o espectro da indisponibilidade, tornando-a mais diminuta, o que é harmônico com as digressões teóricas anteriormente lançadas. Certamente é de outra indisponibilidade dos direitos que se está a tratar, não mais com a noção interventiva *forte* que se sedimentou em meados do século XX, a partir da qual a indisponibilidade de dado direito era tamanha que, para além da manutenção da sua vinculação com o titular, acabava por limitar drasticamente a sua esfera de gozo e exercício.

O que se está a sugerir, permita-se a repetição, é que, na atualidade, a mera existência de alguma restrição quanto a impossibilidade de desvinculação do direito do seu titular não é motivo para tornar o direito indisponível, máxime quando se for admitida alguma disponibilidade no exercício da pretensão.

Interessante observar que um trecho do voto proferido pelo relator, no *leading case* do Supremo Tribunal Federal que deliberou pela constitucionalidade da lei de arbitragem, já trazia uma afirmação que atrelava a disponibilidade à pretensão e não ao direito subjetivo:

> Prevaleceu, em contrário, a [posição] dos que – partindo de **disponibilidade da pretensão** objeto da lide – concluem que, da possibilidade de transação ou mesmo da renúncia do direito, surge a legitimidade do acordo que confia a terceiros a solução da controvérsia em torno dele (grifo nosso).[201]

Ainda, outro julgado significativo proferido pelo STF também se coaduna com a proposição que é lançada nesta parte da obra: trata-se do RE 248.869/SP,[202] no qual o tribunal permitiu que o Ministério Público ajuizasse uma ação de investigação de paternidade como substituto processual do filho menor de idade, por cuidar de direito de filiação, o qual é indisponível. No entanto, as discussões durante o julgamento contribuíram para que a conclusão

---

[201] STF, SE 5.206-7, Rel. Min. Sepúlveda Pertence, *DJ* 30.04.2004.
[202] STF, RE 248.869-1, Rel. Min. Maurício Corrêa, j. 07.08.2003.

apenas admitisse tal intervenção do *parquet* se houvesse manifestação nesse sentido do interessado (do filho ou da mãe como sua representante legal), pois, além de indisponível, o direito de filiação também o é personalíssimo.[203] Percebe-se, na solução engendrada, a admissão de alguma disponibilidade no exercício da pretensão, mesmo tendo como objeto um direito subjetivo atualmente considerado indisponível – esta modelagem será adotada nas propostas da parte final do trabalho.

Karl Larenz traz um exemplo que parece indicar no mesmo sentido, pois entende que "não é possível a renúncia da autoridade parental, tendo em vista que se trata ao mesmo tempo de um dever (...), entretanto o exercício da autoridade parental pode, com âmbito limitado, ser cedido a outrem".[204]

Propõe-se que a incidência das restrições na seara do direito de família seja apurada de forma decomposta, o que permitirá perceber as situações nas quais apenas o direito subjetivo inerente a tal instituto familiar seja tido por intangível,[205] mas remanesça alguma disponibilidade no exercício da sua pretensão.

A indisponibilidade que impacta no direito de família é constantemente relacionada também a atos de exercício da pretensão dos seus institutos, o que acaba por tornar tudo indisponível (tanto o direito subjetivo quanto a pretensão). Este embaralhamento traz consequências indevidas de diversas ordens. Sustenta-se relevante, portanto, a compreensão do momento do exercício da pretensão separadamente do de disposição do direito subjetivo que lhe é correlato. Esta maturidade analítica concede uma maior harmonia

---

[203] Ao citar a hipótese de renúncia em uma ação de filiação manejada contra quem se descobre, no curso do feito, não ser o pai, Rodrigo Ramina afirma: "A indisponibilidade é do direito de ter a filiação reconhecida, e não da pretensão de ver reconhecida a filiação contra quem não é genitor. Esse direito indisponível não está sendo prejudicado pelo ato de renúncia" (RAMINA DE LUCCA, Rodrigo. *Disponibilidade processual*: a liberdade das partes no processo. São Paulo: Ed. RT, 2019. p. 251). Em outros termos, a renúncia do exercício da pretensão não abala a indisponibilidade do direito subjetivo que a embasa.

[204] Tradução livre. No original: "No es posible una renuncia a la patria potestad, pues ésta es al propio tiempo un deber (...) no obstante, el ejercicio de la patria potestad puede, con alcance limitando, ser cedido a otro" (LARENZ, Karl. *Derecho civil*: parte general. Trad. Miguel Izquierdo y Macías-Picavea. Santiago: Ediciones Olejnik, 2019. p. 183).

[205] Essa "indisponibilidade" é tomada a partir do entendimento prevalecente na atualidade, pois a presente proposta sustenta que a mera existência de algumas restrições no que se refere ao direito subjetivo, mas com a coexistência de uma esfera de disponibilidade no exercício da pretensão, não permite que o direito (ou instituto) como um todo seja designado como indisponível.

teórica, aproximando a prática dos nossos tribunais as lições doutrinárias, e, ainda, pode descortinar novas possibilidades.

A clarificação de tais conceitos e elementos da relação jurídica, certamente, não é, muitas vezes, utilizada de forma técnica pelo legislador, o que não se ignora.[206] Também não se encontra na teoria ponteana uma vinculação explícita entre a noção de indisponibilidade ou disponibilidade e cada um desses elementos, o que não se questiona, pois as suas preocupações eram condizentes com o tempo no qual sua belíssima obra foi produzida.[207] Ainda assim, é de grande utilidade para esta obra o cotejo seccionado de tais elementos da relação jurídica (direito subjetivo e pretensão) com o traço conferido pelo legislador ao adjetivar algumas figuras jurídicas com a marca da indisponibilidade.

Entende-se que haveria uma duplicidade de objetivos ao, atualmente, se classificarem alguns direitos como indisponíveis:[208] de um lado, determinar que esse direito subjetivo não pode ser abstratamente desatrelado da pessoa (por sua relevância) – o que, na verdade, trataria da sua intangibilidade; de outro lado, indicar que o exercício da pretensão desse direito pode encontrar certas restrições, ou seja, limitações no plano fático – o que seria uma efetiva indisponibilidade.[209]

Determinadas circunstâncias envolveriam restrições tanto no direito subjetivo como na sua pretensão, o que desvelaria uma inequívoca indisponibilidade do instituto. Em outras palavras, em algumas situações, a limitação pode estar a gravar o direito subjetivo envolvido, o que significaria que ele não

---

[206] O próprio Pontes de Miranda era muito cioso dos conceitos, mas também tinha consciência de que a lei muitas vezes os "maltratava": "Por onde se vê que a ciência e a técnica do direito muito ganham em se partir de conceitos precisos de direito, subjetivado ou não, de pretensão, de ação e de exceção. Sem eles, dificulta-se qualquer inteligência da lei e dos livros. Tanto mais quanto por vezes tem de entender 'pretensão' onde a lei diz direito, ou entender que, na espécie, há direito, sem pretensão onde a lei diz que falta a ação" (PONTES DE MIRANDA, Francisco Cavalcanti. *Tratado de direito privado*. Atualização de Vilson Rodrigues Alves. Campinas: Bookseller, 2000. t. V. p. 506).

[207] Muitas filigranas da indisponibilidade de direitos são fruto das discussões advindas a partir da segunda metade do último século – portanto, em momento posterior à data da elaboração da teoria ponteana.

[208] Na nomenclatura atualmente utilizada pela doutrina majoritária.

[209] A complexidade dos institutos de direito de família pode fazer que, em muitos casos, o exercício da pretensão envolva tanto uma esfera existencial como outra patrimonial. Explica-se: o direito a alimentos tem claramente um aspecto existencial na sua fixação ou não, em dado caso concreto, mas – após fixado – traz também um aspecto patrimonial que envolve o valor dos referidos alimentos.

pode ser desvinculado da sua esfera jurídica da pessoa titular – intangibilidade; mas, em outro aspecto, ao mesmo tempo, também implicar restrições no exercício da pretensão desse respectivo direito – indisponibilidade.

Na atualidade, quando se afirma que alguns direitos são indisponíveis, pode-se estar a afirmar, por um lado, que eles não podem ser alijados da pessoa, o que se dá na dimensão jurídica abstrata (da pessoa com os seus direitos); mas, ao mesmo tempo, por outro flanco, também se extrai uma delimitação eficacial no momento do exercício da pretensão desse respectivo direito pelo seu titular (o que nem sempre é percebido) – isso se dá no plano fático. Exemplo dessa estirpe é o da guarda de filhos.

A comprovação dessa perspectiva implicaria, em um primeiro momento, que o titular não pode abrir mão desse direito[210] (não pode cedê-lo, aliená-lo, renunciá-lo);[211] mas também haveria restrições no exercício da pretensão desse direito (ex.: no momento do exercício da pretensão em juízo, o titular pode não sofrer as consequências da revelia, conforme prevê o art. 345, II, do CPC).[212]

Conforme assevera Yussef Cahali: "a irrenunciabilidade atinge o direito; não porém o seu exercício",[213] em afirmação que já admite uma diferenciação entre a esfera abstrata do direito subjetivo e a concreta do exercício – tal como se está a propor.

A partir disso, resta possível perceber que restrições relativas ao exercício da pretensão devem ser reguladas por expressa disposição legal, estipuladas pelo legislador. O reconhecimento de uma disponibilidade *prima facie* para os institutos de direito de família leva, inexoravelmente, a essa compreensão.

Em determinadas situações, pode-se entender o direito subjetivo como intangível abstratamente; entretanto, é possível que o ordenamento jurídico não grave o exercício da pretensão com nenhuma restrição, de modo que,

---

[210] "Os direitos de personalidade e os direitos de família são intransferíveis" (PONTES DE MIRANDA, Francisco Cavalcanti. *Tratado de direito privado*. Atualização de Vilson Rodrigues Alves. Campinas: Bookseller, 2000. t. V. p. 381).

[211] Por essa ótica, não se vislumbraria possível um acordo prévio pelo qual a pessoa abra mão de alimentos futuros.

[212] Intui-se, assim, que a indisponibilidade do direito subjetivo pode ser uma coisa, que seria distinta da compreensão da indisponibilidade do exercício da pretensão. A proteção com o crivo da indisponibilidade não significaria apenas que você não pode abrir mão do seu direito a alimentos, mas também implicaria dizer que o exercício desse direito deve ser realizado dentro de algumas balizas. A percepção do exercício da pretensão poderia indicar que, por vezes, ela pode ter esferas existenciais, e também pode ter esferas patrimoniais.

[213] CAHALI, Yussef Said. *Dos alimentos*. 8. ed. rev. e atual. São Paulo: Ed. RT, 2013. p. 51.

em vista disso, o seu exercício seria dotado de disponibilidade. Nesses casos, o referido instituto deve ser considerado *disponível com uma restrição de intangibilidade que grava o direito subjetivo.*

É fato que determinadas delimitações eficaciais podem ser postas pela legislação quanto à pretensão, mas, na ausência delas, deve ser reconhecida a disponibilidade nessa esfera concreta do seu exercício – ou seja, no silêncio da lei, presume-se a disponibilidade.

Cogita-se, portanto, a existência de um duplo vértice das restrições que gravam o direito de família: um deles atinge o direito subjetivo em si – intangibilidade (com um significado), outro atinge o exercício da pretensão – indisponibilidade (com outro significado).[214] Atualmente, muitas definições englobam ambas as restrições sob a nomenclatura da indisponibilidade, e se entende essa aglutinação como equivocada e, diante disso, defende-se a sua revisão.

Logo, um instituto que possua apenas restrições de intangibilidade quanto ao direito subjetivo, mas não possua limitações no exercício da sua pretensão, deve ser considerado disponível.

Essa diferenciação poderá ser de grande valia quando da compreensão das restrições impostas para a transigibilidade[215] e a arbitrabilidade[216] de muitos institutos familiares. A prática tem demonstrado que as maiores discussões se encontram no momento do exercício da pretensão desses direitos; assim, a segmentação, anteriormente sugerida, pode robustecer a análise.

---

[214] Uma demonstração de que a indisponibilidade pode atingir de forma diferente os diversos elementos da relação jurídica é a posição de Letícia Martel, que faz o mesmo raciocínio, mas em sentido contrário, ao afirmar que há "casos nos quais o bem está gravado pela indisponibilidade quanto ao titular do direito; todavia, aceita-se que o titular possa alienar, ceder ou renunciar o direito. Nesse diapasão, não se pode confundir nem igualar a disposição de um bem juridicamente tutelado com a disposição do direito que o protege, pois são institutos distintos" (MARTEL, Letícia de Campos Velho. Indisponibilidade de direitos fundamentais: conceito lacônico, consequências duvidosas. *Revista Espaço Jurídico*, Joaçaba, v. 11, n. 2, jul.-dez. 2010. p. 351).

[215] A práxis tem indicado que há ressalvas quanto à disposição do direito em si pelo seu titular (impedindo-o de transigir sobre ele como um todo), mas também há restrições que balizam o exercício desse direito pelo próprio titular (que trazem restrições às transações possíveis na realização desse direito). Acredita-se que tais diferenciações anteriormente elencadas podem ser úteis nos capítulos seguintes do trabalho.

[216] No que se refere à arbitrabilidade, essa distinção pode ser útil nas propostas que estão sustentando que as repercussões patrimoniais de direitos indisponíveis poderiam ser arbitráveis. Essa afirmação parece levar em conta o duplo vértice ora ventilado, pois parece que os referidos arbitralistas poderiam estar dizendo que "o direito subjetivo pode ser indisponível", mas a "esfera patrimonial do exercício da pretensão desse direito pode ser considerada disponível".

Sustenta-se que o cotejo analítico das restrições que incidem no direito de família com os diversos elementos da relação jurídica,[217] em especial em face do direito subjetivo e da pretensão, pode gerar resultados diferentes. Ao final dessas operações, portanto, poderão transparecer outros espaços de disponibilidades. Esse proceder indicará que o reconhecimento de uma esfera de disponibilidade no exercício da pretensão não recomenda que todo o referido direito seja tido por indisponível.

Um exemplo no direito de família: atualmente, reitera-se a afirmação de que "os alimentos são indisponíveis", o que leva à conclusão de que não se admitiria qualquer disponibilidade quando do trato de tais temas. Caso se aplicasse a decomposição, proposta no presente livro, a análise das restrições se faria em dois momentos: primeiro, em face do direito subjetivo aos alimentos; e o segundo, em face do exercício da pretensão desse direito aos alimentos. Consequentemente, poder-se-ia concluir que o direito subjetivo aos alimentos é efetivamente *intangível* (a pessoa não pode ficar sem esse direito), mas seria possível concluir que o exercício da pretensão desse direito seria *disponível* (admitindo-se, portanto, que os envolvidos transacionem sobre o valor da verba alimentar).

Outro entendimento exarado sobre alimentos torna ainda mais cristalino o que se está a expor: a doutrina e a jurisprudência são unânimes ao reiterar a "indisponibilidade" do direito aos alimentos, mas, quando a verba se refere a ex-cônjuges ou companheiros, o STJ admite a "renúncia de alimentos entre si, por se encontrarem na esfera de sua estrita disponibilidade".[218] Na prática, o tribunal está reconhecendo certa *intangibilidade* do direito subjetivo, mas, ao mesmo tempo, está admitindo uma *disponibilidade* no exercício da pretensão (renúncia). Frise-se que parte da doutrina entende nesse mesmo sentido.[219]

---

[217] A partir da leitura ponteana anteriormente exposta.

[218] STJ, REsp 1.756.100/DF 2018/0119335-8, *DJe* 11.10.2018: "às disposições relacionadas à divisão dos bens e dívidas em comum e, no caso, à renúncia de alimentos entre si, por se encontrarem na esfera de sua estrita disponibilidade, seus termos hão de ser considerados como verdadeira transação".

[219] "Aliás, em sede judicial, pode o titular de direitos transigir mesmo sobre direitos indisponíveis, em inúmeros casos, como na questão do *quantum debeatur* (mas não no *an debeatur*), como bem lembra Carreira Alvim. Assim, portanto, não é por serem certos direitos indisponíveis, tão somente, que não poderão as partes sobre eles efetuar transação. Os exemplos são numerosos: os direitos relativos a alimentos, embora indisponíveis, podem ser objeto de negociação entre o alimentando e o alimentado, como o valor, a periodicidade, a forma de prestação, etc., podendo as partes chegar a acordo aceitável para ambas, cada qual cedendo em suas posições originais, e homologando o acordo judicial, pondo fim ao processo de separação

Cumpre destacar que a praxe forense já convive com transações de valores de verba alimentar, no entanto a doutrina ainda vacila ao explicitar como se justificaria essa transação (e até renúncia) de um direito tido por indisponível. A proposta ora lançada acomoda dogmaticamente tal questão, bem como inaugura outras possibilidades. Isso, porque, na perspectiva sugerida, o direito de alimentos teria o seu direito subjetivo intangível, mas a sua pretensão seria disponível.

A distinção entre a intangibilidade do direito subjetivo e um possível grau de disponibilidade no exercício da pretensão desse mesmo direito é uma das ideias ora sustentadas. Consequentemente, um direito com essa configuração não deverá mais ser classificado como pura e simplesmente indisponível, sendo mais indicado compreendê-lo apenas como um direito com restrições de disponibilidade no que toca ao direito subjetivo, mas que possui disponibilidade no exercício da pretensão.

Todavia, o contributo efetivo do que se está a lançar ficará mais bem delineado quando da apresentação dos contornos da ressignificação para a indisponibilidade dos direitos e os seus respectivos efeitos, tema que será laborado na terceira e última parte desta obra.

---

ou ao de revisão de pensão alimentícia. Não se confunde a indisponibilidade do direito com a incapacidade de consentir" (CRETELLA NETO, José. *Fundamentos principiológicos do processo civil*. 3. ed. rev., atual. e ampl. São Paulo: Ed. RT, 2018. p. 400).

3

RELEITURA E EFEITOS JURÍDICOS

3.1 BALIZAS PARA UM SENTIDO ATUALIZADO DA INDISPONIBILIDADE DOS DIREITOS

Não se encontram muitos trabalhos que tenham por objeto discorrer sobre o conceito e as características dos chamados direitos disponíveis e indisponíveis, o que chama a atenção, pois essas definições são de grande relevância prática. Conforme destaca Carlos Aberto de Salles:

> Vem sendo dada pouca atenção à conceituação de disponibilidade e indisponibilidade, muito embora esses conceitos tenham um papel estruturante na maneira pela qual o direito contemporâneo se organiza, respondendo pela tarefa de delimitar o campo sujeito à exclusiva autonomia da vontade das partes, em contraposição àquele no qual ela não pode operar, parcial ou inteiramente.[1]

Prevalece uma tradução expansiva da noção de indisponibilidade de dado direito, com essa característica, por si só, passando a acarretar duas consequências: a primeira, consistente na necessária vinculação do direito com a pessoa titular (enquanto direito subjetivo); e uma segunda, representada por uma vedação de quaisquer atos de liberalidade no momento da realização desse direito pelo seu titular (restrições severas obstam o exercício da pretensão). Essa interpretação ampliativa e hipertrofiada da indisponibilidade é reiteradamente repisada, mas não se mostra mais compatível com o quadro de liberdades garantido pelo Estado Constitucional.

A segunda consequência (restrições no exercício do direito) parece estar sendo inadequadamente apresentada e não deve ser presumida. Por conseguinte, essa compreensão ampliativa da indisponibilidade pode gerar

---

[1] SALLES, Carlos Alberto de. *Arbitragem em contratos administrativos*. Rio de Janeiro: Forense, 2011. p. 288.

a negação do próprio direito que pretendia proteger, o que é inadmissível. Esse descompasso merece ser denunciado, o que permitirá que as definições que levaram a tal estado de coisas sejam revistas.

A indisponibilidade grava os direitos eleitos como um dos mais relevantes para as pessoas e para a coletividade,[2] mas tal especialidade não pode gerar uma amputação da possibilidade de escolhas, sobretudo no momento da realização do respectivo direito pelo seu próprio titular. A própria importância reconhecida impede a imposição autoritária de posições. Assim, urge encontrar uma proteção que não signifique supressão de oportunidades.

Importante mencionar que não pairam dúvidas em relação ao fato de que a indisponibilidade dos direitos indica que o direito subjetivo não deve ser desatrelado do seu titular em nenhuma hipótese, o que denota a sua intangibilidade. No entanto, ainda assim, deve ser respeitada a liberdade no momento do seu exercício, particularmente quando a lei não dispõe expressamente em sentido contrário. Esse é o sentido que se mostra civil e constitucionalmente adequado. Em outros termos, na atualidade, a primeira consequência supracitada pode ser mantida (intangibilidade), mas a segunda deve ser repensada e reconfigurada (indisponibilidade).

A averiguação de uma disponibilidade por camadas, como a que se está a sugerir, colocada à prova de forma analítica diante dos elementos da relação jurídica, aclarará os espaços de disponibilidades e as pontuais restrições que incidam quanto a determinado direito.

Sustenta-se, nessa medida, uma disponibilidade *prima facie* que deve imperar no direito privado, de modo que toda indisponibilidade deve ser legalmente justificada. O cenário contemporâneo não permite conviver com restrições de liberdades que não mais se sustentem dogmaticamente, no contexto de um sistema jurídico pautado na liberdade. O simples fato de determinados direitos serem de importância ímpar para as pessoas e, de algum modo, para toda a sociedade não justifica, *de per si*, a imposição

---

[2] "A sociedade, com sua regularidade, não é nada externo aos indivíduos; tampouco é simplesmente um 'objeto' 'oposto' ao indivíduo; ela é aquilo que todo indivíduo quer dizer quando diz 'nós'. Mas esse nós' não passa a existir porque um grande número de pessoas isoladas que dizem 'eu' a si mesmas posteriormente se une e resolve formar uma associação. As funções e relações interpessoais que expressamos com partículas gramaticais como 'eu', 'você', 'ele', 'ela', 'nós' e 'eles' são interdependentes. Nenhuma delas existe sem as outras. E a função do 'nós' inclui todas as demais. Comparado àquilo a que ela se refere, tudo o que podemos chamar 'eu', ou até 'você', é apenas parte" (ELIAS, Norbert. *A sociedade dos indivíduos*. Rio de Janeiro: Zahar, 1994. Edição do Kindle. p. 82).

de indisponibilidades de exercício para o próprio titular desse direito. Essa contradição merece ser superada. A relevância de determinado direito deve indicar ainda mais a necessidade de respeito à possibilidade de escolhas por parte do seu titular quando do seu efetivo manejo.

Parece possível acomodar a proteção relativa à vinculação do direito com a pessoa, mantendo-se determinado grau de autonomia do titular no momento do exercício do respectivo direito. Nesse contexto, a ótica protetiva do presente não pode ter o significado de supressão de liberdades, visto que é necessário proteger sem "sufocar". O Estado deve apenas garantir o direito, justamente para que, no momento adequado, o seu titular o exerça e faça as suas legítimas escolhas. O atual instrumental jurídico permite proteger determinado direito tido como relevante, garantindo que ele esteja sempre atrelado a determinadas pessoas, mas sem que isso importe em tolher a autonomia do titular quando do exercício dos atributos inerentes a esse próprio direito.

O formato ora sugerido indica que o sentido atual de muitas restrições estão a indicar apenas uma vedação para que dado direito subjetivo não possa ser desatrelado do titular, ou seja, nenhuma pessoa pode ter esse direito alijado da sua esfera jurídica. No entanto, isso não deve implicar, necessariamente, vedação a quaisquer atos de liberdade na efetiva realização desse direito.

Não se nega que possam existir algumas restrições específicas no exercício de tais pretensões previstas em lei, mas – fora desses casos – as liberdades devem prevalecer no momento da concretização do direito pelo seu titular. Caso existam as referidas restrições legais atinentes ao exercício (tais como as relativas à confissão e à revelia previstas na legislação processual), estas devem imperar, mas apenas na forma expressamente prevista em lei.

Esses seriam os contornos de uma indisponibilidade *fraca*, que distingue as distintas restrições presentes no nosso sistema: uma coisa é a *intangibilidade abstrata* do direito subjetivo, consistente na necessidade de vinculação do direito com a pessoa, e outra consiste em restrições legais quanto ao exercício, que implicam *indisponibilidade concreta*.

A perspectiva de uma indisponibilidade mais tênue é harmônica com as digressões teóricas anteriormente lançadas e mostra-se mais apropriada ao cenário atual. Certamente, é de outra indisponibilidade dos direitos que se está a tratar, não mais com a noção *forte* que se sedimentou a partir de meados do século XX, quando o entendimento sobre a indisponibilidade de dado direito era tamanho que, para além da manutenção da sua vinculação com o titular, também acabava por limitar drasticamente a sua esfera de gozo e exercício.

A mudança proposta é paradigmática[3] e pode ter efeitos bastante expressivos que promovam a igualdade e a solidariedade dentro das relações familiares.

Esses efeitos, além disso, podem ser significativos.[4] Carlos Alberto de Salles percebe a ausência de unicidade de sentidos quando da definição da indisponibilidade; a sua ótica tem a preocupação voltada para os contratos administrativos, é bem verdade, mas o seu diagnóstico também se amolda aos conceitos que imperam no direito privado. Diz ele que:

> O problema, no entanto, é a falta de um sentido unitário ou uniforme dos conceitos envolvidos, usados para expressar situações normativas de natureza e efeitos muito diversos. São conceitos com um sentido plurívoco, que acabam por conduzir à sua utilização em uma extensão indevida, qualificando, como indisponíveis, situações jurídicas as quais esse atributo não deveria ser aplicado.[5]

Em tempos de modernidade líquida, complexidade e instabilidade, é tarefa hercúlea a busca por definições e delineações específicas. Portanto, esse é um dos motivos pelos quais esta proposição não é conceitual, mas sugere apenas outra acepção jurídica. Ainda assim, levando-se em conta os aportes anteriormente apresentados, parece possível afirmar que, para o Direito Civil contemporâneo, há *compreensão de que as restrições atualmente albergadas genericamente como relativas a "indisponibilidades objetivas" são, em realidade, de duas ordens: a primeira consiste na existência de restrições que impedem a desvinculação abstrata do direito subjetivo da pessoa titular, o que indica somente a sua* **intangibilidade***; já a* segunda *envolve limitações no exercício concreto da pretensão, e apenas esta última indica, portanto, uma característica de* **indisponibilidade***.*

Consequentemente, quando a intangibilidade se referir apenas à ligação do direito subjetivo com o titular, sem restrições no exercício da pretensão,

---

[3]   KUHN, Thomas S. *A estrutura das revoluções científicas*. Trad. Beatriz Vianna Boeira e Nelson Boeira. São Paulo: Perspectiva, 2009. p. 215-218.

[4]   "Justifica-se, dessa forma, a mudança do paradigma da indisponibilidade para a disponibilidade de interesses familiares, a fim de se garantir o valor da igualdade e da solidariedade na diversidade das relações familiares" (MULTEDO, Renata Vilela. A potencialidade dos pactos consensuais do fim da conjugalidade. In: TEIXEIRA, Ana Carolina Brochado; RODRIGUES, Renata de Lima (coord.). *Contratos, família e sucessões*: diálogos interdisciplinares. 2. ed. Indaiatuba: Foco, 2021. p. 248).

[5]   SALLES, Carlos Alberto de. *Arbitragem em contratos administrativos*. Rio de Janeiro: Forense, 2011. p. 289.

esse direito não deverá ser tido como indisponível, mas, sim, como de direito disponível com restrições de intangibilidade relativamente à ligação do direito subjetivo com a pessoa (*v.g.*, alimentos entre ex-cônjuges ou companheiros). Ou seja, os temas familiares em exame só deverão ser considerados como "de direito indisponível" se houver restrições incidindo tanto na intangibilidade do direito subjetivo quanto no exercício da pretensão (*v.g.*, guarda e convivência familiar). Esse incremento teórico pode melhor corresponder às demandas da atualidade e, ainda, se harmoniza com a nossa atual tessitura jurídica.

Caso inexistam restrições ao exercício da pretensão, o direito não mais deve ser apontado como indisponível, mas, sim, considerado um *direito disponível com restrição de intangibilidade relativa ao direito subjetivo.*

Esse significado mantém o direito subjetivo atrelado ao titular, tal qual objetiva a própria gênese da proteção almejada, bem como anota que é possível que existam algumas restrições no exercício da pretensão, quando a lei assim dispuser, mas sem que isso possa fulminar toda a liberdade e autonomia. A partir dessa modelagem, em regra, haverá ampla possibilidade de escolhas para o titular quando do seu exercício do direito. Isso permite atos de disposição relativos às repercussões patrimoniais de determinado direito atualmente tido por indisponível (mas que, em realidade, só tem o seu direito subjetivo intangível). Exemplifica-se: toda pessoa tem o seu direito de imagem (cuja desvinculação do titular é vedada), mas são possíveis atos de disposição relativos às projeções patrimoniais dele decorrentes.

Tal configuração parece melhor retratar a proteção constitucionalmente orientada, nos dias atuais, pois preserva o direito com o seu titular (que é o objetivo constante e principal da indisponibilidade), mas permite que ele delibere de acordo com as suas opções pessoais quando for exercer aquele dado direito (outra garantia que não pode ser mitigada).

Essa proposta ainda compatibiliza a teoria das indisponibilidades com a instigante expressão "direitos indisponíveis que admitam transação", que foi utilizada pela Lei de Mediação:[6] nesses casos, o direito subjetivo seria *indisponível* (na visão adotada pelo legislador), mas, como inexiste restrição na esfera relativa ao exercício da pretensão, ele *admite transação*. A alternância de enfoque proposta permite perceber que, a rigor, esse direito é disponível e apenas possui restrições pontuais de intangibilidade (ligadas ao direito subjetivo). A praxe jurídica já labora com contextos similares, sendo necessário somente que a doutrina compatibilize os seus contornos com o que a legislação e a realidade judiciária já sinalizam.

---

6   Lei 13.140/2015, art. 3º.

Portanto, a perspectiva de proteção de determinados direitos em si, atualmente, está muito mais atrelada à manutenção da sua titularidade do que ligada à vedação de escolhas no momento da realização do referido direito (até mesmo na opção pela via da arbitragem, por exemplo). Ainda, podem existir limitações também vinculadas ao exercício do direito, incidindo na pretensão, mas estas sempre com expressa previsão legal; fora isso, impera a autodeterminação.

Nesse contexto, a título de exemplo: nenhuma pessoa pode ficar sem direito aos alimentos (é inválida qualquer tratativa nesse sentido), mas, quando do efetivo exercício desse direito, é admitido um grau de liberdade para fixação do seu valor (no caso de ex-cônjuges, isso significa até a possibilidade de renúncia de quantia); as exceções relativas ao exercício são as traçadas pela legislação processual (como as restrições aos efeitos da confissão e da revelia). Portanto, os alimentos passam a ser vistos como dotados de disponibilidade, mas que possuem determinadas limitações.

Esse é o contorno da disponibilidade e da indisponibilidade dos direitos que harmoniza a teoria e a praxe jurídica do presente, em especial, para os desafios que se apresentam nos conflitos familiares. A aplicação dessa ressignificação no atual direito de família brasileiro pode gerar interessantes frutos.

A indisponibilidade no âmbito do direito de família também deve apenas objetivar a proteção da pessoa, abandonando os seus resquícios de controle social. A escorreita compreensão da dimensão funcional da indisponibilidade auxilia na assimilação de como ela deve impactar os litígios familiares da atualidade. Desse modo, promovendo proteção sem oprimir escolhas, quando isso não é necessário.[7]

Ao mesmo tempo e paralelamente, cabe perscrutar se a pretendida proteção está sendo realizada na concretude das famílias (mas não de modo casuístico), não sendo suficiente apenas uma análise abstrata dessa intenção. Essa percepção concreta não significa que seja casuística, mas, sim, que atente para a efetividade geral das disposições, o que permitirá manter as restrições que estejam concretamente atendendo a sua finalidade, mas também permi-

---

[7] "Na verdade, nos dias de hoje, o Direito da família vive a angústia da procura de um equilíbrio entre o reconhecimento da liberdade e autonomia de cada um dos seus membros – reclamado pelas tendências sociológicas da individualização e privatização da vida familiar, bem como pela influência das Teorias Liberais e Libertaristas – e a necessidade da intervenção do Estado para promoção e protecção da família – enquanto comunidade dotada de relevância social e jurídica – e para a protecção dos seus membros mais vulneráveis" (MARTINS, Rosa Andrea Simões Cândido. *A família entre o público e o privado*: a proposta metodológica da autonomia relacional na análise do regime jurídico do casamento. Coimbra: Almedina, 2020. p. 452).

tirá afastar aquelas que não estejam. Reitera-se que não se está a sustentar que um direito possa ser disponível em um caso e indisponível em outro, mas, sim, que a adoção geral de qualquer restrição de intangibilidade ou de indisponibilidade deve levar em conta o resultado prático do que pretende obstar (em um olhar como sociedade e sistema jurídico).

Ainda, quanto aos institutos jusfamiliares, a adoção da perspectiva *prima facie* disponível gera uma mudança no ônus argumentativo, exigindo que toda indisponibilidade seja fundamentada.

Em outros termos, não é apenas por estar envolto em uma relação familiar que o instituto em si já terá a pecha de indisponível. Mesmo temas familiares poderão receber a marca de disponíveis ou de indisponíveis. Para tanto, será necessário analisar mais detidamente o caso em si para verificar se há ou não alguma indisponibilidade. No caso de não se encontrar, prevalecerá a disponibilidade. Nas hipóteses de restrições pontuais existentes apenas na figura do direito subjetivo, mas com a manutenção da disponibilidade no exercício da pretensão, afigura-se disponível o aludido direito.

Essa é a dinâmica de filtragem sugerida para apuração de uma tradução atual da disponibilidade e indisponibilidade dos institutos familiares, sendo uma das paragens centrais deste livro.

Em outros termos, inverte-se a lógica atual; assim, a indisponibilidade usualmente atrelada ao direito de família deixa de ser uma regra e passa a ser vista como uma exceção, o que exige fundamentação adequada. A partir disso, pode ser apurada a natureza de cada um dos institutos que fazem parte do direito de família (se disponível ou indisponível). Caso incida alguma restrição objetiva, importa averiguar se há restrições quanto ao exercício do direito, ou, então, somente aquelas que dizem respeito à vinculação do direito subjetivo com a pessoa titular, que seriam mera intangibilidade.

Uma análise detida poderá indicar também que a constatação dessa indisponibilidade pode ser realizada tanto no aspecto subjetivo (a partir das pessoas envolvidas) como no aspecto objetivo (a partir do tema objeto de análise). No que diz respeito a uma indisponibilidade subjetiva, por exemplo, questões que envolvem crianças e adolescentes estão submetidas a uma diretriz constitucional de preservação do seu melhor interesse, proteção integral e tutela parcial pelo Ministério Público e pelo Poder Judiciário. Assim, orientação essa que é reiterada pelo nosso ordenamento civil[8] e processual civil,[9] o que confirma a ótica de defesa dos seus interesses (muitas vezes, até mesmo em razão dos seus pais).

---

[8]   Estatuto da Criança e do Adolescente, arts. 27 e 201, IX.
[9]   Código de Processo Civil, art. 178.

O mesmo pode ser extraído das demandas que envolvem curatelados e os sujeitos a uma tomada de decisão apoiada, em virtude da vulnerabilidade[10] de tais pessoas. Ainda, em decorrência do sistema protetivo estabelecido pelo Direito brasileiro, há uma diretriz de proteção que verte desde a Constituição (e prossegue via Estatuto da Pessoa com Deficiência,[11] com natureza de emenda constitucional) e se espraia para todo o nosso sistema. Em ambas as situações (crianças/adolescentes e curatelados/submetidos à tomada de decisão apoiada), há expressa previsão legal quanto às limitações incidentes no exercício da pretensão.

Assim, no caso de umas restrições de natureza objetiva, também a título de exemplo, é possível constatá-las nas questões afeitas à alteração de estado civil,[12] como o casamento e o divórcio. A Constituição Federal reitera a diretriz do matrimônio civil com a sua celebração por entes do Estado (ainda que delegados), bem como traça a permissão para o divórcio (deveras simplificado após a Emenda 66/2010), sempre com a chancela de um órgão público. Todo o nosso sistema civil, processual e registral declara essa atuação estatal nos momentos relevantes para a alteração do estado civil: casamento e divórcio – em especial. Igualmente, as últimas facilitações aprovadas com significativas mudanças legislativas, como a permissão para celebração de divórcio em serventias extrajudiciais, mantiveram a realização desses atos com entes delegados do Estado. O intuito é de proteção da pessoa e da própria coletividade, diante das inúmeras repercussões que a alteração do estado civil traz, tanto para os envolvidos como para inúmeras relações públicas e privadas.

Na dissolução do matrimônio, transparece uma preocupação com a solenidade e a publicidade do ato. Não se ignora a necessidade da viabilização da ciência de terceiros e da sociedade, para a qual o estado civil de uma

---

[10] "Por constituir o Direito disciplina da convivência humana, é essencial que a interação entre os indivíduos seja considerada a partir da realidade marcada por tantas disparidades. Não há como olvidar, assim, o vasto e complexo campo da vulnerabilidade econômica e civil. Em especial, no Brasil – país onde as desigualdades sociais grassam há longo tempo – é importante identificar como se deu a reação do legislador diante da constatação de desigualdades e das reinvindicações sociais por maiores oportunidade de equalização" (TARTUCE, Fernanda. *Igualdade e vulnerabilidade no processo civil*. Rio de Janeiro: Forense, 2012. p. 166).

[11] Lei 13.146/2015.

[12] "As relações de família são ainda de grande significação na determinação do estado da pessoa, no seio da família, ou no que toca à existência de vínculo matrimonial (estado civil de solteiro, casado, desquitado, viúvo); e assim também na sucessão *causa mortis* (sucessão legítima, necessária ou não)" (ESPÍNOLA, Eduardo. *A família no direito civil brasileiro*. Rio de Janeiro: Gazeta Judiciária, 1954. p. 16).

pessoa pode repercutir sobremaneira. Atualmente, a nossa legislação ainda exige uma chancela estatal para o divórcio (ainda que a de um cartório extrajudicial), a qual é dotada de uma coerência funcional e constitucional, de modo que deve ser observada. Como se percebe, há atuais limitações legais que regulam o exercício relativo à forma de alteração do estado civil, de maneira que estas devem ser observadas. Consequentemente, o estado civil é intangível e, pela legislação atual, indisponível (em face das restrições de exercício previstas em lei). Por outro lado, nada impede que uma alteração legislativa venha modificar isso futuramente, permitindo o divórcio por outras vias mais informais.[13]

Outra análise pode ser pensada a partir do instituto da partilha decorrente do fim de uma relação de conjugalidade (divórcio ou dissolução de união estável, entre maiores e capazes). A característica de patrimonialidade na partilha de bens é evidente, além de ser admitida amplamente pela doutrina e jurisprudência que tratam do tema. Na Constituição Federal, não se encontram premissas detalhadas a respeito do tema, de modo que inexiste alguma diretriz constitucional de proteção quanto a essa esfera. As demais regras civis e processuais civis também não indicam qualquer indisponibilidade particular nesse aspecto. Diante disso, pelo fato de a partilha cuidar de aspectos patrimoniais, a ótica de autonomia privada e de disponibilidade mostra-se ainda mais intensa, inexistindo justificativa para que se considere como indisponível.

Na partilha, o campo é propício para a liberdade positiva dos envolvidos, sendo prudente que haja opções de escolhas para que os próprios interessados melhor tutelem os seus interesses. Nessa seara, nem mesmo a equidade precisa ser respeitada.[14] Vislumbra-se uma ausência de previsão e de justificativa que permita classificar as partilhas conjugais como indisponíveis; logo, prevalece a disponibilidade. Também não parece haver um comando legal firme e expresso no sentido de que toda partilha conjugal deva, necessariamente, ser submetida ao Poder Judiciário ou aos cartórios extrajudiciais. Portanto, a partilha é instituto de direito disponível. Em decorrência, há possibilidade de se compreender esse enquadramento como permissivo para que partilhas conjugais patrimoniais, por exemplo, sejam submetidas à via arbitral.

---

[13]   Inclusive já há algumas propostas nesse sentido, como o Projeto de Lei 3.457/2019, que prevê a implantação do chamado "divórcio impositivo", ou seja, permite a sua efetivação a partir do pedido extrajudicial de apenas um dos cônjuges (também chamado de divórcio unilateral).

[14]   Não raro, são celebradas partilhas conjugais desiguais. Muitas vezes, uma pessoa abre mão da sua meação da casa em favor da outra pelo fato de esta última ficar com a moradia dos filhos, entre inúmeras outras opções que a realidade desafia. A diretriz deve ser de liberdade e autonomia no que se refere a partilhas dessa estirpe.

Admitir uma disponibilidade *prima facie* de muitos desses institutos familiares é coerente com a ideia de dimensão funcional fulcrada na(s) liberdade(s) e, ao mesmo tempo, atende à diretriz de constitucionalização concreta almejada na presente proposta. O dissecar de como a análise da disponibilidade por camadas afeta diferentemente ao incidir no direito subjetivo e no exercício da pretensão incrementa sobremaneira o instrumental jurídico.

Outrossim, acredita-se que esta proposta permitirá a manutenção das indisponibilidades que devam persistir atreladas a determinados institutos familiares, o que não se ignora. Ao mesmo tempo, afastará a pecha excessiva que a indisponibilidade gera nesse ramo do direito. Esse formato pode vir a preservar a segurança e a coerência do nosso sistema.

Este quase primeiro quarto de século revela o ocaso da indisponibilidade hipertrofiada que chegou aos nossos dias, a qual encontrou especial morada no direito de família. As digressões anteriormente elencadas intencionam aclarar a obscuridade conceitual que foi denunciada no introito do presente livro e, ainda, podem auxiliar na superação de dogmas hodiernamente insustentáveis.

Essa ressignificação pode contribuir para a superação do *dogma da indisponibilidade* no direito de família, tarefa que se empreenderá a seguir.

3.2 CARACTERÍSTICAS DOS INSTITUTOS DO DIREITO DE FAMÍLIA E SUPERAÇÃO DO *DOGMA DA INDISPONIBILIDADE*

As exposições dos capítulos anteriores demonstraram que a classificação do direito de família como "direito indisponível" não está expressa em nossa legislação, nem na Constituição Federal, nem no Código Civil, nem no Código Processual Civil, nem em outra legislação esparsa.

A adjetivação do direito de família e de alguns de seus institutos como "indisponível" é obra da nossa doutrina e das decisões dos nossos tribunais (não só brasileira, anote-se),[15] dotada de uma *média duração*.

---

[15] Ao analisar o Direito italiano, Elaine Nassif chega a essa mesma conclusão, afirmando que o texto do Código Civil não traz expressamente hipóteses de indisponibilidades propriamente ditas, sendo estas uma criação da jurisprudência: "Para ser exato, o art. 2.113 do Código Civil Italiano não estipula nenhuma hipótese de indisponibilidade propriamente dita, entendida como qualificação do bem, mas sim uma invalidade inerente à posição entre dois sujeitos. A norma do art. 2.113 é muito significativa no âmbito da criação jurisprudencial do direito. (...) Esse foi um terreno no qual a jurisprudência reinou soberana, assumindo um comportamento de vanguarda no passado e de prudente progresso no presente" (NASSIF, Elaine. *Conciliação judicial*

3 · RELEITURA E EFEITOS JURÍDICOS | 153

Não deixa de ser curiosa e – ao mesmo tempo – provocativa a constatação de que a vinculação do direito de família como indisponível não possui expressa previsão legal. Essa percepção justifica a opção deste livro, ao se considerar tal indisponibilidade relacionada ao direito de família como um dogma, o qual, é bem verdade, goza de forte efetividade. Emerge daí, de pronto, que eventual ressignificação dessa vinculação possa ser realizada, também, a partir de outra abordagem do tema, pelos teóricos e práticos que o estudam e o aplicam, sem demandar uma necessária reforma legislativa. Tal constatação é, ao mesmo tempo, promissora e desafiadora.

A sedimentação de tal vinculação (direito de família com indisponibilidade) em nosso discurso jurídico traz uma enorme dificuldade prática em qualquer alteração futura, pois mudar algo que está enraizado em uma cultura, certamente, não é uma tarefa fácil. Ao contrário, pode demandar maior envergadura do que alterar algum dispositivo legal específico. Assim, a persistência[16] dessa adjetivação não pode ser mitigada.

Desse modo, merece destaque o fato de que a qualificação que se está a cogitar (*prima facie* disponível) independe de uma alteração legislativa específica (embora não a repila), diante da inexistência de uma vinculação legal expressa do direito de família com a marca da indisponibilidade (nem mesmo dos seus institutos como um todo). Consequentemente, a sustentação do direito de família como *prima facie* disponível pode ser posta *de lege lata*, em vista do que se propõe tal leitura desde logo.

Frise-se que um aspecto que contribui com a necessidade da alteração ora apresentada é a recordação de que, como visto, a noção da indisponibilidade dos institutos do direito de família foi edificada em meados do século XIX e início do XX, quando esse ramo possuía características condizentes com aquele momento histórico específico.

No panorama brasileiro, esse período pode ser retratado, por exemplo, na época da edição do Código Civil de 1916, quando o vínculo matrimonial

---

e indisponibilidade de direitos: paradoxos da justiça menor no processo civil e trabalhista. São Paulo: LTr, 2005. p. 218).

[16] "Assim, nosso primeiro gesto é crer na heterogeneidade, na diversidade das civilizações do mundo, na permanência, na sobrevivência de seus personagens, o que importa em colocar na primeira ordem do atual estudo de reflexos adquiridos, de atitudes sem grande flexibilidade de hábitos firmes, de gostos profundos que só uma história lenta, antiga, pouco consciente (como esses antecedentes que a psicanálise situa no âmago dos comportamentos do adulto) explica" (BRAUDEL, Fernand. *Escritos sobre a história*. Trad. J. Guinsburg e Tereza Cristina Silveira da Mota. 3. ed. São Paulo: Perspectiva, 2014. p. 280).

era indissolúvel, o regime de bens era inalterável (uma vez eleito, restava imodificável), não havia opção de vida em comum fora do matrimônio, a filiação necessariamente decorria do paradigma biológico e da presunção *is pater est quem nuptiae demonstrant*, dentre outras características rígidas e cogentes daquele modelo da família que moldava o direito do momento.[17]

Naquele contexto, percebia-se uma indisponibilidade inerente a esse ramo do direito, visto que diversas escolhas eram claramente tolhidas dos particulares, sendo impostas por lei e pelo Estado.

Assim, passados mais de cem anos do finado Código Beviláqua, as famílias e o direito de família brasileiro se alteraram sobremaneira, e tais modificações vão para além do texto do Código Civil de 2002. Para ficar apenas nos pontos citados anteriormente, destaca-se: o casamento pode ser dissolvido imotivadamente, até mesmo pela via extrajudicial, com ampla liberdade para os divorciados celebrarem novas uniões subsequentes; as partes podem alterar o regime de bens durante a convivência, até mesmo mais de uma vez, se assim desejarem; os interessados na vida em comum podem optar pelo casamento civil ou pela união estável, as duas entidades familiares com atributos robustos; há a possibilidade de assunção espontânea de uma filiação socioafetiva, de paternidade e de maternidade, a qual pode ser registrada pela via extrajudicial.[18]

Em outros termos, há vastas oportunidades de escolhas disponíveis aos interessados relativamente à vida em família.[19] É patente que é de outro cenário que se está a tratar, de modo que os principais marcadores fáticos e jurídicos que permitiam caracterizar o direito de família de outrora como indisponível, claramente, não estão mais presentes.

Apesar da alteração revolucionária nas características do direito de família brasileiro contemporâneo, ainda persiste o discurso que o qualifica como indisponível, tal qual fora retratado a partir da imagem do início do

---

[17] Sobre o tema, confira-se a análise profunda e detalhada: MATOS, Ana Carla Harmatiuk. *As famílias não fundadas no casamento e a condição feminina*. Rio de Janeiro: Renovar, 2000.

[18] Permita-nos a referência sobre essa temática: CALDERÓN, Ricardo. *Princípio da afetividade no direito de família*. Rio de Janeiro: Forense, 2017.

[19] "Assim, a proteção jurídica da pessoa na família, e não da família a despeito da pessoa, apresenta-se como uma expressão operativa da fundamentalidade funcional que demanda a chancela da liberdade positiva dos indivíduos na constituição de suas relações existenciais de afeto" (RUZYK, Carlos Eduardo Pianovski. *Institutos fundamentais de direito civil e liberdade(s)*: repensando a dimensão funcional do contrato, da propriedade e da família. Rio de Janeiro: GZ, 2011. p. 345).

século passado, o que não mais se justifica. A coloração diversa, certamente, presente na fotografia do momento atual exige uma adjetivação condizente com os elementos que denotam o direito de família do terceiro milênio. Inequivocamente, sobressaem alternativas para as pessoas livremente deliberarem, o que permite antever uma disponibilidade prevalecente mesmo nesse ramo peculiar do direito privado.[20] As indisponibilidades são pontuais e excepcionais, sendo apropriada a qualificação do direito de família da atualidade como *prima facie* disponível,[21] outra proposta aqui defendida.

A consideração do direito de família como *prima facie* disponível traz a necessidade de que as indisponibilidades atreladas a ele sejam devidamente fundamentadas e justificadas, exigindo a demonstração do que sustentaria eventual restrição. Parte-se da ideia de que, em regra, os institutos familiares são dotados da usual disponibilidade que caracteriza os temas de direito privado, havendo determinadas situações específicas gravadas como indisponíveis pelo nosso sistema. Ressalta-se que, somente nesses casos específicos e determinados, essa orientação deve ser respeitada.

---

[20] "Ao contrário, estamos testemunhando, como já foi apontado, diferentes formas de conceituação e construção de categorias (...). Estamos diante de um repensar da relação entre abstração, generalidade e universalidade, em um contexto agora profundamente marcado pela tensão ineliminável entre igualdade e diversidade, entre uma artificialidade necessária e uma realidade indelével. Portanto, não há uma medida única, mas a coexistência de uma medida subjetiva que permita sua concretização. Este último é um processo no qual o interessado toma a palavra, exercendo liberdade e responsabilidade. Mas esta forma de restituir um rosto a uma identidade desfigurada (...) é (...) uma troca contínua, que pode garantir que o dispositivo da pessoa reste ao dispor de cada interessado" (tradução livre). No original: "*Assistiamo piuttosto, come già si è segnalato, a forme diverse di concettualizzazione e di* costruzione delle categorie (...). Siamo di fronte a un ripensamento del rapporto tra astrazione, generalità, universalità, peraltro in un contesto ormai profondamente segnato dall'ineliminabile tensione tra eguaglianza e diversità, tra una artificialità necessaria e una realtà incancellabile. Perciò non v'è una misura unica, ma il convivere d'una misura soggettiva che ne consente la concretizzazione. Un processo, quest'ultimo, in cui è l'interessato a prendere la parola, esercitando libertà e responsabilità. Ma questo modo di restituire un volto a una identità sfigurata (...) [è] (...) uno scambio continuo, che può far sì che il dispositivo della persona rimanga nel pieno controllo di ciascun interessato" (RODOTÀ, Stefano. *Il diritto di avere diritti*. 6. ed. Bari: Laterza, 2020. p. 165).

[21] Renata Vilela Multedo apresenta um trabalho no qual demonstra esses espaços de liberdade nas relações familiares da atualidade e defende o seu reconhecimento pelo Direito e pelo Estado (MULTEDO, Renata Vilela. *Liberdade e família*: limites para a intervenção do Estado nas relações conjugais e parentais. Rio de Janeiro: Processo, 2017).

Uma visão geral desse ramo do direito demonstrará amplos espaços de liberdade(s) com específicas restrições, tornando indene de dúvidas a disponibilidade *prima facie* sustentada. Com isso, evidencia-se a disponibilidade geral inerente a esse ramo, com indisponibilidades específicas pontualmente adotadas.

Os conflitos familiares costumam envolver embates simultâneos em torno de diversos institutos jurídicos de direito de família, tais como divórcio, guarda, convivência familiar, alimentos, partilha de bens etc. Sedimentou-se, em parte da cultura jurídica brasileira, um discurso que atrela a indisponibilidade a tais litígios, com a reiterada afirmação de que essas causas e questões familiares tratariam de "direitos indisponíveis". Essa vinculação também é comum em diversos outros países, como visto nos capítulos anteriores, ainda que com oscilações. A partir disso, é reiterada a referência genérica a uma indisponibilidade de determinada questão por abarcar tema de direito de família, o que a tornaria "indisponível".

Na esteira dessa digressão, importa perceber como atualmente é realizada a vinculação da indisponibilidade ao direito de família, aos seus institutos específicos e aos conflitos familiares em geral. Desse modo, uma análise dessa imbricação com *olhos de lupa* permitirá discorrer sobre esses aspectos e, com isso, desvelará possibilidades de uma nova compreensão de tais questões.

Em um primeiro sentir, como já dito, não se mostra adequada a generalidade da afirmação de se entender todo o "direito de família como indisponível", pois essa característica pode não acompanhar todas as esferas desse ramo do direito civil. Rememora-se que o direito de família é um dos ramos do direito civil, sendo formado por diversos institutos, tais como casamento, guarda, convivência familiar, alimentos, partilha etc.

> Vários institutos de magna importância são considerados e regulados no direito de família; alguns são pessoais ou de direito de família puro; outros são patrimoniais, ou de direito de família aplicado. Os institutos familiares pessoais são: o casamento, a filiação legítima e o correspondente pátrio poder; a filiação legítima ou natural, e sua investigação; a adoção; a tutela e a curatela. Os institutos familiares patrimoniais são: o regime matrimonial de bens (da comunhão, da separação, dotal); os alimentos.[22]

Sendo assim, a visão do direito de família como um todo, com a ciência da sua segmentação interna em institutos específicos, é vital para uma apu-

---

[22] ESPÍNOLA, Eduardo. *A família no direito civil brasileiro*. Rio de Janeiro: Gazeta Judiciária, 1954. p. 15-16.

rada compreensão da sua conexão com a temática da indisponibilidade. Esse viés de observação cuidará de compreender, a princípio, indisponibilidades objetivas (atreladas aos temas em si), que podem assumir uma diferente coloração quando da análise de cada um dos específicos institutos.

Nesse trilhar, com um olhar detido sobre os referidos institutos, percebe-se que, mesmo a indisponibilidade sendo recorrente na descrição de diversos deles, ela não está presente em todos. Como visto no capítulo anterior, por exemplo, não parece haver uma indisponibilidade no instituto da partilha conjugal entre adultos, a qual é dotada de uma inegável disponibilidade. Logo, pode não ser tecnicamente adequado se adjetivar todo o direito de família como indisponível, nem mesmo parece sustentável afirmar que todos os institutos de direito de família são indisponíveis.

Questiona-se, assim, a classificação que usualmente assevera: "os direitos familiares são indisponíveis" ou "os institutos de direito de família são indisponíveis". Isso leva a uma adjetivação maciça de uma gama de questões distintas entre si, o que não se mostra adequado, máxime quando se pretende discorrer sobre a disponibilidade ou a indisponibilidade de cada uma delas.

Não se pode ignorar que, sob o manto dos chamados direitos familiares, podem estar abarcados institutos com peculiaridades próprias e (in)disponibilidades distintas. Claramente, há uma distinção considerável entre tais interesses específicos, o que pode repercutir no seu grau de disponibilidade jurídica.

> Os direitos matrimoniais, já que incluem aspectos patrimoniais e pessoais, devem, portanto, estar situados na área intermediária da curva, de moderada (in)disponibilidade; e, considerando os direitos pessoais separadamente dos direitos patrimoniais, devemos imaginar que estes últimos estão situados na área mais "disponível" da curva. Sabemos que este não é o caso e que todos os acordos que derrogam os direitos e deveres conjugais são considerados nulos, em princípio.[23]

Em outras palavras, cada um desses institutos possui um variado grau de disponibilidade: a convivência com os filhos é dotada de uma inequívoca

---

[23] Tradução livre. No original: "Il diritti matrimoniali, condividendo sai aspetto patrimoniali che personali, dovrebbero allora situarsi in un'area mediana della curva, di moderata (in-)disponibilità; e, a considerare disgiuntamente i diritti personali da quelli patrimoniali, per questi ultimi dovremmo anzi immaginare una collocazione nell'area più 'disponibile' della curva. Si sa che non è così e che tutti gli accordo derogativi dei diritti-doveri coniugali sono reputati nulli, in linea di principio" (OLIVERO, Luciano. *L'indisponibilità dei diritti*: analisi di una categoria. Torino: G. Giappichelli Editore, 2008. p. 68).

indisponibilidade; por outro lado, a partilha de bens goza de uma inconteste parcela de disponibilidade (que, aliás, pode ser exercida a partir do momento da escolha do regime de bens).

O direito de família e os seus institutos convivem tanto com a disponibilidade como com a indisponibilidade, o que recomenda uma análise específica de tais questões.[24]

Consequentemente, outra hipótese secundária que este livro sustenta é que não se mostra recomendável a classificação do direito de família, nem dos institutos familiares como um todo, seja na esfera da indisponibilidade, seja na da disponibilidade. A diversidade de tais situações fáticas e a variabilidade dos espectros jurídicos desses institutos exigem uma análise pormenorizada e apartada de cada um deles para fins de apuração da sua disponibilidade ou indisponibilidade. Finalmente, o exame deve ocorrer pelo aspecto tanto da indisponibilidade subjetiva como da objetiva, de modo que, não se constatando tal restrição em nenhuma dessas esferas, o tema deve ser tido então por disponível.

A realidade também tem demonstrado que os litígios familiares são complexos e trazem, não raramente, a discussão concomitante sobre diversos institutos de direito de família. Um desenlace conjugal, muitas vezes, traz um embate sobre os temas da guarda, da convivência e dos alimentos dos filhos, ao mesmo tempo que os divorciandos contendem sobre a partilha dos bens. A experiência comprova que diversas demandas familiares possuem como pano de fundo variados institutos familiares. Nessa esteira, esses institutos podem possuir um grau variado de disponibilidade/indisponibilidade, como já mencionado.

Essa compreensão, que pode parecer singela, é relevantíssima para melhor aclarar quais métodos de solução de conflitos podem ser utilizados para

---

[24] O Superior Tribunal de Justiça tem recentes decisões nesse sentido: "(...) O tratamento da questão posta há de ser feito separadamente, levando-se em conta, de um lado, as disposições afetas a direitos disponíveis; e, de outro, as disposições alusivas a direitos indisponíveis (de titularidade dos próprios cônjuges e do filho menor), independentemente de o acordo apresentado pelas partes tratar de tais matérias conjuntamente. (...) 3. Já o acordo estabelecido e subscrito pelos cônjuges no tocante ao regime de guarda, de visita e de alimentos em relação ao filho menor do casal assume o viés de mera proposição submetida ao Poder Judiciário, que haverá de sopesar outros interesses, em especial, o preponderante direito da criança, podendo, ao final, homologar ou não os seus termos. Em se tratando, pois, de mera proposição ao Poder Judiciário, qualquer das partes, caso anteveja alguma razão para se afastar das disposições inicialmente postas, pode, unilateralmente, se retratar. Ressalte-se, aliás, que, até mesmo após a homologação judicial acerca do regime de guarda, de visita e de alimentos relativos ao filho menor, se uma circunstância superveniente alterar os fatos submetidos ao Juízo, absolutamente possível" (STJ, 3ª Turma, REsp 1.756.100, Rel. Min. Marco Aurélio Bellizze, j. 02.10.2018).

equacionar cada um desses institutos jusfamiliares em eventual embate (como se verá a seguir). Além disso, já desvelando outra das hipóteses secundárias que a presente obra pretende lançar: o nosso atual sistema multiportas pode indicar diferentes opções para solucionar um mesmo conflito familiar, a variar de acordo com os institutos do direito de família que estejam em debate.

Em outros termos, como um conflito familiar pode trazer à baila diversos institutos, em muitos casos não é recomendável o mesmo meio de solução para tratar de todos eles, mas, sim, meios diferentes para temas diferentes. Por exemplo, em um caso que envolva guarda e partilha de bens, parece sustentável indicar a temática da guarda para a jurisdição estatal e a da partilha para a via arbitral (como detalharemos mais adiante).

Sustenta-se como possível um fatiamento dos institutos envolvidos no respectivo conflito familiar, com a recomendação de um método de solução específico para o enfrentamento de cada um deles. A partir disso, a complexidade das demandas familiares e a diversidade dos vários institutos envoltos na temática exigem uma análise particularizada de cada esfera do conflito para apuração do seu grau de disponibilidade ou de indisponibilidade. Como resultado dessa operação, será possível verificar quais são as opções processuais que se mostram aptas para o tratamento de cada esfera do conflito (especificamente, quais devem ser submetidas ao Poder Judiciário; quais podem ser submetidas a uma mediação, ainda que privada, e quais eventualmente podem ser remetidas para a arbitragem).

Pode-se afirmar, em conclusão parcial, que a diversidade da disponibilidade/indisponibilidade de cada esfera do conflito reflete no meio de solução indicado para o seu acertamento.[25] Nesse contexto, por exemplo, um embate familiar que envolva alimentos entre ex-cônjuges e partilha de bens do casal. O tema dos alimentos goza de uma inequívoca restrição de disponibilidade da vinculação do direito subjetivo com o seu titular, mas admite transação na fixação do seu valor (e até renúncia de quantias pretéritas); logo, poderia

---

[25] Ainda que sob outras balizas e com outras perspectivas, há muito que Eduardo Espínola já ressaltava a importância dos órgãos eleitos como responsável para o acertamento dos conflitos familiares, afirmando que "o funcionamento dêsses institutos requer a competência e a atividade órgãos adequados. (...) Os órgãos sociais ou do Estado são: o ministério público; o juiz de menores; os tribunais de justiça". Em nota de rodapé, o mesmo autor acrescenta "Ruggiero e Maroi ponderam que é muito mais importante a classificação dos órgãos aos quais são conferidos os poderes familiares que a classificação desses poderes. É de notar que esses poderes são complexos e, por sua natureza especial, provocam a intervenção de órgãos de vária natureza, alguns propriamente familiares, outros de caráter social" (ESPÍNOLA, Eduardo. *A família no direito civil brasileiro*. Rio de Janeiro: Gazeta Judiciária, 1954. p. 16-17 [nota de rodapé 23. Grafia original]).

ser considerado "indisponível passível de transação", na forma da nossa Lei de Mediação, já, para a nomenclatura a partir das proposições desta obra, o direito de alimentos seria considerado "intangível passível de transação".

Por sua vez, a partilha de bens seria um direito patrimonial disponível; assim, poderia ser considerada arbitrável. Desse modo, instaurado o litígio, as partes poderiam procurar os seus respectivos advogados, que, nesse cenário, poderiam sugerir uma mediação privada para o tema dos alimentos e uma arbitragem para o tema da partilha. Inicialmente, a postulação e as tratativas iniciais seriam todas fora do Poder Judiciário (ainda que eventual acordo possa ser posteriormente homologado judicialmente), mas com respeito ao grau de indisponibilidade e aos seus respectivos meios de solução de conflito.

A forma de abordagem do conflito pode indicar caminhos extrajudiciais que, em muitos casos, poderão trazer um tratamento mais adequado do aludido conflito familiar. Caso não sejam obtidos acordos nos temas mediáveis, a porta do Poder Judiciário estará sempre aberta aos interessados, é claro. Ainda assim, a percepção de outras possibilidades iniciais, como a mediação privada e – em alguns casos – a arbitragem, pode ser de grande aplicação prática.

A superação do dogma da "indisponibilidade do direito de família"[26] pode ser uma grande contribuição para a visão holística e plural aqui apresentada. A consideração do direito de família como *prima facie* disponível aclarará as situações de disponibilidade com respeito aos recortes de indisponibilidade, o que repercutirá tanto no direito material como no direito processual que lhe é correlato.

Assim, uma compreensão do direito de família que o perceba como um "mar de disponibilidades" permeado por "ilhas de indisponibilidades" alterará sobremaneira os espaços de transigibilidade e arbitrabilidade inerentes aos seus diversos temas.

3.3 TRANSAÇÃO E ARBITRAGEM NOS CONFLITOS FAMILIARES: LIMITES E POSSIBILIDADES

As restrições tradicionalmente atreladas aos temas familiares acabaram inviabilizando muitas opções negociais[27] ou jurisdicionais[28] quando do seu

---

[26] Essa nomenclatura é citada de forma corrente no direito brasileiro, mas a presente proposta não se alinha a essa expressão, conforme já exposto anteriormente. Por esse motivo, a citação é apenas uma referência a como o aludido dogma geralmente se apresenta, daí a expressão constar entre aspas.

[27] Nesta obra, entendidas como aquelas decorrentes do negócio jurídico.

[28] Aqui tomado em sentido amplo, incluindo tanto as opções de acertamento judiciais quanto extrajudiciais, incluída a via arbitral.

tratamento jurídico. Os obstáculos atualmente considerados como vigentes reduzem os espaços de transação e, por vezes, obstaculizam a opção por alguns métodos diferenciados de solução de conflito (como a arbitragem). A especialidade da temática familiar acabou por resultar em uma opressão de escolhas e imposição de determinadas posições, como a que exige o julgamento dos conflitos familiares somente junto aos órgãos estatais. O entendimento prevalecente é de que isso não seria passível de transação por parte dos envolvidos.

Essa diretriz interventivo-restritiva, que campeou durante grande parte do século XX, passou a ser questionada nas últimas décadas, tanto no aspecto material como no processual. A moderna compreensão das diretrizes constitucionais de liberdade e acesso à ordem jurídica justa leva a outra forma de compreensão das limitações, que devem rondar os temas familiares. A reconfiguração do papel do Estado e uma implantação paulatina de um sistema multiportas de solução de conflitos também incrementaram muito o debate.

Stefano Rodotà sustenta que a atuação do direito nas relações afetivas não pode ser impositiva a ponto de fulminar escolhas e impor modos de vida.

Frise-se, o tempo presente não admite mais um regramento forte e inderrogável que limite as legítimas opções que os particulares podem querer exercer.[29] A liberdade positiva deve ser observada também diante das decisões inerentes à vida familiar e afetiva, ou seja, uma liberdade

---

[29] "Na emergência do direito do amor, há uma razão de ser que é tudo menos contingente. Graças a ela, a pessoa entende o que é próprio do direito e o que o direito não deve ser, não pode pretender ser. Sua especialidade, não sendo um direito entre outros, consiste em produzir uma ligação imediata entre o direito e a vida, entre o projeto e a realização, assim fundada sobre as pessoas que decidem reconhecê-lo. Pode-se dizer que não é o direito que reconhece o casamento, mas, sim, as pessoas que, graças ao direito do amor, reconhecem o direito. Um processo de reconhecimento mais profundo do que qualquer formalismo" (tradução livre). No original: "Nell'emergere del diritto d'amore si trova una sua ragion d'essere tutt'altro che contingente. Grazie ad esso si coglie il proprio del diritto e quel che il diritto non deve essere, non può pretendere di essere. La sua specialità, il non essere un diritto tra gli altri, consiste nel produrre un legame immediato tra diritto e vita, tra progetto e realizzazione, dunque fondato sulle persone che decidono di riconoscerlo. Non è il diritto che riconosce il matrimonio, si potrebbe dire, sono piuttosto le persone che, grazie al diritto d'amore, riconoscono il diritto. Un processo di riconoscimento più profondo di qualsiasi formalismo" (RODOTÀ, Stefano. *Diritto d'amore*. 4. ed. Bari: Laterza, 2020. p. 1).

com responsabilidade,[30] sem que isso possa tolher escolhas injustificadamente.[31]

Esse contexto dialoga com a definição de um novo espaço estatal, mais harmonizado com a perspectiva de observância da liberdade positiva, com respeito a uma esfera de autodeterminação das pessoas, o que deve resultar em uma oferta de escolhas em vez de imposição de opções.[32] Em diversos países, há um movimento crescente em prol de uma maior privatização e contratua-

---

[30] "O homem não está mais desencarnado, mas é levado de volta aos múltiplos valores atribuídos ao estar na sociedade, a começar pelo físico. Assim se confirma que a pessoa se refere a um sistema de relações (...). Entramos assim decisivamente no tema da autonomia e da responsabilidade, o que também traz consigo questões sobre o que é indisponível e 'indecidível' pela própria pessoa. Tendo reconstruído sua unidade e redescoberto sua complexidade, a pessoa encontra seus limites, os próprios limites de sua liberdade de ação" (tradução livre). No original: "L'uomo non è più disincarnato, bensì ricondotto alle molteplici valenze che gli attribuisce l'essere in società, a cominciare da quella fisica. Viene così confermato che la persona rinvia a un sistema di relazioni (...). Entriamo così decisamente nel tema dell'autonomia e della responsabilità, che porta con sé anche gli interrogativi su ciò che è indisponibile e indecidibile da parte dello stesso interessato. Ricostruita nella sua unità e ritrovata la sua complessità, la persona incontra i suoi confini, i limiti stessi della sua libertà d'azione" (RODOTÀ, Stefano. *Il diritto di avere diritti*. 6. ed. Bari: Laterza, 2020. p. 160).

[31] "Houve (...) uma transformação do Estado que, entre seus inevitáveis efeitos, reconheceu espaços para a autonomia pessoal. Tendo abandonado definitivamente o conceito de casamento como contrato público, e com ele a base patrimonial das relações familiares, não foi mais possível deixar intacta a função 'protetora' das instituições públicas, transferindo assim poderes que abriram novos espaços para a liberdade de escolha e a construção de modelos de regulação" (tradução livre). No original: "Si registra (...) una trasformazione dello Stato che, tra i suoi inevitabili effetti, ha riconosciuto spazi all'autonomia delle persone. Abbandonata definitivamente la concezione del matrimonio come contratto di diritto pubblico, e con essa la base patrimoniale delle relazioni familiari, non era più possibile lasciare intatta la funzione 'protettiva' delle istituzioni pubbliche, traferendo così poteri che aprivano nuovi spazi per la libertà delle scelte e la costruzione di modelli di regolazione" (RODOTÀ, Stefano. *Diritto d'amore*. 4. ed. Bari: Laterza, 2020. p. 68).

[32] "Aqui, em essência, a norma legal não tem a finalidade explícita ou não declarada de se apropriar do amor, mas o papel específico e limitado de fornecer as estruturas necessárias para a autodeterminação, graças às quais as pessoas podem livremente fazer suas próprias escolhas e construir livremente sua personalidade" (tradução livre). No original: "Qui, in sostanza, la norma giuridica non ha fine, esplicito o non dichiarato, di impadronirsi dell'amore, ma lo specifico, e limitato, ruolo di apprestare le strutture necessarie per l'autodeterminazione, grazie alle quali le persone possano effettuare liberamente le proprie scelte e costruire liberamente la loro personalità" (RODOTÀ, Stefano. *Diritto d'amore*. 4. ed. Bari: Laterza, 2020. p. 48).

lização das relações familiares,[33] moldagem que é vista até mesmo como a principal característica do futuro para o direito de família. Paralelamente, o Direito Processual Civil também ressignifica a denominada disponibilidade processual,[34] apresentando outras alternativas procedimentais. Desse modo, percebe-se uma efervescência correlata a tais temas.

Como grande parte das restrições materiais apresentadas decorre da indisponibilidade que seria inerente ao direito de família, é possível antever que uma ressignificação dessa categoria pode reduzir os obstáculos usualmente apresentados. A filtragem funcional e constitucional da noção de indisponibilidade (sustentada na segunda parte deste livro) pode abrir outras perspectivas negociais e procedimentais para os temas familiares e sucessórios (escopo da terceira parte deste livro), a fim de redesenhar seu espectro.

Corolário disso, emerge revisitar o sentido de transigibilidade[35] e de arbitrabilidade[36] nos conflitos familiares, a partir das lentes conferidas por essa indisponibilidade funcionalizada e constitucionalizada, a qual acaba por revelar um "mar de disponibilidades", que "inunda" esse ramo do direito. Tudo indica que a alteração substancial de um dos fatores impactará o resultado da operação.[37]

---

[33] FENOUILLET, Dominique; VAREILLES-SOMMIERES, Pascal de. *La contractualisation de la famille*. Paris: Economica, 2001.

[34] RAMINA DE LUCCA, Rodrigo. *Disponibilidade processual*: a liberdade das partes no processo. São Paulo: Ed. RT, 2019.

[35] O significante transigibilidade pode assumir diversos significados no direito civil, com uma expressiva amplitude. Para fins desta obra, o termo será tomado apenas no seu aspecto relacionado à possibilidade de opção consensual pelos litigantes dentre as múltiplas ofertas constantes do cardápio brasileiro de solução de conflitos, em especial as tocantes à mediação e à arbitragem; ou seja, a transigibilidade será examinada especificamente no que se refere a transações dos particulares com repercussões processuais e/ou procedimentais.

[36] "Arbitrabilidade é a condição essencial para que um determinado conflito seja submetido à arbitragem, e vem previsto já no art. 1º da Lei Especial: 'As pessoas capazes de contratar poderão valer-se da arbitragem para dirimir litígios relativos a *direitos patrimoniais disponíveis*'. Existe, pois, um filtro dos litígios que poderão ser encaminhados ao juízo arbitral" (CAHALI, Francisco José. *Curso de Arbitragem*: mediação, conciliação, tribunal multiportas. 8. ed. rev., ampl. e atual. São Paulo: Ed. RT, 2020. p. 139 (grifo nosso)).

[37] "É preciso ter em mente que as mudanças no direito de família sempre constituíram o primeiro passo, a antecipação de reformas mais gerais do sistema de direito privado, pois ali, na forma de entender e praticar as relações pessoais, as transformações sociais tornam-se mais claras e impõem a mudança jurídica graças a uma evidência que em outros lugares não pode ser percebida com tal imediatismo" (tradução livre).

A rigor, é recorrente a vinculação da indisponibilidade dos direitos com a impossibilidade de transação,[38] sendo esta uma das suas reiteradas características. Nos temas familiares, essa imbricação sempre foi intensa e reiterada, abrangendo tanto aspectos de direito material como aspectos processual-procedimentais.[39]

No entanto, recentemente, passam a surgir manifestações que sustentam a defesa de alguma esfera de transigibilidade no trato de questões afeitas a direitos classificados como indisponíveis. Vale dizer, sustentam que os chamados direitos indisponíveis poderiam, sim, ser objeto de alguma transação, o que seria peculiar e inovador. Pela proposta, em realidade esses casos referem-se a *direitos intangíveis que admitem transação*, pois, a rigor, se se admite a transação, a disponibilidade se impõe.

Anote-se que o Direito Civil define transação,[40] a qual é regulada expressamente pelo Código Civil.[41] Para a presente pesquisa, o aspecto que mais contribuirá será a apreciação da possibilidade de transação em face das opções processuais e procedimentais existentes no nosso sistema jurídico. Com o intuito de tornar claro o recorte conferido para o tema, optar-se-á por utilizar o significante transigibilidade.

No original: "Bisogna tener presente che il mutamento della disciplina famiglia ha sempre costituito il primo passo, l'anticipazione di più generali riforme del sistema del diritto privato, perché lì, nel modo d'intendere e praticare le relazioni personali, le trasformazioni sociali divengono più chiare e impongono il cambiamento giuridico grazie a un'evidenza altrove non percepibile con altrettanta immediatezza" (RODOTÀ, Stefano. *Diritto d'amore*. 4. ed. Bari: Laterza, 2020. p. 106).

[38] "Ao tratar do tema 'disponibilidade do direito', observa-se na doutrina nacional majoritária a sua inevitável vinculação à possibilidade de o direito ser alienado, renunciado, transmitido ou transacionado" (MARIANI, Rômulo Greff. *Arbitragens coletivas no Brasil*. São Paulo: Atlas, 2015. p. 52).

[39] Conforme exposto no item 1.4.

[40] Para Flávio Tartuce, "a transação consiste no contrato pelo qual as partes pactuam a extinção de uma obrigação por meio de concessões mútuas e recíprocas, o que pode ocorrer de forma preventiva (art. 840 CC). Interessante verificar, contudo, que se ambas as partes não cedem, não há que se falar em transação. Se não há essas concessões mútuas ou recíprocas, não está presente a transação, mas um mero acordo entre os envolvidos com a obrigação" (TARTUCE, Flávio. *Direito civil*: teoria geral dos contratos e contratos em espécie. 13. ed. rev., atual. e ampl. Rio de Janeiro: Forense, 2018. v. 3. p. 745).

[41] Quanto à transação, os principais dispositivos codificados seriam: "Art. 840. É lícito aos interessados prevenirem ou terminarem o litígio mediante concessões mútuas"; "Art. 841. Só quanto a direitos patrimoniais de caráter privado se permite a transação"; e "Art. 843. A transação interpreta-se restritivamente, e por ela não se transmitem, apenas se declaram ou reconhecem direitos".

3 · RELEITURA E EFEITOS JURÍDICOS | 165

Elton Venturi é um dos autores que consideram possível a transação de direitos indisponíveis, afirmando que essa vinculação entre indisponibilidade e intransigibilidade é um sofisma a ser superado.

> A inapropriada e automática correção entre indisponibilidade e inaliena-bilidade (donde se extrairia, portanto, a inegociabilidade) corresponde ao sofisma presente na cultura de diversos países, dentre eles, o Brasil. Justificada no interesse público a mais adequada proteção dos direitos indisponíveis – mesmo que contra a vontade de seus titulares –, a proibi-ção de qualquer negociação que os envolva muitas vezes tem implicado a absoluta ausência de sua proteção adequada.[42]

A conclusão do referido autor é a mesma que foi sustentada em parte deste livro, no sentido de que uma leitura *forte* de indisponibilidade, a ponto de significá-la também como "inegociabilidade", acabará por não proteger a quem pretendia. Nada justifica concluir que a indisponibilidade de um direi-to, por si só, deva implicar a impossibilidade de transação no seu exercício.

Necessário observar que a disseminação de um sistema plural de solu-ção de conflitos, como a que está ocorrendo no Brasil, acaba por exercer um papel de difusor da disponibilidade mesmo em áreas tidas até então como indisponíveis, pois "o perfil pacificador mitiga a noção de indisponibilidade absoluta de certos direitos".[43]

Recentemente, esse discurso passa a ganhar corpo, visto que é possível perceber mais vozes que sustentam uma maior disponibilidade e, ao lado delas, outras que clamam pela desvinculação da indisponibilidade com a intransigibilidade.[44] Como as transações ocorrem no momento do exer-

---

[42] O autor tenciona o tema no próprio título do seu trabalho: VENTURI, Elton. Tran-sação de direitos indisponíveis? In: ZANETI JR., Hermes; CABRAL, Trícia Navarro Xavier (coord.). *Justiça multiportas*: mediação, conciliação, arbitragem e outros meios de solução adequada para conflitos. Salvador: Juspodivm, 2016. p. 412.

[43] TARTUCE, Fernanda. *Mediação nos conflitos civis*. 6. ed. Rio de Janeiro: Forense; São Paulo: Método, 2021.

[44] "(...) o crescimento dos espaços de liberdades existencial e patrimonial no interior da família é um relevante fenômeno contemporâneo, que visa a resguardar escolhas, o modo de vida escolhido para cada um na sociedade plural e multifacetada. Não se justifica que se viva de acordo com determinações externas, principalmente quando se trata de questões da maior intimidade do sujeito. Quando houver paridade entre os membros da relação familiar, portanto, eles podem construir as normas que melhor lhes aprouver, de modo a pactuar o modo de realização e felicidade, em franca expansão dos espaços de negociabilidade do ambiente familiar" (BODIN

cício de dado direito, constata-se que o mero fato de um direito subjetivo ser indisponível não implica vedação a alguma composição quando do exercício da pretensão.

O desfazer do nó, que mesclava a intangibilidade do direito subjetivo com restrições de indisponibilidade no momento do exercício da pretensão, torna cristalina tal possibilidade de transação envolvendo aspectos de direitos atualmente tidos como indisponíveis (que, em realidade, são apenas intangíveis, a partir das classificações sugeridas nesta obra).

No que se refere ao direito material, não é de hoje que se admite certa transigibilidade de alguns aspectos inerentes aos institutos familiares, sempre com respeito a um núcleo central tido por indisponível (na maioria das vezes, ligado às questões dos filhos e do *status*).[45]

Um exemplo que aclara esse ponto pode ser obtido com a análise da questão dos alimentos entre ex-cônjuges: o instituto dos alimentos em si possui uma histórica aura de indisponibilidade, a qual é retratada pelo art. 1.707 do Código Civil: "Pode o credor não exercer, porém lhe é vedado renunciar o direito a alimentos, sendo o respectivo crédito insuscetível de cessão, compensação ou penhora".

DE MORAES, Maria Celina; TEIXEIRA, Ana Carolina Brochado. Contratos no ambiente familiar. In: TEIXEIRA, Ana Carolina Brochado; RODRIGUES, Renata de Lima (coord.). *Contratos, família e sucessões*: diálogos interdisciplinares. 2. ed. Indaiatuba: Foco, 2021. p. 17).

[45] "De fato (...) as relações patrimoniais entre os cônjuges são plenamente disponíveis e derrogáveis, salvo, naturalmente, a indisponibilidade apenas da obrigação alimentar e das relações relativas aos filhos menores, sem prejuízo da transigibilidade, em nossa opinião, das disputas entre os cônjuges sobre a medida em que cada um deles deve contribuir para as despesas de sustento da criança, ou aqueles relativos ao direito do cônjuge que tem a custódia da criança ao pagamento, pelo outro cônjuge, de uma contribuição para a sua manutenção, obviamente sem prejuízo da indisponibilidade e, portanto, da não transigibilidade do direito aos alimentos que cada filho tem para com os pais" (tradução livre). No original: "Infatti (...) i rapporti patrimoniali tra coniugi sono pienamente disponibili e derogabili, salve, ovviamente, l'indisponibilità della sola obbligazione alimentare e quella dei rapporti concernenti la prole minore salva la transigibilità, a nostro avviso, delle controversie tra coniugi concernenti la misura in cui ciascuno di essi dovrà concorrere alle spese per il mantenimento della prole, ossi a quelle relativo al diritto del coniuge affidataria della prole alla corresponsione, da parte dell'altro coniuge, di un contributo per il suo mantenimento, restando ovviamente impregiudicata l'indisponibilità e, quindi, la non transigibilità, del diritto al mantenimento che ciascun figlio vanta nei confronti dei propri genitori" (ANGELONI, Franco. *Rinunzie, transazione e arbitrato nei rapporti familiari*. Padova: Cedam, 1999. t. 1. p. 1449).

3 · RELEITURA E EFEITOS JURÍDICOS | 167

O Supremo Tribunal Federal aprovou, em 1964, a Súmula 379, que dizia: "No acordo de desquite não se admite renúncia aos alimentos, que poderão ser pleiteados ulteriormente, verificados os pressupostos legais". Essa posição bem reflete a perspectiva de indisponibilidade forte que prevalecia à época nessa temática.

Ocorre que o passar dos anos levou a uma alteração de entendimento, de modo que, atualmente, prevalece o posicionamento jurisprudencial no sentido de que os alimentos entre ex-cônjuges e companheiros são renunciáveis, com posição do Superior Tribunal de Justiça consolidada nesse sentido.[46] Ainda, até mesmo o seu *quantum* é considerado transigível. Eis um caso que poderia ser classificado como *indisponível*, na leitura atual no que se refere ao direito subjetivo, *mas passível de transação*, em relação ao exercício da pretensão. Aliás, interessante destacar que essa diretiva de disponibilidade no exercício se extrai do próprio início do referido dispositivo legal "Pode o credor não exercer".

Nesse aspecto, quem auxilia a compreender o fenômeno é Yussef Said Cahali, visto que, para ele, a indisponibilidade se atrela claramente ao direito aos alimentos em razão de sua relevância, o que vedaria uma transação quanto a alimentos futuros, por exemplo (o que preferimos designar como mera intangibilidade). O mesmo autor, entretanto, reconhece uma esfera de disponibilidade no momento do seu efetivo exercício, reconhecendo a possibilidade de transação quanto ao valor da parcela alimentar e também para quitação de valores presentes e pretéritos.

---

[46] Conforme notícia divulgada pelo *Informativo* do próprio tribunal, de número 260, externando decisões nesse sentido desde 1992 até 2005: "Alimentos. Renúncia. Ex--cônjuge. A ora recorrida interpôs ação de alimentos contra seu ex-cônjuge, o ora recorrente, mas, anteriormente, quando da separação judicial, renunciara a eles em acordo homologado. Assim, o art. 404 do CC/1916 (art. 1.707 do CC/2002), que lastreia a Súm. n. 379-STF não se aplica à espécie, pois a irrenunciabilidade lá expressa está contida no capítulo que trata dos alimentos fundados no parentesco. Ora, entre marido e mulher não há parentesco, o direito a alimentos baseia-se na obrigação mútua de assistência prevista no art. 231, III, do CC/1916 (art. 1.566, III, do CC/ 2002), a qual cessa com a separação ou divórcio. Logo, a cláusula de renúncia a alimentos disposta no acordo de separação ou divórcio é válida e eficaz, não autorizando o cônjuge que renunciou a voltar a pleitear o encargo. A Turma conheceu e deu provimento ao recurso para julgar a recorrida carecedora da ação e extinguiu o processo sem julgamento do mérito (art. 267, VI, do CPC). Precedentes citados: REsp 17.719-BA, *DJ* 16/3/1992; REsp 8.862-DF, *DJ* 22/6/1992; REsp 85.683-SP, *DJ* 16/9/1996; REsp 36.749-SP, *DJ* 18/10/1999, e REsp 226.330-GO, *DJ* 12/5/2003. REsp 701.902-SP, Rel. Min. Nancy Andrighi, julgado em 15/9/2005" (STJ. *Informativo de Jurisprudência 260*. 2005. Disponível em: https://www.stj.jus.br/publicacaoinstitucional/index.php/informjurisdata/article/view/4286/4505. Acesso em: 05.12.2021).

Da indisponibilidade do direito de alimentos, em direta conexão com a sua índole estritamente pessoal, resultam aqueles reflexos de ordem pública, que se inserem no fundamento e na finalidade do instituto e justificam a limitação da esfera de autonomia privada; da natureza indisponível do direito *in genere* de obter os alimentos devidos por lei se deduz a inadmissibilidade de ser o mesmo objeto de transação; não é permitido fazer-se transação sobre alimentos futuros. (...) No direito anterior, Lafayette ressalvava a admissibilidade da transação, "se por ela fica evidentemente melhorada a condição do alimentário; se feita com autoridade judicial, precedendo conhecimento de causa" (...). *Mas, embora seja indisponível o direito aos alimentos devidos por lei, consideram-se perfeitamente válidas as convenções estipuladas entre as partes com vistas à fixação da pensão, presente ou futura, e ao modo de sua prestação.* (...) Em relação aos alimentos pretéritos, é lícita a transação, porque teriam por fim sustentar o necessitado em época que já passou, cessada a razão da lei, a necessidade indeclinável.[47] (grifo nosso)

Ao tratar dos alimentos, Yussef Cahali é explícito ao afirmar que *a irrenunciabilidade atinge o direito; não, porém, o seu exercício.*[48] Em outras palavras, o direito subjetivo aos alimentos pode até ser considerado indisponível (no sentido de ser intangível, para a leitura que defendemos), em razão de sua relevância para todas as pessoas, mas há disponibilidade no exercício desse referido direito, como as supracitadas. Os limites seriam apenas para barrar disposições que fulminassem o próprio direito, como a que dispusesse sobre alimentos futuros, ou outras que afetassem demais balizas do nosso sistema. Fora isso, há espaço para disponibilidade da verba alimentar.[49]

Outro exemplo é a possibilidade de transações entre cônjuges e companheiros, a qual vem sendo paulatinamente defendida pela doutrina,[50] com

---

[47] CAHALI, Yussef Said. *Dos alimentos*. 8. ed. rev. e atual. São Paulo: Ed. RT, 2013. p. 92.

[48] CAHALI, Yussef Said. *Dos alimentos*. 8. ed. rev. e atual. São Paulo: Ed. RT, 2013. p. 51.

[49] "De outro lado, nem **interesse público** ou de **ordem pública** se pode ter como presente das demandas de alimentos. Se interesse público é interesse de todos, no âmbito das relações familiares, é difícil identificar interessados além das partes. Também não se consegue visualizar qualquer interesse do Estado. Desse modo, está na hora de limitar tais adjetivações às ações que resguardam interesses de crianças, adolescentes, idosos ou incapazes. Nada mais" (DIAS, Maria Berenice. *Alimentos aos bocados*. São Paulo: Ed. RT, 2013. p. 23).

[50] "A permissão de os cônjuges, em princípio, celebrarem entre si quaisquer contratos baseia-se no pressuposto de que tais contratos estão, efectivamente, ao serviço da plena comunhão de vida – no duplo sentido de poderem ser reconduzidos ao interesse geral da regulação das relações patrimoniais conjugais de serem instrumentos de

posições em defesa de certas contratações quando no trato das repercussões patrimoniais desses institutos familiares.[51]

Obviamente que tais propostas sempre procuram resguardar a esfera inerente aos direitos fundamentais, como não poderia deixar de ser.[52] Ainda assim, uma das consequências dessa contratualização é uma assimilação de algo tido por, na leitura atual indisponível, mas que é, ao mesmo tempo, transigível (na leitura que se sustenta no texto, seria intangível e passível de transação).

Desse modo, pretende-se destacar que a controvérsia sobre a existência (ou não) de algum espaço para contratos e composições em temas afeitos ao direito de família fez emergir um questionamento quanto à pertinência da tradicional vinculação da indisponibilidade com a intransigibilidade. As experiências supracitadas demonstram que a práxis passou a desvelar certo desacoplamento entre a perspectiva de indisponibilidade e a de intransigibilidade, as quais, até não muito tempo, costumavam caminhar juntas.

Inúmeras situações atreladas a institutos reconhecidos como indisponíveis passaram a ser objeto de alguma pactuação. Atualmente, parece possível afirmar que "o mero fato de um interesse ou direito ser considerado 'indisponível',

---

concretização da plena comunhão de vida" (XAVIER, Maria Rita Aranha da Gama Lobo. *Limites à autonomia privada na disciplina das relações patrimoniais entre os cônjuges*. Coimbra: Almedina, 2000. p. 637).

[51] "Uma das grandes dificuldades encontradas pelos contratos do direito de família decorre da necessária compatibilização de instrumentos tipicamente patrimoniais (contratos) a situações existenciais (família). Não se pode negar que a licitude de disposições de natureza existenciais ainda é questão controversa. Considera-se, apesar de opiniões contrárias, que não há nenhuma justificativa razoável para vedar o pacto antenupcial que disponha sobre questões extrapatrimoniais. Deve-se, no entanto, executar-se um juízo de merecimento de tutela nos pactos, tendo a principiologia constitucional como limite. Os pactos não podem ser usados para colocar uma das partes em situação de desigualdade ou de dependência, nem para restringir liberdade e tampouco para violar direitos fundamentais de um parceiro. Esses limites se impõem a qualquer pacto realizado na seara do direito de família" (MULTEDO, Renata Vilela. *Liberdade e família*: limites para a intervenção do Estado nas relações conjugais e parentais. Rio de Janeiro: Processo, 2017. p. 311).

[52] Enunciado 635 da VIII Jornada de Direito Civil do Conselho da Justiça Federal – "Art. 1.655: O pacto antenupcial e o contrato de convivência podem conter cláusulas existenciais, desde que estas não violem os princípios da dignidade da pessoa humana, da igualdade entre os cônjuges e da solidariedade familiar" (CONSELHO DA JUSTIÇA FEDERAL (CJF). Centro de Estudos Judiciários (CEJ). *VIII Jornada de Direito Civil*: enunciados aprovados. Brasília: CJF, 2018. p. 11. Disponível em: https://www.cjf.jus.br/cjf/corregedoria-da-justica-federal/centro-de-estudos-judiciarios-1/publicacoes-1/jornadas-cej/viii-enunciados-publicacao-site-com-justificativa.pdf. Acesso em: 09.12.2021).

insista-se, não pode implicar sua automática inegociabilidade".[53] O fato de o direito ser indisponível não implica, por si só, qualquer vedação à transação.

Esse é outro dogma que precisa ser desfeito, sendo a sua superação viabilizadora de novos horizontes relativos aos conflitos familiares. A proposta aqui sustentada resolve a equação, pois passa a considerar tais situações como de *direito intangível passível de transação*.

A temática ganha relevo com a opção do marco legal brasileiro da mediação em utilizar justamente a expressão *direitos indisponíveis que admitam transação*.

> Art. 3º Pode ser objeto de mediação o conflito que verse sobre **direitos disponíveis ou sobre direitos indisponíveis que admitam transação**.
>
> § 1º A mediação pode versar sobre todo o conflito ou parte dele.
>
> § 2º O consenso das partes envolvendo direitos indisponíveis, mas transigíveis, deve ser homologado em juízo, exigida a oitiva do Ministério Público (grifo nosso).[54] (grifo nosso)

A legislação brasileira já adota de modo expresso o entendimento de que mesmo os direitos classificados como indisponíveis podem ser passíveis de transação, sendo, portanto, essa alteração significativa. Embora a desvinculação entre indisponibilidade e transigibilidade tenha sido adotada de forma expressa pelo direito brasileiro, ela ainda não parece ter sido objeto de muita atenção pela literatura jurídica especializada.

Sugere-se designar esses direitos como *intangíveis que admitam transação*, visto que a restrição protetiva se restringe ao direito subjetivo. Acredita-se que essa nova nomenclatura evitará confusões conceituais como as que muitas vezes se encontram na atualidade.

Quais situações familiares poderiam ser consideradas intangíveis, mas que, ao mesmo tempo, admitiriam transação?[55] A resposta a essa questão

---

53 VENTURI, Elton. Transação de direitos indisponíveis? In: ZANETI JR., Hermes; CABRAL, Trícia Navarro Xavier (coord.). *Justiça multiportas*: mediação, conciliação, arbitragem e outros meios de solução adequada para conflitos. Salvador: Juspodivm, 2016. p. 412.

54 BRASIL. *Lei 13.140/2015*. Dispõe sobre a mediação entre particulares como meio de solução de controvérsias e sobre a autocomposição de conflitos no âmbito da Administração Pública; altera a Lei 9.469, de 10 de julho de 1997, e o Decreto 70.235, de 6 de março de 1972; e revoga o § 2º do art. 6º da Lei 9.469, de 10 de julho de 1997. Disponível em: http://www.planalto.gov.br/ccivil_03/_ato2015-2018/2015/lei/l13140. htm. Acesso em: 27.06.2021.

55 Eduardo Talamini aborda o tema sob a perspectiva da (in)disponibilidade do interesse público, na qual acaba por reconhecer a possibilidade de alguns atos

pode ser de relevância ímpar para a melhor planificação do nosso sistema multiportas, pois essa equação é uma das chaves de compreensão do que se está a apresentar.

Acredita-se que a leitura ressignificada da indisponibilidade pode contribuir na tarefa de edificação dos temas que poderiam ser considerados *intangíveis que admitam transação*, inclusive para sugerir uma alteração nessa nomenclatura. A partir desse contexto, para além da própria mediação, uma das projeções concretas que ora se lança é a admissão da via arbitral para a solução de alguns conflitos de direito de família, particularmente daqueles que sejam inequivocamente patrimoniais.

Nesse quadro, outra das consequências da reiterada leitura genérica do direito de família como indisponível é a não disseminação da arbitragem no acertamento das controvérsias familiares.[56] Um dos efeitos correlatos da ressignificação da indisponibilidade ocorrerá na chamada arbitrabilidade[57] objetiva, a qual guarda proximidade com o fio condutor do presente livro.

---

de transação e até renúncia de direitos considerados indisponíveis, afirmando: "Afinal, a indisponibilidade do interesse público não implica que o Poder Público não possa ou não deva, em certas condições, submeter-se a pretensões alheias ou mesmo abdicar de determinadas pretensões. Eis o motivo pelo qual no título do presente texto o prefixo *in* está grafado entre parênteses – como uma espécie de provocação. Há uma série de nuances a considerar. (...) Já em outros casos, embora o bem jurídico seja indisponível, outros valores constitucionais podem justificar que, mediante lei, o Estado renuncie a determinadas decorrências ou derivações de um bem indisponível. Assim, a potestade tributária é indisponível, mas é possível lei autorizando a remissão, a anistia do crédito fiscal" (TALAMINI, Eduardo. A (in) disponibilidade do interesse público. In: ZANETI JR., Hermes; CABRAL, Trícia Navarro Xavier (coord.). *Justiça multiportas*: mediação, conciliação, arbitragem e outros meios de solução adequada para conflitos. Salvador: Juspodivm, 2016. p. 276-277).

56 Ainda que não haja números claros, a realidade está a demonstrar que ela não é uma prática muito utilizada no cenário brasileiro.

57 "O termo 'arbitrabilidade' é habitualmente usado para designar a susceptibilidade de uma controvérsia (ou litígio) ser submetida à arbitragem. A maioria das referências à arbitrabilidade que se encontra na doutrina da especialidade tem em vista a natureza do objeto do litígio. Mas, por vezes, recorre-se também ao termo 'arbitrabilidade' (ou ao seu oposto, inarbitrabilidade) para designar a susceptibilidade (insusceptibilidade) de resolução do litígio por árbitros em atenção à qualidade das partes e, mais particularmente, a susceptibilidade de resolução por essa via de controvérsias em que sejam partes o estado ou entes públicos autónomos" (CARAMELO, António Sampaio. Critérios de arbitrabilidade dos litígios: revisitando o tema. *Revista de Arbitragem e Mediação*, São Paulo, v. 27, ano 7, p. 129-161, out.-dez. 2010. Disponível em: www.revistadostribunais.com.br. Acesso em: 05.07.2021).

O ordenamento brasileiro apresenta poucos dispositivos legais que tratam diretamente da delimitação da matéria que seria passível de acertamento via arbitragem.[58] Assim, o artigo basilar do Código Civil, o 852, diz ser vedada essa via para as questões pessoais de família.

> Art. 852. É vedado compromisso para solução de questões de estado, de direito pessoal de família e de outras que não tenham caráter estritamente patrimonial.[59]

Desse modo, tarefa relevante, portanto, é definir o que é um direito pessoal de família e o que é um direito patrimonial de família. O Código Civil não elucida a temática de forma definitiva, embora traga capítulos específicos com tais nomenclaturas ao reger o direito de família. O Código de Processo Civil também não detalha aspectos relativos à arbitrabilidade objetiva, de modo que essa divisão não é estabelecida de maneira definitiva por esses diplomas legais.

A lei brasileira de arbitragem (Lei 9.307/1996) segue o modelo regulatório da Uncitral[60] e opta por delimitar a arbitrabilidade objetiva das matérias a partir da característica do direito envolvido, vinculando-a aos *direitos patrimoniais disponíveis.*

> Art. 1º As pessoas capazes de contratar poderão valer-se da arbitragem para dirimir litígios relativos a direitos patrimoniais disponíveis.

Como se vê, no aspecto subjetivo, o critério é a capacidade das partes, e, no aspecto objetivo, o critério envolve a patrimonialidade e a disponibilidade

---

[58] O Código de Processo Civil 2015 prevê a arbitragem já no seu art. 3º, § 1º, fazendo remissão a essa via em diversos dispositivos. Entretanto, não discorre sobre as matérias que seriam passíveis de utilização dessa via jurisdicional privada.

[59] BRASIL. *Código Civil.* Disponível em: http://www.planalto.gov.br/ccivil_03/leis/2002/l10406compilada.htm. Acesso em: 27.06.2021.

[60] Comissão das Nações Unidas para o Direito Comercial Internacional, conhecida pela sigla inglesa Uncitral (United Nations Commission on International Trade Law), uma das grandes disseminadoras da arbitragem no cenário mundial. António Pinto Monteiro descreve com detalhes o seu papel nessa empreitada: "A Lei-Modelo sobre arbitragem foi uma das realizações mais conseguidas da Uncitral. Após adequado preparatórios, que iremos referir a propósito de certos pontos concretos, foi aprontada, em 21-jun-1985, uma Lei-Modelo sobre Arbitragem Comercial Internacional. A Lei-Modelo conheceu um vivo sucesso, sendo recebida, com mais ou menos modificações, por leis de dezenas de países, entre os quais o nosso, precisamente através da LAW de 2011, em vigor. Muitos preceitos da LAV são tradução dos seus correspondentes na Lei-Modelo, outro tanto sucedendo com outras leis, como a alemã" (MENEZES CORDEIRO, António. *Tratado da arbitragem.* Coimbra: Almedina, 2015. p. 27).

do direito material objeto do litígio.[61] Essa demarcação da matéria de fundo passível de ser submetida à arbitragem é objeto de inúmeras discussões, as quais giram em torno de qual seria o sentido inerente a tais termos, em especial para a definição dos seus limites.[62] Assim, há uma zona cinzenta que já advém da própria lei de regência da arbitragem sobre o campo de abrangência desse modo de resolução de conflito.[63] Anote-se que essa discussão

---

[61] "Ora, ao aludir à *disponibilidade e à capacidade de contratar* como requisitos indispensáveis para a arbitragem, o art. 1º da Lei de Arbitragem está cuidando de *dois aspectos distintos* mas intimamente relacionados da disponibilidade e da arbitrabilidade, representados pelas causas objetivas e pelas causas subjetivas que as excluem – ou seja, está fornecendo os contornos da *arbitrabilidade objetiva* e os da *arbitrabilidade subjetiva*" (DINAMARCO, Cândido Rangel. *A arbitragem na teoria geral do processo*. São Paulo: Malheiros Editores, 2013. p. 77).

[62] Cândido Rangel Dinamarco faz um paralelismo entre o que pode ser objeto de negócio jurídico e o que seria passível de arbitragem, pois ela significaria, ao fim e ao cabo, uma renúncia à jurisdição estatal: "Da natureza do compromisso como negócio jurídico e da derrogação da jurisdição estatal operada pela opção arbitral decorre que, quando os bens, direitos, obrigações ou relações jurídicas controvertidas forem insuscetíveis de disposição, aí também a arbitragem não será admissível. Há um estreito paralelismo entre a possibilidade ou impossibilidade da disposição de direitos e a admissibilidade da renúncia à jurisdição estatal. As mesmas razões de ordem pública conducentes à indisponibilidade de direitos no plano jurídico material conduzem de igual modo à inadmissibilidade da arbitragem em relação aos direitos havidos como indisponíveis, porque optar por esta significa abrir mão da segurança jurídica inerente à estrita legalidade pela qual se rege o exercício da jurisdição pelos juízes togados e da possibilidade de acesso aos órgãos superiores do Poder Judiciário" (DINAMARCO, Cândido Rangel. *A arbitragem na teoria geral do processo*. São Paulo: Malheiros Editores, 2013. p. 75) Carlos Alberto Carmona também vincula a permissão de arbitrabilidade das controvérsias à possibilidade de transação: "Pode-se continuar a dizer, na esteira do que dispunha o Código de Processo Civil (art. 1072, revogado), que são arbitráveis as controvérsias a cujo respeito os litigantes podem transigir" (CARMONA, Carlos Alberto. *Arbitragem e processo*: um comentário à Lei nº 9.307/96. 3. ed. rev., atual. e ampl. São Paulo: Atlas, 2009. p. 39). Giovanni Ettore Nanni é outro que vincula a disponibilidade à possibilidade de alienação e de transação: "Em outras palavras, podem ser objeto de arbitragem as situações jurídicas patrimoniais que admitem livre poder de disposição do seu titular, seja por meio de alienação, seja por meio de transação" (NANNI, Giovanni Ettore. *Direito civil e arbitragem*. São Paulo: Atlas, 2014. p. 36).

[63] Registre-se que esse problema não é uma exclusividade nacional: "Não obstante este reconhecimento, a verdade é que o tema da arbitrabilidade é repleto de divergências na doutrina e na jurisprudência e internacionais, não se podendo dizer que haja relativo consenso no que tange aos aspectos centrais do instituto" (FICHTNER, José Antonio; MANNHEIMER, Sergio Nelson; MONTEIRO, André Luís. *Teoria geral da arbitragem*. Rio de Janeiro: Forense, 2019. p. 226).

se estende para outras searas do direito privado, não se limitando a questões familiares ou sucessórias.

Entretanto, quando da análise da arbitrabilidade de temas inerentes aos conflitos familiares, a questão ganha ainda mais complexidade, pois a esse debate se acrescem as discussões quanto às esferas de disponibilidade e indisponibilidade do direito de família.[64]

Nesse sentido, a incerteza conceitual que permeia a perspectiva de indisponibilidade dos institutos de direito de família acaba por reverberar na divisão da doutrina sobre a arbitrabilidade ou inarbitrabilidade das causas que os envolvam, conforme percebe Mário Luiz Delgado:

> Notadamente quanto à arbitragem no Direito de Família e das Sucessões, prevalecia a ideia distorcida de indisponibilidade de todo e qualquer direito subjetivo, ainda que de natureza patrimonial, o que retiraria dos litígios emergentes dessas relações jurídicas o requisito objetivo da arbitrabilidade. Já se disse, por exemplo, que os conflitos familiares estariam sempre imantados de fortes sentimentos e isso faria com que os direitos discutidos naqueles processos se situassem em uma ordem de indisponibilidade. Ora, nada mais equivocado, como demonstraremos no decorrer deste trabalho.[65]

Embora a diversidade de questões decorrentes dos conflitos familiares torne difícil apurar uma posição firme e geral dos autores sobre a temática, ainda assim parece possível divisar os atuais posicionamentos doutrinários em duas grandes frentes.[66]

Uma primeira corrente parte do entendimento de que as causas de direito de família seriam, a princípio, inarbitráveis, em razão de sua reiterada indisponibilidade (admitindo pouquíssimas exceções como arbitráveis);

---

[64] A arbitrabilidade dos temas familiares e sucessórios específicos será tratada de forma mais detida adiante, na parte final deste livro.

[65] DELGADO, Mário Luiz. Arbitragem no direito de família e sucessões: possibilidades e casuística. In: DINIZ, Maria Helena (coord.). *Direito em debate*. São Paulo: Almedina, 2020. v. 1. p. 258.

[66] Em razão das profundas alterações legislativas sobre a matéria (em especial o Código de Processo Civil, o marco legal da mediação e a reforma da Lei de Arbitragem – todas leis de 2015), cumpre registrar que muitas manifestações dos autores citados nesta parte da obra são anteriores à edição de tais diplomas legais. Em vista disso, é necessário contextualizá-las à época de sua publicação. Ainda assim, parece-nos que a relevância de tais posicionamentos para a doutrina brasileira justifica a referência que é realizada. Logo, elas são transcritas com esse alerta e com essa observação.

já uma segunda corrente não vislumbra essa barreira inicial, de modo que recomenda a verificação da questão de fundo objeto de litígio para, então, apreciar o seu grau de disponibilidade e de patrimonialidade (esse proceder acabaria por desvelar que a indisponibilidade recai apenas sobre algumas contendas específicas dos embates familiares, em outras não, o que as tornaria, em grande parte das vezes, arbitráveis).

A primeira corrente pode ser apresentada pelas ideias externadas por Carlos Alberto Carmona:

> De maneira geral, não estão no âmbito do direito disponível as questões relativas ao direito de família (em especial ao estado das pessoas, tais como filiação, pátrio poder, casamento, alimentos), aquelas atinentes ao direito de sucessão, as que têm por objeto as coisas fora do comércio, as obrigações naturais, as relativas ao direito penal, entre tantas outras, já que ficam estas matérias todas fora dos limites em que pode atuar a autonomia da vontade dos contendentes.[67]

Como se percebe, o entendimento parte de uma objeção ao direito de família como um todo, sendo posteriormente detalhada. A indisponibilidade é, assim, declarada de forma abstrata. Essa posição é muita citada, inclusive, por diversos outros autores,[68] de modo que acaba por se repisar em grande parte dos posicionamentos refratários à arbitrabilidade de causas que tratem dos institutos de direito de família. Destaca-se que mesmo Carlos Carmona trata de arrefecer um pouco essa negativa inicial, admitindo alguma exceção, ao registrar que:

---

[67] CARMONA, Carlos Alberto. *Arbitragem e processo*: um comentário à Lei nº 9.307/96. 3. ed. rev., atual. e ampl. São Paulo: Atlas, 2009. p. 38. Alerta-se que as posições do autor são da data da edição da sua obra, que é anterior à edição do Código de Processo Civil de 2015.

[68] Flávio Tartuce é outro autor refratário à arbitrabilidade dos temas decorrentes do direito de família, sustentando a sua posição com três objeções: "Pois bem, pensamos que é muito pertinente o debate da matéria, mas, no atual estágio do Direito de Família no Brasil, não se deve admitir a arbitragem para se resolver as contendas relativas a esse ramo do Direito Privado. (...) por três objeções principais. A primeira objeção diz respeito à grande dificuldade existente na separação das matérias puramente patrimoniais daquelas de feição existencial, no âmbito familiar. (...) Como segunda objeção, os conflitos familiares carregam em seu âmago um forte e intenso afeto – no caso, um afeto negativo –, fazendo com que os direitos se situem em uma ordem de indisponibilidade, como regra. A terceira objeção, decorrência natural da segunda, é que o afeto pode estar preso ao patrimônio, como no exemplo concreto da insistência de um ou outro ex-consorte em permanecer com um determinado bem (...)" (TARTUCE, Flávio. Da extrajudicialização do direito de família e das sucessões. *Jusbrasil*, 2016).

Estas constatações não são suficientes, porém, para excluir de forma absoluta do âmbito da arbitragem toda e qualquer que tanja o direito de família ou o direito penal, pois as consequências patrimoniais tanto num caso como no outro podem ser objeto de solução extrajudicial. Dizendo de outro modo, se é verdade que uma demanda verse sobre o direito de prestar e receber alimentos trata de direito indisponível, não é menos verdadeiro que o *quantum* da pensão pode ser livremente pactuado pelas partes (e isto torna arbitrável esta questão). (...) É neste sentido, portanto, que deve ser interpretado o art. 852 do Código Civil, ao vedar o compromisso arbitral para questões de estado, de direito pessoal de família e "de outras que não tenham caráter estritamente patrimonial". Em outros termos, a edição do artigo em questão do Código Civil vigente nada acrescentou (e nada retirou) ao art. 1º da Lei de Arbitragem.[69]

Desse modo, mesmo para os defensores da posição refratária, excepcionalmente, seria possível admitir a arbitrabilidade de algumas repercussões exclusivamente patrimoniais que partam de institutos de direito de família inicialmente indisponíveis.[70]

Ainda assim, a repulsa inicial genérica acaba por prevalecer e não recomendar a arbitragem de questões jusfamiliares.[71] Essa corrente é disseminada e se anuncia como majoritária na realidade brasileira.

---

[69] CARMONA, Carlos Alberto. *Arbitragem e processo*: um comentário à Lei nº 9.307/96. 3. ed. rev., atual. e ampl. São Paulo: Atlas, 2009. p. 39.

[70] Cândido Rangel Dinamarco entende os alimentos como inarbitráveis: "São objetivamente indisponíveis e, portanto, *não comportam a via arbitral* todos os direitos da personalidade, os que envolvam a ordem pública ou sanções à improbidade administrativa, o *jus puniendi* de que é titular exclusivo o Estado, *o direito a alimentos*, os referentes a bens públicos de uso comum do povo e os de uso especial (CC, art. 100 – *infra*, n. 26) *etc*." (DINAMARCO, Cândido Rangel. *A arbitragem na teoria geral do processo*. São Paulo: Malheiros Editores, 2013. p. 78 (grifos nossos)).

[71] No mesmo sentido, pode ser traduzida a posição externada por Alexandre Freitas Câmara, que também entendia como possível a arbitrabilidade do *quantum* dos alimentos, mas repelia a via para os demais temas familiares: "Também não se pode admitir arbitragem quando a causa versar sobre o estado e a capacidade das pessoas. Assim, por exemplo, o divórcio consensual não poderá concretizado senão em juízo, sendo vedada a arbitragem. (...) A outra questão a ser abordada é a da possibilidade da arbitragem quando se tratar de partilha de bens, decorrente de sucessão *mortis causa* ou de extinção do vínculo matrimonial ou concubinário. (...) Não parece possível, diante do direito positivo brasileiro, a arbitragem quanto a partilha de bens" (CÂMARA, Alexandre Freitas. *Arbitragem*: Lei nº 9.307/96. Rio de Janeiro: Lumens Juris, 1997. p. 13-14). Destaque-se que a negativa da arbitrabilidade da partilha se fundava na vinculação do seu tratamento à jurisdição estatal, o que não mais sub-

Em relação à segunda corrente, as suas ideias podem ser retratadas pela precursora posição de Francisco Cahali, na defesa da arbitrabilidade de algumas questões familiares e sucessórias, partindo da premissa de que "para se colocar os protagonistas de um conflito envolvendo o direito de família no palco arbitral, então, indispensável que a matéria pontual respectiva, dentro da amplitude do instituto, seja exclusivamente patrimonial disponível".[72] Em outras palavras, o entendimento não classifica todo o direito de família como indisponível, optando por utilizar os filtros da disponibilidade e patrimonialidade diretamente em razão da matéria de fundo em disputa.

Com isso, acaba por partir da análise detida da questão específica debatida para, então, apurar se há ou não alguma indisponibilidade impeditiva. Para essa linha de pensamento, se a temática objeto da controvérsia gozar de disponibilidade e patrimonialidade, ainda que seja decorrente de direito de família, seria arbitrável:

> Por sua vez, restrito o litígio a efeitos meramente patrimoniais, ainda que decorrente das relações familiares, inexiste óbice legal, tanto no direito de família, como na legislação sobre arbitragem para a utilização deste expediente na solução dos conflitos (arbitrabilidade objetiva), sempre no pressuposto de se verificar a capacidade das partes (arbitrabilidade subjetiva).[73]

Consequentemente, superada alguma eventual indisponibilidade subjetiva, gozaria de arbitrabilidade objetiva a esfera de um conflito familiar que contivesse patrimonialidade e disponibilidade, prevalecendo, portanto, o exame da temática em debate (e não uma rejeição abstrata genérica). Essa posição parece perceber o direito de família como *prima facie* disponível, pois parte da consideração da sua disponibilidade para averiguar se há ou não algum fator de indisponibilidade.

Essas diretrizes de Francisco Cahali também repercutem em grande parte da doutrina nacional,[74] como está perceptível nas posições de Paulo Nalin

---

siste a partir das alterações implementadas pela Lei 11.441, de 2007, as quais foram mantidas pelo Código de Processo Civil de 2015. Como se percebe, a posição do autor é anterior à edição dessa legislação (pois foi emitida em 1997).

[72] CAHALI, Francisco José. *Curso de Arbitragem*: mediação, conciliação, tribunal multiportas. 8. ed. rev., ampl. e atual. São Paulo: Ed. RT, 2020. p. 466.

[73] CAHALI, Francisco José. *Curso de Arbitragem*: mediação, conciliação, tribunal multiportas. 8. ed. rev., ampl. e atual. São Paulo: Ed. RT, 2020. p. 466.

[74] Luiz Antonio Scavone Junior vê com bons olhos a arbitrabilidade de algumas questões familiares, mas via aprovação de um projeto de lei, chegando a comentar a sua participação em um dos que foram apresentados com tal proposta. Já sobre as pos-

e Hugo Sirena, para quem: "há vasto campo de aplicabilidade da arbitragem no âmbito do Direito das Famílias, que poderá versar, *v.g.*, sobre a partilha entre cônjuges e conviventes, os alimentos entre cônjuges e conviventes, os direitos sucessórios de pessoas absolutamente capazes e o status de ex-cônjuge ou convivente".[75] Para os autores, inclusive, o estado civil poderia ser objeto de arbitragem, com o divórcio sendo arbitrável, uma posição inovadora e, certamente, polêmica.

Assim, ousa-se afirmar que parece haver um movimento crescente no sentido da admissão da arbitrabilidade para algumas questões familiares, com a superação das objeções lançadas pela primeira corrente. Frise-se, ainda, que Mário Delgado procura rebatê-las de forma contundente, rechaçando-as, assim:

> A doutrina do Direito de Família tem manifestado oposição ao uso da arbitragem para solução de contendas familiares, ainda que se trate de direito patrimonial de família. Afirma-se que mesmo os litígios patrimoniais entre cônjuges e companheiros trazem imbricados aspectos existenciais, não se podendo separar os bens das afeições de cada um, o que afastaria tanto o conteúdo "puramente patrimonial", como a disponibilidade dos direitos em conflito. Não compactuamos com essa posição. Não se pode negar o caráter de patrimoniais disponíveis a todos os direitos em relação aos quais os cônjuges, os companheiros, os herdeiros ou os parentes possam validamente transacionar, considerando apenas o conteúdo imediato da pretensão, sem qualquer preocupação com eventual carga de afetividade imantada nas demandas ou com os interesses extrapatrimoniais e psicológicos subjacentes. Em outras palavras, pouco importa se o núcleo gerador da controvérsia tenha natureza extrapatrimonial. Uma disputa sobre a partilha de bens entre cônjuges ou companheiros será sempre patrimonial disponível, ainda que o móvel do conflito seja outra questão, como o apego

---

sibilidades com a legislação atual, entende arbitráveis alimentos entre ex-cônjuges/companheiros capazes: "Assim, não afastamos a possibilidade de compromisso para submeter à arbitragem a fixação de alimentos, por exemplo, na escritura de separação nos termos da Lei 11.441/2007 (...)" (SCAVONE JUNIOR, Luiz Antonio. *Manual de arbitragem*: mediação e conciliação. 6. ed. rev., atual. e ampl. Rio de Janeiro: Forense, 2015. p. 19). Até mesmo a doutrina estrangeira cita essa posição e esse autor, como faz Neil Andrews.

[75] NALIN, Paulo; SIRENA, Hugo. A arbitragem no direito das famílias: cláusula arbitral em pactos antenupciais e contratos de convivência. In: MATOS, Ana Carla Harmatiuk; TEIXEIRA, Ana Carolina Brochado; TEPEDINO, Gustavo (coord.). *Direito Civil, Constituição e unidade do sistema*: Anais do Congresso de Direito Civil Constitucional – V Congresso do IBDCivil. Belo Horizonte: Fórum, 2019. p. 364.

afetivo por um bem determinado, a infidelidade, a guarda dos filhos ou mesmo o inconformismo de um dos parceiros com o rompimento por iniciativa do outro. Se questões de natureza psicológica ou afetiva impulsionam um dos cônjuges ou companheiros a disputar a propriedade de determinado bem, uma tal postura anímica não transforma a natureza patrimonial do litígio.[76]

Anote-se, ainda, que Gustavo Tepedino e Danielle Peçanha também veem com bons olhos a utilização da arbitragem para o acertamento de litígios decorrentes de relações familiares, em respeito à sua autonomia,[77] ainda que essa seara possa merecer alguma cautela em razão de suas peculiaridades:

> Diante da diversidade de opções disponíveis para a solução extrajudicial de conflitos, o princípio da solidariedade, com a responsabilidade que lhe é ínsita, deve permear o exercício da autonomia. Vale dizer, há que se fomentar a responsabilidade pelas escolhas das partes no que tange a melhor solução para resolver seus litígios, em respeito à autonomia privada, mesmo no âmbito das relações familiares ou sucessórias. Somente dessa maneira será possível compatibilizar o sistema de solução extrajudicial de conflitos com a legalidade constitucional, sem banalizar a elevada e necessária proteção conferida às famílias e a cada um de seus integrantes, sob o signo da democracia, da solidariedade e da igualdade.[78]

---

[76] DELGADO, Mário Luiz. Arbitragem no direito de família e sucessões: possibilidades e casuística. In: DINIZ, Maria Helena (coord.). *Direito em debate*. São Paulo: Almedina, 2020. v. 1. p. 255-290.

[77] Os autores destacam que, mesmo diante do comando constitucional de solidariedade, não pode ser vedada essa opção aos interessados, sob pena de ofensa à sua também protegida constitucionalmente autonomia: "Aqueles que se mostram aptos a celebrar pactos antenupciais, contratos de convivência e demais ajustes reguladores da vida em comum, sabem decidir, em regra, as mais pertinentes soluções aptas a resolver as contendas atinentes à vida familiar. Solidariedade, nesse caso, não pode ser tomada como exclusão da autonomia, de modo que entre pessoas livres e iguais, em linha de princípio, reclama-se o direito de escolher da maneira que lhes aprouver a melhor via para a solução de seus conflitos (...)" (TEPEDINO, Gustavo; PEÇANHA, Danielle Tavares. Métodos alternativos de solução de conflitos no direito de família e sucessões e a sistemática das cláusulas escalonadas. In: TEIXEIRA, Ana Carolina Brochado; RODRIGUES, Renata de Lima (coord.). *Contratos, família e sucessões*: diálogos interdisciplinares. 2. ed. Indaiatuba: Foco, 2021. p. 46).

[78] TEPEDINO, Gustavo; PEÇANHA, Danielle Tavares. Métodos alternativos de solução de conflitos no direito de família e sucessões e a sistemática das cláusulas escalonadas. In: TEIXEIRA, Ana Carolina Brochado; RODRIGUES, Renata de Lima (coord.). *Contratos, família e sucessões*: diálogos interdisciplinares. 2. ed. Indaiatuba: Foco, 2021. p. 46.

A proposição de Tepedino e Peçanha considera que, ainda que possam existir situações pontuais de vulnerabilidade, que gerem algum desequilíbrio prejudicial a uma das partes, essa temática não contaminaria a seara da disponibilidade, pois restaria vinculada à análise da higidez da manifestação da vontade no momento da celebração do compromisso.[79]

Assim, as propostas lançadas nest livro podem contribuir ativamente nos debates travados, atualmente, sobre a arbitrabilidade dos temas afeitos aos conflitos familiares. Isso, porque a compreensão do direito de família como *prima facie* disponível e a ressignificação da indisponibilidade com a sua diferenciação das situações de intangibilidade pavimentam o caminho para a constatação da sua arbitrabilidade.

Desse modo, grande parte das objeções apresentadas para a arbitragem, nos conflitos familiares, está atrelada à hipertrofia da indisponibilidade anteriormente denunciada. A clarificação e a segmentação analítica que ora são sugeridas permitem a superação de tal obstáculo.

Nesse viés, um direito de família *prima facie* disponível e a compreensão de que a mera intangibilidade do direito subjetivo não implica, necessariamente, restrições ao exercício da pretensão que lhe que é correlata permitem perceber que inexistem óbices à sua arbitrabilidade. Dessa maneira, é passível de as partes equacionarem o seu conflito por essa via, desde que ele atenda aos demais requisitos desse método de solução.

Obviamente que a análise concreta deverá levar em consideração a possibilidade de existir outra indisponibilidade (subjetiva, por exemplo), bem como precisará constatar a patrimonialidade inerente ao tema do litígio, requisito presente na lei arbitral. Certamente, o atendimento aos demais

---

[79] Na visão desses autores, essa tutela de eventual vulnerabilidade restaria atrelada aos requisitos de validade da cláusula ou compromisso arbitral, não contaminando a arbitrabilidade ou inarbitrabilidade das causas de direito de família: "Por outro lado, há que se identificar a possível presença de desigualdade substancial entre as partes, com consequente desequilíbrio entre elas, esvaindo-se assim a liberdade e a autonomia necessárias à adoção de meios alternativos de solução de conflitos. Nessas circunstâncias, coloca-se em xeque a própria manifestação de vontade das partes, seja na eleição da arbitragem, seja na elaboração de acordo no curso da mediação, que deve se dar sempre de forma expressa, livre e hígida, sob pena de desnaturar a essência dos institutos, encontrem-se eles aplicados isoladamente ou em combinação, em cláusulas escalonadas" (TEPEDINO, Gustavo; PEÇANHA, Danielle Tavares. Métodos alternativos de solução de conflitos no direito de família e sucessões e a sistemática das cláusulas escalonadas. In: TEIXEIRA, Ana Carolina Brochado; RODRIGUES, Renata de Lima (coord.). *Contratos, família e sucessões*: diálogos interdisciplinares. 2. ed. Indaiatuba: Foco, 2021. p. 46).

requisitos legais deverá ser satisfeito. O que se quer destacar, portanto, é que as conclusões desta obra contribuem sobremaneira na superação do dogma da "indisponibilidade do direito de família"[80] como barreira que impede a via arbitral para os litígios familiares.

Superado esse obstáculo genérico e obtuso da indisponibilidade como entrave, acredita-se que outras questões poderão emergir no debate relativo à arbitrabilidade dos litígios de direito de família. No entanto, já relativas à sua efetivação prática. Impedir a entrada das causas familiares na via arbitral tem como consequência que o tema em si sequer é tratado pelos teóricos, tanto do direito de família como da arbitragem. Nesse sentido, a ressignificação ora sustentada se constitui em um elemento de aproximação.

Frise-se que as propostas aqui defendidas incentivam a arbitrabilidade de muitos temas familiares, de modo que a posição adotada, obviamente, é a aludida na segunda corrente, com o acréscimo dos argumentos aqui apresentados e o detalhamento que se fará na parte final deste capítulo.

Em nosso sentir, o posicionamento da segunda corrente indica uma análise mais criteriosa da controvérsia familiar em disputa, com o fito de apurar concretamente o aspecto de disponibilidade e de patrimonialidade na questão objeto de impasse.[81] Essa orientação parece mais condizente com as peculiaridades que estão envoltas em tais litígios, bem como se mostra harmônica com diversas premissas sustentadas nesta obra.[82]

Assim, a consideração do direito de família como *prima facie* disponível e a admissão de que a mera intangibilidade do direito subjetivo pode, muitas vezes, não implicar restrições a transações, nem obstaculizar o exercício da pretensão, se harmonizam com o que sustentam os defensores da possível arbitrabilidade de algumas questões familiares.[83]

---

[80] Expressão usualmente repisada, mas sobre a qual a proposta ora apresentada discorda e sugere uma alteração inclusive na forma de apresentação da locução, sugerindo-se: "indisponibilidade *no* direito de família", "indisponibilidade dos institutos de direito de família" ou "indisponibilidade no âmbito do direito de família".

[81] FIGUEIRA JR., Joel. *Arbitragem*. 3. ed. rev., atual. e ampl. Rio de Janeiro: Forense, 2019. p. 149-152.

[82] Em especial, análise concreta da questão controvertida (e não abstrata); exame específico do instituto de direito de família em embate (e não genérica da categoria como um todo); verificação da disponibilidade e da patrimonialidade de acordo com os seus atuais conceitos e sentidos.

[83] "Uma indagação subjetiva: qual o receio daqueles que se opõem à arbitrabilidade dos litígios do Direito de Família e Sucessões? Em que aspectos a jurisdição estatal estaria mais preparada para absorver e resolver esses litígios? Se a arbitragem estiver

Essas discussões sobre a arbitrabilidade ou inarbitrabilidade de algumas matérias em decorrência dos conceitos do direito privado denotam a projeção prática da ressignificação, que, nesse caso, é proposta pelo presente estudo. Isso, porque uma inadequação de sentido para a indisponibilidade de direitos, por parte da civilística brasileira, pode acabar por torná-la anacrônica em face da realidade arbitral que se está encampando.

Destaca-se que algumas propostas de descolamento entre os entendimentos do direito privado e os que deveriam ser tomados pela seara arbitral, nessa temática, já são ventiladas, como a posição de José Antonio Fichtner, Sergio Nelson Mannheimer e André Luís Monteiro:

> Em outras palavras, o que se quer dizer com todos estes exemplos é que o fato de uma determinada matéria não estar sob a livre disposição das partes, tal como entendido no Direito Privado, não a torna inarbitrável. A verdade é que a submissão de litígios à arbitragem nunca significou alienar, transacionar ou renunciar em relação a qualquer direito, bem ou interesse, seja ele público ou privado. Parece-nos que, na verdade, não existe uma perfeita correspondência entre os conceitos de disponibilidade normalmente utilizada no Direito Privado e de arbitrabilidade, pois esta última noção se vale de uma acepção mais ampla de disponibilidade do que aquela compreendida no Direito Privado, de modo a abranger dentro do escopo da arbitragem os exemplos acima mencionados.[84]

Os referidos autores propõem uma autonomia conceitual para a definição da disponibilidade dos direitos relacionada à arbitragem, a qual não guardaria mais correspondência com a noção de disponibilidade/indisponibilidade conferida até então pelo direito civil, nem mesmo por nenhuma outra área. Sustentam que ela teria uma coloração própria, confeccionada autonomamente pela seara arbitral.

---

submetida ao direito brasileiro o tribunal arbitral, tanto quanto o juiz togado, aplicará o direito material, especialmente o Código Civil, o Código de Processo Civil e todos os diplomas legais que o Juiz da Vara de Família também usa, apenas com maior agilidade. Em outras palavras, o Estado-Juiz não é mais eficiente que o juiz privado. Aliás, a experiência tem mostrado justamente o contrário, com uma Justiça estatal extremamente despreparada para lidar com conflitos intersubjetivos que extrapolam os limites de um discurso normativo ou decisório meramente subsuntivo" (DELGADO, Mário Luiz. Arbitragem no direito de família e sucessões: possibilidades e casuística. In: DINIZ, Maria Helena (coord.). *Direito em debate*. São Paulo: Almedina, 2020. v. 1. p. 255-290. p. 258).

[84] FICHTNER, José Antonio; MANNHEIMER, Sergio Nelson; MONTEIRO, André Luís. *Teoria geral da arbitragem*. Rio de Janeiro: Forense, 2019. p. 253.

A nosso ver, a disponibilidade integrante do conceito de arbitrabilidade não é idêntica àquela disponibilidade presente no Direito Privado. *A disponibilidade que caracteriza a arbitragem é mais ampla do que aquela normalmente empregada no Direito Privado. Trata-se de um conceito único, específico para a arbitragem, sem correspondente em qualquer outra área do Direito.* A disponibilidade contida na seara arbitral e que delimita, em vários ordenamentos jurídicos, a arbitrabilidade de qualquer controvérsia está limitada apenas e tão somente pelo caráter patrimonial da matéria.[85] (grifo nosso)

Os discursos que sustentam uma definição própria para a arbitragem, quanto aos conceitos de direito disponível e direito indisponível, com conteúdo diverso do que lhe é conferido pelo direito privado, causam surpresa e quiçá um desconforto inicial. No entanto, servem para demonstrar a inconsistência conceitual que se procura colmatar com o presente livro.

As definições sobre o sentido jurídico da indisponibilidade dos direitos devem ser harmônicas no direito privado, sendo um significante que deve circular pela via arbitral com os contornos que o Direito Civil lhe confere.

Pretende-se, com isso, oferecer balizas hermenêuticas para um melhor diálogo entre os civilistas e os arbitralistas no que se refere ao entendimento atual sobre o sentido da indisponibilidade dos direitos. Isso, porque a necessária autonomia que deve existir entre ambas as áreas não pode, ao fim e ao cabo, afastá-las a ponto de gerar uma ruptura tal que possa gerar uma dissonância dessa estirpe. Daí por que se defende a busca por uma harmonização de sentidos entre as referidas searas, com definições que sejam sincrônicas e complementares.

Como os temas em apreço também estão sendo discutidos em outras localidades, mostra-se recomendável analisar algumas experiências do direito estrangeiro.

3.4 ESTADO DA ARTE E EXPERIÊNCIAS NO DIREITO ESTRANGEIRO

As discussões sobre a arbitrabilidade do direito de família não ocorrem somente no Brasil, visto que também perfilam em outros países, sendo uma das questões em debate igualmente no exterior. Nesse contexto, cabe uma análise dessas discussões alienígenas.

Uma visão do panorama internacional permite registrar a existência de um movimento crescente em prol do princípio do *favor arbitrandum*,[86]

---

[85] FICHTNER, José Antonio; MANNHEIMER, Sergio Nelson; MONTEIRO, André Luís. *Teoria geral da arbitragem*. Rio de Janeiro: Forense, 2019. p. 253.

[86] "Quaisquer que sejam os métodos utilizados para determinar os litígios que podem ser submetidos à arbitragem e aqueles em que tal é vedado, o que na generalidade

que sustentaria um paulatino aumento das matérias passíveis de submissão à arbitragem nos mais variados países.

Nesta primeira quadra de século, essa pode ser uma das marcas que rondam a temática, tanto que alguns cogitam até uma possível *death of inarbitrability*.[87]

Ainda que algumas especificidades locais não possam ser ignoradas,[88] *grosso modo*, parece emergir uma tendência mundial de fortalecimento da arbitragem.

---

do Estados se verifica é que essa linha divisória tem vindo a deslocar-se, com grande nitidez, no sentido do alargamento das categorias de controvérsias que podem ser resolvidas por árbitros. Na verdade, o princípio do favor *arbitrandum* domina, cada vez mais, em nível mundial, a determinação da arbitrabilidade dos litígios, o que não impede que, aqui ou ali, se registrem recuos relativamente a essa tendência geral, do que constitui exemplo o supramencionado projecto do *Fairness Arbitration Act* pendente no Congresso norte-americano" (CARAMELO, António Sampaio. Critérios de arbitrabilidade dos litígios: revisitando o tema. *Revista de Arbitragem e Mediação*, São Paulo, v. 27, ano 7, p. 129-161, out.-dez. 2010. Disponível em: www.revistadostribunais.com.br. Acesso em: 05.07.2021).

[87] "De maneira geral, pode-se dizer que a área de abrangência da arbitrabilidade vem crescendo nas últimas décadas, contando cada vez mais com o apoio dos Estados soberanos, seja por meio da edição de leis abrangentes a este respeito, seja pela formação de uma jurisprudência favorável à via arbitral. Isso já levou alguns autores a propugnarem, inclusive, por uma suposta *death of inarbitrability*" (FICHTNER, José Antonio; MANNHEIMER, Sergio Nelson; MONTEIRO, André Luís. *Teoria geral da arbitragem*. Rio de Janeiro: Forense, 2019. p. 226. Sobre o tema: YOUSSEF, Karim. The death of inarbitrability. In: MISTELIS, Loukas A.; BREKOULAKIS, Stavros L. *Arbitrability*: international and comparative perspectives. The Hague: Kluwer Law International, 2009. p. 47-67).

[88] Nos Estados Unidos da América, por exemplo, a expressão arbitrabilidade, muitas vezes, possui outra significação: "Philippe Fouchard, Emmanuel Gaillard e Berthold Goldman lecionam que 'the term 'arbitrability' is sometimes given a broader meaning, covering the existence and validity of the parties consent to arbitration, as is the case with the terminology used by the United States Supreme Court' ['ao termo 'arbitrabilidade' é às vezes conferido um significado mais amplo, abrangendo a existência e validade do consentimento das partes à arbitragem, como é o caso da terminologia utilizada pela Suprema Corte dos Estados Unidos' (tradução livre)]. Os autores, porém, entendem que 'that meaning is liable to generate confusion, and is not widely used in international practice' ['esse significado é susceptível de gerar confusão, e não é amplamente utilizado na prática internacional' (tradução livre)]. Julian D. M. Lew, Loukas A. Mistelis e Stefan M. Kroll esclarecem que 'in the US the term 'arbitrability' is often used in a wider sense covering the whole issue of the tribunal's jurisdiction' ['nos EUA, o termo 'arbitrabilidade' é frequentemente utilizado em um sentido mais amplo que abrange toda a questão da jurisdição do tribunal' (tradução livre)]. *A verdade é que a jurisprudência norte-americana confere ao termo arbitrabilidade um sentido próprio, peculiar à realidade americana, mas que não é*

Diante desse cenário, isso pode se manifestar de variadas formas, incluindo alterações legislativas, posições jurisprudenciais e manifestações doutrinárias.[89]

É inegável a forte influência do modelo regulatório comum sugerido pela Uncitral, mas, ao adentrar cada ordenamento, verifica-se que algumas particularidades locais influenciam o formato final conferido para a delimitação da arbitrabilidade objetiva das matérias. Os fatores mais utilizados nessa definição variam em torno da livre disponibilidade, patrimonialidade e transigibilidade e, em alguns casos, referem-se à ordem pública.

> A arbitrabilidade (...) é estabelecida pelos ordenamentos jurídicos a partir de aspectos políticos, económicos, sociais, culturais e/ou morais. O Direito

---

reconhecido nos demais países do mundo, nem pela doutrina nem pelos tribunais. Segundo esta noção exclusivamente norte-americana, a definição de arbitrabilidade acabaria se confundindo com a noção de escopo da convenção de arbitragem, razão pela qual poder-se-ia dizer, por exemplo, que determinada matéria não seria 'arbitrável' porque não estaria enquadrada no objeto da convenção de arbitragem" (FICHTNER, José Antonio; MANNHEIMER, Sergio Nelson; MONTEIRO, André Luís. *Teoria geral da arbitragem*. Rio de Janeiro: Forense, 2019. p. 227 (grifo do original)). Laurence Shore informa que a expressão *arbitrabilidade* pode assumir diversos sentidos conforme o local em que ela esteja inserida. Segundo ele, em muitos países, o termo faria remissão às matérias que seriam passíveis de submissão à arbitragem; já do ponto de vista da arbitragem do comércio internacional, a sua utilização indicaria se o caso é passível de resolução pela arbitragem ou se, ao contrário, deve ficar restrito a alguma jurisdição nacional. Ao mesmo tempo, arbitrabilidade nos Estados Unidos (*arbitrability*) faria referência à deliberação se um árbitro ou uma Corte devem decidir determinada disputa (SHORE, Laurence. The United States' perspective on "arbitrability". In: MISTELIS, Loukas A.; BREKOULAKIS, Stavros L. *Arbitrability*: international and comparative perspectives. The Hague: Kluwer Law International, 2009. p. 69-84).

[89] "Uma análise de direito comparado mostra que o âmbito das matérias arbitráveis pode ser definido por uma de duas formas ou métodos: (a) ou através de critérios de natureza conceitual; (b) ou mediante a formulação de excepções à regra geral da livre arbitrabilidade dos litígios, por lei ou pela jurisprudência dos tribunais estaduais. Apesar da sua maior rigidez (contrabalançada pela maior previsibilidade que oferecem), é a critério de natureza conceitual que, na maioria dos ordenamentos jurídicos (sobretudo nos de *civil law*), se recorre para se identificarem as matérias arbitráveis. Importa advertir, contudo, que a delimitação do campo da arbitrabilidade não se esgota na utilização do critério adoptado pela lei para esse efeito, visto que o resultado da aplicação deste é, muitas vezes, objeto de alargamentos ou restrições, por força de normas legais específicas ou da jurisprudência dos tribunais estaduais, em função da suprarreferida ponderação de interesses" (CARAMELO, António Sampaio. Critérios de arbitrabilidade dos litígios: revisitando o tema. *Revista de Arbitragem e Mediação*, São Paulo, v. 27, ano 7, p. 129-161, out.-dez. 2010. Disponível em: www.revistadostribunais.com.br. Acesso em: 05.07.2021).

Comparado, especialmente no que diz respeito à arbitrabilidade objetiva, mostra a adoção de uma série de critérios, como a patrimonialidade, a livre disponibilidade, a transacionalidade, a limitação de ordem pública etc.[90]

Em outros termos, os critérios definidores da arbitrabilidade objetiva possuem uma variação de coloração de país para país, mas giram em torno de alguns denominadores comuns, o que permite uma análise comparativa pontual.[91]

---

[90] FICHTNER, José Antonio; MANNHEIMER, Sergio Nelson; MONTEIRO, André Luís. *Teoria geral da arbitragem*. Rio de Janeiro: Forense, 2019. p. 231.

[91] "O *Code* Civil francês dispõe, no art. 2.060, que 'one cannot enter into a compromise agreement about matters of status and capacity of the persons, matters relating to divorce and judicial separation or matters of disputes involving public bodies and institutions and more generally in all matters concerning public order' ['não se pode celebrar um acordo de compromisso sobre questões de estatuto e capacidade das pessoas, questões relacionadas com divórcio e separação judicial ou questões de litígios que envolvam organismos e instituições públicas e, em geral, em todas as questões relacionadas com a ordem pública' (tradução livre)]. Trata-se de redação bastante criticada, inclusive pela doutrina francesa, por relacionar a noção de arbitrabilidade ao conceito de ordem pública, mas que a jurisprudência francesa já afastou ao menos em relação à arbitragem internacional. No que diz respeito às arbitragens domésticas, o *Code de Procédure Civile* suíço estatui, no item I do art. 354, que: 'any claim over which the parties may freely dispose may be the object of an Arbitration agreement' ['qualquer reclamação sobre a qual as partes possam dispor livremente pode ser objeto de um acorde de arbitragem' (tradução livre)]. Na Espanha, a *Ley* n.º 60/2003 prevê, no item I do art. 2.º, que 'son susceptibles de arbitraje las controversias sobre materias de *libre disposición* conforme a derecho' ['são suscetíveis de arbitragem as questões sobre matérias de *livre disposição*, de acordo com a lei' (tradução livre)]. O *Codice di Procedura Civile* italiano destaca, na primeira parte do art. 806, que 'le parti possono far decidere da arbitri le controversie tra di loro insorte che non abbiano per oggetto *diritti indisponibili*, salvo espresso divieto di legge' ['as partes podem encaminhar para decisão por arbitragem as controvérsias entre elas que não tenham por objeto *direitos indisponíveis*, salvo se expressamente proibido por lei' (tradução livre)]. Os dois primeiros diplomas legislativos baseiam-se na noção de *livre disponibilidade*, enquanto o último recorre ao conceito de *direitos indisponíveis*. Numa abordagem mais avançada em relação àquelas até aqui expostas, a *Loi Fédérale sur le Droit International Privé* suíça – aplicável às arbitragens internacionais – dispõe, no item I do art. 177, que 'any disputes of financial interest may be subject of an arbitration' ['quaisquer disputas de interesse financeiro podem ser objeto de arbitragem' (tradução livre)]. Observe-se que, na Suíça, adotam-se critérios de arbitrabilidade diferentes para as arbitragens domésticas e as arbitragens internacionais. O primeiro caso faz uso do critério da *livre disponibilidade*, enquanto a segunda hipótese se ampara no critério da *patrimonialidade*. (...) Da mesma forma, o *Code Judiciaire* belga dispõe, no § 1.º do art. 1.676, que 'toute cause de nature patrimoniale peut faire l'objet d'um arbitrage' ['qualquer caso de natureza patrimonial pode ser objeto de arbitragem'

Desse modo, nota-se que os países que utilizam o critério da livre disponibilidade[92] acabam apresentando discussões similares àquelas apresentadas na realidade brasileira, particularmente quanto aos temas familiares.

Um dos aspectos a considerar é o das regras de ordem pública, um conceito que também sofreu mutações e, atualmente, não possui o mesmo

---

(tradução livre)], bem como que 'les causes de nature non-patrimoniale sur lesquelles il est permis de transiger peuvent aussi faire l'objet d'um arbitrage' ['casos de natureza não patrimonial sobre os quais é admissível transigir também podem ser objeto de arbitragem' (tradução livre)]. No que diz respeito à arbitrabilidade subjetiva, o *Code* estatui, no § 2.º deste mesmo dispositivo, que 'quiconque a la capacité ou le pouvoir de transiger peut conclure une convention d'arbitrage' ['qualquer pessoa que tenha a capacidade ou o poder de transacionar pode celebrar uma convenção de arbitragem' (tradução livre)]. (...) No mesmo sentido, a Lei de Arbitragem Voluntária portuguesa – Lei n.º 63/2011 – dispõe largamente sobre arbitrabilidade logo em seu art. 1.º. A lei estatui, no item I deste dispositivo, que: 'desde que por lei especial não esteja submetido exclusivamente aos tribunais do Estado ou arbitragem necessária, qualquer litígio respeitante a *interesses de natureza patrimonial* pode ser cometido pelas partes, mediante convenção de arbitragem, à decisão dos árbitros'. O item 2 deste mesmo dispositivo dispõe ainda que 'é também válida uma convenção de arbitragem relativa a *litígios que não envolvam interesses de natureza patrimonial,* desde que as partes possam celebrar transacção sobre o direito controvertido'. Conforme leciona Manuel Pereira Barrocas, 'relativamente a natureza dos interesses suscetíveis de serem sujeitos à arbitragem, isto é, sobre a arbitrabilidade objetiva do litígio na arbitragem voluntária, a LAV seguiu um regime idêntico ao da legislação alemã (§ 1.030 do ZPO) assente no critério da patrimonialidade dos interesses em jogo'. O Direito português, na linha dos ordenamentos suíços (para as arbitragens internacionais), alemão e belga, adotou o *critério da patrimonialidade* para fins de definir a arbitrabilidade objetiva" (FICHTNER, José Antonio; MANNHEIMER, Sergio Nelson; MONTEIRO, André Luís. *Teoria geral da arbitragem*. Rio de Janeiro: Forense, 2019. p. 231-233 (grifos do original)).

[92] "Um grande número de ordenamentos jurídicos adopta, como critério de arbitrabilidade das controvérsias, o da disponibilidade do direito controvertido. Nas legislações de alguns países (por exemplo, o Direito belga e o Direito italiano antes da reforma de 2003), o critério de arbitrabilidade adoptado é o da transigibilidade do direito controvertido, que substancialmente equivale ao anteriormente referido, visto que a possibilidade de as partes celebrarem transacção sobre o direito controvertido depende de elas poderem dele dispor (v. art. 1.249.º do Código Civil português). Para a doutrina portuguesa e estrangeira, um direito é considerado como disponível quando pode ser constituído e extinto por ato de vontade do seu titular, ou seja, quando está sob o controlo total do seu titular, de tal maneira que este pode fazer tudo a seu respeito, nomeadamente, aliená-lo e a ele renunciar" (CARAMELO, António Sampaio. Critérios de arbitrabilidade dos litígios: revisitando o tema. *Revista de Arbitragem e Mediação*, São Paulo, v. 27, ano 7, p. 129-161, out.-dez. 2010. Disponível em: www.revistadostribunais.com.br. Acesso em: 05.07.2021).

significado que lhe foi outrora conferido, em especial no que se refere às relações familiares. O discurso jurídico anterior à Constituição Federal de 1988, apegado ao Estado Social então vigente, acabava por conferir uma força e abrangência desmesurada para a ordem pública, o que mitigava os espaços de atuação dos particulares no trato das suas questões existenciais. Altera-se a perspectiva após a Constituição e vigência do atual Estado Democrático de Direito.

> É nesse sentido que o conceito de ordem pública também se transformou: a constitucionalização do direito civil, com o deslocamento dos princípios fundamentais do Código Civil para a Constituição Federal, acarretou grande mudança, na medida em que a autonomia privada passou a gerar efeitos jurídicos não apenas em situações patrimoniais, mas também, existenciais, sendo redefinida por esses valores. Assim, a concepção de ordem pública – permeável a esses novos fatos jurídicos – passou a ter a realização da pessoa humana como objetivo, já que sua dignidade foi elevada a princípio fundamental da República.[93]

Em outros termos, a ordem pública deve ser assimilada na atual legalidade constitucional, o que não permite que seja percebida de forma enviesada, como um obstáculo a legítimas escolhas das pessoas no encaminhamento da sua vida em família. Essa percepção permite perceber que a existência de normas de ordem pública regendo determinada matéria, ainda que para impor limites, não torna – por si só – o direito indisponível. A disponibilidade do direito não se vincula à natureza da norma que os regula. É perfeitamente possível a coexistência de direitos disponíveis com limitações impostas tanto por normas de ordem públicas, cogentes, como por normas dispositivas.

A temática da ordem pública[94] não parece ser um fator impeditivo para a análise da arbitrabilidade de algumas demandas familiares, visto que o árbitro

---

[93] BODIN DE MORAES, Maria Celina; TEIXEIRA, Ana Carolina Brochado. Contratos no ambiente familiar. In: TEIXEIRA, Ana Carolina Brochado; RODRIGUES, Renata de Lima (coord.). *Contratos, família e sucessões*: diálogos interdisciplinares. 2. ed. Indaiatuba: Foco, 2021. p. 2.

[94] "(...) A ordem pública tem sido considerada como o conjunto de princípios que refletem os valores fundamentais de uma determinada sociedade. Estes valores, que se encontram na sua base, sofrem modificações conforme o tipo de sociedade, o tempo e o lugar, mas de modo geral estão associados com aspectos morais, sociais, econômicos e religiosos desta mesma sociedade. A par de constituir um verdadeiro princípio, de feições universais e aplicação a diferentes ramos do direito, a ordem pública também se constitui, em um plano mais concreto, como um conjunto de regras, que justamente procuram dar cumprimento ao princípio mais geral da

observará os limites que giram em torno das regras em voga e aplicará as regulações pertinentes na sua deliberação. A arbitragem interna, tratada no presente livro, não é obstada pelo fato de o conflito permear alguma norma de ordem pública, visto que essas normas também podem ser deliberadas pelo juízo arbitral.[95]

Mário Delgado aclara a possibilidade de arbitrabilidade mesmo no trato de temas que envolvam alguma disposição de ordem pública, pois entende que:

> (...) a existência de normas de ordem pública incidentes sobre uma determinada relação jurídica litigiosa não torna o litígio inarbitrável, mas apenas impede que o julgador (privado ou estatal) deixe de aplicá-las, face a sua natureza cogente e imperativa. Quer seja o tribunal arbitral ou Estado-Juiz incumbido de solucionar o conflito, não poderá relegar a aplicação ou modificar o conteúdo de uma norma de ordem pública. A ordem pública, tanto quanto os bons costumes, servirá de elemento direcionador da atuação do árbitro, limitando a autonomia das partes no

---

ordem pública. Tais regras apresentam elementos centrais, que são a existência de interesse público marcante, a cogência absoluta e a imperatividade destas normas, do que resulta a impossibilidade de transação ou de qualquer ato de disposição a seu respeito, ressalvada a expressão meramente econômica de tais conteúdos. Para identificar a presença da ordem pública, será sempre necessário investigar a presença destes elementos. Em relação ao direito material, a ordem pública significa limitação à liberdade de contratar, imposição de determinadas cláusulas ou situações jurídicas, assim como restrições às partes em eleger lei diversa, enfim, um conjunto de restrições que são estabelecidas com base na premissa de que não se pode permitir que as partes regulem livremente certas situações, sob pena de ofender princípios fundamentais do ordenamento jurídico e violar normas que retratem o interesse público" (APRIGLIANO, Ricardo de Carvalho. *Ordem pública e processo*: o tratamento das questões de ordem pública no direito processual civil. São Paulo: Atlas, 2011. p. 239).

[95] "(...) convém esclarecer que a arbitragem convive tranquilamente com a ordem pública, devendo ser afastada qualquer conclusão no sentido de que, se a matéria envolver normas ou preceitos de ordem pública, não pode ser submetida à arbitragem. A origem desta confusão está na mistura de conceitos como a indisponibilidade de direitos e o controle da ordem pública, como se fossem fenômenos idênticos, ou umbilicalmente associados. No capítulo anterior, demonstrou-se que isto não é verdade. Se é fato que tudo que é indisponível é de ordem pública, o inverso não é verdadeiro. Nem todas as matérias que se inserem na conceituação de ordem pública envolvem direitos indisponíveis. Pedro Batista Martins, entre outros autores de renome, adverte que é um engano considerar que a matéria de ordem pública não seja arbitrável, pois 'ao árbitro não é vedado decidir questões que contemplem ordem pública, mas, tão-somente, conflitos que tenham por objeto direito indisponível'" (APRIGLIANO, Ricardo de Carvalho. *Ordem pública e processo*: o tratamento das questões de ordem pública no direito processual civil. São Paulo: Atlas, 2011. p. 44).

que toca à eleição das regras de direito a serem aplicadas (...). Em suma, não se confundem os conceitos de direito indisponível e ordem pública.[96]

Ademais, não se pode perder de vista que, mesmo quanto aos direitos indisponíveis, "os aspectos patrimoniais de tais direitos indisponíveis escapam a esta indisponibilidade e podem, por exemplo, ser objeto de solução arbitral".[97] O deliberar sobre as repercussões patrimoniais de institutos de direito de família pode perfeitamente ser realizado sem ofensa a qualquer norma de ordem pública. Tanto é verdade que a última reforma da lei de regência passou a prever a via arbitral também para casos que envolvem temas de interesse público.

A arbitragem brasileira já convive com casos que envolvem regras ditas de ordem pública sem que isso, por si só, seja impeditivo da utilização desse método de solução de conflitos, não sendo empecilho para a arbitrabilidade familiar ora em apreço.

Uma tendência recente, a qual pode ser percebida em muitos países, é vincar como elemento balizador da arbitrabilidade "o critério da patrimonialidade, adotado nos ordenamentos jurídicos de Suíça, Alemanha e Bélgica, é reconhecidamente o critério mais avançado de determinação da arbitrabilidade objetiva".[98]

Como o direito brasileiro abarca, em seus marcos legais de arbitrabilidade objetiva, tanto o critério da disponibilidade como o da patrimonialidade, parece possível sustentar uma aproximação com os países que estão optando por fortalecer este último (visto por muitos como mais adequado nos tempos atuais). Consequentemente, não parece que qualquer atualização do tema, na realidade nacional, exija alguma alteração legislativa, mas que possa ser realizada a partir das nossas regras atuais.[99]

---

[96] DELGADO, Mário Luiz. Arbitragem no direito de família e sucessões: possibilidades e casuística. In: DINIZ, Maria Helena (coord.). *Direito em debate*. São Paulo: Almedina, 2020. v. 1. p. 255-290.

[97] APRIGLIANO, Ricardo de Carvalho. *Ordem pública e processo*: o tratamento das questões de ordem pública no direito processual civil. São Paulo: Atlas, 2011. p. 18.

[98] FICHTNER, José Antonio; MANNHEIMER, Sergio Nelson; MONTEIRO, André Luís. *Teoria geral da arbitragem*. Rio de Janeiro: Forense, 2019. p. 246.

[99] "No caso do Brasil, esta interpretação somente é necessária em casos excepcionais, pois a regra geral do Direito brasileiro já é a adoção exclusiva do critério da patrimonialidade, em razão de expressão determinação legal" (FICHTNER, José Antonio; MANNHEIMER, Sergio Nelson; MONTEIRO, André Luís. *Teoria geral da arbitragem*. Rio de Janeiro: Forense, 2019. p. 253).

Isso porque uma peculiaridade percebida na leitura da arbitrabilidade, em diversos países, é que mesmo os que optam por uma baliza conceitual como o Brasil, ainda assim, não adotam um rigor legal passível de apontamento. O que se percebe é que a definição final da arbitrabilidade ou inarbitrabilidade das matérias decorre muito mais de evoluções doutrinárias e jurisprudenciais de acordo com a cultura jurídica de cada país. Obviamente que, muitas vezes, alguma alteração legislativa é aprovada, mas, em diversas outras, a alteração de sentido decorre de mutações edificadas pela doutrina e pela jurisprudência.[100]

Por conseguinte, considerando o tratamento evolutivo conferido para a temática da arbitrabilidade em diversas localidades, é possível confirmar a utilidade de eventual ressignificação conceitual para a indisponibilidade dos direitos, tanto em razão da forte conexão temática imposta por nossa lei de regência como em vista do reiterado avanço por diálogos doutrinário-jurisprudenciais, o que tem sido percebido em vários contextos.

Quanto à arbitrabilidade ou à inarbitrabilidade das questões vinculadas aos institutos de direito de família, muitas discussões e dúvidas que pairam no direito brasileiro também rondam outros países. Como se vê, em tal seara, não se pode apontar com clareza e certeza uma diretriz internacional em nenhum

---

[100] A evolução de entendimentos sobre a arbitrabilidade na França, sob o mesmo traço legal, é prova do que se está a apontar: "Hoje, no direito francês, no domínio da arbitragem internacional, pode afirmar-se que os limites decorrentes de concepção francesa de ordem pública internacional do Estado francês (nomeadamente, as questões relativas ao estado civil e à capacidade dos indivíduos e as atinentes ao direito penal) constituem a única restrição à arbitrabilidade dos litígios. Esta orientação da jurisprudência francesa foi, posteriormente, estendida à arbitragem interna (mas, quanto a esta, como se explica adiante, a inarbitrabilidade pode também ser imposta pela ordem pública interna do direito francês). No entender da maioria da doutrina francesa, o outro critério da arbitrabilidade enunciado no art. 2.060 do Código Civil francês – a disponibilidade do direito – perdeu autonomia, pois que se fundiu com o critério da ordem pública. Esta conclusão pode ser ilustrada com as seguintes citações de autores que abordaram este tema: 'um direito torna-se indisponível por razões de ordem pública'; 'não se pode, nesta matéria, evitar a passagem pela ordem pública; a razão disso é certamente o facto de a noção de disponibilidade dos direitos não ser autónoma, mas dependente da de ordem pública'. Assim entendida, a ordem pública mantém ainda utilidade para definir a arbitrabilidade, mas só intervém mediante exclusões pontuais desta, segundo a natureza dos direitos (indisponíveis por razões de ordem pública) atribuídos às partes" (CARAMELO, António Sampaio. Critérios de arbitrabilidade dos litígios: revisitando o tema. *Revista de Arbitragem e Mediação*, São Paulo, v. 27, ano 7, p. 129-161, out.-dez. 2010. Disponível em: www.revistadostribunais.com.br. Acesso em: 05.07.2021).

dos sentidos. As vicissitudes históricas que acompanham a regulação das relações familiares seguem presentes em grande parte dos sistemas jurídicos quando da análise da sua transigibilidade e arbitrabilidade.[101]

Poucos países optam por regular expressamente a arbitrabilidade ou inarbitrabilidade de algumas matérias familiares, visto que muitos preferem deixar a questão ainda vinculada a outros critérios (como a disponibilidade ou a patrimonialidade). Em consequência, avolumam as discussões teóricas a respeito dos seus limites e das suas possibilidades quanto aos conflitos familiares.

Nesse sentido, um dos países que opta por regular com clareza o tema é a Áustria, visto que proíbe arbitragens de temas de direito de família, mesmo de natureza patrimonial.[102] Já a Espanha segue o critério da livre disponibilidade como regra geral e opta por permitir expressamente arbitragens testamentárias.[103] Assim, a partir desse contexto, a realidade espanhola tem admitido arbitragens em temas patrimoniais decorrentes de direito de família, desde que não ofendam princípios constitucionais.[104] A arbitragem testamentária

---

[101] MORRIS, Catherine. *Arbitration of family law disputes in British Columbia*. Victoria: Ministry of Attorney General of British, 2004. Disponível em: https://www.peacemakers.ca/publications/MorrisArbitration2004.pdf. Acesso em: 10.08.2021.

[102] "Na Áustria, a lei que, em 2006, reformou o regime da arbitragem (sendo incorporada no Código Processo Civil), não obstante acolher o critério conceitual (misto) da lei alemã, considera inarbitráveis os litígios emergentes de relações de arrendamento urbano bem como os relativos a matérias de direito da família, ainda que de natureza patrimonial" (CARAMELO, António Sampaio. Critérios de arbitrabilidade dos litígios: revisitando o tema. *Revista de Arbitragem e Mediação*, São Paulo, v. 27, ano 7, p. 129-161, out.-dez. 2010. Disponível em: www.revistadostribunais.com.br. Acesso em: 05.07.2021).

[103] Espanha. *Ley 60/2003*: "Artigo 2. Matérias sujeitas à arbitragem. Os litígios sobre questões de livre disposição de acordo com a lei estão sujeitos à arbitragem" (tradução livre). No original: "Artículo 2. Materias objeto de arbitraje. Son susceptibles de arbitraje las controversias sobre materias de libre disposición conforme a derecho"; "Artigo 10. Arbitragem testamentária. A arbitragem instituída por disposição testamentária será igualmente válida para a resolução de litígios entre herdeiros ou legatários não forçados sobre questões relacionadas com a distribuição ou administração da herança" (tradução livre). No original: "Artículo 10. Arbitraje testamentario. También será válido el arbitraje instituido por disposición testamentaria para solucionar diferencias entre herederos no forzosos o legatarios por cuestiones relativas a la distribución o administración de la herencia" (ESPAÑA. Ministerio de la Presidencia, Justicia y Relaciones con las Cortes. *Ley 60/2003, de 23 de diciembre, de Arbitraje*. Disponível em: https://www.boe.es/eli/es/l/2003/12/23/60/con. Acesso em: 05.07.2021).

[104] ALDAZ, Carlos Martínez de Aguirre. Family law in Spain: contractualisation or individualisation? In: SWENNEN, Frederik et al. *Contractualisation of family law – global perspectives*. Cham: Springer, 2015. p. 293-310.

também é admitida na Alemanha, mesmo sendo apenas quanto à quota disponível.[105]

Portugal optou por referir os critérios gerais da patrimonialidade e da transigibilidade,[106] mas o entendimento prevalecente é no sentido de considerar inarbitráveis temas de direito de família,[107] mesmo com caráter patrimonial.[108] A mesma resistência é encontrada na Itália, seja pelas limitações da questão do status, seja mesmo pelas restrições usualmente impostas à transação nesses temas; no entanto, a tradição jurídica italiana segue atrelando muitas demandas familiares à jurisdição estatal.[109]

Em uma gama de países, percebe-se uma tendência a reconhecer a arbitrabilidade de questões patrimoniais decorrentes de conflitos familiares, ou seja, excluindo-se as questões relativas ao status e a impasses sobre crianças e adolescentes (ex.: guarda, convivência e alimentos para filhos). Essa situação pode ser vislumbrada tanto em países de *common law* (ex.: em alguns estados americanos)[110] como de *civil law* (ex.: a França).[111]

A França vem admitindo a arbitragem para as questões patrimoniais decorrentes de relações familiares, mas entende a via privada incabível para o divórcio e temas relativos aos filhos (visto como de caráter existencial não patrimonial). Ainda assim, há precedentes aceitando a arbitragem quando do trato de algumas repercussões patrimoniais de aspectos, a princípio, existenciais (ex.: os dividendos decorrentes de exploração de um nome para fins comerciais).

---

[105] MENEZES CORDEIRO, António. *Tratado da arbitragem*. Coimbra: Almedina, 2015. p. 97.

[106] Lei da Arbitragem Voluntária portuguesa: Lei n.º 63/2011.

[107] Sobre o cenário dos métodos adequados de resolução de conflitos em Portugal: XAVIER, Rita Lobo. Autonomy and private ordering in Portuguese family law. In: SWENNEN, Frederik et al. *Contractualisation of family law – global perspectives*. Cham: Springer, 2015. p. 255-270.

[108] António Menezes Cordeiro destaca que, mesmo com aspecto patrimonial, ficam excluídas as questões decorrentes de "convenções antenupciais" (MENEZES CORDEIRO, António. *Tratado da arbitragem*. Coimbra: Almedina, 2015. p. 93).

[109] MARELLA, Maria Rosaria. The contractualisation of family law in Italy. In: SWENNEN, Frederik et al. *Contractualisation of family law – global perspectives*. Cham: Springer, 2015. p. 241-254.

[110] JULES, Adrienne Hunter; NICOLA, Fernanda. The contractualization of family law in the United States. In: SWENNEN, Frederik et al. *Contractualisation of family law – global perspectives*. Cham: Springer, 2015. p. 333-367.

[111] FAUVARQUE-COSSON, Bénédicte. *Libre disponibilité des droits et conflits de loi*. Paris: LGDJ, 1996.

Os ares das localidades que inovam na temática indicam uma amplitude cada vez maior para a arbitrabilidade de questões patrimoniais decorrentes das relações familiares, com vozes reiteradas nesse sentido. Essa perspectiva exige um olhar mais detido sobre a concretude da questão envolvida no litígio familiar em embate, tal como defende a segunda corrente doutrinária nacional anteriormente exposta. Observa-se, assim, que, mesmo com os recentes incrementos dos arranjos quanto à arbitrabilidade objetiva, a chave da disponibilidade segue relevante.

Um aspecto que merece relevo é a fluidez da questão relativa à inarbitrabilidade de determinada matéria, como a familiar, por exemplo, visto que diversos países convivem com uma maleabilidade e incerteza no tema.

Nesse aspecto, Erik Jayme apresenta três interessantes teses que seriam as balizas a serem buscadas por um direito comparado pós-moderno: a primeira delas seria perceber quais são as diferenças entre as realidades analisadas; a segunda seria atentar para o que poderia ser passageiro nessa regulação, temporário, impermanente; já a terceira e última seria apreciar as diferentes reações dos sistemas de direito e ordenamentos aos atributos pós-modernos que estão se apresentando.[112]

Essas diretivas podem ser úteis no refinamento dos diferentes dados apreciados, visto que o sobrevoo acerca do tratamento do tema, nos países supracitados, procurou seguir tais orientações. Não se ignoraram as diferenças de realidade e de cultura, inerentes a cada um dos diversos cenários; também houve a preocupação de se destacar a impermanência, o que está em processo de alteração. Assim, finalmente, ficou perceptível a demonstração dos atuais tratamentos não uniformes que estão sendo conferidos para a referida temática em cada sistema.[113]

---

[112] JAYME, Erik. Visões para uma teoria pós-moderna de direito comparado. *Revista dos Tribunais*, São Paulo, n. 759, ano 88, p. 24-40, jan. 1999.

[113] "A teoria pós-moderna do direito comparado não perturba o existente ou comprovado. Ela deseja encontrar e enfrentar novas perguntas e inquietações. Estas perguntas originam-se, por um lado, do exame e prova de como os valores pós-modernos realizam-se e efetivam-se nas ordens jurídicas. Estes valores são a Pluralidade, a coexistência de diferentes culturas, a Narração e a Comunicação, assim como o significado existencial de sentimentos e sensações. Por outro lado, novas perguntas do direito comparado podem ser feitas com base na análise e descrição das modificações culturais de nosso tempo e nos seus reflexos jurídicos. O material do direito comparado pós-moderno é o presente em sentido estrito, o contemporâneo, o direito de nossos dias. Não se trata aqui de Constantes e Visões, mas sim do Hoje e Agora, do passageiro, em toda a sua volaticidade (*Flüchtigkeit*). Princípio heurístico da pós-modernidade é a procura por diferenças, que se pressupõe que existam. O

Ainda, acrescenta-se que o próprio Erik Jayme sinaliza em relação à defesa de maior autonomia e respeito à esfera privada das partes quando do encaminhamento do seu divórcio, o que emerge como tendência na análise comparativa. O autor recorda que, em muitas partes do mundo, o divórcio apresenta um aspecto mais privado, não necessitando da chancela estatal e, às vezes, nem mesmo da chancela do Poder Judiciário.[114] Essa liberdade e autonomia das pessoas na relevante esfera familiar deve ser retomada.

Assim, uma análise comparativa permite perceber que tanto conceitos jurídicos como peculiaridades históricas e sociais costumam permear essa conclusão sobre a "inarbitrabilidade" de alguns assuntos, fazendo que esta varie de localidade para localidade.[115]

---

lema de Lyotard, 'suportar o incomensurável' ('supporter l'incommensurable'), pode-se aqui utilizar positivamente. O incomensurável, o inconciliável não é aqui para ser suportado, mas sim transforma-se em fonte do conhecimento" (JAYME, Erik. Visões para uma teoria pós-moderna de direito comparado. *Revista dos Tribunais*, São Paulo, n. 759, ano 88, p. 24-40, jan. 1999).

[114] *"Sabemos que a outra parte do planeta conhece o divórcio consensual registrado por um oficial do estado civil.* Pode-se mencionar o Japão, a Coreia, a Tailândia e a China. Entre outros, no sistema judiciário islâmico e no sistema religioso do Talmude, *o divórcio baseia-se em um ato jurídico privado.* Da mesma forma, há tendências, na Europa, para admitir o divórcio por consentimento mútuo. A Suíça introduziu este tipo de divórcio com uma lei recente, deixando ao processo de mediação as negociações relativas aos termos do divórcio, limitando-se a função do juiz a pronunciar a dissolução do casamento. *Le divorce en douceur,* para citar o título de um livro francês, é a solução do futuro. (...) *Na minha opinião, o direito internacional privado deveria seguir esta tendência, dando mais autonomia de vontade aos cônjuges para escolher a lei aplicável ao seu divórcio. Além disso, o direito internacional privado não deveria impor um procedimento só judiciário se a lei à qual os esposos estão culturalmente ligados não o prevê. Uma lei alemã de 1986 proibiu, no interior do país, toda forma de divórcio diversa da pronunciada pelo juiz nacional. Trata-se de uma solução que restringe de maneira desrazoável e irascível a autonomia dos cônjuges estrangeiros.* A autonomia de escolha da lei aplicável ao divórcio já foi aceita por diversas legislações. A falta de tal escolha não se poderia pensar na aplicação da lei do último domicílio conjugal. *O divórcio por ato privado deveria ser incluído em todas as hipóteses no sistema de conflitos de leis"* (JAYME, Erik. O direito internacional privado do novo milênio: a proteção da pessoa humana face à globalização. *Cadernos do Programa de Pós-graduação em Direito UFRGS*, Porto Alegre, v.1, n. 1, mar. 2003. p. 141-142 (grifos nossos)).

[115] "Apesar de a melhor posição ser aquela segundo a qual a Convenção impõe limites à aplicação do princípio da 'não arbitrabilidade' pelos Países Signatários, os tipos de pedido não arbitráveis variam de país para país. Os tipos de conflitos que não podem ser submetidos à arbitragem, no entanto, surgem, quase sempre, de um

Outra percepção que um estudo comparativo permite é de que a barreira da indisponibilidade é constantemente referenciada em vários países, com confusões teóricas e dificuldades concretas muito similares com as encontradas em território nacional. A ressignificação da indisponibilidade, aqui proposta, poderá, portanto, desfazer um nó conceitual que prevalece na realidade brasileira e, ainda, contribuir para um debate que está sendo amplamente realizado.

Nesse cenário, é crescente a defesa da arbitrabilidade das causas com pano de fundo de temas familiares, sendo salutar uma interlocução da realidade jurídica brasileira com as teses estrangeiras ora em discussão. As possibilidades advindas da admissão de um campo crescente para a arbitragem, no trato das relações familiares, são deveras promissoras e quem sabe sejam aplicadas desde logo em alguns temas.

3.5 TEMAS FAMILIARES DISPONÍVEIS, TRANSIGÍVEIS E ARBITRÁVEIS A PARTIR DO DIREITO BRASILEIRO

Ao se levantar o denso véu de indisponibilidade, que, por muito tempo, cobriu os litígios decorrentes das relações familiares, percebe-se outro cenário, no qual ainda estão presentes algumas restrições. No entanto, a paisagem como um todo mostra-se muito mais vibrante e disponível.

O dogma de uma indisponibilidade forte do direito de família acaba, muitas vezes, por paralisar os atores envolvidos nesses conflitos, levando-os a deixar muitas deliberações apenas para uma oportuna decisão judicial (provisória ou definitiva).[116] A rigor, ao se deparar com um conflito familiar, inicia-se uma demanda na via jurisdicional estatal quase que automaticamente. Assim, a partir de então, executam-se os passos previstos no procedimento, no aguardo de uma decisão pelo magistrado responsável.[117] Esse imobilismo

---

conjunto comum de considerações. A doutrina da 'não arbitrabilidade' tem, como base, a noção de que alguns conflitos, por envolverem temas predominantemente de direito público ou interesses de terceiros, matérias exclusivamente tratadas pelas autoridades públicas, não podem ser resolvidos por meio de arbitragem" (ANDREWS, Neil. *Arbitragem*. Trad. Luís Fernando Guerrero e André Luís Monteiro. Curitiba: Editora Direito Contemporâneo, 2021. p. 126).

[116]   Não se ignora que diversos outros fatores contribuem para essa realidade.

[117]   "O processualista não precisa se limitar a seguir processos preexistentes. Tem ele a plena capacidade de desenhar e criar os arranjos procedimentais adequados aos problemas que precisa resolver, em conjunto, com as partes interessadas" (FALECK, Diego. *Manual de design de sistemas de disputas*: criação de estratégias e processos eficazes para tratar conflitos. Rio de Janeiro: Lumen Juris, 2018. p. 181).

na busca de alternativas atinge tanto partes quanto advogados, juízes e integrantes do Ministério Público, estando enraizado em nossa praxe forense, que é fortemente decalcada pela confiança e pelo desejo de uma resposta do Estado-Juiz via "sentença".

A sedimentação de um discurso forte de indisponibilidade quanto aos diversos aspectos da vida familiar tem como consequência a quase ausência de tratativas mais apuradas previamente ao casamento ou a uma relação de união estável. Quando muito, as partes formalizam o relacionamento e elegem um regime de bens, sem deliberar sobre outros aspectos da vida comum, em especial sem regular condições e previsões em caso de término da relação. Está enraizado na cultura jurídica brasileira não tratar antecipadamente dessas questões atinentes à ruptura de uma relação de conjugalidade com os envolvidos, transferindo ao Estado as rédeas do próprio destino (cenário diverso de outros países, como os Estados Unidos, por exemplo).

Todas as questões corriqueiras e usuais em tais conflitos familiares são deixadas para apreciação apenas após o surgimento do impasse. Entretanto, a aura de indisponibilidade paira até mesmo nesse momento crucial, visto que, até recentemente, as partes não avançavam em tentativas extrajudiciais prévias na busca de solução para as questões de litígio. A ótica prevalecente é a de seguir com uma ação judicial também estatal.

Durante muito tempo, o direito constitucional de ação e o acesso à Justiça foram traduzidos como a possibilidade de ajuizar um processo judicial para se obter uma decisão do Poder Judiciário. Dessa maneira, uma consequência disso foi o afastamento dos envolvidos no conflito de qualquer contribuição na edificação das soluções para os problemas nos quais acabaram inseridos.[118] Aliado a outros fatores, esse fato contribui para a alta taxa de congestionamento dos processos judiciais brasileiros, o que causa um desconforto geral (em juízes, advogados, membros do Ministério Público e partes).[119]

---

[118] "A prática monolítica de seguir regras procedimentais preestabelecidas já não é suficiente para o estágio de evolução do próprio processo civil, da advocacia, dos negócios e da vida em sociedade" (FALECK, Diego. *Manual de design de sistemas de disputas*: criação de estratégias e processos eficazes para tratar conflitos. Rio de Janeiro: Lumen Juris, 2018. p. 181).

[119] "Se a situação é problemática sob qualquer prisma, é inegável imaginar que para o campo do Direito das Famílias o problema é ainda mais delicado. Respondendo por quase um milhão e meio de ações no 1º grau de jurisdição (segundo tema mais demandado na justiça comum, atrás apenas do Direito Tributário), o Direito das Famílias comunga – nos temas de casamento e alimentos – as angústias pessoais daquele que, de alguma forma, tem o seu núcleo base posto à prova" (NALIN, Paulo; SIRENA, Hugo. A arbitragem no direito das famílias: cláusula arbitral em

A leitura hipertrofiada da indisponibilidade dos direitos, certamente, contribuiu para esse cenário de letargia, induzindo todos a não acordar preventivamente os detalhes de eventual desenlace familiar e também a destinar a deliberação dos conflitos apenas no Poder Judiciário.

O momento atual passa a ser de uma retomada da responsabilidade[120] e do protagonismo das partes envolvidas em impasses familiares no encontro das necessárias soluções.[121] Há uma preocupação reiterada em uma defesa de maior participação das partes quanto aos vários aspectos dos seus litígios, em especial quando das demandas do direito de família. Tanto é verdade que o próprio Estado está, de certo modo, devolvendo esse protagonismo aos litigantes e fazendo um chamamento a uma atuação ativa dos envolvidos na edificação da solução do seu impasse.

Prova disso é o marco legal da mediação e o Código de Processo Civil de 2015, que instaura a possibilidade de as partes celebrarem negócios jurídicos processuais e, ainda, é expresso ao insistir na conciliação e mediação nos conflitos familiares, impondo esse ato inicial até mesmo como obrigatório nesse rito[122] – entre tantos outros exemplos.

---

pactos antenupciais e contratos de convivência. In: MATOS, Ana Carla Harmatiuk; TEIXEIRA, Ana Carolina Brochado; TEPEDINO, Gustavo (coord.). *Direito Civil, Constituição e unidade do sistema*: Anais do Congresso de Direito Civil Constitucional – V Congresso do IBDCivil. Belo Horizonte: Fórum, 2019. p. 359).

[120] Para ler mais sobre uma perspectiva contemporânea de responsabilidade no direito de família: SANCHES, Fernanda Karam de Chueiri. *A responsabilidade no direito de família brasileiro contemporâneo*: do jurídico à ética. Dissertação (Mestrado em Direito) – Universidade Federal do Paraná, Curitiba, 2013.

[121] "Ante a mudança das relações familiares, e a abertura hermenêutica do texto constitucional, foram ampliados os espaços de liberdade para o arranjo que mais concretamente atenda à realização mútua do casal, tendo em vista a centralidade da pessoa humana no ordenamento jurídico brasileiro, bem como os princípios da igualdade e solidariedade familiar. O exercício dessas liberdades não é absoluto, deve ser acompanhando das correspectivas responsabilidades, tendo em vista que se vive num ambiente de iguais liberdades entre as pessoas (ao menos no plano formal), principalmente aqueles que são maiores e têm condições de se autodeterminar" (MATOS, Ana Carla Harmatiuk; TEIXEIRA, Ana Carolina Brochado. Pacto antenupcial na hermenêutica civil-constitucional. In: MENEZES, Joyceane Bezerra de; CICCO. Maria Cristina de; RODRIGUES, Francisco Luciano Lima. *Direito Civil na Legalidade Constitucional*: algumas aplicações. Indaiatuba: Foco, 2021. p. 36).

[122] "O próprio Estado – talvez como ato de reconhecimento da sua falibilidade – já vem indicando a necessidade de lhe retirar cada vez mais o protagonismo da resolução dos conflitos, atribuindo-o diretamente aos interessados. Não à toa, no próprio campo oficial de dissolução do litígio, qual seja, o processo judicial – o novo Código de

Essa diretriz acaba, de algum modo, por tensionar as tradicionais barreiras colocadas diante das negociações envoltas nesses litígios, seja no aspecto de direito material, seja no aspecto de direito processual. Com isso, coloca-se em xeque a perspectiva de que estes seriam intocáveis e deveriam, na sua integralidade, ficar sempre a cargo do Estado-Juiz.

A revisão da vetusta indisponibilidade dos institutos de direito de família dialoga com tudo isso, pois – caso profícua – fará emergir oportunidades de disponibilidade, transigibilidade e arbitrabilidade nesses conflitos, vetores que terão consequências tanto no direito material como nas opções procedimentais que lhe são correlatas.

A perspectiva de *indisponibilidade fraca*[123] sugerida por esta obra, que a distingue das situações de mera intangibilidade do direito subjetivo, permite reconhecer uma maior "negociabilidade" prévia entre cônjuges e companheiros e também abre caminho para que os impasses familiares naveguem pela mediação ou arbitragem privadas, quando assim quiserem os litigantes. Isso, porque grande parte dessas proposições se refere ao exercício de dado direito ou instituto, não afetando eventual limitação do direito subjetivo no sentido da sua ligação com determinado sujeito. Em outras palavras, estar-se-á a trafegar na esfera do exercício da pretensão, na qual – salvo disposição em contrário – há uma disponibilidade *prima facie* estipulada.

Isso pode concretizar a promessa constitucional de um direito à ordem jurídica justa, com acesso efetivo a uma tutela tempestiva e adequada. Com isso, a responsabilidade pela gestão do conflito e o protagonismo no encontro da equação final podem ser restaurados, recompondo-se uma esfera privada com respeito a uma liberdade positiva dos envolvidos.

Assim, a ampliação que uma ressignificação da indisponibilidade dos direitos pode gerar no espaço de disponibilidade, transigibilidade e arbitra-

---

Processo Civil instituiu a figura do *negócio processual*. Por meio dele, expande-se a autonomia das partes (...). Isso é reflexo da tendência de democratização do processo civil brasileiro, consubstanciada nos artigos 695 e 696, da legislação processual vigente" (NALIN, Paulo; SIRENA, Hugo. A arbitragem no direito das famílias: cláusula arbitral em pactos antenupciais e contratos de convivência. In: MATOS, Ana Carla Harmatiuk; TEIXEIRA, Ana Carolina Brochado; TEPEDINO, Gustavo (coord.). *Direito Civil, Constituição e unidade do sistema*: Anais do Congresso de Direito Civil Constitucional – V Congresso do IBDCivil. Belo Horizonte: Fórum, 2019. p. 361).

[123] Com essa expressão, referimo-nos à perspectiva de indisponibilidade dos direitos que é sustentada no presente livro, ou seja, dotada de um significado contemporâneo, o qual reduz a hipertrofia de outrora e a harmoniza com os atuais postulados constitucionais e legais do nosso tempo.

bilidade, nos conflitos familiares, deve-se ao fato de que uma das principais objeções apresentadas em tais campos é justamente a da famigerada indisponibilidade, que seria inerente a tal seara. Em geral, essa indisponibilidade é apresentada de forma hipertrofiada, robusta e elasticida. Além disso, ainda que, na maioria das vezes, soe um pouco obscura, acaba por ser altamente eficaz.

3.5.1 Disponibilidade hodierna

Há um paulatino movimento no sentido de uma maior disponibilidade de temas familiares que até então eram considerados indisponíveis, o que deve impactar as definições que lhes são correlatas. Em especial, tal disponibilidade já é percebida no exercício de diversas situações.

Tome-se como exemplo o *casamento* que, sob a égide originária do Código Civil de 1916, era indissolúvel, com o rompimento do vínculo do matrimônio restando indisponível para os cônjuges.[124] A partir de 1977, passou a ser admitido o divórcio, ainda que com requisitos e etapas a cumprir, mas, desde 2010,[125] a dissolução está amplamente disponível para as partes, sem requisitos temporais, bastando a mera chancela estatal judicial ou até mesmo extrajudicial. A pessoa pode casar-se e divorciar-se quantas vezes quiser. Logo, no início do século passado, era coerente a defesa de um discurso forte de indisponibilidade atrelado ao casamento e, consequentemente, ao próprio estado civil.

Entretanto, na atualidade, essa postura soa anacrônica, visto que há uma clara esfera de disponibilidade atrelada ao fim do matrimônio e, com isso, a própria alteração do estado civil.[126] Como se vê, há evidente disponibilidade de exercício.

O reconhecimento da *união estável* como entidade familiar pela Constituição de 1988 passou a oferecer outra opção de "conjugalidade" alternativa ao

---

[124] Código Civil de 1916: "Art. 315. (...) Parágrafo único: O casamento válido só se dissolve pela morte de um dos cônjuges (...)".

[125] BRASIL. *Emenda Constitucional 66/2010*. Dá nova redação ao § 6º do art. 226 da Constituição Federal, que dispõe sobre a dissolubilidade do casamento civil pelo divórcio, suprimindo o requisito de prévia separação judicial por mais de 1 (um) ano ou de comprovada separação de fato por mais de 2 (dois) anos. Disponível em: http://www.planalto.gov.br/ccivil_03/constituicao/emendas/emc/emc66.htm. Acesso em: 05.06.2021.

[126] Há inclusive um projeto de lei que quer simplificar e facilitar ainda mais o divórcio extrajudicial, permitindo-o de forma administrativa, com a mera comunicação de uma das partes à outra, via cartório de registro civil, no que vem sendo chamado de "divórcio unilateral", "divórcio impositivo" ou "divórcio direto por averbação" (Projeto de Lei do Senado de 3.457/2019, de autoria do Senador Rodrigo Pacheco).

matrimônio civil. É possível formar uma família não mais só pelo casamento mas também pela via da união estável. Nas últimas décadas, portanto, existe uma opção inclusive no que se refere à forma pela qual as pessoas poderão formar a sua entidade familiar, o que sinaliza uma disponibilidade que não era permitida à luz do Código Civil de 1916.

Do mesmo modo, a eleição do *regime de bens soava como indisponível* nas disposições do chamado Código Beviláqua, que era expresso ao prever essa "irrevogabilidade".[127] No entanto, o Código Civil de 2002 passou a permitir expressamente a possibilidade de alteração do regime de bens pelos cônjuges durante o matrimônio (art. 1.639, § 2º, do CC).[128] Nesse aspecto, houve uma clara passagem dessa temática da esfera da indisponibilidade, que vigeu durante quase todo o século passado, para a da disponibilidade, que passa a vigorar desde o Código atual. Cumpre ressaltar que a nossa legislação permite que as partes até mesmo criem um regime próprio de bens, ou tracem regramentos específicos diversos dos previstos para alguma situação ou bem diferenciado. Como se vê, a esfera de liberdade positiva e de consequente disponibilidade é de monta no que diz respeito à regência do regime patrimonial de bens.

O *nome*, atributo ligado ao estado da pessoa, logo dotado da indisponibilidade que lhe é inerente, está admitindo alteração mediante justificativa, o que conta com respaldo de recentes decisões do Superior Tribunal de Justiça.[129] Essa possibilidade de alteração do nome sinaliza alguma disponibilidade, ainda que bem demarcada e sempre fundamentada.

Outro exemplo pode ser demonstrado pela atual possibilidade de alteração do *nome e gênero no registro civil*, se esta for opção da pessoa, conforme restou recentemente autorizado pelo Supremo Tribunal Federal.[130] Logicamente que essa opção não era facultada à luz das diretrizes do Código Civil de 1916 e das balizas teóricas que imperaram durante o século XX. Portanto, para o cenário de outrora, o nome e o gênero eram outras esferas dotadas de uma inequívoca ausência de disponibilidade, o que era coerente com a leitura

---

[127] Código Civil de 1916: "Art. 230. O regimen dos bens entre os cônjuges começa a vigorar desde a data do casamento, e é irrevogável".

[128] Código Civil de 2002: "Art. 1.639. É lícito aos nubentes, antes de celebrado o casamento, estipular, quanto aos seus bens, o que lhes aprouver. § 1º O regime de bens entre os cônjuges começa a vigorar desde a data do casamento. § 2º É admissível alteração do regime de bens, mediante autorização judicial em pedido motivado de ambos os cônjuges, apurada a procedência das razões invocadas e ressalvados os direitos de terceiros".

[129] STJ, REsp 1.514.382, j. 01.09.2020.

[130] STF, ADI 4.275 e RE 670.422.

forte da indisponibilidade que reinava naquele período. Ocorre que a atual possibilidade de alteração de nome e gênero traz um importante espaço de disponibilidade para os interessados, devendo ser levada em conta quando da significação contemporânea da indisponibilidade.

Cite-se também o *parentesco*, outro vínculo declarado há tempos como indisponível, sendo dessa forma retratado pelo Código Civil de 1916 e pela legislação subsequente, sem sobressaltos nesse aspecto até 1988. Nas últimas décadas, consolidou-se a possibilidade de reconhecimento espontâneo de vínculos socioafetivos[131] na filiação, o que é consagrado pela jurisprudência brasileira e, atualmente, é inclusive permitido por normas recentes do Conselho Nacional de Justiça, até mesmo pela via extrajudicial.[132] A possibilidade de o interessado manifestar a intenção de formalizar esse vínculo filial é mais um indicativo de nuances de disponibilidade, que passa a incidir também sobre a esfera do parentesco.

Ainda nesse tema, outro instigante pleito passa a receber atenção dos juristas, a chamada *desfiliação*:[133] pedidos de filhos que buscam romper um vínculo filial por variados motivos (ex.: violência sexual, abandono afetivo ou vinculação tida por vexatória). A diretriz de disponibilidade inerente a tais demandas é igualmente inequívoca.

Até mesmo *intervenção do Ministério Público* nas ações de família era outro argumento citado para justificar a indisponibilidade dessa seara. Entretanto, o Código de Processo Civil de 2015 alterou o regramento dessa questão e passou a prever essa intervenção ministerial apenas para os casos que envolvem incapazes e vítimas de violência doméstica (art. 698, parágrafo único).[134] Logo, as

---

[131]   Permita-nos a referência: CALDERÓN, Ricardo. *Princípio da afetividade no direito de família*. Rio de Janeiro: Forense, 2017.

[132]   BRASIL. Conselho Nacional de Justiça. *Provimento 63, de 14.11.2017*. Disponível em: https://atos.cnj.jus.br/atos/detalhar/2525. Acesso em: 27.06.2021; BRASIL. Conselho Nacional de Justiça. *Provimento 83, de 14.08.2019*. Disponível em: https://atos.cnj. jus.br/atos/detalhar/2975. Acesso em: 27.06.2021.

[133]   "(...) a desfiliação da parentalidade paterna ou materna (ou ambas) apresenta-se também como um direito existencial do filho, constituindo um novo fenômeno jurídico que o Direito deve contextualizar no sistema normativo. São vieses jurídicos, às avessas, em que é o filho quem busca romper uma filiação não desejada" (ALVES, Jones Figueirêdo. Desconstituições da filiação em rupturas do vínculo paterno--filial. *Revista Consultor Jurídico*, 13.09.2020. Disponível em: https://www.conjur. com.br/2020-set-13/processo-familiardesconstituicoes-filiacao-rupturas-vinculo--paterno-filial. Acesso em: 27.06.2021).

[134]   CPC: "Art. 698. Nas ações de família, o Ministério Público somente intervirá quando houver interesse de incapaz e deverá ser ouvido previamente à homologação de

demais ações de família tramitam apenas com as partes litigantes, sem envolver o Ministério Público.

As técnicas de *planejamento sucessório*,[135] cada vez mais comentadas e utilizadas, são outro indicativo de maior disponibilidade em uma seara que até era tida como de certa inamovibilidade. A difusão dos diversos instrumentos legítimos de planejamento sucessório demonstra às claras a busca por uma maior liberdade no trato dessas questões patrimoniais.

Em outros termos, os elementos que, desde o início do século passado, subsidiaram a construção de um discurso jurídico forte da indisponibilidade dos institutos de direito de família não se encontram mais presentes. A tendência atual é no sentido de uma privatização[136] e maior contratualização[137] das relações familiares.

Destaque-se que essa constatação também passa a ser defendida a partir de outros sistemas,[138] ainda que com nuance distinta em relação ao brasileiro, como o direito italiano, com vozes a sustentar "que o divórcio privado desafia a ideia de indisponibilidade do estado civil",[139] vindo, portanto, a permitir outras possibilidades para a adjetivação dos temas de direito de família.[140]

---

      acordo. Parágrafo único. O Ministério Público intervirá, quando não for parte, nas ações de família em que figure como parte vítima de violência doméstica e familiar, nos termos da Lei nº 11.340, de 7 de agosto de 2006 (Lei Maria da Penha)".

[135] TEIXEIRA, Daniele Chaves. *Arquitetura do planejamento sucessório*. 2. ed. rev., atual. e ampl. Belo Horizonte: Fórum, 2019.

[136] MULTEDO, Renata Vilela; BODIN DE MORAES, Maria Celina. A privatização do casamento. *Civilistica.com*, Rio de Janeiro, v. 5, n. 2, p. 1-21, dez. 2016.

[137] FENOUILLET, Dominique; VAREILLES-SOMMIERES, Pascal de. *La contractualisation de la famille*. Paris: Economica, 2001.

[138] "Talvez tenha de vir a dizer-se, do mesmo modo, que o direito da família tende a tornar-se fragmentário – abandona o 'panjurisme' iluminista que lhe impunha a regulação de todos os aspectos da vida familiar, para se resumir aos aspectos selecionados como mais importantes, ou de interesse público, que sobram de uma privatização crescente da vida familiar. O direito da família será bem-vindo para evitar os perigos para a infância e a juventude, para resolver as situações de iniquidade patrimonial no casamento, de indignidade e de violência entre os cônjuges e, de um modo geral, para socorrer os frágeis e os dependentes" (OLIVEIRA, Guilherme de. Precisamos assim tanto do direito da família? *Estudos de Direito de Família*: 4 movimentos em direito de família. Coimbra: Almedina, 2020. p. 64).

[139] Tradução livre. No original: "Il divorzio privato sfida l'idea dell'indisponibilità dello status coniugale" (BARGELLI, Elena. Divorzio "Privato" e "Autonomia Preventiva". *Rivista di Diritto Civile*, Padova, n. 2, anno LXVII, mar.-apr. 2021. p. 252).

[140] "O direito não deve proteger a família, como grupo de pessoas, mas a pessoa, de quem as famílias são expressão" (SCHREIBER, Anderson. *Famílias simultâneas e*

A hipertrofia da indisponibilidade dos direitos estava lastreada em subsídios que não se apresentam mais na hodierna realidade jurídica brasileira. Os exemplos de sala de aula do passado não se encontram mais no presente. Ainda assim, persiste em grande parcela de doutrina uma sustentação teórica da mesma indisponibilidade agigantada de outrora, ainda que com outros dados a demonstrar um claro indicativo de tempos de maior disponibilidade. Esse descompasso entre o discurso jurídico e a atual prática jusfamiliar é um dos aspectos que se pretende suplantar.

Um olhar atento sobre a atual paisagem jurídica revela o crepúsculo da indisponibilidade dos temas jurídico-familiares, demonstrando que emerge, com vigor, uma maior disponibilidade e, na esteira disso, também desabrocham outras possibilidades de transigibilidade e arbitrabilidade.

3.5.2 Espaços de transigibilidade

Mais disponibilidade implica um maior espaço de transigibilidade para os temas jusfamiliares, pois a imposição de uma noção hipertrofiada de indisponibilidade também reduziu sobremaneira esse espectro de "negociabilidade" entre cônjuges e companheiros.

Não raro, o dogma da indisponibilidade é o argumento utilizado para obstar diversas tratativas de temas correlatos às relações de conjugalidade. Consequentemente, impera a paralisia e a imobilidade como regra no que se refere às tratativas entre os parceiros afetivos. Diversas escolhas e pactos sobre questões relevantes da convivência, que poderiam ser expressamente acordadas, não o são, prevalecendo um silêncio que nem sempre é salutar para um eventual futuro impasse. A rigor, o máximo que se elege é o regime de bens, com todas as demais questões do casal restando apenas sob a regência das leis estatais.

A compreensão do direito de família e de seus institutos como *prima facie* disponível auxiliará na assimilação dos amplos espaços de transigibilidade que permeiam as relações familiares, alguns até já em prática, outros ainda a se efetivarem. É necessário se debruçar sobre a atual esfera de negociabilidade dos temas afeitos às questões familiares, que seria admitida à luz do Direito Civil brasileiro, de modo que, ainda que algumas salvaguardas e limites se imponham, há um inequívoco campo de liberdade e disponibilidade relativamente ao exercício de tais direitos.[141]

---

redes familiares: direito de família e das sucessões – temas atuais. Rio de Janeiro: Forense; São Paulo: Método, 2009).

[141] "Verificadas circunstâncias que demonstram os atuais espaços de liberdade no interior da família, algumas reflexões para o futuro são bem-vindas. O crescimento dos

Ana Carla Harmatiuk Matos e Ana Carolina Brochado Teixeira destacam interessantes espaços de disponibilidade, inclusive quanto a alguns deveres matrimoniais, como os de *fidelidade e coabitação*:

> (...) entende-se disponíveis os deveres de fidelidade e coabitação, fundados no princípio da autonomia privada e na comunhão plena de vida, e indisponíveis os de mútua assistência, respeito e consideração mútuos, guarda, sustento e educação dos filhos, posto que fundados na solidariedade familiar.[142]

O dever de fidelidade e o de coabitação foram, por muito tempo, sustentados como de inquestionável indisponibilidade, de modo que a leitura anteriormente citada já indica o desabrochar desse outro olhar sobre a disponibilidade dos institutos de direito de família.

Nesse sentido, emergem como disponíveis para cônjuges e companheiros escolhas existenciais relativas à sua relação afetiva, sendo-lhes permitido pactuar a respeito dessas questões se assim lhes aprouver.

Deliberações sobre *aspectos existenciais da convivência*, que não firam direitos fundamentais, podem inclusive ser objeto de pacto antenupcial. Sobre este último aspecto, importa destacar um enunciado aprovado na VIII Jornada de Direito Civil do Conselho da Justiça Federal:[143]

> Enunciado 635 – Art. 1.655: O pacto antenupcial e o contrato de convivência podem conter cláusulas existenciais, desde que estas não violem os

---

inúmeros *locus* de exercício de liberdades existenciais tem provocado ponderações sobre a expansão das relações de negociabilidade no âmbito do Direito, mesmo quando envolvam pessoas vulneráveis, o que requer um cuidado na construção de uma dogmática responsável para que estes não fiquem desprotegidos" (BODIN DE MORAES, Maria Celina; TEIXEIRA, Ana Carolina Brochado. Contratos no ambiente familiar. In: TEIXEIRA, Ana Carolina Brochado; RODRIGUES, Renata de Lima (coord.). *Contratos, família e sucessões*: diálogos interdisciplinares. 2. ed. Indaiatuba: Foco, 2021. p. 14).

[142] MATOS, Ana Carla Harmatiuk; TEIXEIRA, Ana Carolina Brochado. Pacto antenupcial na hermenêutica civil-constitucional. In: MENEZES, Joyceane Bezerra de; CICCO, Maria Cristina de; RODRIGUES, Francisco Luciano Lima. *Direito Civil na Legalidade Constitucional*: algumas aplicações. Indaiatuba: Foco, 2021. p. 37.

[143] CONSELHO DA JUSTIÇA FEDERAL (CJF). Centro de Estudos Judiciários (CEJ). *VIII Jornada de Direito Civil*: enunciados aprovados. Brasília: CJF, 2018. Disponível em: https://www.cjf.jus.br/cjf/corregedoria-da-justica-federal/centro-de-estudos--judiciarios-1/publicacoes-1/jornadas-cej/viii-enunciados-publicacao-site-com--justificativa.pdf. Acesso em: 09.12.2021.

princípios da dignidade da pessoa humana, da igualdade entre os cônjuges e da solidariedade familiar.[144]

A permissão de inclusão de cláusulas existenciais no pacto antenupcial é indicativo explícito do aumento da esfera de disponibilidade e de transigibilidade que se está a sustentar. Essa possibilidade aumenta a previsibilidade das partes no trato de questões relativas a um possível fim do relacionamento, o que pode ser de grande valia até mesmo para o arrefecimento e a diminuição dos litígios.

Outra demonstração dessa diretriz são as manifestações que defendem convenções e *negócios processuais em pactos antenupciais* e em contratos de convivência, conforme o Enunciado 18 da I Jornada de Direito Processual Civil:[145]

> Enunciado 18 – A convenção processual pode ser celebrada em pacto antenupcial ou em contrato de convivência, nos termos do art. 190 do CPC.[146]

---

[144] A justificativa que acompanha o enunciado é elucidativa: "Não há, no ordenamento jurídico, óbice para que o pacto antenupcial trate de questões extrapatrimoniais. Pelo contrário: a lei assegura às partes o livre planejamento familiar (art. 226, § 7º, Constituição Federal e art. 1.565, § 2º, Código Civil) e veda que qualquer pessoa, de direito público ou privado, interfira na comunhão de vida instituída pela família (art. 1.513, Código Civil). Os pactos antenupciais também podem dispor acerca de questões existenciais, contudo, apenas diante de um juízo de merecimento de tutela, tendo como limite a principiologia constitucional. Nesse sentido, os pactos não podem ser utilizados para colocar uma das partes em situação de desigualdade ou dependência, restringir sua liberdade, violar a dignidade humana ou a solidariedade familiar; sendo esses limites que se impõem a qualquer pacto realizado na seara do direito de família. Embora seja papel do Estado intervir para continuar a garantir a supressão, tanto quanto for possível, de vulnerabilidades no âmbito da família, é preciso também que alguns assuntos sejam regulados pelos próprios partícipes da relação, levando-se em conta a necessidade de tutelar a pessoa de cada membro da família" (CONSELHO DA JUSTIÇA FEDERAL (CJF). Centro de Estudos Judiciários (CEJ). *VIII Jornada de Direito Civil*: enunciados aprovados. Brasília: CJF, 2018. p. 11. Disponível em: https://www.cjf.jus.br/cjf/corregedoria-da-justica-federal/centro-de--estudos-judiciarios-1/publicacoes-1/jornadas-cej/viii-enunciados-publicacao-site--com-justificativa.pdf. Acesso em: 09.12.2021).

[145] TARTUCE, Flávio. Enunciados aprovados na I Jornada de Direito Processual Civil, do Conselho da Justiça Federal – agosto de 2017. *Jusbrasil*, 2017. Disponível em: https://flaviotartuce.jusbrasil.com.br/noticias/495129671/enunciados-aprovados--na-i-jornada-de-direito-processual-civil-do-conselho-da-justica-federal-agosto--de-2017. Acesso em: 09.12.2021.

[146] JUSTIÇA FEDERAL. Corregedoria da Justiça Federal. Centro de Estudos Judiciários. *Prevenção e solução extrajudicial de litígios*. Disponível em: https://www.cjf.jus.br/cjf/corregedoria-da-justica-federal/centro-de-estudos-judiciarios-1/publicacoes-1/

No mesmo sentido, foi aprovado um enunciado interpretativo pelo Instituto Brasileiro de Direito de Família, o qual é expresso em afirmar que podem ser celebrados negócios jurídicos processuais em pactos antenupciais e contratos de convivência:

> Enunciado 24 – Em pacto antenupcial ou contrato de convivência podem ser celebrados negócios jurídicos processuais.[147]

Esses dois enunciados conectam essa inovadora disponibilidade processual constante no Código de Processo Civil 2015, a possibilidade de celebração de negócios processuais, com a atual disponibilidade material do direito de família, a qual permite escolhas procedimentais pelos nubentes e conviventes. Como visto, nessa temática, os ventos estão a soprar no mesmo sentido tanto no Direito Civil quanto no Direito Processual Civil.

Ainda, quanto às possibilidades de tratativas passíveis de inclusão em pactos antenupciais, passa a ser cogitada a hipótese de *renúncia (ou abdicação) recíproca do direito de concorrência sucessória dos cônjuges*, o mesmo se aplicando aos companheiros nos seus contratos de convivência. Um dos precursores trabalhos a sustentar tal possibilidade foi o de Felipe Frank, o qual sustentou, dentro da sistemática atualmente em vigor, que "o pacto antenupcial pode promover e instrumentalizar a autonomia sucessória dos cônjuges, que, em exercício pleno de liberdade positiva a respeito de sua esfera patrimonial, podem dispor a *respeito de sua mútua exclusão da concorrência sucessória*".[148]

No mesmo sentido, ainda que com outros aportes, sustentam Rolf Madaleno[149] e Mário Delgado.[150]

---

cjf/corregedoria-da-justica-federal/centro-de-estudos-judiciarios-1/prevencao-e--solucao-extrajudicial-de-litigios/?_authenticator=60c7f30ef0d8002d17dbe298563 b6fa2849c6669. Acesso em: 09.12.2021.

[147] IBDFAM. *Enunciados do IBDFAM*. Disponível em: https://ibdfam.org.br/conheca--o-ibdfam/enunciados-ibdfam. Acesso em: 09.12.2021.

[148] FRANK, Felipe. *Autonomia sucessória e pacto antenupcial*: problematizações sobre o conceito de sucessão legítima e sobre o conteúdo e os efeitos sucessórios das disposições pré-nupciais. Tese (Doutorado em Direito) – Universidade Federal do Paraná, Curitiba, 2017. Disponível em: https://sucupira.capes.gov.br/sucupira/public/consultas/coleta/trabalhoConclusao/viewTrabalhoConclusao.jsf?popup=true&id_trabalho=5089038. Acesso em: 09.12.2021.

[149] MADALENO, Rolf. Renúncia de herança no pacto antenupcial. *Revista IBDFAM – Famílias e Sucessões*, Belo Horizonte, v. 27, n. 27, p. 9-58, maio-jun. 2018.

[150] DELGADO, Mário Luiz. Posso renunciar à herança em pacto antenupcial? *Revista IBDFAM – Famílias e Sucessões*, Belo Horizonte, v. 31, n. 31, p. 9-21, jan.-fev. 2019.

A doutrina majoritária e a jurisprudência brasileira resistem a essa possibilidade com a atual legislação em vigor; entretanto, só o emergir dessa pretensão indica a busca por um maior espaço de liberdade positiva nas tratativas entre cônjuges e companheiros, podendo vir a constituir uma das futuras polêmicas do direito de família e das sucessões.[151]

Interessante observar que em Portugal houve recente alteração legislativa que passou a permitir essa "renúncia recíproca à condição de herdeiro legitimário do outro cônjuge",[152] o que demonstra que o movimento a favor de uma maior liberdade pré-nupcial não é exclusividade nossa.

Com ou sem alteração legislativa, é inegável que há certo clamor por maiores espaços de liberdade positiva para os nubentes no trato das suas questões patrimoniais, inclusive sucessórias. A proposta deste livro se coaduna com a admissão dessa possibilidade, visto que ela joga luz sobre uma esfera que até pouco tempo era tida como indisponível e, na atualidade, tem passado a ser sustentada como disponível.

A busca por uma maior transigibilidade atinge até mesmo a tipificação de alguns relacionamentos afetivos, sendo as discussões sobre a possibilidade jurídica dos "contratos de namoro"[153] outra prova disso. A intenção de acordar que determinada situação se classifica como um namoro qualificado,[154] e não como uma união estável, por exemplo, indica um matiz de disponibilidade.

---

[151] Discordam dessa possibilidade: Giselda Hironaka, Flávio Tartuce, Luiz Paulo Vieira de Carvalho, dentre outros.

[152] A mudança foi processada pela Lei 48/2018, que deu nova redação ao artigo 1700.º do Código Civil Português, que passou a ter a seguinte redação: "*Artigo 1700.º –* (Disposições por morte consideradas lícitas): 1. A convenção antenupcial pode conter: a) A instituição de herdeiro ou a nomeação de legatário em favor de qualquer dos esposados, feita pelo outro esposado ou por terceiro nos termos prescritos nos lugares respectivos; b) A instituição de herdeiro ou a nomeação de legatário em favor de terceiro, feita por qualquer dos esposados; *c) A renúncia recíproca à condição de herdeiro legitimário do outro cônjuge.* 2. São também admitidas na convenção antenupcial cláusulas de reversão ou fideicomissárias relativas às liberalidades aí efectuadas, sem prejuízo das limitações a que genèricamente estão sujeitas essas cláusulas. *3 – A estipulação referida na alínea c) do n.º 1 apenas é admitida caso o regime de bens, convencional ou imperativo, seja o da separação*" (grifos nossos).

[153] Esse é o termo mais comum, embora pareça tecnicamente mais adequado referir-se a um negócio jurídico que tenha como objeto o relacionamento afetivo de namoro. Para ler mais sobre o tema: XAVIER, Marília Pedroso. *Contrato de namoro:* amor líquido e direito de família mínimo. 2. ed. Belo Horizonte: Fórum, 2020.

[154] O Superior Tribunal de Justiça tem precedentes no sentido de admitir alguns relacionamentos como namoro qualificado (SUPERIOR TRIBUNAL DE JUSTIÇA (STJ). *Convivência com expectativa de formar família no futuro não configura união*

3 · RELEITURA E EFEITOS JURÍDICOS | 209

Nessa perspectiva, foi aprovado um enunciado pelo Instituto Brasileiro de Direito de Família demonstrando a distinção entre a figura do namoro qualificado e a da união estável, o que abre espaço para tais composições.

> **Enunciado 42** – O namoro qualificado, diferentemente da união estável, não engloba todos os requisitos cumulativos presentes no art. 1.723 do Código Civil.[155]

Como a classificação em uma ou outra situação tem consequências patrimoniais e sucessórias de vulto, tem sido crescente a busca pela aceitação dos pactos celebrados entre os próprios envolvidos afetivamente, o que traz mais próximo dos particulares a definição do status do seu relacionamento. Nas entrelinhas das motivações desses negócios jurídicos, percebe-se um intuito dos particulares em não deixar apenas a cargo do Estado-Juiz todas as definições e consequências dos seus relacionamentos interpessoais, as pessoas parecem querer retomar o seu protagonismo nessa questão.

A negociabilidade passa a incidir até mesmo nos temas afeitos às relações parentais, a qual resta impulsionada por uma mais clara compreensão do que se entende por disponível ou indisponível.

Um exemplo disso pode ser reconhecido nos recentíssimos *pactos de coparentalidade*,[156] pelos quais duas ou mais pessoas sem vínculo de conjugalidade[157] estipulam as condições, os deveres e as obrigações relativamente

---

estável. 12.03.2015. Disponível em: https://www.stj.jus.br/sites/portalp/Paginas/Comunicacao/Noticias-antigas/2015/2015-03-12_14-23_Convivencia-com-expectativa-de-formar-familia-no-futuro-nao-configura-uniao-estavel.aspx. Acesso em: 09.12.2021).

[155] IBDFAM. *Enunciados do IBDFAM*. Disponível em: https://ibdfam.org.br/conheca--o-ibdfam/enunciados-ibdfam. Acesso em: 09.12.2021.

[156] "A família coparental pode ser entendida como uma modalidade de encontro familiar, a partir das redes sociais, a partir das quais eleger-se-á um núcleo familiar serviente a cada um dos membros e colaborativo e cooperativo de cada um. Trata-se de um fenômeno de autorrealização de um projeto parental. Ou pode ser reconhecido como um novo modelo familiar, sem, contudo, abandonar a dimensão da cooperação e da solidariedade" (TASSINARI, Simone. Quais os desafios que se impõem ao direito de família frente às situações de coparentalidade? In: MATOS, Ana Carla Harmatiuk; TEIXEIRA, Ana Carolina Brochado; TEPEDINO, Gustavo (coord.). *Direito Civil, Constituição e unidade do sistema*: Anais do Congresso de Direito Civil Constitucional – V Congresso do IBDCivil. Belo Horizonte: Fórum, 2019. p. 293).

[157] Ou seja, pessoas que não são casadas, não vivem em união estável nem desfrutam de um namoro. Em regra, essas situações aproximam pessoas sem forte vínculo afetivo ou interesse sexual entre elas, mas que, pelas circunstâncias da vida, resolvem

a uma prole comum: "de modo prático, a formação da família coparental exige dois projetos individuais de procriação, com disponibilidade de participação parental e planejamento do modus operandi da coparentalidade, na via pactual".[158]

Em outros termos, muitas vezes, há uma aproximação pontual apenas para o projeto de reprodução comum (facilitada por sites e outras ferramentas digitais), com a estipulação prévia das regras que vigerão entre essas partes,[159] com a divisão da convivência, da responsabilidade e do dever de sustento, por exemplo.

Obviamente que, quanto ao filho nascente, as disposições deverão observar o princípio do melhor interesse da criança e do adolescente e as demais balizas do feixe de cuidados parentais presentes no nosso ordenamento, de modo que, "aqui, tem-se um hábito estatal interventivo".[160] Por outro lado, não se pode olvidar da diretriz constitucional de liberdade, no planejamento familiar, que auxilia na compreensão de que, nas demais questões relativas aos adultos, emerge um amplo espaço de negociabilidade e disponibilidade, pois:

---

empreender um projeto para a geração de uma prole comum. Muitas vezes, ambas seguirão convivendo de algum modo com o filho vindouro, de maneira que optam também por regrar antecipadamente demais obrigações e responsabilidades.

[158] TASSINARI, Simone. Quais os desafios que se impõem ao direito de família frente às situações de coparentalidade? In: MATOS, Ana Carla Harmatiuk; TEIXEIRA, Ana Carolina Brochado; TEPEDINO, Gustavo (coord.). *Direito Civil, Constituição e unidade do sistema*: Anais do Congresso de Direito Civil Constitucional – V Congresso do IBDCivil. Belo Horizonte: Fórum, 2019. p. 288.

[159] "Um dos exemplos da expansão dos espaços – a partir de novas relações jurídicas estabelecidas – é o que tem sido denominado de coparentalidade. Ou seja, a partir de um acordo estabelecido para ter um filho, cria-se uma nova modalidade de planejamento familiar parental, com vistas à realização de um objetivo comum, que prescinde do casamento ou da união estável. A ideia é que, de antemão, os pretensos pais pactuem as regras que regerão as relações parentais futuras, durante a gestação e, principalmente, posteriormente ao nascimento da criança. Umas das vantagens desse modelo, parece ser a ausência de dissabores advindos do fim das relações afetivas, o que confere às pessoas maior condição emocional para pensar exclusivamente na criança a ser gerada" (BODIN DE MORAES, Maria Celina; TEIXEIRA, Ana Carolina Brochado. Contratos no ambiente familiar. In: TEIXEIRA, Ana Carolina Brochado; RODRIGUES, Renata de Lima (coord.). *Contratos, família e sucessões*: diálogos interdisciplinares. 2. ed. Indaiatuba: Foco, 2021. p. 14).

[160] TASSINARI, Simone. Quais os desafios que se impõem ao direito de família frente às situações de coparentalidade? In: MATOS, Ana Carla Harmatiuk; TEIXEIRA, Ana Carolina Brochado; TEPEDINO, Gustavo (coord.). *Direito Civil, Constituição e unidade do sistema*: Anais do Congresso de Direito Civil Constitucional – V Congresso do IBDCivil. Belo Horizonte: Fórum, 2019. p. 291.

(...) ao pensar-se na coparentalidade, entende-se ser possível liberdade ampla com relação aos vínculos entre adultos. Estes decidem como vai se dar a procriação, de que forma, em que momento, qual o método a ser utilizado e opções gerais de sua própria convivência. A ampla autonomia privada é assegurada na formação familiar.[161]

Há outra situação que passa a emergir, inclusive com algumas demandas judiciais correlatas, os chamados casos de *tratativas relativas a reproduções assistidas caseiras,*[162] pelos quais um par, usualmente homoafetivo, opta por se utilizar de alguma técnica para auxiliar no processo reprodutivo, mas sem a intervenção de auxílio médico. O alto custo das reproduções assistidas ligadas a clínicas de reprodução assistida tem feito crescer o número de tais casos. Em algumas dessas situações já há notícias de tratativas acordadas entre as partes relativamente aos detalhes e às consequências dessa empreitada.[163]

Tome-se como exemplo um casal de duas mulheres que querem ter filho, mas não têm condições financeiras de contratar o procedimento médico formal para tanto. Há relatos de cessão de material genético masculino (ofertado até via sites e aplicativos), de forma gratuita, pela qual um homem aceita contribuir nessa empreitada, mas não deseja estabelecer a filiação, nem mesmo quer conhecer ou conviver com o filho. Todos estão de acordo com isso. A participação desse cedente de material genético é similar à participação de um doador de material genético, ainda que celebrada sem intervenção de um profissional ou clínica médica. O direito brasileiro silencia sobre tal possibilidade, inexistindo regramento a respeito.[164]

Cogita-se a possibilidade jurídica de tratativas negociais entre os envolvidos em tal situação, as integrantes do casal homoafetivo feminino

---

[161] TASSINARI, Simone. Quais os desafios que se impõem ao direito de família frente às situações de coparentalidade? In: MATOS, Ana Carla Harmatiuk; TEIXEIRA, Ana Carolina Brochado; TEPEDINO, Gustavo (coord.). *Direito Civil, Constituição e unidade do sistema*: Anais do Congresso de Direito Civil Constitucional – V Congresso do IBDCivil. Belo Horizonte: Fórum, 2019. p. 292.

[162] GONZALEZ, Mariana. *Inseminação caseira*: técnica usada por lésbica pode afetar registro do bebê. *Universa – Uol*, 2021. Disponível em: https://www.uol.com.br/ universa/noticias/redacao/2021/04/25/inseminacao-artificial-caseira.htm. Acesso em: 09.12.2021.

[163] Sobre o tema referimos a seguinte matéria: LEMOS, Vinícius. Os brasileiros que doam sêmen para inseminações caseiras. *BBC*, 29.11.2017. Disponível em: https:// www.bbc.com/portuguese/geral-42145205. Acesso em: 10.11.2021.

[164] Os atuais Provimentos 63 e 83 do Conselho Nacional de Justiça cuidam apenas dos casos de reproduções assistidas formais, mediadas por médicos e/ou clínicas de reprodução assistida.

e o homem cedente do material genético, a fim de formalizar a relação, os direitos, os deveres e as obrigações de todos (ainda que para buscar assentar as ausências de muitas delas). Outra possibilidade seriam as tratativas de envolver apenas o par homoafetivo que será responsável pela prole. Já surgem desentendimentos posteriores ao nascimento desse filho, a maioria entre o par que está à frente do projeto, seja quanto ao registro em nome de ambas, seja quanto à futura convivência e aos alimentos em eventual desenlace subsequente da relação.[165]

Não se ignoram as restrições e limitações que imperam em relação à prevalência dos interesses das crianças e dos adolescentes envolvidos em tais contextos, mas não deixa de ser instigante a reflexão sobre qual seria o espaço de disponibilidade conferido aos adultos partícipes. Essa é outra situação que desafia uma compreensão adequada dos limites e das possibilidades inerentes à esfera de transigibilidade das relações familiares.

A releitura da indisponibilidade dos direitos pode sinalizar de maneira ainda mais clara como passíveis de transação: a partilha de bens entre os ex-cônjuges e companheiros, a incidência e o valor dos alimentos, eventual quantia de reparação civil, contrapartidas financeiras pelo uso exclusivo de bens comuns. Mesmo nos casos nos quais existam filhos crianças ou adolescentes, o que faz imperar uma indisponibilidade subjetiva, é possível vislumbrar algum espaço de transigibilidade no exercício da pretensão, ainda que sujeita a um posterior controle jurisdicional.

Esse breve sobrevoo permite concluir que:

> Tais alterações refletiram a tendência que vem ocorrendo em nosso país: a da desregulamentação das relações conjugais, havendo a possibilidade cada vez maior de expressão das liberdades de escolhas, atentando o Direito por garantir a estrutura familiar mais conveniente para cada indivíduo.[166]

Descortinar mais possibilidades de escolhas relativamente aos interesses familiares das pessoas incrementa a liberdade positiva dos envolvidos, o que se harmoniza com a correlata dimensão funcional contemporânea do Direito Civil brasileiro.

---

[165] Para ler mais sobre o tema: IBDFAM. *Justiça reconhece dupla maternidade de bebê concebido por inseminação caseira*. 10.02.2021. Disponível em: https://ibdfam.org. br/noticias/8148/.

[166] MULTEDO, Renata Vilela; BODIN DE MORAES, Maria Celina. A privatização do casamento. *Civilistica.com*, Rio de Janeiro, v. 5, n. 2, p. 1-21, dez. 2016.

3.5.3 Arbitrabilidade no direito de família

A arbitragem tem como requisitos a disponibilidade e o elemento patrimonial, de modo que poderia se aplicar em diversos aspectos dos conflitos familiares. A ressignificação da indisponibilidade ora proposta pode demonstrar que, no que se refere ao exercício da pretensão em si, há amplos espectros de disponibilidade passíveis de, portanto, permitir a análise do cabimento ou não do juízo arbitral quanto a determinada temática.

A arbitrabilidade de aspectos específicos dos litígios familiares vem sendo defendida de forma crescente no direito brasileiro,[167] com manifestações nesse sentido na doutrina, em decisões judiciais e, até mesmo, em recentes enunciados interpretativos. Gustavo Tepedino e Danielle Peçanha destacam as vantagens da arbitragem tanto para as causas de direito de família como para as de sucessões:

> No âmbito das relações familiares e sucessórias, a utilização da arbitragem apresenta numerosas vantagens, dentre as quais se destacam a especialidade dos julgadores, a confidencialidade e a maior velocidade para a solução das disputas, minimizando-se, assim, os sofrimentos das partes em pendências que se prolonguem após a ruptura da relação afetiva.[168]

As referidas vantagens são grandes motivadoras da utilização da via arbitral para os conflitos familiares, visto que essas questões (a especialidade do julgador, a confidencialidade e a celeridade) são do interesse dos envolvidos em demandas dessa estirpe. Francisco Cahali chega a afirmar que "a vantagem em relação ao processo judicial é expressiva, ou melhor, extraordinária!".[169]

Não se ignora que, pontualmente, podem ocorrer situações de vulnerabilidade ou desigualdade extrema que possam exigir uma análise particular dessas questões, mas essas eventuais excepcionalidades podem ser equacio-

---

[167] Um estudo sobre o tema pode ser encontrado em interessante trabalho datado de 2011: GONÇALVES, Marcos Alberto Rocha. Arbitragem no direito de família: uma apreciação dos limites e possibilidades. *Cadernos da Escola de Direito e Relações Internacionais*, Curitiba, v. 1, n. 14, p. 251-267, 2011.

[168] TEPEDINO, Gustavo; PEÇANHA, Danielle Tavares. Métodos alternativos de solução de conflitos no direito de família e sucessões e a sistemática das cláusulas escalonadas. In: TEIXEIRA, Ana Carolina Brochado; RODRIGUES, Renata de Lima (coord.). *Contratos, família e sucessões*: diálogos interdisciplinares. 2. ed. Indaiatuba: Foco, 2021. p. 34-35.

[169] CAHALI, Francisco José. *Curso de Arbitragem*: mediação, conciliação, tribunal multiportas. 8. ed. rev., ampl. e atual. São Paulo: Ed. RT, 2020. p. 467.

nadas pelos demais mecanismos de defesa do nosso sistema e, a princípio, não são empecilhos para a arbitragem no direito de família de forma geral.[170]

Quanto à *arbitrabilidade das causas familiares*, merecem destaque dois enunciados aprovados na II Jornada de Prevenção e Solução Extrajudicial de Litígios do Conselho da Justiça Federal, realizada em 2021, que trataram diretamente desses temas. O primeiro:

> Enunciado 96 – É válida a inserção da cláusula compromissória em pacto antenupcial e em contrato de união estável.[171]

A aprovação pelos especialistas de um texto que se refere expressamente à possibilidade de adoção de cláusula compromissória em pactos antenupciais e contratos de uniões estáveis atesta a arbitrabilidade de temas familiares, o que é de grande relevo. Interessante a contundência da justificativa que acompanha o referido enunciado, asseverando que:

> Nas relações entre os cônjuges ou entre os companheiros, não há que se falar em direitos patrimoniais indisponíveis. Todos os direitos subjetivos que emergem das relações jurídicas patrimoniais entre parceiros conjugais são disponíveis. Assim, *v.g.*, a discussão envolvendo o direito de qualquer dos cônjuges a partilhar bem adquirido antes ou durante o casamento pode ser tranquilamente submetida à jurisdição arbitral, tanto em face de cláusula inserida na convenção matrimonial, quer previamente ao casamento, quer após o casamento, mediante alteração do regime de bens, nos termos do § 2º do art. 1.639 do CCB, como em

---

[170] Gustavo Tepedino e Danielle Peçanha detalham eventuais desvantagens da arbitragem familiar, bem como discorrem sobre eventual vulnerabilidade e assimetria que podem se manifestar. Também comentam a dificuldade de se separar os aspectos existenciais e afetivos dos patrimoniais, visto que, muitas vezes, tais questões seguem mescladas nos litígios familiares e sucessórios. Ainda assim, concluem pela possibilidade da sua utilização sempre que isso não fira as demais balizas do nosso sistema (TEPEDINO, Gustavo; PEÇANHA, Danielle Tavares. Métodos alternativos de solução de conflitos no direito de família e sucessões e a sistemática das cláusulas escalonadas. In: TEIXEIRA, Ana Carolina Brochado; RODRIGUES, Renata de Lima (coord.). *Contratos, família e sucessões*: diálogos interdisciplinares. 2. ed. Indaiatuba: Foco, 2021. p. 44-45).

[171] JUSTIÇA FEDERAL. Corregedoria da Justiça Federal. Centro de Estudos Judiciários. *Prevenção e solução extrajudicial de litígios*. Disponível em: https://www.cjf.jus.br/cjf/corregedoria-da-justica-federal/centro-de-estudos-judiciarios-1/publicacoes-1/cjf/corregedoria-da-justica-federal/centro-de-estudos-judiciarios-1/prevencao-e--solucao-extrajudicial-de-litigios/?_authenticator=60c7f30ef0d8002d17dbe298563b6fa2849c6669. Acesso em: 09.12.2021.

decorrência de compromisso arbitral que venha a ser celebrado após o surgimento do conflito.[172]

Na fundamentação, restam apresentadas algumas possibilidades de adoção da cláusula compromissória para cuidar de temas familiares, que podem constar do pacto antenupcial, do contrato de convivência ou até mesmo de compromisso arbitral celebrado após o surgimento do conflito.

Nessa mesma II Jornada, também foi aprovado outro enunciado que tem ligação com os conflitos familiares, o qual prevê a possibilidade de inserção de cláusula compromissória em acordos que serão submetidos à homologação judicial.

> Enunciado 105 – É possível a inserção da cláusula compromissória em acordo submetido à homologação judicial.[173]

A justificativa que acompanha o referido enunciado faz referência expressa a uma situação de direito de família:

> Desse modo, em qualquer acordo judicial homologado pelo Juiz de Família, é possível a inserção da cláusula compromissória, cujo objeto restringir-se-á aos litígios patrimoniais futuros relativos ao cumprimento do acordo. A convenção de arbitragem fará com que eventual pretensão de modificação do acordo por qualquer das partes seja submetida, previamente, ao juízo arbitral, retirando da jurisdição estatal a competência até mesmo para a revisão do acordo por ela própria homologado.[174]

---

[172] JUSTIÇA FEDERAL. Corregedoria da Justiça Federal. Centro de Estudos Judiciários. *Prevenção e solução extrajudicial de litígios.* Disponível em: https://www.cjf.jus.br/cjf/corregedoria-da-justica-federal/centro-de-estudos-judiciarios-1/publicacoes-1/cjf/corregedoria-da-justica-federal/centro-de-estudos-judiciarios-1/prevencao-e--solucao-extrajudicial-de-litigios/?_authenticator=60c7f30ef0d8002d17dbe298563b6fa2849c6669. Acesso em: 09.12.2021.

[173] JUSTIÇA FEDERAL. Corregedoria da Justiça Federal. Centro de Estudos Judiciários. *Prevenção e solução extrajudicial de litígios.* Disponível em: https://www.cjf.jus.br/cjf/corregedoria-da-justica-federal/centro-de-estudos-judiciarios-1/publicacoes-1/cjf/corregedoria-da-justica-federal/centro-de-estudos-judiciarios-1/prevencao-e--solucao-extrajudicial-de-litigios/?_authenticator=60c7f30ef0d8002d17dbe298563b6fa2849c6669. Acesso em: 09.12.2021.

[174] JUSTIÇA FEDERAL. Corregedoria da Justiça Federal. Centro de Estudos Judiciários. *Prevenção e solução extrajudicial de litígios.* Disponível em: https://www.cjf.jus.br/cjf/corregedoria-da-justica-federal/centro-de-estudos-judiciarios-1/publicacoes-1/cjf/corregedoria-da-justica-federal/centro-de-estudos-judiciarios-1/prevencao-e--solucao-extrajudicial-de-litigios/?_authenticator=60c7f30ef0d8002d17dbe298563b6fa2849c6669. Acesso em: 09.12.2021.

Novamente é admitida a arbitrabilidade de temas afeitos ao direito de família, os quais deverão gozar de disponibilidade e patrimonialidade, mas sem que se encontre qualquer óbice apenas pelo fato de o conflito decorrer de uma relação familiar.

Superados os óbices da indisponibilidade, tradicionalmente postos à arbitrabilidade nas causas familiares, cabe refletir sobre quais instrumentos poderiam formalizar essa opção e quais temas efetivamente poderiam ser remetidos para essa via privada de solução de conflitos.

Para que possam ser submetidos à arbitragem, os temas familiares devem atender aos critérios da Lei de Arbitragem (Lei 9.307/1996), que indica os requisitos da disponibilidade e da patrimonialidade, e do art. 852 do Código Civil,[175] que veda essa via para temas de questões de estado, de direito pessoal de família e outras que não tenham caráter estritamente patrimonial.

Dentro desses limites e desde que atendam aos requisitos legais inerentes à arbitrabilidade, tanto subjetiva como objetiva, os temas familiares, portanto, seriam arbitráveis.

Umas das primeiras questões que emerge de tal admissão seria como poderia ser formalizada a opção pela via arbitral, ou seja, qual instrumento jurídico seria apto para tal registro.

Para as pessoas casadas, o *pacto antenupcial é instrumento hábil a conter a cláusula arbitral*, podendo regular detidamente como será o encaminhamento de eventual litígio para essa via de solução. É crescente a admissão da possibilidade de inclusão de outras matérias no pacto para além da mera escolha de regime bens, até mesmo com a inclusão de cláusulas existenciais, o que já restou referendado até mesmo por diversos enunciados interpretativos.

Logo, fica indene de dúvidas a possibilidade de inclusão de cláusula compromissória no pacto antenupcial.[176]

---

[175] CC: "Art. 852. É vedado compromisso para solução de questões de estado, de direito pessoal de família e de outras que não tenham caráter estritamente patrimonial".

[176] "E, se no direito das sucessões, por exemplo, há vedação expressa à determinação de cláusula compromissória, sendo o compromisso arbitral a única alternativa viável à arbitragem, no Direito de Família, isso não se vislumbra: tanto uma quanto a outra se apresentam como mecanismos válidos e eficazes à instauração do processo arbitral. E tais devem estar esculpidos em pacto antenupcial, se se tratar de casamento, ou em contrato de convivência, caso se esteja diante de união estável formalmente constituída" (NALIN, Paulo; SIRENA, Hugo. A arbitragem no direito das famílias: cláusula arbitral em pactos antenupciais e contratos de convivência. In: MATOS, Ana Carla Harmatiuk; TEIXEIRA, Ana Carolina Brochado; TEPEDINO, Gustavo (coord.). *Direito Civil, Constituição e unidade do sistema*: Anais do Congresso de

Para os conviventes, o meio indicado para adotar a via arbitral é o *contrato de convivência*, usualmente celebrado por escritura pública, sendo esse instrumento apto para conter a previsão da cláusula compromissória. Os conviventes podem deliberar sobre as suas escolhas patrimoniais, inclusive podem eleger regime de bens por essa via.

Assim, para as pessoas que vivem em união estável, o contrato de convivência é o meio hábil para conter a cláusula compromissória, sendo preferencialmente realizado por escritura pública.[177]

Outra possibilidade de inserção da cláusula compromissória é no momento de eventual *alteração de regime de bens*, como faculta a legislação brasileira. Essa faculdade ainda exige uma autorização judicial,[178] mas, se

---

Direito Civil Constitucional – V Congresso do IBDCivil. Belo Horizonte: Fórum, 2019. p. 365).

[177] Opinam no mesmo sentido: Francisco Cahali, Mário Delgado e Paulo Nalin/ Hugo Sirena. Entretanto, os últimos parecem ver uma distinção entre o espaço de autonomia atinente ao pacto e ao que haveria no contrato de união estável: "Aqui, uma ressalva fundamental: por mais que as alternativas sejam as mesmas para a determinação da arbitragem via pacto antenupcial ou contrato de convivência, parece temerário equiparar, de maneira absoluta, os conceitos de casamento e união estável. Isso porque, conceitualmente, o casamento é definido como ato jurídico *stricto sensu*, enquanto a convivência é caracterizada como negócio jurídico na essência. (...) Não bastasse isso, aí ainda uma diferença capital entre o casamento e a união estável, para além do seu *modus* de constituição e dos limites das suas possibilidades: casamento promove mudança do estado civil, enquanto a figura do companheiro não é caracterizada como *status civilis* próprio. Toda essa distinção deve permear desde a instauração do processo arbitral até, especialmente, a resolução da controvérsia apresentada. Isso porque, em sendo institutos distintos, com formas de constituição também diversas, os limites da cláusula arbitral a ser prevista em pacto antenupcial e em contrato de convivência não devem ser os mesmos" (NALIN, Paulo; SIRENA, Hugo. A arbitragem no direito das famílias: cláusula arbitral em pactos antenupciais e contratos de convivência. In: MATOS, Ana Carla Harmatiuk; TEIXEIRA, Ana Carolina Brochado; TEPEDINO, Gustavo (coord.). *Direito Civil, Constituição e unidade do sistema*: Anais do Congresso de Direito Civil Constitucional – V Congresso do IBDCivil. Belo Horizonte: Fórum, 2019. p. 366). Em que pesem os argumentos, entendemos que tal distinção não merece guarida, visto que se está a cuidar de uma questão patrimonial disponível. Assim, em atenção à paulatina equiparação entre casamento e união estável reconhecida pela doutrina e jurisprudência do direito brasileiro, entende-se que essa diferenciação, nesse aspecto, não deva prevalecer.

[178] Cabe destacar a crítica de Maria Berenice Dias quanto à manutenção da exigência de intervenção judicial para essa alteração, pois, em seu entender, isso deveria poder ser realizado extrajudicialmente, com o que concordamos (DIAS, Maria Berenice. *Manual de direito das famílias*. 11. ed. rev., atual. e ampl. São Paulo: Ed. RT, 2016).

atendidos os seus requisitos, pode ser também um momento apto de inclusão de uma cláusula compromissória.[179]

Para os casos nos quais inexista cláusula compromissória válida, previamente celebrada, a alternativa dos envolvidos em litígios familiares, para utilizar a via arbitral, é a celebração de um *compromisso arbitral*. Por esse instrumento, todos os envolvidos no conflito externarão a sua vontade de remetê-lo para um julgamento perante o juízo arbitral.[180]

O compromisso torna clara a manifestação da vontade de todos os partícipes em prol da arbitragem, de modo que pode ser útil tanto para litígios de término de conjugalidades (casamento ou união estável) como para o trato das questões sucessórias.

Em relação à possibilidade de celebração de compromisso arbitral para encaminhamento de algumas demandas familiares para a via arbitral, parece não haver maiores resistências.

Outra possibilidade que passa a se disseminar com maior vigor nos últimos anos são as chamadas *cláusulas escalonadas* prevendo a utilização paulatina da negociação, da mediação e da arbitragem para o tratamento de determinado conflito, sendo possível entender que "cláusulas escalonadas são estipulações que preveem a utilização sequencial de meios de solução de controvérsias, em geral mediante a combinação de meios consensuais e adjudicatórios".[181]

Em outros termos, trata-se de disposições que indicarão como necessário, por exemplo, primeiramente, a via da negociação; após, a da mediação para, apenas em um último momento, e se necessário, permitir a via arbitral. Algumas opções são no sentido de prever apenas a mediação e a arbitragem,

---

[179] Essa alternativa é anotada por Mário Delgado: DELGADO, Mário Luiz. Arbitragem no direito de família e sucessões: possibilidades e casuística. In: DINIZ, Maria Helena (coord.). *Direito em debate*. São Paulo: Almedina, 2020. v. 1. p. 272.

[180] "Assim, *v.g.*, a discussão envolvendo o direito de qualquer dos cônjuges partilhar bem adquirido antes ou durante o casamento pode ser tranquilamente submetida à jurisdição estatal, tanto em face de cláusula inserida na convenção matrimonial, quer previamente ao casamento, quer após o casamento, mediante alteração de regime de bens, nos termos do art. 1.639 do CCB, como em decorrência de compromisso arbitral que venha a ser celebrado após o surgimento do conflito" (DELGADO, Mário Luiz. Arbitragem no direito de família e sucessões: possibilidades e casuística. In: DINIZ, Maria Helena (coord.). *Direito em debate*. São Paulo: Almedina, 2020. v. 1. p. 272).

[181] LEVY, Fernanda Rocha Lourenço. *Cláusulas escalonadas*: a mediação comercial no contexto da arbitragem. São Paulo: Saraiva, 2013. p. 173.

as chamadas cláusulas MED-ARB, com a sua utilização mais comum em contratos empresariais.[182]

No entanto, todas essas possibilidades parecem ser harmônicas também para os conflitos familiares, visto que são conhecidas as vantagens que a mediação pode ofertar no tratamento desses impasses. Entretanto, em caso de insucesso da negociação e da mediação, ou em caso de êxito parcial delas, é salutar prever desde logo a via arbitral. Esse proceder permitirá que as partes desenhem um traçado particularizado para o tratamento do seu conflito, com a opção de priorizar vias não estatais, o que pode inaugurar um novo tempo no tratamento de alguns conflitos familiares.

Com tal previsão de cláusulas escalonadas, as partes estipulam a opção pelo encaminhamento prévio de eventual conflito para negociação e/ou mediação e, se remanescer a necessidade de alguma deliberação sobre um tema patrimonial eventualmente não acordado, desde logo, indicam que querem que o julgamento seja pelo juízo arbitral. Essa modelagem parece condizente com a percepção que o litígio via jurisdição estatal deve passar a ser visto como *ultima ratio*.[183]

Caso essa previsão respeite as balizas do nosso sistema, entende-se como adequadas tais cláusulas escalonadas para os temas familiares, que podem ser de grande utilidade no encaminhamento dos seus peculiares litígios. Seguindo a mesma lógica que a cláusula arbitral, as escalonadas podem constar de pactos antenupciais, de contratos de convivência, de testamentos ou até mesmo ser acordadas após o surgimento do litígio em um compromisso próprio.

---

[182] Em uma exauriente tese de doutorado sobre cláusulas escalonadas, desenvolvida sob orientação do professor Francisco Cahali, Fernanda Lourenço também discorre sobre outros modelos de cláusulas, como as ARB-MED. Sobre o tema, com suas diversas variedades e nuances, remete-se à obra da autora anteriormente citada. Entretanto, importa igualmente registrar que há críticas às opções que procuram mesclar a mediação com a arbitragem, como as anotadas por Neil Andrews, na sua obra: ANDREWS, Neil. *Arbitragem*. Trad. Luís Fernando Guerrero e André Luís Monteiro. Curitiba: Editora Direito Contemporâneo, 2021.

[183] "(...) naquilo que comporta, a arbitragem, com todos os seus benefícios, deve ser encarada, gradativamente, como meio precípuo de resolução de conflitos. Ato contínuo, o Poder Judiciário deveria ser vislumbrado apenas como a última opção de mitigação da controvérsia" (NALIN, Paulo; SIRENA, Hugo. A arbitragem no direito das famílias: cláusula arbitral em pactos antenupciais e contratos de convivência. In: MATOS, Ana Carla Harmatiuk; TEIXEIRA, Ana Carolina Brochado; TEPEDINO, Gustavo (coord.). *Direito Civil, Constituição e unidade do sistema*: Anais do Congresso de Direito Civil Constitucional – V Congresso do IBDCivil. Belo Horizonte: Fórum, 2019. p. 364).

Gustavo Tepedino e Danielle Peçanha veem com bons olhos a utilização das cláusulas escalonadas no direito de família e das sucessões, afirmando que "as cláusulas escalonadas de mediação e arbitragem traduzem acordos, pactuados pelas partes em pactos antenupciais e de convivência, em testamentos e convenções específicas, nos quais a solução de conflito deve ser submetida, necessariamente, a etapas escalonadas de negociação, de mediação e de solução extrajudicial".[184]

Os mesmos autores demonstram que uma cláusula escalonada adequadamente elaborada pode ter efeito vinculativo obrigatório para as partes, o que já vem sendo reconhecido em algumas decisões não só no Brasil como também no exterior:

> (...) reclama-se o direito de escolher da maneira que lhes aprouver a melhor via para a solução de seus conflitos, inclusive optando pela eleição de mais de uma técnica, com isso de cláusulas escalonadas, redigidas de acordo com as peculiaridades de cada caso e sem dar margens a ambiguidades. Aduz-se ainda que a cláusula escalonada deverá ser corretamente redigida para que não deixe margem de dúvida quanto ao real interesse das partes, tanto na eleição da mediação, quanto na arbitragem, devem igualmente ser lida segundo o princípio da boa-fé objetiva. Propicia-se dessa forma a construção de ambiente adequado à real possibilidade de as partes desenharem, para cada situação concreta a combinação de instrumentos que melhor lhes atende em termos de tempo, custos, qualidade, entre outros.[185]

Muitas causas mais complexas em direito de família costumam girar em torno de partilhas patrimoniais que envolvem empresas, conflito que traz dificuldade de várias ordens. Uma demora na decisão ou alguma interferência demasiada pode até mesmo colocar em risco e dificultar a estabilidade e o desenvolvimento da própria sociedade empresária que se queira partilhar, o que merece atenção. Essas causas são um bom exemplo de como poderia ser de grande utilidade o emprego de cláusulas escalonadas.

---

[184] TEPEDINO, Gustavo; PEÇANHA, Danielle Tavares. Métodos alternativos de solução de conflitos no direito de família e sucessões e a sistemática das cláusulas escalonadas. In: TEIXEIRA, Ana Carolina Brochado; RODRIGUES, Renata de Lima (coord.). *Contratos, família e sucessões*: diálogos interdisciplinares. 2. ed. Indaiatuba: Foco, 2021. p. 32.

[185] TEPEDINO, Gustavo; PEÇANHA, Danielle Tavares. Métodos alternativos de solução de conflitos no direito de família e sucessões e a sistemática das cláusulas escalonadas. In: TEIXEIRA, Ana Carolina Brochado; RODRIGUES, Renata de Lima (coord.). *Contratos, família e sucessões*: diálogos interdisciplinares. 2. ed. Indaiatuba: Foco, 2021. p. 46.

O ramo do direito de família e o das sucessões são sabidamente peculiares, envolvem questões afeitas a esferas íntimas dos integrantes do núcleo familiar. Essa peculiaridade faz que, não raro, mesmo as suas questões patrimoniais venham mescladas com *pitadas sentimentais* decorrentes dos respectivos relacionamentos. A afetividade se espraia para as questões financeiras, o que faz que, no momento do conflito, em muitos casos, as decisões não sejam exclusivamente racionais.

Essa característica é citada por parte da doutrina, a qual muitas vezes destaca o "fato de que os conflitos familiares, ainda quando parecem resumir-se a questões patrimoniais acabam por trazer à tona aspectos existenciais subjacentes à relação. (...) Alude-se, neste particular, à comunidade familiar como uma zona gris entre situações patrimoniais e existenciais".[186] Esta, efetivamente, é uma característica que se mostra presente no dia a dia forense das causas familiares. Outro aspecto que não pode deixar de ser anotado é que podem ocorrer situações de assimetria e vulnerabilidade entre os integrantes de uma comunidade familiar, o que também merece atenção, sem sombra de dúvidas.[187]

Ainda que essas questões mereçam consideração, entende-se que elas – por si só – não devam ser tomadas a ponto de alterar um direito disponível para a categoria de indisponível. Conforme sustentado no decorrer, uma leitura contemporânea e constitucionalizada de indisponibilidade não permite tal conclusão. As diretrizes de liberdade positiva e autonomia devem prevalecer no trato das questões patrimoniais disponíveis, não sendo cabível um paternalismo estatal[188] a ponto de impedir escolhas, mesmo diante das sublimes peculiaridades que permeiam os relacionamentos familiares.

---

[186] TEPEDINO, Gustavo; PEÇANHA, Danielle Tavares. Métodos alternativos de solução de conflitos no direito de família e sucessões e a sistemática das cláusulas escalonadas. In: TEIXEIRA, Ana Carolina Brochado; RODRIGUES, Renata de Lima (coord.). *Contratos, família e sucessões*: diálogos interdisciplinares. 2. ed. Indaiatuba: Foco, 2021. p. 42.

[187] TEPEDINO, Gustavo; PEÇANHA, Danielle Tavares. Métodos alternativos de solução de conflitos no direito de família e sucessões e a sistemática das cláusulas escalonadas. In: TEIXEIRA, Ana Carolina Brochado; RODRIGUES, Renata de Lima (coord.). *Contratos, família e sucessões*: diálogos interdisciplinares. 2. ed. Indaiatuba: Foco, 2021. p. 45.

[188] Aqui não se está a referir a um paternalismo libertário, mas, sim, um paternalismo intervencionista. As premissas lançadas no presente livro se mostram harmônicas com a ideia de paternalismo libertário que vem sendo disseminada, pois "o paternalismo libertário é paternalista na medida em que tenta influenciar os indivíduos a optar pelo arranjo que os interventores julgam ser a melhor opção do ponto de vista do

Cumpre lembrar que há diversas outras situações nas quais também se encontram condições de *assimetria*, e a arbitrabilidade da temática segue permitida (como na arbitragem societária, para citar apenas uma delas). A ausência de simetria faz parte da vida em sociedade, e esse aspecto isoladamente não pode levar a uma apriorística supressão de escolhas por parte dos integrantes da relação. Obviamente que casos extremos, nos quais essa assimetria tenha efetivamente afetado a manifestação de uma vontade livre e consciente em dada escolha, podem vir a merecer uma tutela diferenciada. Entretanto, essa proteção não se dá com o elastecimento da indisponibilidade ou com uma inarbitrabilidade arbitrária e genericamente posta. Há outros mecanismos de proteção no Direito Civil para tal situação.[189] O risco de distorções pontuais não pode impedir o livre exercício de direitos por todos.

O mesmo pode-se dizer dos afetos que possam estar imantados com análises e deliberações patrimoniais, pois somente essa imbricação não pode levar à supressão de escolhas por parte dos titulares de uma relação jurídica. O simples fato de uma escolha familiar estar imantada por afetos não pode ser motivo para se vedar essa opção ao titular, muito menos a ponto de torná-la indisponível ao próprio interessado. Família e patrimônio caminham juntos ao longo da história, de modo que as questões afetivas e patrimoniais sempre foram exercidas conjuntamente pelos integrantes das famílias, o que é normal e deve ser assimilado com naturalidade.[190]

---

bem-estar, e é libertário porque concede a esses mesmos indivíduos a possibilidade de recusa ao arranjo se assim desejarem, preservando assim a liberdade de escolha" (MULTEDO, Renata Vilela; BODIN DE MORAES, Maria Celina. A privatização do casamento. *Civilistica.com*, Rio de Janeiro, v. 5, n. 2, dez. 2016. p. 16). Sobre paternalismo libertário: THALER, Richard H.; SUNSTEIN, Cass R. Libertarian paternalism is not an oxymoron. University of Chicago *Public Law & Legal Theory Working Paper*, n. 43, 2003. Há uma tradução para o português desse texto: SUNSTEIN, C. R.; THALER, R. H. O paternalismo libertário não é uma contradição em termos. *Civilistica.com*, Rio de Janeiro, v. 4, n. 2, p. 1-43, dez. 2015. Quem desenvolve um interessante trabalho sobre a aplicação do paternalismo libertário no direito de família é Renata Vilela Multedo, em tese de doutorado defendida junto à Uerj, publicada como: MULTEDO, Renata Vilela. *Liberdade e família*: limites para a intervenção do Estado nas relações conjugais e parentais. Rio de Janeiro: Processo, 2017.

[189] Como os vícios da vontade e os defeitos do negócio jurídico, por exemplo.

[190] "Já se disse, por exemplo, que os conflitos familiares estariam sempre imantados de fortes sentimentos e isso faria com que os direitos discutidos naqueles processos se situassem em uma ordem de indisponibilidade. Ora, nada mais equivocado, como demonstraremos no decorrer deste trabalho" (DELGADO, Mário Luiz. Arbitragem no direito de família e sucessões: possibilidades e casuística. In: DINIZ, Maria Helena (coord.). *Direito em debate*. São Paulo: Almedina, 2020. v. 1. p. 255-290).

Tome-se como exemplo a eleição do regime dos bens dos cônjuges, inequivocamente uma decisão com repercussões patrimoniais relevantíssimas, a qual deve ser tomada até mesmo antes do matrimônio (destaque-se que o questionamento sobre o futuro destino patrimonial do casal vem até mesmo antes do "sim"). A rigor, os afetos são intensos no início de uma relação de conjugalidade, sendo a decisão sobre a escolha do regime de bens muitas vezes tomada sob a sua influência. Ainda assim, há muito, é permitida e respeitada a escolha dos nubentes quanto ao regime de bens, mesmo que a manifestação de vontade esteja intensamente influenciada por aspectos afetivos no momento da tomada da decisão. Não se cogita impedir essa escolha patrimonial ou invalidá-la apenas por, frequentemente, estar movida também por sentimentos.

Como se vê, o permear dos afetos não deve impedir escolhas patrimoniais[191] e muito menos torná-las vedadas ou indisponíveis.

O mesmo se pode dizer de eventuais *assimetrias entre os nubentes*, as quais muitas vezes estão presentes no momento de celebração, é verdade, até mesmo situações de pontual vulnerabilidade de um ou outro podem existir no momento de eleição do regime de bens e confirmação do matrimônio civil. Apenas essas condições são passíveis de gerar a invalidação do pacto antenupcial relativamente ao regime de bens? Certamente não. Em consequência, o mesmo entendimento deve prevalecer relativamente a uma eventual eleição de cláusula arbitral.

A mera circunstância de algumas opções patrimoniais estarem influenciadas por aspectos afetivos não pode se constituir em um impeditivo genérico de escolhas por parte dos titulares. Mesmo com eventuais afetos no peito, deve ser permitido aos particulares deliberar o que entenderem como adequado para o destino dos seus bens e também para o futuro tratamento dos seus conflitos. Logo, o mesmo deve se admitir para a escolha da via de encaminhamento de eventual litígio, como a mediação e a arbitragem. Note-se que a escolha do regime de bens permite aos futuros cônjuges até mesmo dispor de parte do futuro acervo, uma renúncia de vulto, de modo que nada

---

[191] "Em outras palavras, pouco importa se o núcleo gerador da controvérsia tenha natureza extrapatrimonial. Uma disputa sobre a partilha de bens entre cônjuges e companheiros será sempre patrimonial disponível, ainda que o móvel do conflito seja outra questão, como o apego afetivo a determinado bem, a infidelidade, a guarda dos filhos ou mesmo o inconformismo de um dos parceiros com o rompimento por iniciativa do outro" (DELGADO, Mário Luiz. Arbitragem no direito de família e sucessões: possibilidades e casuística. In: DINIZ, Maria Helena (coord.). *Direito em debate*. São Paulo: Almedina, 2020. v. 1. p. 269).

justifica que, se até isso lhes é facultado, lhes seja tolhida a mera eleição de uma cláusula arbitral, por exemplo.

O que se sustenta é que inexistem óbices a uma análise técnica da arbitrabilidade dos temas familiares e sucessórios apenas pelas eventuais situações de assimetria e afetividade anteriormente descritas.

Obviamente que excessos pontuais, distorções ou situações extremas, nas quais essas questões maculem a vontade dos respectivos declarantes, serão merecedoras de tutela, mas isso se fará pelos demais mecanismos de proteção e controle do direito civil,[192] e não com uma hipertrofia da indisponibilidade ou com uma inarbitrabilidade artificial e atécnica.[193]

As anomalias, os abusos e os arbítrios devem ser concreta e pontualmente apurados, não se podendo, na atualidade, querer impor um paternalismo estatal impeditivo de escolhas de tal ordem. A consideração abstrata de eventuais abusos não pode ser motivo de supressão de escolhas concretas para todos. O Direito Civil brasileiro, na sua legalidade constitucional contemporânea, não parece permitir uma intervenção restritiva de tal estirpe.

Frise-se que não se ignora a *peculiaridade desse ramo do direito*, nem se defende uma ausência de limites nas causas familiares, mas entende-se que controle não pode ser realizado por um esgarçamento da indisponibilidade no âmbito do direito de família. O Direito Civil e o Direito Processual Civil possuem diversos outros mecanismos para coibir abusos e excessos, todos eles aplicáveis aos negócios familiares. Assim, é possível respeitar liberdades de escolhas sem desguarnecer uma pontual intervenção que se mostrar necessária.

Obviamente, as tratativas ora defendidas não podem conter vícios de vontade, não podem caracterizar abuso de direito, não podem afrontar a boa-fé objetiva, nem ser palco para ofensa aos direitos fundamentais, longe disso. Todas essas questões já possuem remédios próprios no direito civil e poderão incidir, se for o caso, com o seu consectário legal. Sugere-se apenas deixar para a indisponibilidade um papel condizente com a sua figura jurídica,

---

[192] Como pelo requisito de validade de todos os negócios jurídicos, disposto no art. 104 do Código Civil.

[193] "Não se pode negar o caráter de patrimoniais disponíveis a todos os direitos em relação aos quais os cônjuges, os companheiros, os herdeiros ou os parentes possam validamente transacionar, considerando apenas o conteúdo imediato da pretensão, sem qualquer preocupação com eventual carga de afetividade imantada nas demandas ou com os interesses extrapatrimoniais e psicológicos subjacentes" (DELGADO, Mário Luiz. Arbitragem no direito de família e sucessões: possibilidades e casuística. In: DINIZ, Maria Helena (coord.). *Direito em debate*. São Paulo: Almedina, 2020. v. 1. p. 269).

sem protagonismos descabidos e teoricamente insustentáveis. Acredita-se que os demais mecanismos do direito brasileiro possam tutelar as situações excepcionais que se mostrem necessárias.

Há outro aspecto que não pode ser ignorado: é usualmente dito que, no momento dos conflitos familiares, os sentimentos afloram, com decisões irracionais prevalecendo, movidas por raiva, mágoas, ciúmes e decepções. Para muitos, esses fatores emocionais seriam outros a não permitir a arbitrabilidade de tais temas. Respeitosamente, ousa-se discordar, pois esses fatores podem, em realidade, ser um incentivador para a aceitação da cláusula arbitral em pactos de conjugalidade.

Entende-se que a recorrência dessas imbricações sentimentais em tais conflitos deve ser vista como motivadora da admissão da eleição prévia de cláusulas de mediação e arbitragem pelos cônjuges e companheiros, pois as partes limitarão essas possíveis influências negativas de forma antecipada, quando ainda não estiverem inebriadas por tais sentimentos. O planejamento patrimonial familiar e o sucessório são temas cada vez mais recorrentes na doutrina brasileira, de modo que a admissão de tais pactuações fornece maiores instrumentos para essa planificação.

Tal qual fez Ulisses, na magistral *Odisseia* de Homero, deve ser permitido aos integrantes de dado núcleo familiar saber que, em um eventual conflito, podem estar movidos por impulsos os quais não desejam que prevaleçam, sendo-lhes legítimo prever salvaguardas para tais situações. A possibilidade de previsão e inclusão de cláusulas de mediação e arbitragem em conflitos familiares e sucessórios pode, ao fim e ao cabo, ser libertadora e até mesmo se constituir em um meio de preservar aspectos existenciais do outro integrante da família envolvido no conflito. As partes podem querer se proteger de si mesmas, em prol do outro e em prol da família, sendo esta uma escolha possível. Essa pactuação pode proteger a parte mais débil de eventual fúria sentimental da parte que goza de maior poder na relação, sendo inclusive uma forma de tutela protetiva da esfera mais fragilizada, a qual, bem orientada, pode sugerir tal opção.

A cláusula de mediação e arbitragem pode melhor harmonizar e blindar os envolvidos de eventuais sentimentos negativos que possam surgir no momento do conflito, de modo que deve ser vista sob essa perspectiva.

Superados tais óbices de caráter geral, sustenta-se que diversos temas familiares são arbitráveis, mas alguns, efetivamente, não o são. A análise não é de uma permissividade geral nem de uma negativa absoluta. Como exposto, a verificação deve se dar de forma pormenorizada (mas não casuística).

Algumas temáticas familiares esbarram em óbices de diversas ordens, seja em uma indisponibilidade subjetiva ou até mesmo objetiva, seja em restrições expressas no nosso sistema relativamente ao exercício da pretensão. A própria legislação de regência da arbitragem veda essa seara para questões pessoais de família[194] ou lides que não possuam caráter eminentemente patrimonial.[195] Consequentemente, as questões que não atendam a tais requisitos ficam afastadas da via arbitral.

A partir dessas restrições, é possível concluir que *são inarbitráveis* as discussões quanto à guarda, à moradia e à convivência com os filhos, por envolverem aspectos existenciais indisponíveis. Os alimentos dos filhos e os decorrentes de relação de parentesco também não gozam de arbitrabilidade, em razão de não possuírem inequívoco caráter patrimonial. O nome civil, por se constituir em ação de estado da pessoa, deve igualmente restar com a jurisdição estatal. A decretação do divórcio, por envolver alteração do estado civil, tampouco se insere entre aquelas que podem ser decididas pelo árbitro – na atualidade das balizas do nosso sistema. O simples reconhecimento e dissolução da união estável também devem restar atrelados à intervenção jurisdicional estatal, pelo fato de a temática isoladamente não gozar de patrimonialidade. No mesmo sentido, as questões de violência doméstica, alienação parental e as medidas previstas no Estatuto da Criança e do Adolescente.

Essas questões ficam afastadas da via arbitral. Mário Delgado traz um resumo dos temas familiares e sucessórios que poderiam ser considerados inarbitráveis.

> Em conflitos fundados no Direito de Família e das Sucessões, de forma geral, encontram-se fora da esfera de disponibilidade, ou fora dos limites de atuação da autonomia privada dos litigantes, as questões relativas ao estado das pessoas naturais (se casadas, divorciadas ou separadas), ao nome civil, à filiação, ao poder familiar, aos direitos da criança e do adolescente, à ordem de vocação hereditária, à sucessão legítima, à sucessão legitimária e ao exercício dos direitos da personalidade. São questões para as quais a jurisdição estatal, fundamentada na ordem pública ou inspirada em valores de natureza política, econômica, social, moral ou cultural, promove uma espécie de "reserva de mercado", impedindo a submissão desses litígios ao processo arbitral.[196]

---

[194] Art. 852 do Código Civil: "É vedado compromisso para solução de questões de estado, de direito pessoal de família e de outras que não tenham caráter estritamente patrimonial".

[195] Art. 1º da Lei 9.307/1996: "As pessoas capazes de contratar poderão valer-se da arbitragem para dirimir litígios relativos a direitos patrimoniais disponíveis".

[196] DELGADO, Mário Luiz. Arbitragem no direito de família e sucessões: possibilidades e casuística. In: DINIZ, Maria Helena (coord.). *Direito em debate*. São Paulo: Almedina, 2020. v. 1. p. 262.

Esse é um rol com vários temas que, efetivamente, podem ser considerados inarbitráveis. Por outro lado, ao mesmo tempo, há uma gama de temas familiares e sucessórios que podem ser considerados passíveis de julgamento por um árbitro.

Há vários temas discutidos em conflitos familiares que *são arbitráveis*, com a possibilidade de remessa da questão para julgamento para essa via de solução de conflitos. Além de disponibilidade, percebida no seu exercício, esses assuntos veiculam uma inequívoca patrimonialidade, o que torna possível a solução arbitral.

A seguir, serão destacadas algumas controvérsias usuais em conflitos familiares e sucessórios, que seriam arbitráveis no atual contexto jurídico brasileiro.

A *partilha de bens* é uma temática arbitrável, pois conta com uma inequívoca disponibilidade e goza de patrimonialidade. Não se encontra na teia jurídica brasileira nenhuma limitação de exercício quanto à questão da partilha do acervo conjugal ou da convivência, de modo que ela pode ser destinada para a solução arbitral.[197]

Assim, "situação clara a sustentar a viabilidade do juízo arbitral é aquela relativa à partilha de bens decorrentes da dissolução do casamento, da união estável ou mesmo da relação homossexual (homoafetiva)".[198]

Cabe ressaltar que a partilha decorrente do fim de uma relação de matrimônio efetivamente tem como pressuposto a decretação prévia do divórcio, pela via judicial ou extrajudicial. Como bem anota Francisco Cahali, a alteração do estado civil é pressuposto da partilha, pois, nesses casos, é "indispensável a prévia dissolução do vínculo pela separação ou pelo divórcio (judicial ou extrajudicialmente). Sem o termo final do casamento, não há como cogitar sobre a divisão de bens (judicial ou arbitral). Nem mesmo a separação de fato autoriza a partilha (inclusive amigável)".[199]

---

[197] Paulo Nalin e Hugo Sirena também entendem arbitráveis as partilhas entre ex-cônjuges e ex-conviventes (NALIN, Paulo; SIRENA, Hugo. A arbitragem no direito das famílias: cláusula arbitral em pactos antenupciais e contratos de convivência. In: MATOS, Ana Carla Harmatiuk; TEIXEIRA, Ana Carolina Brochado; TEPEDINO, Gustavo (coord.). *Direito Civil, Constituição e unidade do sistema*: Anais do Congresso de Direito Civil Constitucional – V Congresso do IBDCivil. Belo Horizonte: Fórum, 2019. p. 364).

[198] CAHALI, Francisco José. *Curso de Arbitragem*: mediação, conciliação, tribunal multiportas. 8. ed. rev., ampl. e atual. São Paulo: Ed. RT, 2020. p. 467.

[199] CAHALI, Francisco José. *Curso de Arbitragem*: mediação, conciliação, tribunal multiportas. 8. ed. rev., ampl. e atual. São Paulo: Ed. RT, 2020. p. 468.

Como essa temática do *divórcio* é inarbitrável por envolver alteração do estado civil, primeiramente deve ser equacionada em via própria para então permitir a remessa da partilha conjugal para via arbitral. Portanto, para que a partilha matrimonial seja viável, as partes devem primeiramente estar divorciadas, o que deve se efetivar na via judicial. Subsequentemente, a partilha pode restar destinada para a via arbitral.[200]

Já a *partilha decorrente do fim de uma situação de união estável* cuida de situação diversa, visto que esta não envolve alteração de estado civil. Logo, inexiste qualquer óbice legal a que essa temática seja declarada de forma incidental em uma decisão arbitral que tenha como objeto a partilha de bens do término de uma relação de união estável. Afinal, "na união estável, (...), rompido de fato a convivência já se encerram os efeitos patrimoniais da relação, e assim de imediato se autoriza a partilha".[201]

O início e o término de uma relação de união estável podem ser objeto até mesmo de um contrato particular, o que denota a ampla liberdade conferida para os conviventes no trato das suas questões patrimoniais. Em outros termos, os conviventes podem querer indicar a via arbitral como a eleita para deliberar sobre a partilha dos bens comuns dessa convivência, mesmo que, para decidir sobre ela, o árbitro tenha que definir a data de início e término da união, o que é recorrente em muitos casos do estilo. O simples fato de o árbitro ter que deliberar sobre uma data de início e/ou término da relação é atividade inerente à sua jurisdição, sendo corriqueiras questões correlatas do estilo em decisões arbitrais. Em nosso sentir, inexiste óbice legal para tal deliberação incidental pelo juízo arbitral.

Portanto, a partilha dos bens decorrente de uma união estável é arbitrável e prescinde de julgamento judicial prévio do seu reconhecimento e da sua dissolução.

---

[200] "E ainda que se verifique a hipótese de uma 'ação de estado' cumulada ou conexa, como ocorre normalmente com as ações de divórcio e partilha de bens, nada obsta que as questões patrimoniais sejam transferidas à justiça privada, mediante compromisso arbitral, mantendo-se a demanda judicial apenas quanto às demais questões não patrimoniais, como se dá com a decretação do divórcio ou com o reconhecimento da condição de herdeiro. O que se mantém submetido a exame do Judiciário é única e exclusivamente a matéria relacionada ao estado das pessoas. Ao juízo arbitral caberá decidir a divisão dos bens comuns (...)" (DELGADO, Mário Luiz. Arbitragem no direito de família e sucessões: possibilidades e casuística. In: DINIZ, Maria Helena (coord.). *Direito em debate*. São Paulo: Almedina, 2020. v. 1. p. 279).

[201] CAHALI, Francisco José. *Curso de Arbitragem*: mediação, conciliação, tribunal multiportas. 8. ed. rev., ampl. e atual. São Paulo: Ed. RT, 2020. p. 469.

Anote-se que se entende que é arbitrável apenas a partilha decorrente do término da uma relação de união estável, pois, caso o pedido seja somente de declaração de existência ou inexistência da relação, sem bens a partilhar, este não goza da patrimonialidade que a arbitragem exige.

Merece registro a posição divergente de Francisco Cahali, visto que, para ele, a partilha de bens na conjugalidade somente seria admitida na forma "pura", ou seja, sem a discussão de outras questões correlatas, como eventual divergência quanto ao período da união estável.

> Sem dificuldade, em nosso sentir, sustentar-se a partilha de bens decorrente da dissolução do casamento e da união estável. Porém, na rotina forense, a partilha de bens vem à discussão geralmente como adjacente a outras questões: alimentos, guarda de filhos, discussão a respeito da concordância ou não com o rompimento do casamento, preservação da renúncia ao patronímico conjugal, e, **especificamente na união estável, geralmente discute-se com vigor o próprio reconhecimento da relação e de seu período. E, com esses *anexos*, estará impedida a utilização da arbitragem.**[202] (grifo nosso)

Importa anotar que o julgamento de uma partilha decorrente de término de casamento ou de união estável pelo juízo arbitral acarretará a necessidade de atendimento das demais exigências legais, com o recolhimento dos tributos correlatos e eventual formalização por escritura pública ou homologação judicial.

Um dos temas polêmicos que, muitas vezes, é objeto de confusões conceituais é a arbitrabilidade da *verba alimentar*, com posições de diversas ordens. Os alimentos têm uma imbricação histórica com a indisponibilidade, na forma do que já foi descrito, mas, também como já exposto anteriormente, essa indisponibilidade dos alimentos é inequívoca apenas no que diz respeito à ligação dele como direito subjetivo atrelado ao respectivo titular.

Em outras palavras, a indisponibilidade do direito aos alimentos de ex-cônjuges e ex-companheiros só atinge o direito subjetivo em si e somente enquanto persistir a relação.[203] Após o término da convivência, emerge como possível a transação, bem como a renúncia da respectiva verba alimentar.

---

[202] CAHALI, Francisco José. *Curso de Arbitragem*: mediação, conciliação, tribunal multiportas. 8. ed. rev., ampl. e atual. São Paulo: Ed. RT, 2020. p. 468.

[203] Como bem pontua Maria Berenice Dias, "o credor não pode renunciar ao direito de pleitear alimentos. Mas, em sede de cobrança, a transação perdoando ou reduzindo débitos pretéritos pode ser homologada judicialmente" (DIAS, Maria Berenice. *Alimentos aos bocados*. São Paulo: Ed. RT, 2013. p. 30).

Tanto assim o é que, na III Jornada de Direito Civil do Conselho da Justiça Federal, foi aprovado o seguinte enunciado:

> Enunciado 263 – O art. 1.707 do Código Civil não impede seja reconhecida válida e eficaz a renúncia manifestada por ocasião do divórcio (direto ou indireto) ou da dissolução da "união estável". A irrenunciabilidade do direito a alimentos somente é admitida enquanto subsistir vínculo de Direito de Família.[204]

Consequentemente, admite-se a disponibilidade no exercício da pretensão da verba alimentar decorrente do término de uma relação de conjugalidade. Assim, são arbitráveis a incidência, o valor e o termo dos alimentos, pois são matérias inerentes ao exercício efetivo desse direito.[205] Como tem sido admitida a renúncia aos alimentos presentes e futuros por parte de ex-cônjuges e companheiros, resta indene de dúvidas que essa permissão de transação e até renúncia é indicativo cristalino da arbitrabilidade dessas questões. Em consequência, "possível a livre disposição quanto aos alimentos (e até mesmo a sua renúncia – grau máximo de disponibilidade de um direito), mais fácil sustentar a arbitrabilidade desta matéria entre os cônjuges e companheiros".[206]

Ainda assim, vislumbra-se uma disponibilidade de exercício no que se refere à sua incidência, à fixação do valor e ao termo de verba alimentar relativa a pessoas capazes (que é a única que aqui se está a tratar). Os conflitos relativos a alimentos invariavelmente dizem respeito à sua incidência, ao valor, à forma de pagamento e a eventual prazo final, ou seja, aspectos relacionados exclusivamente ao seu exercício, portanto dotados de disponibilidade. Mesmo a deliberação sobre a possibilidade de recebimento ou não da verba em dada circunstância é questão relativa ao seu exercício, tanto o é que se admite a renúncia no momento do divórcio ou da dissolução de união estável.

---

[204] CONSELHO DA JUSTIÇA FEDERAL (CJF). Centro de Estudos Judiciários (CEJ). *III Jornada de Direito Civil*. Brasília: CJF, 2005. Disponível em: https://www.cjf.jus.br/cjf/corregedoria-da-justica-federal/centro-de-estudos-judiciarios-1/publicacoes-1/jornadas-cej/iii-jornada-de-direito-civil-1.pdf. Acesso em: 09.12.2021.

[205] "(...) poder-se-ia reconhecer como arbitrável a definição do quantum relativo ao pensionamento alimentício" (NALIN, Paulo; SIRENA, Hugo. A arbitragem no direito das famílias: cláusula arbitral em pactos antenupciais e contratos de convivência. In: MATOS, Ana Carla Harmatiuk; TEIXEIRA, Ana Carolina Brochado; TEPEDINO, Gustavo (coord.). *Direito Civil, Constituição e unidade do sistema*: Anais do Congresso de Direito Civil Constitucional – V Congresso do IBDCivil. Belo Horizonte: Fórum, 2019. p. 365).

[206] CAHALI, Francisco José. *Curso de Arbitragem*: mediação, conciliação, tribunal multiportas. 8. ed. rev., ampl. e atual. São Paulo: Ed. RT, 2020. p. 470.

Ao mesmo tempo, é possível vislumbrar uma inequívoca patrimonialidade inerente a essa fixação da verba alimentar (envolvendo incidência, valor, forma e prazo), visto que isso se converte em pecúnia. Prova disso é que, em caso de inadimplemento, a execução da verba alimentar pretérita (anterior aos três últimos meses) se maneja pelo rito da expropriação patrimonial (resultando em penhora de bens). Inequívoca a patrimonialidade inerente ao exercício da verba alimentar.[207]

Como o exercício da verba alimentar de pessoas capazes é disponível e dotado de patrimonialidade, consequentemente, é também arbitrável. Logo, a incidência ou não, a fixação do valor, a forma de pagamento e eventual termo da obrigação alimentar são questões passíveis de submissão ao juízo arbitral. Mesmo a deliberação sobre o cabimento ou não da fixação de alimentos, ao término de uma relação de casamento ou união estável, é passível de ser remetida ao árbitro.

Mário Delgado sustenta no mesmo sentido, entendendo que:

> (...) são perfeitamente arbitráveis, não apenas o *quantum* ou a forma de pagamento dos alimentos conjugais ou convivenciais, mas também o próprio direito de percebê-los por ocasião do rompimento do vínculo. O direito aos alimentos, nessas situações, é plenamente disponível, não se justificando qualquer restrição de submissão da demanda alimentar entre parceiros afetivos ao juízo arbitral.[208]

Anote-se que uma eventual opção pela via arbitral não implica, necessariamente, alguma redução da esfera de proteção que orbita em torno dos alimentos, podendo até mesmo ser uma opção de maior interesse da própria parte recebedora.

Exemplifica-se: atualmente impera no Poder Judiciário o entendimento prevalecente no sentido da fixação de um termo para o término da verba alimentar entre ex-cônjuges ou companheiros, usualmente de dois ou três anos, o que se chama de "alimentos transitórios".[209] Há casos em que as partes não entendem esse limitador exíguo de prazo como viável, de modo que podem

---

[207] "Os chamados 'alimentos' são expressão interessante da patrimonialidade de um direito designado como de personalidade" (NERY, Rosa Maria de Andrade. *Alimentos*. 2. ed. rev., atual. e ampl. São Paulo: Ed. RT, 2020. p. 31).

[208] DELGADO, Mário Luiz. Arbitragem no direito de família e sucessões: possibilidades e casuística. In: DINIZ, Maria Helena (coord.). *Direito em debate*. São Paulo: Almedina, 2020. v. 1. p. 255-290.

[209] SUPERIOR TRIBUNAL DE JUSTIÇA (STJ). *Até quando vai a obrigação de alimentar?* 24.06.2018. Disponível em: https://www.stj.jus.br/sites/portalp/Paginas/Comuni-

optar por uma via arbitral entendendo que esta poderia confeccionar uma decisão mais particularizada e apropriada ao caso concreto daqueles envolvidos. O mesmo pode ocorrer com o valor dos alimentos, com balizas gerais da justiça estatal não condizentes com alguma situação muito peculiar das partes envolvidas, que podem ter consciência de que o seu padrão é muito superior à média da realidade brasileira e, em vista disso, querem uma decisão customizada ao seu caso em sua situação, o que veem como possível na seara arbitral. Ou seja, a arbitragem pode ser mais protetiva do que a justiça estatal em determinados casos, mesmo no que se refere à verba alimentar. Um campo no qual a arbitragem seria de grande utilidade seria nos litígios que envolvem ativos empresariais e societários, que estejam imbricados com questões familiares. Essas demandas costumam trazer dificuldades para uma deliberação judicial, pois são notórias as limitações do Poder Judiciário e do rito processual codificado para tratar do *valuation* de empresas, da verificação de lucros e dividendos, da apuração de haveres, da deliberação sobre a forma de pagamento de quotas, da análise de ativos no exterior etc.

A maior prova disso é o sucesso incomensurável que a arbitragem está tendo no trato de *questões empresariais e societárias*, de modo que não parece razoável afastar das empresas familiares essa opção. Como visto, o discurso de uma indisponibilidade forte e indevidamente elasticida está anacrônico e não se sustenta mais, de forma que essa barreira deve ser levantada para que a arbitrabilidade das causas de empresas familiares seja devidamente apurada.

Outro aspecto que não pode ser mitigado é que o tempo das partes, o dos negócios e o do Poder Judiciário nem sempre são convergentes.[210] Deliberações que envolvam tais temas podem ser de grande complexidade, o que demandará um longo tempo de processo judicial para uma futura decisão. Logo, é possível que as partes vejam vantagens em encaminhar essas questões societárias e empresariais para a via arbitral, seja pela especialidade dos

---

cacao/Noticias-antigas/2018/2018-06-24_06-02_Ate-quando-vai-a-obrigacao-de--alimentar.aspx. Acesso em: 09.12.2021.

[210] Além da possibilidade efetiva de escolhas, há uma crescente busca por respostas com maior brevidade possível. Por exemplo, com a separação fática, é usual os ex-parceiros desejarem romper o vínculo com a maior celeridade com o tempo passando a ser outro fator relevante. A valorização do tempo vem sendo estudada em diversas searas: "A valorização do tempo enquanto recurso essencial e limitado, objeto e preocupação e cuidado, cuja destinação compete exclusivamente ao seu titular e que pode ter relevantes reflexos patrimoniais, exsurgiu no contexto da pós-modernidade com a formação de uma nova consciência acerca do efeito que a sua passagem exerce sobre as pessoas" (BERGSTEIN, Laís. *O tempo do consumidor e o menosprezo planejado*. São Paulo: Ed. RT, 2019. p. 267).

julgadores, pela celeridade, pelo sigilo, seja até mesmo pensando na saúde da própria empresa objeto do impasse.

A relação com os demais sócios de uma sociedade também pode ser abalada com um litígio familiar que traga dificuldades para a operacionalização das atividades empresariais ou, então, que venha a judicializar as questões, muitas vezes, consideradas estratégicas para a própria sociedade. Diversas estruturações empresariais já estão a sugerir a utilização da via arbitral para tais demandas societárias empresariais,[211] de modo que essa via deve ser permitida também para os feitos familiares. Já há, inclusive, decisões judiciais nesse sentido.[212]

Não são poucos os planejamentos empresariais ou sucessórios[213] que sugerem a inclusão da arbitragem nos estatutos sociais:

> A possibilidade de inserção de cláusula compromissória nos atos constitutivos das pessoas jurídicas de direito privado, especialmente das sociedades, quer sejam contratuais ou estatutárias, é matéria que não atrai maiores discussões. Essa posição não sofre alterações ainda quando essas estruturas societárias são utilizadas no âmbito de planejamento familiar e sucessório. São comuns situações em que o planejamento sucessório, em relação às quotas de sociedade limitada por exemplo, ocorre no próprio contrato social, em que inserta a cláusula compromissória.[214]

---

[211] Sobre a arbitragem societário-empresarial, cabe anotar o Enunciado 16, aprovado na Jornada de Direito Comercial do Conselho da Justiça Federal: "O adquirente de cotas ou ações adere ao contrato social ou estatuto no que se refere à cláusula compromissória (cláusula de arbitragem) nele existente; assim, estará vinculado à previsão da opção da jurisdição arbitral, independentemente de assinatura e/ou manifestação específica a esse respeito". Para ler mais sobre o tema: CAHALI, Francisco José. A vinculação dos adquirentes de cotas ou ações à cláusula compromissória estabelecida em contrato social ou estatuto – Enunciado 16 da Jornada de Direito Comercial. *Revista Brasileira de Arbitragem e Mediação*, São Paulo, v. 36, p. 159-166, jan.-mar. 2013.

[212] "Arbitragem. Determinação pelo árbitro de realização de perícia contábil na empresa do recorrente. Possibilidade. Partes que elegeram o Tribunal Arbitral de São Paulo para solução do litígio que versa sobre a revisão de partilha de bens em separação judicial. A instituição da arbitragem deve ser respeitada pela jurisdição estatal como qualquer convenção privada. Evidente que não se afasta do controle do Poder Judiciário a apreciação da regularidade do processo de arbitragem, que como todo ato jurídico está sujeito a ser invalidado. Providência requerida que deverá ser postulada no órgão perante o qual se processa a arbitragem. Decisão mantida. Agravo não provido" (TJSP, AgIn 501.512-4/4-00, Rel. Des. Elcio Trujillo, j. 30.05.2007).

[213] Sobre planejamento sucessório: TEIXEIRA, Daniele Chaves. *Arquitetura do planejamento sucessório*. 2. ed. rev., atual. e ampl. Belo Horizonte: Fórum, 2019.

[214] DELGADO, Mário Luiz. Arbitragem no direito de família e sucessões: possibilidades e casuística. In: DINIZ, Maria Helena (coord.). *Direito em debate*. São Paulo: Almedina, 2020. v. 1. p. 280.

Essa seara é outra na qual a arbitragem pode se constituir em um meio de solução de litígios ainda mais protetivo para a parte débil do que o próprio Poder Judiciário. A praxe forense tem demonstrado que os processos judiciais que envolvem litígios societários e empresariais são deveras árduos, onerosos e de difícil trato justamente para a parte mais fragilizada da relação, geralmente um cônjuge ou companheiro não sócio (ou até mesmo um dos filhos). Enquanto quem faz parte da sociedade segue movimentando seus ganhos e, em regra, permanece à frente das atividades; o outro, que está distante desse dia a dia, acaba amargurando um cenário de pouca informação e muitas vezes de quase nenhum retorno financeiro. Logo, um longo tempo de processo judicial provavelmente beneficiará o sócio e fará que o não sócio não suporte mais litigar e acabe aceitando um acordo desfavorável – é o que se percebe em muitos casos.

A arbitragem pode mitigar isso, vindo a proteger a parte fragilizada desse longo processo judicial. Como não raro são as mulheres as partes mais impactadas com o tempo de solução de um processo judicial litigioso, de partilha de empresa por exemplo, em alguns casos a perspectiva arbitral pode ser interessante até mesmo sob a ótica de uma perspectiva de gênero. Portanto, o juízo arbitral pode representar relevante instrumento de proteção da parte débil e meio de equilíbrio de assimetrias, sendo esta uma ótica pouco explorada que merece atenção.

O custo da arbitragem costuma ser maior do que o de um processo judicial, mas, com um planejamento e uma orientação prévia, essa questão pode restar encaminhada e prevista na própria cláusula ou compromisso, de modo que se garanta tal custo em prol da própria saúde da empresa. A celeridade e a assertividade da arbitragem podem compensar esse custo mais elevado,[215] pois seria uma forma de blindar a própria sociedade empresária em si.

Em que pese a *temática sucessória* não faça parte do escopo desta obra, merece registro o fato de a arbitragem estar sendo suscitada também para algumas das suas questões. A defesa da utilização da arbitragem no direito das sucessões ainda é incipiente, mas tem sido objeto de um crescente interesse, sendo muitas vezes suscitada ao lado de técnicas de planejamento sucessório.

Com exceção das expressas restrições legais, os temas sucessórios são dotados de disponibilidade e de patrimonialidade, de modo que poderiam,

---

[215] Também admitindo a arbitragem para determinados temas familiares: BENETI, Ana Carolina; RODOVALHO, Thiago. Algumas considerações sobre a utilização da arbitragem no direito de família e sucessório no Brasil. In: TEIXEIRA, Daniele Chaves. *Arquitetura do planejamento sucessório*. 2. ed. rev., atual. e ampl. Belo Horizonte: Fórum, 2019.

portanto, ser remetidos para a via arbitral caso esta seja a opção dos interessados.[216]

A arbitragem pode adentrar nas sucessões por intermédio de uma decisão dos próprios sucessores, tomada após aberta a sucessão, mediante a celebração de um compromisso arbitral.

A ausência de regulação dessas possibilidades de forma expressa pelo direito brasileiro gera alguma incerteza, mas as dúvidas e as propostas de como superar obstáculos práticos passam a receber algum enfrentamento.

Um aspecto que merece destaque é que o nosso sistema jurídico possui regras que se destinam à formalização do respectivo processo de inventário de bens exclusivamente pela via estatal, seja na esfera judicial, seja na extrajudicial. Este é o modelo atual em vigor no direito brasileiro pelas regras do Código de Processo Civil de 2015. Em outros termos, a finalização de um processo de inventário deve receber uma chancela estatal.

Consequentemente, "nesse contexto, ou se terá um processo necessário, perante o Poder Judiciário, ou uma escritura pública específica para este fim, quando preenchidos os requisitos para tanto. Assim, o inventário propriamente dito não encontra espaço no juízo arbitral para sua instauração de acordo com a previsão legal específica a respeito".[217]

As justificativas para tal intervenção estatal na transferência patrimonial sucessória giram em torno tanto da necessidade de verificação da regularidade e respeito às balizas legais, que regem essa seara, como do interesse do Estado em apurar e exigir os impostos *causa mortis* que usualmente incidem. Ainda assim, não se pode deixar de perceber que a perspectiva de uma indisponibilidade forte, somada à postura intervencionista, que imperou após o advento do Estado Social, pode também ter influído no modelo atualmente em vigor.

Em que pese o inventário de bens tenha que tramitar pelas vias estatais, um dos principais aspectos da sucessão pode ser deliberado pelo juízo arbitral: a partilha de bens. A partilha, certamente, é uma das questões centrais no direito das sucessões e, também por isso, momento no qual surgem grandes impasses entre os sucessores.

Um processo judicial litigioso com divergência em uma partilha sucessória de vulto pode levar anos de tramitação e trazer dificuldades de diversas ordens, como já exposto nos itens anteriores. Diante disso, emerge como

---

[216]   Nesse sentido é a posição de Francisco Cahali e Mário Delgado nas obras anteriormente citadas.

[217]   CAHALI, Francisco José. *Curso de Arbitragem*: mediação, conciliação, tribunal multiportas. 8. ed. rev., ampl. e atual. São Paulo: Ed. RT, 2020. p. 471.

alvissareira a possibilidade de remessa isolada da temática da partilha para deliberação pela via arbitral. Com isso, são respeitadas as bordas estatais do inventário, mas se permite a atuação do árbitro nesse ponto nevrálgico desses litígios.

A admissão da remessa das partilhas pelos términos das conjugalidades para o juízo arbitral agrega argumentos em favor da mesma possibilidade para as partilhas das sucessões, em razão da proximidade de diversos aspectos entre ambas.

Consequentemente, uma possibilidade é a arbitragem determinar apenas como deve se dar a partilha de bens, com os atos subsequentes sendo encaminhados pelas vias ordinárias do inventário extrajudicial ou judicial, em que se respeitará e efetivará a decisão do laudo arbitral. Obviamente, todas as questões prévias necessárias para a decisão de partilha restarão também com o árbitro (posição de herdeiro, forma de divisão, bens comuns ou particulares, valor de bens, avaliação de empresas etc.).

A proposta de permitir a convivência da arbitragem nas sucessões, ainda que com uma posterior *sentença integrativa* do Poder Judiciário, é de Francisco Cahali. De acordo com as posições desse autor:

> Sendo os herdeiros maiores e capazes, permite-se a partilha amigável, em processo judicial ou por escritura pública, como antes referido. Neste contexto, tratando-se de direito patrimonial disponível, os herdeiros, se em conflito a respeito da partilha, podem encomendar a divisão litigiosa ao juízo arbitral. A origem da arbitragem a origem da arbitragem será necessariamente um compromisso arbitral, a ser firmado por todos os herdeiros. Admite-se a partilha arbitral, pois o próprio Código aceita a partilha amigável por *escrito particular homologado por um juiz* (art. 2.015 do CC/2002). Ora, por essa regra, evidencia-se a possibilidade dos herdeiros de dispor entre eles, como bem lhes aprouver a respeito dos seus direitos sucessórios. Se é assim, há de se aceitar também a escolha pelos herdeiros, para solucionar eventual impasse, do juízo arbitral. A seu turno, também a prestação de contas do inventariante aos herdeiros pode ser levado ao juízo arbitral; (...).[218]

A referência ao art. 2.015 do Código Civil é pertinente, pois o texto desse dispositivo faz transparecer de forma clara a esfera de disponibilidade que é reconhecida para a partilha: "Se os herdeiros forem capazes, poderão fazer

---

[218] CAHALI, Francisco José. *Curso de Arbitragem*: mediação, conciliação, tribunal multiportas. 8. ed. rev., ampl. e atual. São Paulo: Ed. RT, 2020. p. 471.

partilha amigável, por escritura pública, termo nos autos do inventário, ou escrito particular, homologado pelo juiz".

Portanto, parece viável a admissão de partilhas sucessórias pelo juízo arbitral, posição que também passa a ser adotada por outros autores.[219]

As situações que mais demonstram interesse pela arbitragem sucessória são aquelas que envolvem empresas, diante do que já foi dito anteriormente quanto ao não interesse de muitas delas em se verem envolvidas em longos processos judiciais litigiosos. Não sem motivo, diversos atos societários (inclusive acordo de quotistas ou acionistas) passam a prever algum compromisso arbitral para litígios societários, muitas vezes decorrentes da morte de um dos sócios, pois, "em que pese a existência de regras de direito sucessório no ato constitutivo da sociedade, isso não afasta a possibilidade de se pactuar, no mesmo instrumento, a convenção de arbitragem, com submissão de todos os litígios futuros entre os sócios, incluindo eventuais herdeiros ingressantes, à jurisdição arbitral".[220]

Interessante a sugestão de uma *atuação conjunta da jurisdição estatal em paralelo com o juízo arbitral*, com cada um atuando especificamente em uma esfera do litígio, de forma complementar. Essa visão integrativa pode ser uma das soluções para a permissão da arbitragem sucessória, pois harmoniza a liberdade na estipulação da arbitragem com as demais amarras estatais do nosso sistema sucessório.

Anote-se que esta pode ser uma via de mão dupla, pois, em determinadas situações submetidas à jurisdição estatal, é possível que as partes queiram fazer alguma composição final que preveja uma cláusula arbitral.

Por exemplo, alguns acordos sujeitos à homologação judicial podem passar a trazer no seu bojo uma cláusula compromissória.[221]

---

[219] "Ao juízo arbitral caberá decidir a divisão dos bens comuns, a partilha entre os herdeiros, os valores a serem colacionados, a imposição de pena de sonegados, a validade ou invalidade do testamento, etc." (DELGADO, Mário Luiz. Arbitragem no direito de família e sucessões: possibilidades e casuística. In: DINIZ, Maria Helena (coord.). *Direito em debate*. São Paulo: Almedina, 2020. v. 1. p. 276).

[220] DELGADO, Mário Luiz. Arbitragem no direito de família e sucessões: possibilidades e casuística. In: DINIZ, Maria Helena (coord.). *Direito em debate*. São Paulo: Almedina, 2020. v. 1. p. 281.

[221] "Desse modo, qualquer acordo judicial homologado pelo Juiz de Família, é possível a inserção de cláusula compromissória, cujo objeto restringir-se-á aos litígios patrimoniais futuros relativos ao cumprimento do acordo. A convenção de arbitragem fará com que eventual pretensão de modificação do acordo por qualquer das partes seja submetida, previamente, ao juízo arbitral, retirando da jurisdição estatal a competência até mes-

Essa proximidade de temas poderá fazer que surjam dúvidas no que diz respeito à competência para o julgamento de determinada matéria, se seria de competência do juízo arbitral ou da justiça comum. Para equacionar tal impasse, tudo indica que, em um primeiro momento, deva ser respeitada a previsão arbitral da competência-competência, que confere inicialmente ao árbitro essa verificação.[222]

Como se vê, a perspectiva de ressignificação da indisponibilidade que se está a sugerir incentiva a percepção dos amplos espaços de arbitrabilidade de controvérsias oriundas de conflitos de direito de família e sucessões.[223] Decorrente disso, vislumbra-se a possibilidade de efetiva implantação de alternativas plurais para a solução desses litígios familiares.

A admissão das possibilidades de mediação e arbitragem anteriormente descritas ofertará opções de acertamento de conflitos já previstas no nosso sistema multiportas, mas que, até o momento, restam, em grande parte, inacessíveis para as lides de direito de família e de sucessões. A compreensão de um espaço para a mediação privada e para a arbitragem permitirá que as partes que assim desejam solucionem todo um conflito, ou grande parte, em vias privadas de solução, o que soa como revolucionário diante da realidade atual, que é eminentemente de solução estatal.

Destaque-se que a concessão de maior autonomia para as pessoas decidirem por qual via querem encaminhar a solução das suas demandas por

---

mo para a revisão do acordo por ela própria homologado" (DELGADO, Mário Luiz. Arbitragem no direito de família e sucessões: possibilidades e casuística. In: DINIZ, Maria Helena (coord.). *Direito em debate*. São Paulo: Almedina, 2020. v. 1. p. 278).

[222] "O princípio da competência-competência dá ensejo a que discussão sobre a validade ou invalidade de uma convenção de arbitragem em litígios de direito de Família e Sucessões deva ser submetida prioritariamente ao árbitro, senhor exclusivo de sua própria competência, só se admitindo o controle jurisdicional estatal em momento posterior" (DELGADO, Mário Luiz. Arbitragem no direito de família e sucessões: possibilidades e casuística. In: DINIZ, Maria Helena (coord.). *Direito em debate*. São Paulo: Almedina, 2020. v. 1. p. 287).

[223] A arbitrabilidade pode inclusive atingir outros temas, como multas e demais disposições financeiras, eventualmente constantes de pactos antenupciais, por exemplo: "Se os cônjuges ou companheiros pactuam sobre a fixação de multa ou de indenização pela violação dos deveres conjugais (por ex. fidelidade ou lealdade), vida em comum, assistência material ou imaterial, respeito e consideração mútuos), tanto a interpretação da cláusula, como a aplicação ao caso concreto, e também a imposição ou o afastamento das penalidades previstas, podem ser submetidas à deliberação do tribunal arbitral" (DELGADO, Mário Luiz. Arbitragem no direito de família e sucessões: possibilidades e casuística. In: DINIZ, Maria Helena (coord.). *Direito em debate*. São Paulo: Almedina, 2020. v. 1. p. 276).

alternativas privadas não significa qualquer demérito ao Poder Judiciário. Essa diretriz também não sugere a criação de obstáculos para que os interessados manejem uma ação judicial litigiosa, quando assim entenderem, e quando nada estiver acordado em sentido contrário. Não é disso que se trata.

O que essa perspectiva fará será simplesmente criar a alternativa arbitral e a da mediação privada para que possam ser utilizadas pelas partes no trato de impasses relativos a direitos patrimoniais disponíveis, desde que assim o desejem. Na prática, se permitirá uma alternativa de *opt-out* da justiça estatal: se as partes não desejarem que seu conflito seja julgado pelo Poder Judiciário, nesses casos específicos, poderão encaminhar a questão para a via arbitral. Consequentemente, elas terão uma efetiva oportunidade de escolha de um aspecto relevante da sua vida.

Um aprimoramento do significado jurídico da indisponibilidade dos direitos pode contribuir, em paralelo, até mesmo para a efetivação de um *sistema plural para a solução dos litígios familiares*. O direito a *ter direitos* implica liberdade e autonomia também para que os interessados deliberem como querem acessar e efetivar esses direitos. Deve ser respeitada uma liberdade na escolha procedimental de como as partes querem encaminhar a solução do seu conflito.

Compreender os espaços da mediação[224] e do juízo arbitral como uma alternativa disponível para as partes envoltas em litígios familiares pode ser de grande valia e, inclusive, pode incrementar a forma de tratamento privado de tais conflitos como um todo. A complexidade inerente a tais demandas familiares pode sugerir que um caso remeta à utilização de mais de um método de solução, de modo paralelo e simultâneo, inclusive.

Atualmente, percebe-se em grande parte dos profissionais brasileiros especializados em direito de família, muitas vezes, uma postura maniqueísta que secciona práticas e atuações: advogados litigantes *versus* advogados colaborativos, profissionais da mediação *versus* arbitralistas, e assim por diante.

Em outros termos, os profissionais que preferem laborar com as ações litigiosas tradicionais acabam por se mostrar refratários aos denominados métodos adequados de solução. Por outro lado, muitos profissionais que adotam práticas colaborativas costumam não utilizar a via jurisdicional estatal; dessa forma, se seu cliente tiver que acessá-la em algum momento,

---

[224] "Nem todas as questões relacionadas ao direito de família podem ser objeto de mediação, pois esta limita-se a conflito que verse sobre direitos disponíveis ou sobre direitos indisponíveis que admitam transação" (LÔBO, Paulo. *Direito civil*: famílias. 8. ed. São Paulo: Saraiva, 2018. v. 5. p. 49).

terá que buscar outro profissional. Frise-se que o mercado da mediação passa a crescer, mas segue em paralelo e quase ao largo da arbitragem quando do trato de litígios familiares. Não se está a criticar isso levianamente, longe disso, mas apenas destacar um traço que parece característico da realidade jurídica brasileira.

Ao mesmo tempo, é digno de nota que a mediação ainda não está largamente disseminada no cenário brasileiro, visto que não são tantos os procedimentos de verdadeira mediação que se encontram na realidade até o presente momento. Acredita-se que uma escorreita compreensão dos temas familiares disponíveis e dos passíveis de transação possa fomentar o campo da mediação, em especial a privada.

A proposta de maiores espaços de transação e de arbitragem pode contribuir para a efetivação de um sistema plural de solução de disputas. Ainda que as situações narradas sejam complexas e envolvidas com inúmeras outras questões, que escapam ao escopo deste livro, o que se sugere é que a aceitação de uma maior disponibilidade material e procedimental possa, de algum modo, servir como mola facilitadora dos canais de solução de disputas. Dito de outro modo: que um mesmo profissional do direito de família possa laborar com várias opções procedimentais, sem esbarrar no muro de uma hipertrofiada indisponibilidade.

Ao assumir uma causa familiar, o expert pode tentar compreender os vários impasses inerentes a tais demandas e, a partir disso, refletir sobre quais métodos de solução poderiam ser mais adequados para cada uma dessas esferas do conflito. Por exemplo, pode decidir pela negociação direta para as questões mais prementes, como afastamento do lar; ao mesmo tempo, sugerir uma mediação privada para as questões como convivência e alimentos dos filhos (que exigem uma participação próxima e ativa dos pais); simultaneamente, ajuizar uma demanda judicial pleiteando uma tutela de urgência para barrar atos de dilapidação e desvio de valores. Ainda, paralelamente, entabular uma arbitragem para as questões de partilha de quotas empresariais de vulto (para avaliação do valor a ser pago em apuração de haveres). Em um mesmo caso e simultaneamente: negociação, mediação, ação judicial e arbitragem.

Sendo assim, um diálogo entre os diversos procedimentos deve ser a diretriz para balizar os multifacetados conflitos familiares. Até o momento, estes parecem estar apresentados como uma encruzilhada, mas a figura mais apropriada seria a de vasos comunicantes. Desse modo, partes e profissionais trafegariam por diversos meios de solução de disputas, com cada aspecto do litígio sendo direcionado para cada um dos respectivos métodos.

Quem colabora com tal perspectiva é Rodrigo Mazzei,[225] que sustenta expressamente que, mesmo durante o curso de uma ação judicial, é possível destacar partes do conflito para eventual remessa a outra via, como a arbitragem.

Em sua concepção, há conflitos "aparentemente amalgamados" que, no entanto, por natureza, podem ser depurados para melhor tratamento. No momento desse fracionamento, perceber-se-ão partes do conflito com maior disponibilidade e outras com inegável indisponibilidade. Ao final da operação, torna-se nítida a opção procedimental viável para cada segmento do conflito.

Assim, exemplificando a sua ideia, cita um complexo inventário que pode ser suspenso para arbitragem de um aspecto empresarial pontual.[226] Em outros termos, uma assimilação dos novos espaços disponíveis existentes, em conflitos plurais, poderá incentivar que as litigantes, com causas complexas, busquem segmentar uma parte determinada para, apenas quanto a esse ponto, submetê-la a uma arbitragem, enquanto o processo ficaria suspenso aguardando a resposta arbitral. A seguir, seria possível o retorno para um acordo ou mesmo para a sequência do curso da ação judicial.[227]

Importa registrar que essa abertura poderá ser de grande valia, mesmo para os feitos que sigam em curso na tradicional via estatal litigiosa. Atualmente, após o ajuizamento de ações familiares e contenciosas, e, quando frustrada a tentativa inicial de conciliação, o mais comum é que os feitos sigam o seu curso procedimental previsto na legislação processual (laudos, provas, perícias, audiências, juntadas de documentos, vistas constantes para a parte contrária, tudo a caminho de uma decisão final adjudicatória).

Uma perspectiva ampla de disponibilidade atrelada a diversos institutos de direito de família multiplicará oportunidades processuais e procedimentais, vindo a incentivar tratativas parciais compositivas mesmo no curso de uma ação judicial litigiosa.[228] Ao mesmo tempo, revelará a possibilidade de

---

[225] MAZZEI, Rodrigo. Comentários ao Código de Processo Civil (arts. 610 a 673). In: GOUVÊA, Jose Roberto F.; BONDIOLI, Luis Guilherme A.; FONSECA, João Francisco N. da (coord.). *Comentários ao Código de Processo Civil*. São Paulo: Saraiva, 2023. v. XXII.

[226] MAZZEI, Rodrigo. Comentários ao Código de Processo Civil (arts. 610 a 673). In: GOUVÊA, Jose Roberto F.; BONDIOLI, Luis Guilherme A.; FONSECA, João Francisco N. da (coord.). *Comentários ao Código de Processo Civil*. São Paulo: Saraiva, 2023. v. XXII.

[227] Essa intercambialidade também se percebe nas ideias de Francisco Cahali e Mário Delgado.

[228] A previsão de negócio jurídico processual do art. 190 do Código de Processo Civil é um exemplo disso; entretanto, diversas outras opções podem ser vislumbradas. Lei

condução de um conflito familiar para meios totalmente privados de solução, priorizando-se uma mediação privada e o juízo arbitral, quando as temáticas assim permitirem, sem necessidade de bater às portas do Judiciário.

Em suma, o que se está a sugerir é a revisão dos diversos institutos de direito de família a partir dessa perspectiva ressignificada da indisponibilidade dos direitos apresentada no decorrer desta obra, o que evidenciará, sem sombra de dúvidas, outros espaços de disponibilidade, de transigibilidade e de arbitrabilidade para diversos aspectos dos conflitos familiares e sucessórios.

13.105/2015: "Art. 190. Versando o processo sobre direitos que admitam autocomposição, é lícito às partes plenamente capazes estipular mudanças no procedimento para ajustá-lo às especificidades da causa e convencionar sobre os seus ônus, poderes, faculdades e deveres processuais, antes ou durante o processo. Parágrafo único. De ofício ou a requerimento, o juiz controlará a validade das convenções previstas neste artigo, recusando-lhes aplicação somente nos casos de nulidade ou de inserção abusiva em contrato de adesão ou em que alguma parte se encontre em manifesta situação de vulnerabilidade".

CONCLUSÃO

A pesquisa demonstrou que a literatura jurídica não demarca de forma clara os fundamentos atuais que sustentariam a classificação dos direitos em *disponíveis e indisponíveis* e também oscila ao descrever os seus efeitos.

O protagonismo atualmente conferido à temática da indisponibilidade dos direitos e a ausência de uma convergência na sua definição inspiraram a investigação realizada. Ao longo deste estudo, sustentou-se a inexistência de uma tradução contemporânea para o significado da indisponibilidade no direito de família, especialmente com percepção da sua dimensão funcional e com vistas a uma necessária constitucionalização, sendo o encontro desse sentido um dos objetivos desta obra.

A revisão histórica empreendida constatou que a organização jurídica de um regime de indisponibilidades foi uma reação aos ares de liberdade implantados com o pensamento jurídico moderno pós-revolucionário, principalmente a partir do início do século XIX. A adoção de certa liberdade e, consequentemente, de alguma disponibilidade familiar incentivou a elaboração de uma *teoria das* indisponibilidades, com o intuito de aclarar quais restrições deveriam ser mantidas.

Desde a gênese da indisponibilidade dos direitos, constatou-se uma especial imbricação dessa figura com o direito de família. Os argumentos que a fundamentavam sempre giraram em torno da proteção da família, das crianças, da mulher, do patrimônio, os quais estavam fortemente presentes nos diversos institutos familiares. Por conseguinte, a indisponibilidade sempre foi marcante nos assuntos da família.

Essa perspectiva interventivo-restritiva acompanhou a regulação das relações familiares por longas décadas. Desde então, tais relações seriam orientadas por regras ditas imperativas, que não ficariam ao dispor dos interessados, devendo ser aplicadas de forma cogente. A indisponibilidade dos institutos de direito de família é até hoje um discurso corrente, com severas repercussões práticas.

A análise histórica de *média duração* percorrida permitiu perceber que uma das grandes características da indisponibilidade no direito é a sua *permanência*, visto que atravessou diversos períodos, sob variadas condições, aportando solidamente na contemporaneidade.[1] No mínimo, há mais de dois séculos é possível perceber traços de indisponibilidade na teoria do direito.

Uma revisão das definições apresentadas revelou que não é de fácil percepção a extração de um sentido ontológico que desvele uma definição segura para a indisponibilidade. A doutrina do Direito Civil segue refletindo sobre a temática, mas, ainda hoje, é possível perceber oscilações nessas definições, parecendo não se ter encontrado uma estabilidade de sentido para esse significante.

As definições de outrora para a indisponibilidade dos direitos parecem estar anacrônicas quando apreciadas de acordo com as operações jurídicas que estão sendo desempenhadas na atualidade. *Pari passu*, o próprio direito de família se modificou sobremaneira nos últimos tempos, possuindo outra faceta. Desse modo, uma ressignificação das características e das definições atinentes a esse ramo é tarefa que se impõe.

Até meados do século XX, manteve-se uma expressa vinculação da indisponibilidade em diversos aspectos do direito de família, o que reduzia o poder de disposição quando do trato dos institutos familiares, inclusive pelo seu titular. Faz-se necessária uma reflexão detida sobre a indisponibilidade incidente no direito de família, seja pelo grande conjunto de atributos que podem estar sob o seu "guarda-chuva", seja pelo atual estágio do nosso caminhar social, que, sabidamente, é peculiar.

Nem todas as restrições protetivas atualmente existentes devem ser passíveis de considerar um instituto como de direito indisponível, sendo essa adjetivação crucial para o encaminhamento de diversas opções subsequentes relativas aos conflitos nos quais tais temas estejam inseridos. Isso, porque, para além das discussões teóricas, a adjetivação de um direito material como disponível ou indisponível passou a ser central na definição de quais instrumentos procedimentais e processuais podem ser utilizados para equacionar dada disputa.

O direito brasileiro estabeleceu uma conexão direta entre a disponibilidade ou a indisponibilidade do direito material objeto de embate e a regulação dos meios adequados de solução de conflitos, em virtude das opções adotadas pelo nosso sistema multiportas. Como visto, a disponibilidade dos direitos

---

[1] Ainda que os sentidos tenham alterado sobremaneira no decorrer dos tempos, muitas vezes com variações percebidas em um mesmo momento histórico.

envolvidos no litígio foi eleita como chave de acesso para muitas das "portas" ofertadas pelo nosso ordenamento. Essa imbricação passa a recomendar uma análise mais detida dessa (in)disponibilidade do direito de família, também para repensar a consectária disponibilidade processual.

Apresentou-se o sistema multiportas, que está sendo implantado no Brasil, com várias possibilidades ofertadas. Em especial, para o equacionamento dos litígios de direito de família, sugere-se a superação da predileção pela jurisdição estatal de solução adjudicada. Tanto a mediação (inclusive privada) como a arbitragem conquistaram maiores espaços na solução de conflitos. Essa efervescência sugere uma revisitação das oportunidades de disponibilidade, de transigibilidade e de arbitrabilidade dos temas correlatos às lides familiares.

Denunciou-se uma disfuncionalidade na genérica "indisponibilidade do direito de família brasileiro". Isso, porque, em muitos aspectos, a indisponibilidade ainda estaria atrelada a papéis que outrora lhe foram conferidos, os quais não guardariam mais correlação com o tempo atual do nosso direito.

Tomaram-se como primeiro marco teórico as propostas de Carlos Pianovski e, a partir delas, avançou-se na ressignificação do sentido jurídico da indisponibilidade dos direitos, em especial daqueles envoltos nos conflitos familiares. Nesse particular, objetivamente, esta obra investigou qual seria o seu atual contributo e como ela poderia incrementar liberdades.

Com os olhos na contemporaneidade, averiguou-se qual seria a função que a indisponibilidade teria quando gravada nos institutos de direito de família. A partir disso, refletiu-se sobre como seria possível preservar vulnerabilidades e, ao mesmo tempo, fomentar liberdades, o que permitiu fixar como premissa teórica: *a compreensão da dimensão funcional contemporânea da indisponibilidade dos direitos pode levar a uma definição diversa da que se está a apresentar na atual doutrina brasileira.*

O segundo sustentáculo teórico adotado foram as ideias de Stefano Rodotà, em especial as suas proposições quanto à necessidade da preservação de espaços de não restrição e da constitucionalização dos institutos de direito privado a partir da perspectiva da pessoa concreta. Na esteira dessas lições, sugeriu-se a *adoção de outra perspectiva de indisponibilidade, constitucionalizada, que seja mais harmônica com o nosso atual direito vivente, em especial de modo que respeite espaços de escolha, sendo esta outra premissa teórica adotada.* Especificamente, quanto ao direito de família, admite-se uma disponibilidade sem se abandonar o recurso a restrições pontuais, que imperarão apenas quando constitucionalmente justificáveis e concretamente necessárias.

A reconfiguração da dimensão funcional da indisponibilidade apresentada no presente livro foi orientada a partir dessa diretriz de busca por um direito menos interventivo, mas que não vislumbre uma eliminação pura e simples de toda e qualquer proteção. Esse ferramental teórico desvela – de plano – que não é razoavelmente aceitável persistir na simplória classificação de todo o direito de família como indisponível, ou na afirmação genérica de que os seus institutos seriam *de direito indisponível*.

O repensar da regulação jurídica a partir da pessoa concreta e da dimensão de autodeterminação faz emergir – quase automaticamente – o questionamento sobre quais searas do direito devem (ou não) ser cobertas pelo véu da indisponibilidade. Outrossim, há proteções que implicam apenas a intangibilidade do direito subjetivo, o que é distinto da figura da indisponibilidade. Atentar para essas diferenciações, tendo como perspectiva a constitucionalização dos institutos a partir da pessoa concreta, foi o farol que orientou a busca pela atual dimensão funcional da indisponibilidade.

Outro relevante ponto de passagem foi a interlocução com uma perspectiva plural de liberdades, a partir da qual foi apurada a noção contemporânea de indisponibilidade dos direitos. Isso, porque, como não poderia deixar de ser, essas diversas dimensões não foram levadas em consideração quando da conceituação originária dessa figura jurídica (em razão de sua formação datar de um momento histórico anterior àquele em que tal amplitude foi conferida para o princípio da liberdade). É possível, portanto, dizer que o recente incremento no discurso jurídico das liberdades exige a revisitação do sentido clássico da indisponibilidade.

A compreensão hodierna das liberdades recomenda que se mantenham opções de escolhas para as pessoas, o que deve ser considerado no momento da ressignificação da indisponibilidade incidente nos temas familiares. Como visto, um sentido forte de indisponibilidade, certamente, reduz escolhas, já um sentido fraco aumenta as possibilidades de opções. Assim, a diretriz assumida foi de um sentido tênue de indisponibilidade dos direitos, com uma menor restrição supressora de alternativas, sendo esta uma das proposições lançadas nesta obra.

Uma visão ampla e atual dos institutos familiares demonstra claramente diversos espaços de disponibilidade; por essa razão, está-se a propor outra ótica para o direito de família contemporâneo: considerá-lo *prima facie* disponível.

A alteração de enfoque é significativa e gera diversas consequências.

Paralelamente, fez-se um estudo transdisciplinar, com uma interlocução com o direito processual. A Constituição de 1988 garante o acesso à Justiça (art. 5º, XXXV) e o *direito à razoável duração do processo* (art. 5º, LXXVIII), sendo estes as balizas constitucionais para o chamado *direito à ordem jurídica justa*. Ainda, nos aspectos atinentes ao processo civil, há um comando constitucional no sentido de um direito a uma tutela efetiva, tempestiva e adequada, o qual deve ser concretizado. Essa perspectiva de acesso à ordem jurídica justa incrementou a análise empreendida, vindo a sugerir a possibilidade de escolhas também quanto aos aspectos processuais e procedimentais inerentes aos conflitos familiares, tema que vem sendo ventilado como de uma *disponibilidade processual*.

Ancorada nos conceitos de Pontes de Miranda, sugeriu-se a distinção entre as diversas restrições atualmente albergadas sob o manto da indisponibilidade. Algumas delas impactam apenas o direito subjetivo; outras se apresentam no exercício da pretensão, sendo esta uma das proposições fulcrais ora lançadas. A mera impossibilidade de desvinculação de determinado direito subjetivo da esfera jurídica da pessoa não implica, necessariamente, restrições de indisponibilidade no exercício da pretensão. Logo, apenas essa intangibilidade na ligação entre o direito subjetivo e o seu titular não é suficiente, por si só, para classificá-lo como indisponível.

Em consequência, sugere-se que apenas a proteção relativa à intangibilidade do direito subjetivo não deve mais ser motivo para classificá-lo como indisponível. Nessas hipóteses, o direito ou o instituto continuam sendo disponíveis, mas apenas possuem uma restrição que impõe a manutenção da sua ligação com o titular (a qual não pode ser alterada). Somente quando forem constatadas restrições relativas ao exercício da pretensão é que se poderá considerar o instituto em apreço como de direito indisponível.

Na esteira disso, sustenta-se uma disponibilidade *prima facie*, que deve imperar no direito privado, de modo que toda indisponibilidade deve ser justificada e concretamente realizada. O cenário hodierno não permite conviver com restrições de liberdades que não mais se sustentem dogmaticamente, no contexto de um sistema jurídico pautado nas liberdades e com respeito às possibilidades de escolhas nas questões pessoais e familiares.

O simples fato de determinados direitos gozarem de importância ímpar para o indivíduo e, de algum modo, para toda a sociedade não justifica, *de per si*, a imposição de indisponibilidades de exercício para o próprio titular. Essa contradição merece ser superada. A compreensão de uma especial relevância de determinado direito deve indicar, ainda mais, a necessidade de respeito à possibilidade de escolhas por parte do titular quando do seu efetivo manejo.

Em vista disso, propõe-se a distinção entre as situações de simples intangibilidade do direito subjetivo das que envolvam a indisponibilidade na pretensão (o que incluiria restrições à transação, por exemplo). Essa diferenciação gera diversas consequências práticas.

O supracitado desmembramento dessas restrições resulta em uma indisponibilidade tênue, harmônica com as digressões teóricas anteriormente lançadas e mais apropriada ao cenário atual. Certamente, é de outra indisponibilidade dos direitos que se está a tratar, não mais com a noção interventiva *forte* que se sedimentou em meados do século XX, a partir da qual a indisponibilidade de dado direito era tamanha que, para além da manutenção da sua vinculação com o titular, acabava por limitar drasticamente a sua esfera de gozo e exercício.

Com este arcabouço teórico, foi possível enfrentar o problema que inspira esta obra: *qual sentido poderia ser atribuído à indisponibilidade no direito de família a partir da compreensão da sua atual dimensão funcional e da necessária constitucionalização?* Sugere-se, para o Direito Civil contemporâneo, a compreensão de que as *restrições atualmente albergadas genericamente como relativas a "indisponibilidades objetivas" são, em realidade, de duas ordens: a primeira consiste na existência de restrições que impedem a desvinculação abstrata do direito subjetivo da pessoa titular, o que indica somente a sua intangibilidade; já a* segunda *envolve limitações no exercício concreto da pretensão, e apenas esta última indica, portanto, uma característica de indisponibilidade.*

Por conseguinte, quando a intangibilidade se referir apenas à ligação do direito subjetivo com o titular, sem restrições no exercício da pretensão, esse direito não será tido como indisponível, mas, sim, como de *direito disponível com restrições de intangibilidade* relativamente à ligação do direito subjetivo com a pessoa (*v.g.*, alimentos entre ex-cônjuges ou companheiros).

Em outros termos, os temas familiares em exame só deverão ser considerados como "de direito indisponível" se houver restrições incidindo tanto na intangibilidade do direito subjetivo como no exercício da pretensão (*v.g.*, guarda e convivência familiar). Esse incremento teórico pode melhor corresponder às demandas da atualidade e, ainda, se harmoniza com o sistema jurídico brasileiro.

Outra proposição que ora se lança é que não se mostra recomendável a classificação do direito de família, tampouco de todos os seus institutos, seja na esfera da indisponibilidade, seja na da disponibilidade. A diversidade de tais situações fáticas e a variabilidade dos espectros jurídicos envolvidos exigem uma análise pormenorizada e apartada de cada um deles para fins de apuração da sua disponibilidade ou indisponibilidade. Não se pode olvidar que esse exame deve se dar pelo aspecto tanto da indisponibilidade subjetiva como da objetiva, de modo que, não se constatando restrições em nenhuma dessas esferas, o tema deve ser tido por disponível.

A disponibilidade *prima facie* ora adotada leva a essa orientação.

Abordou-se como as proposições lançadas dialogam com as possibilidades procedimentais ofertadas para o tratamento dos conflitos familiares. As demandas dessa estirpe geralmente trazem à baila diversos institutos; assim, não se mostra recomendável a adoção do mesmo meio de solução para tratar de todos eles, mas, ao contrário, sugere-se a utilização de canais diferentes para temas distintos.

Defendeu-se um fatiamento dos institutos envolvidos nos conflitos familiares, com a recomendação de um método específico para o enfrentamento de cada um deles. A complexidade das demandas do presente e a diversidade dos vários institutos envoltos nessas contendas demandam um exame particularizado das diversas esferas do conflito, o que permitirá apurar qual o respectivo grau de disponibilidade ou de indisponibilidade de cada uma delas.

Como resultado dessa operação, verificam-se quais são as opções processuais que se mostram aptas para o tratamento de determinada parte do conflito (especificamente, quais devem ser submetidas ao Poder Judiciário; quais podem ser sujeitas a uma mediação, ainda que privada; e quais podem ser remetidas ao juízo arbitral).

Essa modelagem permite enfrentar a hipótese apresentada no introito da pesquisa: *a revisão das balizas restritivas de indisponibilidade incidentes no direito de família amplia os meios ofertados para a solução dos seus conflitos*. As respostas delineadas no desenvolvimento desta obra estamparam *a ampliação dos espaços de transigibilidade e arbitrabilidade dos assuntos subjacentes a esses litígios, pois a compreensão do direito de família como* prima facie *disponível e a ressignificação da indisponibilidade – ambas proposições da tese – pavimentam o caminho para o aumento da esfera de liberdade, com a consequente redução das intervenções restritivas.*

Isso porque grande parte das objeções que são apresentadas para a arbitragem nos conflitos familiares **está** atrelada a uma hermenêutica hipertrofiada da indisponibilidade, a qual foi denunciada e criticada no decorrer desta investigação. A ressignificação da indisponibilidade e a segmentação analítica das atuais restrições protetivas, a partir de uma análise da disponibilidade por camadas, auxiliam sobremaneira na superação de tal obstáculo.

O caminho trilhado desvelou outras possibilidades de disponibilidade e transigibilidade no trato das questões afetas ao direito de família, algumas já assimiladas e em aplicação, outras ainda com incipiente percepção. A realidade da atual quadra histórica está a concretizar diversas esferas de negociabilidade de assuntos familiares e sucessórios, algumas impensáveis até não muito tempo. Cabe à doutrina assimilar tais alterações e, se necessário, rever e atualizar as suas definições, a fim de compatibilizá-las com o cenário fático-jurídico que se apresenta nesta terceira década do século XXI.

Aos nossos olhos, ruíram os dogmas que sustentavam um discurso do direito de família como indisponível, com esses marcadores deixando de imperar no ordenamento jurídico brasileiro. Nem mesmo a função protetiva, alegada para imposição e manutenção de muitas das restrições, mostra-se mais presente, pois diversas delas acabaram se tornando prejudiciais a quem buscavam proteger.

Portanto, faz-se necessário adequar as respectivas acepções jurídicas.

Apresentou-se a crescente defesa da arbitrabilidade das causas que tenham como pano de fundo demandas familiares, sendo salutar uma interlocução da realidade jurídica brasileira com as teses estrangeiras ora implementadas. As possibilidades advindas do exterior, no sentido da admissão de um campo crescente para a arbitragem nos conflitos familiares, são deveras alvissareiras e, ao que parece, em parte, podem ser aplicadas desde logo no cenário nacional.

Um direito de família *prima facie* disponível e a compreensão de que a mera intangibilidade do direito subjetivo não implica, necessariamente, restrições ao exercício da pretensão que lhe é correlata revelam que somente essa característica não permite que determinado tema seja classificado como de direito indisponível. Com isso, põe-se abaixo o principal óbice que impedia a análise da arbitrabilidade dessas causas.

Caso a temática objeto de um conflito familiar atenda aos requisitos legais atinentes ao juízo arbitral (ex.: a disponibilidade e a patrimonialidade), será possível às partes equacionarem o seu conflito por essa via. Obviamente que a análise concreta deverá levar em conta se existe outra indisponibilidade (subjetiva, por exemplo), bem como deverá constatar a patrimonialidade inerente ao tema do litígio, outro requisito presente na lei arbitral.

No que se refere ao fio condutor da pesquisa, sugere-se a superação do dogma da "indisponibilidade do direito de família", o qual está no seu crepúsculo. Como essa alegação era usualmente apresentada como barreira prévia para a via arbitral nos litígios familiares, acredita-se que, com o contributo das renovadas perspectivas ora defendidas, as portas do juízo arbitral se abrirão para as causas que tenham como pano de fundo temas de direito de família.

Finalmente, confirmou-se a hipótese que instigava a presente investigação: *a revisão das balizas restritivas de indisponibilidade incidentes no direito de família amplia os meios ofertados para a solução dos seus conflitos. Isso, porque a passada em revista dos institutos de direito de família, a partir da perspectiva ressignificada anteriormente delineada, expande sobremaneira os espaços de disponibilidade, de transigibilidade e de arbitrabilidade atinentes aos seus litígios. Como as balizas dos meios de solução são demarcadas forte-*

mente pela noção de disponibilidade ou indisponibilidade do direito material envolvido, a adoção das proposições ora sustentadas viabiliza a utilização de outros métodos para o enfrentamento dessas demandas.

Negociação, transação, mediação privada e juízo arbitral são algumas das alternativas que restam fomentadas, sempre ao lado da jurisdição estatal, o que desvelará um interessante e plural sistema de solução de disputas para o direito de família.

Um discurso recente sustenta a substituição da *cultura do conflito* pela *cultura da pacificação*; entretanto, na atualidade, parece que é hora de dar ouvidos a Stefano Rodotà e implantar a *cultura da escolha*.[2] Como o conflito faz parte da vida das pessoas, importa reconhecer esse fato e permitir que elas façam as suas legítimas opções de acordo com os seus interesses.

Deseja-se a pacificação, mas também é necessário tutelar o litígio quando este for uma decisão das partes e gozar de respaldo legal. Consequentemente, uma deliberação de tal estirpe envolve, de um lado, questões de direito material, mas, por outro lado, perpassa por questões procedimentais e processuais, com os interessados devendo ter alternativas plenas que lhes permitam decidir.

Hodiernamente, a observância dessa esfera de liberdade positiva merece especial atenção, muito mais do que aquela que, outrora, foi conferida para a família como instituição, e para o direito de família como indisponível. As lições de Carlos Eduardo Pianovski Ruzyk orientam no sentido da oferta de opções jurídicas adequadas para os envoltos em conflitos familiares.[3]

Faz-se necessário edificar uma perspectiva de liberdade que seja condizente com a nossa quadra histórica, considerada pós-moderna. Há um texto clássico de Benjamin Constant que comparava a liberdade dos antigos com a dos modernos, apontando as peculiaridades de cada período.[4] O trajeto percorrido no desenvolvimento desta obra permite afirmar que é chegada a hora de moldar uma *liberdade dos pós-modernos*, na qual a possibilidade de exercício das escolhas correlatas às suas questões afetivas, ainda quando conflituosas, é de especial relevo.[5]

---

[2]   RODOTÀ, Stefano. *Il diritto di avere diritti*. 6. ed. Bari: Laterza, 2020. p. 165.

[3]   RUZYK, Carlos Eduardo Pianovski. *Institutos fundamentais de direito civil e liberdade(s)*: repensando a dimensão funcional do contrato, da propriedade e da família. Rio de Janeiro: GZ, 2011. p. 345.

[4]   CONSTANT, Benjamin. *A liberdade dos antigos comparada à dos modernos*. Trad. Leandro Cardoso Marques da Silva. São Paulo: Edipro, 2019. Tradução do discurso proferido em 1819, em francês.

[5]   A pluralidade inerente à oferta de opções e os vários perfis que compõem a liberdade podem sugerir que se afirmem, de preferência, "liberdades dos pós-modernos", propositalmente no plural.

A ressignificação ora sustentada busca ter consciência do passado, os olhos no presente e o pensamento no futuro, que já aponta no porvir.[6] A conhecida frase de Henry Maine, cunhada no período pós-revolucionário francês, *do status ao contrato*,[7] pode servir de inspiração para a descrição da transição paradigmática que está a eclodir neste início de século.

A mudança na esfera jurídico-familiar evidencia o abandono de um *paradigma ainda interventivo*, de raízes modernas, o qual deixou de herança uma forte e vasta indisponibilidade, para a adoção de *outro paradigma, que prestigia as liberdades e, pontualmente, protege as vulnerabilidades*, coerente com um direito de feições pós-modernas,[8] dotado de uma ampla e vigorosa disponibilidade.

---

[6] Calha aqui o clássico alerta de Georges Ripert: "Quando o Direito ignora a realidade, a realidade se vinga ignorando o Direito".

[7] "Podemos decir que el movimiento de las sociedades progresivas ha sido hasta la fecha un movimiento del status al contrato" (MAINE, Henry James Sumner. *El derecho antiguo*: su conexión con la historia temprana de la sociedad y su relación con las ideas modernas. Trad. Ramón Cotarelo. Valencia: Tirant Humanidades, 2014. p. 123).

[8] "Os desenvolvimentos recentes do Direito de Família estão de acordo com certas características do pós-modernismo. Admitir alternativas, sentimentos, narrações, no âmbito jurídico, pode parecer caótico e uma ameaça à segurança jurídica, mas tem a vantagem de bem corresponder à complexidade da vida de hoje, e reflete mais precisamente os desejos da sociedade actual" (JAYME, Erik. Pós-modernismo e direito da família. *Boletim da Faculdade de Direito da Universidade de Coimbra*, Coimbra, v. LXXVIII, p. 209-221, 2002).

POSFÁCIO

O tema da disponibilidade dos direitos e pretensões demanda um repensar no Direito Civil contemporâneo.

As repercussões desses conceitos são amplas, afetando desde a validade de atos e negócios jurídicos até a escolha de meios adequados de solução de conflitos, como a mediação e a arbitragem.

Não é incomum que, no âmbito dos estudos sobre arbitrabilidade objetiva, a doutrina especializada se debruce sobre a compreensão a respeito do que é disponível ou não, e, portanto, se associado ao requisito da patrimonialidade, arbitrável ou não.

O *locus* mais adequado para esse estudo, porém, é o Direito Civil. É na sua teoria geral que se desenvolve o estudo dos conceitos de direito subjetivo e de pretensão, a revelar que a (in)disponibilidade, ainda que relevante ao processo (notadamente, ao processo arbitral), é um conceito próprio do direito material.

É na teoria geral do Direito Civil que os conceitos de disponibilidade ou indisponibilidade se constroem, a partir da definição do papel da liberdade individual diante das situações jurídicas subjetivas.

Se, nos contratos paritários entre particulares – e, de modo especial, nos contratos empresariais, nos quais a arbitragem já tem notável desenvolvimento –, a questão sobre os direitos (in)disponíveis tem ensejado menores problemas, o mesmo não se pode dizer sobre os direitos de família.

Historicamente, no Direito Civil moderno, propriedade e contrato foram os lugares de exercício da liberdade; a família, diversamente, era o lugar da intervenção legislativa, desde a definição de seus modelos até a estruturação (hierárquica) de suas relações.

Em termos patrimoniais, tais eram as restrições que nem mesmo a alteração do regime de bens era admitida. Além disso, rígidas eram, no sistema do Código de Beviláqua, as regras restritivas próprias ao regime matrimonial primário.

A contemporaneidade impôs mudanças de compreensão sobre o papel da liberdade no Direito de Família, que passa da rigidez dos enquadramentos normativos de um ente transpessoal para a pluralidade e a fluidez de uma família eudemonista, instrumento coexistencial de busca pela felicidade. A base da sociedade, como a Constituição a afirma, é, assim como nos objetivos da República, livre, justa e solidária.

Uma sociedade livre parte de uma família integrada por indivíduos livres.

Daí o desafio de lidar, na contemporaneidade, com o ultrapassado modelo de indisponibilidade dos direitos de família.

O livro de Ricardo Calderón, que vem em boa hora a ser publicado, enfrenta esse desafio de modo exemplar. Fruto de tese de doutorado que tive a satisfação de orientar junto ao Programa de Pós-Graduação em Direito da UFPR, aprovada por distinta banca integrada pela Professora Ana Carla Harmatiuk Matos e pelos professores Anderson Schreiber, Francisco José Cahali e Mário Luiz Delgado, o livro supre uma grave lacuna teórica.

Adotando a perspectiva, por nós sustentada, que afirma ser a função *prima facie* dos institutos de Direito Civil o exercício, a conservação e o incremento de liberdades,[1] bem como, em linha com Rodotà,[2] defendendo a garantia de espaços de autodeterminação da pessoa concreta, sustenta o autor, com acerto, que, no Direito de Família, prevalece uma disponibilidade *prima facie*, demonstrando que "toda indisponibilidade deve ser justificada e concretamente realizada".

Como mediação a essa compreensão, aponta a distinção entre a "intangibilidade do direito subjetivo e um possível grau de disponibilidade no exercício da pretensão desse mesmo direito".

Daí por que defende a tese no sentido de que, para o Direito Civil contemporâneo, a indisponibilidade de um direito significa a existência de restrições que impedem a sua desvinculação abstrata da pessoa titular, como direito subjetivo, e somente poderá implicar limitações no exercício concreto da pretensão quando estas estiverem expressamente previstas em lei.

Ressalta, assim, a necessidade de análise cuidadosa de cada aspecto que deriva das situações subjetivas das quais emergem os direitos em debate, podendo demandar instrumentos distintos de solução dos litígios, conside-

---

[1]   RUZYK, Carlos Eduardo Pianovski. *Institutos fundamentais de direito civil e liberdade(s)*: repensando a dimensão funcional do contrato, da propriedade e da família. Rio de Janeiro: GZ, 2011.

[2]   RODOTÀ, Stefano. *La vita e le regole:* tra diritto e non diritto. Milano: Feltrinelli, 2009.

rando, inclusive, a perspectiva atinente ao grau de (in)disponibilidade das posições jurídicas.

Assim o faz por meio de arguta reflexão e extensa pesquisa, que explora cuidadosamente cada uma das mediações necessárias à demonstração de que, a partir da teoria do Direito Civil contemporâneo, resta superada a clausura de outrora, sendo substituída por uma leitura que, coerente com a ordem constitucional, dá aos direitos de família o sentido que, hoje, lhes é próprio: a livre construção coexistencial dos rumos da própria vida.

É fácil antever os frutos que os desdobramentos da tese ensejarão para o Direito de Família, bem como para as possibilidades do emprego da arbitragem para a solução dos conflitos de natureza patrimonial que daí emergem.

Daí por que a leitura, mais do que recomendada, é essencial para aqueles que pretendem avançar na compreensão do sentido contemporâneo do Direito de Família.

Carlos Eduardo Pianovski Ruzyk
Professor Associado de Direito Civil da UFPR.
Presidente do IBDFAM/PR. Advogado e árbitro.

REFERÊNCIAS

ALDAZ, Carlos Martínez de Aguirre. Family law in Spain: contractualisation or individualisation? In: SWENNEN, Frederik et al. *Contractualisation of family law – global perspectives*. Cham: Springer, 2015. p. 293- 310.

ALVES, Jones Figueirêdo. Desconstituições da filiação em rupturas do vínculo paterno-filial. *Revista Consultor Jurídico*, 13.09.2020. Disponível em: https://www.conjur.com.br/2020-set-13/processo-familiardesconstituicoes-filiacao-rupturas-vinculo-paterno-filial. Acesso em: 27.06.2021.

AMARAL, Francisco. *Direito civil*: introdução. 7. ed. rev. e atual. Rio de Janeiro: Renovar, 2008.

ANDREWS, Neil. *Arbitragem*. Trad. Luís Fernando Guerrero e André Luís Monteiro. Curitiba: Editora Direito Contemporâneo, 2021.

ANGELONI, Franco. *Rinunzie, transazione e arbitrato nei rapporti familiari*. Padova: Cedam, 1999. t. 1.

APRIGLIANO, Ricardo de Carvalho. *Ordem pública e processo*: o tratamento das questões de ordem pública no direito processual civil. São Paulo: Atlas, 2011.

ARIÈS, Philippe. *História social da criança e da família*. 2. ed. Rio de Janeiro: LTC, 2021.

ASCENSÃO, José de Oliveira. *Direito civil.* teoria geral. 3. ed. São Paulo: Saraiva, 2010 (Introdução. As pessoas. Os bens, v. 1).

AZARA, Antonio; EULA, Ernesto. *Novissimo Digesto italiano*. Torino: Unione Tipografico-Editrice Torinese, 1957. v. III.

BARBALUCCA, Vincenza; GALLUCCI, Patrizia. *L'autonomia negoziale dei coniugi nella crisi matrimoniale*. Milano: Giuffrè, 2012.

BARGELLI, Elena. Divorzio "Privato" e "Autonomia Preventiva". *Rivista di Diritto Civile*, Padova, n. 2, anno LXVII, p. 250-275, mar.-apr. 2021.

BARROSO, Lucas Abreu (org.). *Introdução crítica ao Código Civil*. Rio de Janeiro: Forense, 2006.

BARROSO, Luís Roberto. *A dignidade da pessoa humana no direito constitucional contemporâneo*: a construção de um conceito jurídico à luz da jurisprudência mundial. Belo Horizonte: Fórum, 2012.

BARY, Christiane von. *Gerichtsstands-und Schiedsvereinbarungen im internationalen Erbrecht*. Tübingen: Mohr Siebeck, 2017.

BAUMAN, Zygmunt. *Modernidade líquida*. Trad. Plínio Dentzien. Rio de Janeiro: Zahar, 2001.

BERGSTEIN, Laís. *O tempo do consumidor e o menosprezo planejado*. São Paulo: Ed. RT, 2019.

BERLIN, Isaiah. *Quatro ensaios sobre a liberdade*. Trad. Wamberto Hudson Ferreira. Brasília: Editora UnB, 1981.

BEVILÁQUA, Clóvis. *Código Civil dos Estados Unidos do Brasil*. 11. ed. atualizada por Achilles Beviláqua. Rio de Janeiro: Paulo de Azevedo, 1956. v. II.

BEVILÁQUA, Clóvis. *Teoria geral do direito civil*. Campinas: Servanda, 2007.

BINENBOJM, Gustavo. *Liberdade igual*. Rio de Janeiro: História Real, 2020.

BOBBIO, Norberto. *A era dos direitos*. Trad. Carlos Nelson Coutinho. Rio de Janeiro, Elsevier, 2004.

BOBBIO, Norberto. *Da estrutura à função*: novos estudos de teoria do direito. Trad. Daniela Beccaccia Versiani. Barueri: Manole, 2007.

BOBBIO, Norberto. *Teoria geral do direito*. Trad. Denise Agostinetti. São Paulo: Martins Fontes, 2008.

BODIN DE MORAES, Maria Celina. *Na medida da pessoa humana*: estudos de direito civil-constitucional. Rio de Janeiro: Renovar, 2010.

BODIN DE MORAES, Maria Celina. Danos morais em família? Conjugalidade, parentalidade e responsabilidade civil. In: BODIN DE MORAES, Maria Celina. *Na medida da pessoa humana*: estudos de direito civil-constitucional. Rio de Janeiro: Renovar, 2010. p. 423-455.

BODIN DE MORAES, Maria Celina; TEIXEIRA, Ana Carolina Brochado. Contratos no ambiente familiar. In: TEIXEIRA, Ana Carolina Brochado; RODRIGUES, Renata de Lima (coord.). *Contratos, família e sucessões*: diálogos interdisciplinares. 2. ed. Indaiatuba: Foco, 2021.

BORGES, Roxana Cardoso Brasileiro. *Disponibilidade dos direitos da personalidade*. São Paulo: Saraiva, 2005.

BORGES, Roxana Cardoso Brasileiro. Proibição de disposição e de limitação voluntária dos direitos de personalidade no Código Civil de 2002: crítica. In: BARROSO, Lucas Abreu (org.). *Introdução crítica ao Código Civil*. Rio de Janeiro: Forense, 2006. p. 23-28.

BRAUDEL, Fernand. *Escritos sobre a história*. Trad. J. Guinsburg e Tereza Cristina Silveira da Mota. 3. ed. São Paulo: Perspectiva, 2014.

BRAUDEL, Fernand. História e Ciências Sociais: a longa duração. Trad. Ana Maria Camargo. *Revista de História da USP*, São Paulo, v. 30, n. 62, p. 261-294, abr.-jun. 1965. Disponível em: https://www.revistas.usp.br/revhistoria/article/view/123422/119736. Acesso em: 02.10.2021.

BRAUDEL, Fernand. *O Mediterrâneo e o Mundo Mediterrâneo na Época de Filipe II*. Trad. Gilson César Cardoso de Souza. São Paulo: Edusp, 2016. v. 1.

BRAUDEL, Fernand. *O Mediterrâneo e o Mundo Mediterrâneo na Época de Filipe II*. Trad. Gilson César Cardoso de Souza. São Paulo: Edusp, 2016. v. 2.

BURGER, Warren. *The Pound Conference*: perspectives on justice in the future. St. Paul: West Pub. Co., 1979.

CABRAL, Trícia Navarro Xavier. *Limites da liberdade processual*. Indaiatuba: Foco, 2019.

CAHALI, Francisco José. A vinculação dos adquirentes de cotas ou ações à cláusula compromissória estabelecida em contrato social ou estatuto – Enunciado 16 da Jornada de Direito Comercial. *Revista Brasileira de Arbitragem e Mediação*, São Paulo, v. 36, p. 159-166, jan.-mar. 2013.

CAHALI, Francisco José. *Curso de Arbitragem*: mediação, conciliação, Resolução CNJ 125/2010. 5. ed. rev. e atual. São Paulo: Ed. RT, 2015.

CAHALI, Francisco José. *Curso de Arbitragem*: mediação, conciliação, tribunal multiportas. 8. ed. rev., ampl. e atual. São Paulo: Ed. RT, 2020.

CAHALI, Yussef Said. *Dos alimentos*. 8. ed. rev. e atual. São Paulo: Ed. RT, 2013.

CALAMANDREI, Piero. *Processo e democracia*. Trad. Mauro Fonseca Andrade. 2. ed. rev. Porto Alegre: Livraria do Advogado, 2018.

CALDERÓN, Ricardo. *Princípio da afetividade no direito de família*. Rio de Janeiro: Forense, 2017.

CÂMARA, Alexandre Freitas. *Arbitragem*: Lei nº 9.307/96. Rio de Janeiro: Lumens Juris, 1997.

CÂMARA, Heloísa Fernandes et al. *Fundamentos de direito constitucional*: novos horizontes brasileiros. Salvador: Juspodivm, 2021.

CANARIS, Claus-Wilhelm. *Direitos fundamentais e direito privado*. Trad. Ingo Wolfgang Sarlet e Paulo Mota Pinto. Coimbra: Almedina, 2016.

CAPPELLETTI, Mauro; GARTH, Bryant. *Acesso à Justiça*. Trad. Ellen Gracie Northfleet. Porto Alegre: Sergio Antonio Fabris Editor, 1988.

CAPONI, Remo. *Just about dispute resolution*. New York: New York University School of Law, 2016.

CARAMELO, António Sampaio. Critérios de arbitrabilidade dos litígios: revisitando o tema. *Revista de Arbitragem e Mediação*, São Paulo, v. 27, ano 7, p. 129-161, out.-dez. 2010. Disponível em: www.revistadostribunais.com.br. Acesso em: 05.07.2021.

CARBONNIER, Jean. *Flessibile diritto*: per una sociologia del diritto senza rigore. Milano: Giuffrè, 1997.

CARMONA, Carlos Alberto. *Arbitragem e processo*: um comentário à Lei nº 9.307/96. 3. ed. rev., atual. e ampl. São Paulo: Atlas, 2009.

CARVALHO, Joana Campos; CARVALHO, Jorge Morais. Problemas jurídicos da arbitragem e da mediação de consumo. *Revista Electrónica de Direito*, Porto, n. 1, p. 3-32, fev. 2016.

CHASE, Oscar G. *Direito, cultura e ritual*: sistema de resolução de conflitos no contexto da cultura comparada. Trad. Sérgio Cruz Arenhart e Gustavo Osna. São Paulo: Marcial Pons, 2014.

CONSELHO DA JUSTIÇA FEDERAL (CJF). Centro de Estudos Judiciários (CEJ). *III Jornada de Direito Civil*. Brasília: CJF, 2005. Disponível em: https://www.cjf.jus.br/cjf/corregedoria-da-justica-federal/centro-de-estudos--judiciarios-1/publicacoes-1/jornadas-cej/iii-jornada-de-direito-civil-1.pdf. Acesso em: 09.12.2021.

CONSELHO DA JUSTIÇA FEDERAL (CJF). Centro de Estudos Judiciários (CEJ). *VIII Jornada de Direito Civil*: enunciados aprovados. Brasília: CJF, 2018. Disponível em: https://www.cjf.jus.br/cjf/corregedoria-da-justica-federal/centro-de-estudos-judiciarios-1/publicacoes-1/jornadas-cej/viii-enunciados--publicacao-site-com-justificativa.pdf. Acesso em: 09.12.2021.

CONSELHO NACIONAL DE JUSTIÇA (CNJ). *Justiça em Números 2023*. Brasília: CNJ, 2023. Disponível em: https://www.cnj.jus.br/wp-content/uploads/2023/08/justica-em-numeros-2023.pdf.

CONSTANT, Benjamin. *A liberdade dos antigos comparada à dos modernos*. São Paulo: Atlas, 2015.

CONSTANT, Benjamin. *A liberdade dos antigos comparada à dos modernos*. Trad. Leandro Cardoso Marques da Silva. São Paulo: Edipro, 2019.

CORNU, Gérard. *Vocabulaire juridique*. Paris: PUF, 2016.

COSTA, Nilton César Antunes da; SANTOS, Rebeca Barbosa dos. A transação dos direitos indisponíveis na mediação. *Revista Direito UFMS*, Campo Grande, v. 5, n. 1, p. 208-232, jan.-jun. 2019.

CRETELLA NETO, José. *Fundamentos principiológicos do processo civil*. 3. ed. rev., atual. e ampl. São Paulo: Ed. RT, 2018.

CUPIS, Adriano de. *Os direitos da* personalidade. Trad. Afonso Celso Furtado Rezende. São Paulo: Quorum, 2008.

DE PLÁCIDO E SILVA, Oscar Joseph. *Vocabulário jurídico*. Atualização de Nagib Slaibi Filho e Gláucia Carvalho. 23. ed. Rio de Janeiro: Forense, 2003.

DELGADO, Mário Luiz. Posso renunciar à herança em pacto antenupcial? *Revista IBDFAM – Famílias e Sucessões*, Belo Horizonte, v. 31, n. 31, p. 9-21, jan.-fev. 2019.

REFERÊNCIAS | 261

DELGADO, Mário Luiz. Arbitragem no direito de família e sucessões: possibilidades e casuística. In: DINIZ, Maria Helena (coord.). *Direito em debate.* São Paulo: Almedina, 2020. v. 1. p. 255-290.

DIAS, Maria Berenice. *Alimentos aos bocados.* São Paulo: Ed. RT, 2013.

DIAS, Maria Berenice. *Manual de direito das famílias.* 11. ed. rev., atual. e ampl. São Paulo: Ed. RT, 2016.

DIDIER JR., Fredie; ZANETI JR., Hermes. Justiça multiportas e tutela constitucional adequada: autocomposição em direitos coletivos. In: ZANETI JR., Hermes; CABRAL, Trícia Navarro Xavier (coord.). *Justiça multiportas:* mediação, conciliação, arbitragem e outros meios de solução adequada para conflitos. Salvador: Juspodivm, 2016.

DINAMARCO, Cândido Rangel. *A arbitragem na teoria geral do processo.* São Paulo: Malheiros Editores, 2013.

DINIZ, Maria Helena (coord.). *Direito em debate.* São Paulo: Almedina, 2020. v. 1.

DONDI, Angelo; ANSANELLI, Vincenzo; COMOGLIO, Paolo. *Processo civil comparado*: uma perspectiva evolutiva. Trad. Luiz Guilherme Marinoni, Sérgio Cruz Arenhart e Daniel Mitidiero. São Paulo: Ed. RT, 2017.

DWORKIN, Ronald. *Levando os direitos a sério.* São Paulo: Martins Fontes, 2002.

ELIAS, Norbert. *A sociedade dos indivíduos.* Rio de Janeiro: Zahar, 1994. Edição do Kindle.

ESPÍNOLA, Eduardo. *A família no direito civil brasileiro.* Rio de Janeiro: Gazeta Judiciária, 1954.

ESTADÃO. *Desembolso com Judiciário chega a 2% do PIB no País.* 02.12.2018. Disponível em: https://politica.estadao.com.br/noticias/geral,desembolso-com--judiciario-chega-a-2-do-pib-no-pais,70002629765. Acesso em: 09.07.2021.

FACHIN, Luiz Edson. *Direito civil*: sentidos, transformações e fim. Rio de Janeiro: Renovar, 2015.

FACHIN, Luiz Edson. Famílias: entre o público e o privado – problematizando espacialidades à luz da fenomenologia paralática, *Revista Brasileira de Direito das Famílias e Sucessões*, Porto Alegre, v. 13, n. 23, p. 5-14, ago.-set. 2011.

FACHIN, Luiz Edson. *Da paternidade*: relação biológica e afetiva. Belo Horizonte: Del Rey, 1996.

FALECK, Diego. *Manual de design de sistemas de disputas*: criação de estratégias e processos eficazes para tratar conflitos. Rio de Janeiro: Lumen Juris, 2018.

FAUVARQUE-COSSON, Bénédicte. *Libre disponibilité des droits et conflits de loi.* Paris: LGDJ, 1996.

FENOUILLET, Dominique; VAREILLES-SOMMIERES, Pascal de. *La contractualisation de la famille.* Paris: Economica, 2001.

FERRI, Luigi. Nozione giuridica di autonomia privata. *Rivista Trimestrale di Diritto e Procedura Civile*, Milano, anno XI, 1957.

FICHTNER, José Antonio; MANNHEIMER, Sergio Nelson; MONTEIRO, André Luís. *Teoria geral da arbitragem*. Rio de Janeiro: Forense, 2019.

FIGUEIRA JR., Joel. *Arbitragem*. 3. ed. rev., atual. e ampl. Rio de Janeiro: Forense, 2019.

FISS, Owen *Um novo processo civil*: estudos norte-americanos sobre jurisdição, constituição e sociedade. Trad. Daniel Porto Godinho da Silva e Melina de Medeiros Rós. São Paulo: Ed. RT, 2004.

FONSECA, Ricardo Marcelo. *Introdução teórica à história do direito*. Curitiba: Juruá, 2009.

FRANK, Felipe. *Autonomia sucessória e pacto antenupcial*: problematizações sobre o conceito de sucessão legítima e sobre o conteúdo e os efeitos sucessórios das disposições pré-nupciais. Tese (Doutorado em Direito) – Universidade Federal do Paraná, Curitiba, 2017. Disponível em: https://sucupira.capes.gov.br/sucupira/public/consultas/coleta/trabalhoConclusao/viewTrabalhoConclusao.jsf?popup=true&id_trabalho=5089038. Acesso em: 09.12.2021.

FROTA, Pablo Malheiros da Cunha. *Responsabilidade por danos*: imputação e nexo de causalidade. Curitiba: Juruá, 2014.

GAGLIANO, Pablo Stolze; PAMPLONA FILHO, Rodolfo. *Novo Curso de Direito Civil*: parte geral. São Paulo: Saraiva, 2017. v. 1.

GEDIEL, José Antonio Peres. A irrenunciabilidade dos direitos do trabalhador. In: SARLET, Ingo Wolfgang. *Constituição, direitos fundamentais e direito privado*. Porto Alegre: Livraria do Advogado, 2003.

GOMES, Orlando. *Raízes históricas e sociológicas do Código Civil brasileiro*. São Paulo: Martins Fontes, 2006.

GONÇALVES, Carlos Roberto. *Direito civil brasileiro*: direito de família. 18. ed. São Paulo: Saraiva, 2021. v. 6.

GONÇALVES, Marcos Alberto Rocha. Arbitragem no direito de família: uma apreciação dos limites e possibilidades. *Cadernos da Escola de Direito e Relações Internacionais*, Curitiba, v. 1, n. 14, p. 251-267, 2011.

GONZALEZ, Mariana. *Inseminação caseira*: técnica usada por lésbica pode afetar registro do bebê. *Universa – Uol*, 2021. Disponível em: https://www.uol.com.br/universa/noticias/redacao/2021/04/25/inseminacao-artificial-caseira.htm. Acesso em: 09.12.2021.

GRASSERIE, Raoul de la. *De L'indisponibilité et de l'indivisibilité totales et partielles du patrimoine*. Paris: Secrétariat de la Société d'Économie Sociale, 1899.

GROSSI, Paolo. *Mitologias jurídicas da modernidade*. 2. ed. rev. e atual. Trad. Arno Dal Ri Júnior. Florianópolis: Fundação Boiteux, 2007.

GROSSI, Paolo. *Primeira lição sobre direito*. Rio de Janeiro: Forense, 2008.

GROSSI, Paolo. *Ritorno al diritto*. Bari: Laterza, 2019.

HANDLIN, Oscar; HANDLIN, Mary. *As dimensões da liberdade*. Trad. Edilson Alkmin Cunha. Rio de Janeiro: Editora Fundo de Cultura, 1961.

HARDING, Maebh. *From catholic outlook to modern state regulation*. Cambridge: Intersentia, 2019.

HIRONAKA, Giselda Maria Fernandes Novaes. Responsabilidade Civil: estado da arte no declínio do segundo milênio e alguns sabores de um novo tempo. In: NERY, Rosa Maria de Andrade; DONNINI, Rogério (org.). *Responsabilidade civil*: estudos em homenagem ao Professor Rui Geraldo Camargo Viana. São Paulo: Ed. RT, 2009.

HOBBES, Thomas. *Leviatã, ou matéria, forma e poder de uma república eclesiástica e civil*. Trad. João Paulo Monteiro e Maria beatriz Nizza da Silva. São Paulo: Martins Fontes, 2003.

IBDFAM. *Enunciados do IBDFAM*. Disponível em: https://ibdfam.org.br/conheca-o-ibdfam/enunciados-ibdfam. Acesso em: 09.12.2021.

IBDFAM. *Justiça reconhece dupla maternidade de bebê concebido por inseminação caseira*. 10.02.2021. Disponível em: https://ibdfam.org.br/noticias/8148/.

JAYME, Erik. O direito internacional privado do novo milênio: a proteção da pessoa humana face à globalização. *Cadernos do Programa de Pós-graduação em Direito UFRGS*, Porto Alegre, v.1, n. 1, p. 133-146, mar. 2003.

JAYME, Erik. Pós-modernismo e direito da família. *Boletim da Faculdade de Direito da Universidade de Coimbra*, Coimbra, v. LXXVIII, p. 209-221, 2002.

JAYME, Erik. Visões para uma teoria pós-moderna de direito comparado. *Revista dos Tribunais*, São Paulo, n. 759, ano 88, p. 24-40, jan. 1999.

JONAS, Hans. *O princípio responsabilidade*: ensaio de uma ética para a civilização tecnológica. Trad. Marijane Lisboa e Luiz Barros Montez. Rio de Janeiro: Contraponto; Editora PUC-Rio, 2006.

JULES, Adrienne Hunter; NICOLA, Fernanda. The contractualization of family law in the United States. In: SWENNEN, Frederik et al. *Contractualisation of family law – global perspectives*. Cham: Springer, 2015. p. 333-367.

JUSTIÇA FEDERAL. Corregedoria da Justiça Federal. Centro de Estudos Judiciários. *Prevenção e solução extrajudicial de litígios*. Disponível em: https://www.cjf.jus.br/cjf/corregedoria-da-justica-federal/centro-de-estudos-judiciarios-1/publicacoes-1/cjf/corregedoria-da-justica-federal/centro-de-estudos-judiciarios-1/prevencao-e-solucao-extrajudicial-de-litigios/?_authenticator=60c7f30ef0d800 2d17dbe298563b6fa2849c6669. Acesso em: 09.12.2021.

KUHN, Thomas S. *A estrutura das revoluções científicas*. Trad. Beatriz Vianna Boeira e Nelson Boeira. São Paulo: Perspectiva, 2009.

LARENZ, Karl. *Derecho civil*: parte general. Trad. Miguel Izquierdo y Macías-Picavea. Santiago: Ediciones Olejnik, 2019.

LEMOS, Vinícius. Os brasileiros que doam sêmen para inseminações caseiras. *BBC*, 29.11.2017. Disponível em: https://www.bbc.com/portuguese/geral-42145205. Acesso em: 10.11.2021.

LÉVINAS, Emmanuel. *Entre nós*: ensaios sobre alteridade. Trad. Pergentino Stefano Pivatto et al. 3. ed. Petrópolis: Vozes, 2004.

LEVY, Fernanda Rocha Lourenço. *Cláusulas escalonadas*: a mediação comercial no contexto da arbitragem. São Paulo: Saraiva, 2013.

LIMONGI FRANÇA, Rubens. *Manual de direito civil*. 3. ed. rev. São Paulo: Ed. RT, 1975. v. I.

LÔBO, Paulo. *Direito civil*: contratos. 4. ed. São Paulo: Saraiva, 2018. v. 3.

LÔBO, Paulo. *Direito civil*: famílias. 8. ed. São Paulo: Saraiva, 2018. v. 5.

LÔBO, Paulo. O princípio constitucional da solidariedade nas relações de família. In: CONRADO, Marcelo; PINHEIRO, Rosalice Fidalgo (org.). *Direito privado e Constituição*: ensaios para uma recomposição valorativa da pessoa e do patrimônio. Curitiba: Juruá, 2009.

LÔBO, Paulo. *Direito civil*: parte geral. 7. ed. São Paulo: Saraiva Educação, 2018. v. 1.

LOPES, Dulce; PATRÃO, Afonso. *Lei da Mediação comentada*. Coimbra: Almedina, 2014.

LORKE, Christoph. Challenging authorities through "undesired" marriages: administrational logics of handling cross-border couples in Germany, 1880-1930. *Journal of Migration History*, v. 4, n. 1, p. 54-78, 2018. Disponível em: https://brill.com/view/journals/jmh/4/1/article-p54_54.xml?ebody=article%20details. Acesso em: 01.12.2021.

MADALENO, Rolf. *Direito de família*. 8. ed. rev., atual. e ampl. Rio de Janeiro: Forense, 2018.

MADALENO, Rolf. Renúncia de herança no pacto antenupcial. *Revista IBDFAM – Famílias e Sucessões*, Belo Horizonte, v. 27, n. 27, p. 9-58, maio-jun. 2018.

MAINE, Henry James Sumner. *El derecho antiguo*: su conexión con la historia temprana de la sociedad y su relación con las ideas modernas. Trad. Ramón Cotarelo. Valencia: Tirant Humanidades, 2014.

MARELLA, Maria Rosaria. The contractualisation of family law in Italy. In: SWENNEN, Frederik et al. *Contractualisation of family law – global perspectives*. Cham: Springer, 2015. p. 241- 254.

MARIANI, Rômulo Greff. *Arbitragens coletivas no Brasil*. São Paulo: Atlas, 2015.

MARQUES, Claudia Lima; MIRAGEM, Bruno. *O novo direito privado e a proteção dos vulneráveis*. São Paulo: Ed. RT, 2012.

MARTEL, Letícia de Campos Velho. *Direitos fundamentais indisponíveis*: os limites e os padrões do consentimento para a autolimitação do direito fundamental à vida. Tese (Doutorado em Direito) – Universidade do Estado do Rio de Janeiro, Rio de Janeiro, 2010.

MARTEL, Letícia de Campos Velho. Indisponibilidade de direitos fundamentais: conceito lacônico, consequências duvidosas. *Revista Espaço Jurídico*, Joaçaba, v. 11, n. 2, p. 334-373, jul.-dez. 2010.

MARTINS, Rosa Andrea Simões Cândido. *A família entre o público e o privado*: a proposta metodológica da autonomia relacional na análise do regime jurídico do casamento. Coimbra: Almedina, 2020.

MASSIMO BIANCA, Cesare. *Diritto civile*: la famiglia. 5. ed. Milano: Giuffrè, 2014. v. 2.1.

MATOS, Ana Carla Harmatiuk. *As famílias não fundadas no casamento e a condição feminina*. Rio de Janeiro: Renovar, 2000.

MATOS, Ana Carla Harmatiuk; TEIXEIRA, Ana Carolina Brochado. Pacto antenupcial na hermenêutica civil-constitucional. In: MENEZES, Joyceane Bezerra de; CICCO. Maria Cristina de; RODRIGUES, Francisco Luciano Lima. *Direito Civil na Legalidade Constitucional*: algumas aplicações. Indaiatuba: Foco, 2021.

MATOS, Ana Carla Harmatiuk; TEIXEIRA, Ana Carolina Brochado; TEPEDINO, Gustavo (coord.). *Direito Civil, Constituição e unidade do sistema*: Anais do Congresso de Direito Civil Constitucional – V Congresso do IBDCivil. Belo Horizonte: Fórum, 2019.

MAXIMILIANO, Carlos. *Direito das sucessões*. Rio de Janeiro: Freitas Bastos, 1958. v. I.

MAZZEI, Rodrigo. Comentários ao Código de Processo Civil (arts. 610 a 673). In: GOUVÊA, Jose Roberto F.; BONDIOLI, Luis Guilherme A.; FONSECA, João Francisco N. da (coord.). *Comentários ao Código de Processo Civil*. São Paulo: Saraiva, 2023. v. XXII.

MAZZEI, Rodrigo; CHAGAS, Bárbara. Breve ensaio sobre a postura dos atores processuais. In: ZANETI JR., Hermes; CABRAL, Trícia Navarro Xavier (coord.). *Justiça multiportas*: mediação, conciliação, arbitragem e outros meios de solução adequada para conflitos. Salvador: Juspodivm, 2016.

MEIRA, Sílvio. A. B. *Curso de Direito Romano*: História e Fontes. São Paulo: Saraiva, 1975.

MEIRELES, Rose Melo Vencelau. *Autonomia privada e dignidade humana*. Rio de Janeiro: Renovar, 2009.

MENDONÇA, J. J. Florentino dos Santos. *Acesso equitativo ao direito e à Justiça*. São Paulo: Almedina, 2016.

MENEZES CORDEIRO, António. *Tratado da arbitragem*. Coimbra: Almedina, 2015.

MENKEL-MEADOW, Carrie. Whose dispute is it anyway: a philosophical and democratic defense of settlement (in some cases). *The Georgetown Law Journal* Georgetown University, Washington, v. 83, p. 2663-2695, 1995.

MISTELIS, Loukas A.; BREKOULAKIS, Stavros L. *Arbitrability:* international and comparative perspectives. The Hague: Kluwer Law International, 2009.

MONTEIRO, Washington de Barros. *Curso de Direito Civil*: Direito de Família. 12. ed. São Paulo: Saraivas, 1956.

MORRIS, Catherine. *Arbitration of family law disputes in British Columbia.* Victoria: Ministry of Attorney General of British, 2004. Disponível em: https://www.peacemakers.ca/publications/MorrisArbitration2004.pdf. Acesso em: 10.08.2021.

MULTEDO, Renata Vilela. *Liberdade e família*: limites para a intervenção do Estado nas relações conjugais e parentais. Rio de Janeiro: Processo, 2017.

MULTEDO, Renata Vilela. A potencialidade dos pactos consensuais do fim da conjugalidade. In: TEIXEIRA, Ana Carolina Brochado; RODRIGUES, Renata de Lima (coord.). *Contratos, família e sucessões*: diálogos interdisciplinares. 2. ed. Indaiatuba: Foco, 2021.

MULTEDO, Renata Vilela; BODIN DE MORAES, Maria Celina. A privatização do casamento. *Civilistica.com*, Rio de Janeiro, v. 5, n. 2, p. 1-21, dez. 2016.

NAGAREDA, Richard. The litigation-arbitration dichotomy meets the class action. *Notre Dame Law Review*, Nova York, n. 86, p. 1069-1130, 2011.

NALIN, Paulo. *Do contrato*: conceito pós-moderno. Curitiba: Juruá, 2008.

NALIN, Paulo; SIRENA, Hugo. A arbitragem no direito das famílias: cláusula arbitral em pactos antenupciais e contratos de convivência. In: MATOS, Ana Carla Harmatiuk; TEIXEIRA, Ana Carolina Brochado; TEPEDINO, Gustavo (coord.). *Direito Civil, Constituição e unidade do sistema*: Anais do Congresso de Direito Civil Constitucional – V Congresso do IBDCivil. Belo Horizonte: Fórum, 2019. p. 359-389.

NALINI, José Renato. É urgente construir alternativa à Justiça. In: ZANETI JR., Hermes; CABRAL, Trícia Navarro Xavier (coord.). *Justiça multiportas*: mediação, conciliação, arbitragem e outros meios de solução adequada para conflitos. Salvador: Juspodivm, 2016.

NANNI, Giovanni Ettore. *Direito civil e arbitragem*. São Paulo: Atlas, 2014.

NASSIF, Elaine. *Conciliação judicial e indisponibilidade de direitos*: paradoxos da justiça menor no processo civil e trabalhista. São Paulo: LTr, 2005.

NEGRO, Franco. Indisponibilità giuridica. In: AZARA, Antonio; EULA, Ernesto. *Novissimo Digesto italiano*. 3. ed. Torino: Unione Tipografico-Editrice Torinese, 1957. v. 1.

NERY, Rosa Maria de Andrade. *Alimentos*. 2. ed. rev., atual. e ampl. São Paulo: Ed. RT, 2020.

NERY, Rosa Maria de Andrade. *Instituições de direito civil*: família. São Paulo: Ed. RT, 2015. v. 5.

NERY, Rosa Maria de Andrade; DONNINI, Rogério (org.). *Responsabilidade civil*: estudos em homenagem ao Professor Rui Geraldo Camargo Viana. São Paulo: Ed. RT, 2009.

NERY, Rosa Maria de Andrade; NERY JUNIOR, Nelson. *Introdução à ciência do direito privado*. 2. ed. rev., atual. e ampl. São Paulo: Ed. RT, 2019.

OLIVEIRA, Guilherme de. Precisamos assim tanto do direito da família? *Estudos de Direito de Família*: 4 movimentos em direito de família. Coimbra: Almedina, 2020.

OLIVEIRA, Guilherme de. *Critério jurídico da paternidade*. Coimbra: Almedina, 2003.

OLIVEIRA, José Lamartine C. de; MUNIZ, Francisco José Ferreira. *Curso de Direito de Família*. 4. ed. Curitiba: Juruá, 2008.

OLIVERO, Luciano. *L'indisponibilità dei diritti*: analisi di una categoria. Torino: G. Giappichelli Editore, 2008.

PANSIERI, Flávio. *Liberdade da antiguidade ao medievo*. Belo Horizonte: Fórum, 2018. v. I-IV.

PEREIRA, Lafayette Rodrigues. *Direitos de família*. 5. ed. Rio de Janeiro: Freitas Bastos, 1956.

PEREIRA, Luis Fernando Lopes. Discurso histórico e direito. In: FONSECA, Ricardo Marcelo (org.). *Direito e discursos*: discursos do direito. Florianópolis: Fundação Boiteux, 2006.

PEREIRA, Micheli. O direito à razoável duração do processo: justicialização internacional e necessidade de sua proteção no âmbito nacional. In: PIOVESAN, Flávia; FACHIN. Melina Girardi. *Direitos humanos na ordem econômica*: proteção nacional, regional e global. Curitiba: Juruá, 2012. v. V.

PEREIRA, Rodrigo da Cunha. *Dicionário de direito de família e sucessões*. São Paulo: Editora Saraiva, 2015. Ilustrado.

PEREIRA, Rodrigo da Cunha. *Princípios fundamentais norteadores do direito de família*. 2. ed. São Paulo: Saraiva, 2012.

PEREIRA COELHO, Francisco; OLIVEIRA, Guilherme de. *Curso de Direito de Família*. 4. ed. Coimbra: Coimbra Editora, 2008. v. 1.

PERLINGIERI, Pietro. *O direito civil na legalidade constitucional*. Trad. Maria Cristina de Cicco. Rio de Janeiro: Renovar, 2008.

PONTES DE MIRANDA, Francisco Cavalcanti. *Fontes e evolução do direito civil brasileiro*. 2. ed. Rio de Janeiro: Forense, 1981.

PONTES DE MIRANDA, Francisco Cavalcanti. *Tratado de direito de família*: direito matrimonial. 3. ed. São Paulo: Max Limonad, 1947. v. I.

PONTES DE MIRANDA, Francisco Cavalcanti. *Tratado de direito privado*. Atualização de Vilson Rodrigues Alves. Campinas: Bookseller, 2000. t. V.

PRATA, Ana. *A tutela constitucional da autonomia privada*. Coimbra: Almedina, 1982.

PRATA, Ana. *Dicionário jurídico*: direito civil, direito processual civil, organização judiciária. Lisboa: Moares, 1980.

PRETTI, Gleibe. *Arbitragem no contrato de trabalho em face da reforma trabalhista*. São Paulo: LTr, 2018.

RAMINA DE LUCCA, Rodrigo. *Disponibilidade processual*: a liberdade das partes no processo. São Paulo: Ed. RT, 2019.

RÁO, Vicente. *O direito e a vida dos direitos*. 2. ed. São Paulo: Resenha Universitária, 1976. v. I, t. II.

RIZZARDO, Arnaldo. *Direito de família*. 8. ed. Rio de Janeiro: Forense, 2011.

RODOTÀ, Stefano. *Dal soggetto alla persona*. Napoli: Editoriale Scientifica, 2007.

RODOTÀ, Stefano. A antropologia do *homo dignus*. Trad. Maria Celina Bodin de Moraes. *Civilistica.com*, Rio de Janeiro, n. 2, ano 6, p. 1-17, jan.-mar. 2017. Disponível em: https://civilistica.com/wp-content/uploads1/2018/01/Rodot%C3%A0-Tradução de-Bodin-de-Moraes-civilistica.com-a.6.n.2.2017-2.pdf. Acesso em: 09.07.2021.

RODOTÀ, Stefano. *Diritto d'amore*. 4. ed. Bari: Laterza, 2020.

RODOTÀ, Stefano. *Il diritto di avere diritti*. Bari: Laterza, 2015.

RODOTÀ, Stefano. *Il diritto di avere diritti*. 6. ed. Bari: Laterza, 2020.

RODOTÀ, Stefano. *La vita e le regole*: tra diritto e non diritto. Milano: Feltrinelli, 2009.

RODOTÀ, Stefano. *Solidarietà*: un'utopia necessaria. Bari: Laterza, 2014.

RUZYK, Carlos Eduardo Pianovski. *Institutos fundamentais de direito civil e liberdade(s)*: repensando a dimensão funcional do contrato, da propriedade e da família. Rio de Janeiro: GZ, 2011.

SALLES, Bruno Makowiecky. *Acesso à Justiça e equilíbrio democrático*. Belo Horizonte: Dialética, 2021.

SALLES, Carlos Alberto de. A indisponibilidade e a solução consensual de controvérsias. In: PASTORE, Ana Claudia Ferreira. *Justiça Federal*: inovações e mecanismos consensuais de solução de conflitos. Brasília: Gazeta Jurídica, 2014.

SALLES, Carlos Alberto de. *Arbitragem em contratos administrativos*. Rio de Janeiro: Forense, 2011.

SALOMÃO, Luis Felipe. Prefácio. In: FICHTNER, José Antonio; MANNHEIMER, Sergio Nelson; MONTEIRO, André Luís. *Teoria geral da arbitragem*. Rio de Janeiro: Forense, 2019.

SANCHES, Fernanda Karam de Chueiri. *A responsabilidade no direito de família brasileiro contemporâneo*: do jurídico à ética. Dissertação (Mestrado em Direito) – Universidade Federal do Paraná, Curitiba, 2013.

SARAIVA, Leonardo. *Arbitragem na Administração Pública*. Rio de Janeiro: Lumen Juris, 2019.

SARLET, Ingo Wolfgang. *Constituição, direitos fundamentais e direito privado*. Porto Alegre: Livraria do Advogado, 2003.

SARLET, Ingo Wolfgang; MARINONI, Luiz Guilherme; MITIDIERO, Daniel. *Curso de Direito Constitucional*. São Paulo: Saraiva, 2016.

SARMENTO, Daniel. *Dignidade da pessoa humana*: conteúdo, trajetórias e metodologia. Belo Horizonte: Fórum, 2016.

SARMENTO, Daniel. *Direitos fundamentais e relações privadas*. 2. ed. Rio de Janeiro: Lumens Juris, 2006.

SCAVONE JUNIOR, Luiz Antonio. *Manual de arbitragem*: mediação e conciliação. 6. ed. rev., atual. e ampl. Rio de Janeiro: Forense, 2015.

SCHIER, Paulo Ricardo. *Filtragem constitucional*: construindo uma nova dogmática jurídica. Porto Alegre: Sergio Antonio Fabris Editor, 1999.

SCHREIBER, Anderson. *Famílias simultâneas e redes familiares*: direito de família e das sucessões – temas atuais. Rio de Janeiro: Forense; São Paulo: Método, 2009.

SCHREIBER, Anderson; KONDER, Carlos Nelson. Uma agenda para o direito civil-constitucional. *Revista Brasileira de Direito Civil*, Rio de Janeiro, v. 10, p. 9-27, out.-dez. 2016.

SCHREIBER, Anderson. Título I – Das pessoas naturais. Capítulo II – Dos direitos da personalidade. Arts. 11 a 21. In: SCHREIBER, Anderson et al. *Código Civil comentado*: doutrina e jurisprudência. 3. ed. Rio de Janeiro: Forense, 2021.

SCHREIBER, Anderson. *Direitos da personalidade*. 3. ed. rev. e atual. São Paulo: Atlas, 2014.

SCHULMAN, Gabriel. *Planos de saúde*: saúde e contrato na contemporaneidade. Rio de Janeiro: Renovar, 2009.

SEN, Amartya. *Desenvolvimento como liberdade*. Trad. Laura Teixeira Motta. São Paulo: Companhia das Letras, 2000.

SERPA LOPES, Miguel Maria. *Curso de Direito Civil*: introdução, parte geral e teoria dos negócios jurídicos. 3. ed. Rio de Janeiro: Freitas Bastos, 1960. v. I.

SHORE, Laurence. The United States' perspective on "arbitrability". In: MISTELIS, Loukas A.; BREKOULAKIS, Stavros L. *Arbitrability*: international and comparative perspectives. The Hague: Kluwer Law International, 2009. p. 69-84.

SILVA, Raul Campos. A pretensão no BGB alemão e no Código Civil brasileiro: perfis e compreensões. *Revista de Direito Privado*, São Paulo, v. 105, p. 205-326, jul.-set. 2020.

SILVEIRA, Ricardo Geraldo Rezende. *Acesso à Justiça*: o direito fundamental em um ambiente de recursos escassos. São Paulo: Almedina, 2020.

STRECK, Lenio Luiz. *Dicionário de hermenêutica*: cinquenta temas fundamentais da teoria do direito à luz da crítica hermenêutica do direito. Belo Horizonte: Letramento, 2020.

STRONG, S. I. *Class, mass, and collective arbitration in national and international law*. Oxford: Oxford University Press, 2013.

SUNSTEIN, C. R.; THALER, R. H. O paternalismo libertário não é uma contradição em termos. *Civilistica.com*, Rio de Janeiro, v. 4, n. 2, p. 1-43, dez. 2015.

SUPERIOR TRIBUNAL DE JUSTIÇA (STJ). *Convivência com expectativa de formar família no futuro não configura união estável*. 12.03.2015. Disponível em: https://www.stj.jus.br/sites/portalp/Paginas/Comunicacao/Noticias-antigas/2015/2015-03-12_14-23_Convivencia-com-expectativa-de-formar-familia-no-futuro-nao-configura-uniao-estavel.aspx. Acesso em: 09.12.2021.

SUPERIOR TRIBUNAL DE JUSTIÇA (STJ). *Até quando vai a obrigação de alimentar?* 24.06.2018. Disponível em: https://www.stj.jus.br/sites/portalp/Paginas/Comunicacao/Noticias-antigas/2018/2018-06-24_06-02_Ate-quando-vai-a-obrigacao-de-alimentar.aspx. Acesso em: 09.12.2021.

SWENNEN, Frederik et al. *Contractualisation of family law – global perspectives*. Cham: Springer, 2015.

TALAMINI, Eduardo. A (in)disponibilidade do interesse público. In: ZANETI JR., Hermes; CABRAL, Trícia Navarro Xavier (coord.). *Justiça multiportas*: mediação, conciliação, arbitragem e outros meios de solução adequada para conflitos. Salvador: Juspodivm, 2016.

TARTUCE, Fernanda. *Igualdade e vulnerabilidade no processo civil*. Rio de Janeiro: Forense, 2012.

TARTUCE, Fernanda. *Mediação nos conflitos civis*. 6. ed. Rio de Janeiro: Forense; São Paulo: Método, 2021.

TARTUCE, Flávio. Da extrajudicialização do direito de família e das sucessões. *Jusbrasil*, 2016.

TARTUCE, Flávio. *Direito civil*: direito de família. 14. ed. Rio de Janeiro: Forense, 2019. v. 5.

TARTUCE, Flávio. *Direito civil*: direito das sucessões. 14. ed. Rio de Janeiro: Forense, 2019. v. 6.

TARTUCE, Flávio. *Direito civil*: teoria geral dos contratos e contratos em espécie. 13. ed. rev., atual. e ampl. Rio de Janeiro: Forense, 2018. v. 3.

TARTUCE, Flávio. *Direito civil*: Lei de Introdução e parte geral. 16. ed. Rio de Janeiro: Forense, 2020.

TARTUCE, Flávio. Enunciados aprovados na I Jornada de Direito Processual Civil, do Conselho da Justiça Federal – agosto de 2017. *Jusbrasil*, 2017. Disponível em: https://flaviotartuce.jusbrasil.com.br/noticias/495129671/enunciados-aprovados-na-i-jornada-de-direito-processual-civil-do-conselho-da-justica-federal-agosto-de-2017. Acesso em: 09.12.2021.

TARUFFO, Michele; MITIDIERO, Daniel. *A Justiça Civil – da Itália ao Brasil, dos Setecentos a hoje*. São Paulo: Ed. RT, 2018.

TASSINARI, Simone. Quais os desafios que se impõem ao direito de família frente às situações de coparentalidade? In: MATOS, Ana Carla Harmatiuk; TEIXEIRA, Ana Carolina Brochado; TEPEDINO, Gustavo (coord.). *Direito Civil, Constituição e unidade do sistema*: Anais do Congresso de Direito Civil Constitucional – V Congresso do IBDCivil. Belo Horizonte: Fórum, 2019.

TEIXEIRA, Ana Carolina Brochado; RODRIGUES, Renata de Lima (coord.). *Contratos, família e sucessões*: diálogos interdisciplinares. 2. ed. Indaiatuba: Foco, 2021.

TEIXEIRA, Daniele Chaves. *Arquitetura do planejamento sucessório*. 2. ed. rev., atual. e ampl. Belo Horizonte: Fórum, 2019.

TEPEDINO, Gustavo; BARBOZA, Heloisa Helena; BODIN DE MORAES, Maria Celina. *Código Civil interpretado conforme a Constituição da República*. Rio de Janeiro: Renovar, 2014.

TEPEDINO, Gustavo; PEÇANHA, Danielle Tavares. Métodos alternativos de solução de conflitos no direito de família e sucessões e a sistemática das cláusulas escalonadas. In: TEIXEIRA, Ana Carolina Brochado; RODRIGUES, Renata de Lima (coord.). *Contratos, família e sucessões*: diálogos interdisciplinares. 2. ed. Indaiatuba: Foco, 2021.

TEPEDINO, Gustavo; TEIXEIRA, Ana Carolina Brochado. *Fundamentos do direito civil*: direito de família. 2. ed. Rio de Janeiro: Forense, 2020. v. 6.

THALER, Richard H.; SUNSTEIN, Cass R. Libertarian paternalism is not an oxymoron. University of Chicago *Public Law & Legal Theory Working Paper*, n. 43, 2003.

THALER, Richard H.; SUNSTEIN, Cass R. *Nudge*: como tomar melhores decisões sobre saúde, dinheiro e felicidade. Trad. Ângelo Lessa. Rio de Janeiro: Objetiva, 2019.

VENOSA, Sílvio de Salvo. *Direito civil*: direito de família. 11. ed. São Paulo: Atlas, 2011. v. 6.

VENOSA, Sílvio de Salvo. *Direito civil*: parte geral. 17. ed. São Paulo: Atlas, 2017.

VENTURI, Elton. Transação de direitos indisponíveis? In: ZANETI JR., Hermes; CABRAL, Trícia Navarro Xavier (coord.). *Justiça multiportas*: mediação, conciliação, arbitragem e outros meios de solução adequada para conflitos. Salvador: Juspodivm, 2016.

VENTURI, Elton. Transação de direitos indisponíveis? *Revista de Processo – RePro*, São Paulo, v. 41, n. 251, p. 391-426, jan. 2016.

VILLEY, Michel. *A formação do pensamento jurídico moderno*. 2. ed. São Paulo: Martins Fontes, 2009.

WATANABE, Kazuo. *Acesso à ordem jurídica justa (conceito atualizado de acesso à Justiça)*: processos coletivos e outros estudos. Belo Horizonte: Del Rey, 2019.

WEBB, Stuart G.; OUSKY, Ronald D. *The collaborative way to divorce*: the revolutionary method that results in less stress, lower costs, and happier kids – without going to court. New York: Plume, 2007.

WIEACKER, Franz. *História do direito privado moderno*. 5. ed. Trad. António Manuel Hespanha. Lisboa: Calouste Gulbenkian, 1980.

XAVIER, Maria Rita Aranha da Gama Lobo. *Limites à autonomia privada na disciplina das relações patrimoniais entre os cônjuges*. Coimbra: Almedina, 2000.

XAVIER, Marília Pedroso. *Contrato de namoro*: amor líquido e direito de família mínimo. 2. ed. Belo Horizonte: Fórum, 2020.

XAVIER, Rita Lobo. Autonomy and private ordering in Portuguese family law. In: SWENNEN, Frederik et al. *Contractualisation of family law – global perspectives*. Cham: Springer, 2015. p. 255-270.

YOUSSEF, Karim. The death of inarbitrability. In: MISTELIS, Loukas A.; BREKOULAKIS, Stavros L. *Arbitrability*: international and comparative perspectives. The Hague: Kluwer Law International, 2009.

ZAGREBELSKY, Gustavo. *El derecho dúctil*: ley, derechos, justicia. Madrid: Trotta, 2009.

ZANETI JR., Hermes; CABRAL, Trícia Navarro Xavier (coord.). *Justiça multiportas*: mediação, conciliação, arbitragem e outros meios de solução adequada para conflitos. Salvador: Juspodivm, 2016.